张艳国◎主编
彭隆辉 周利生 聂平平◎副主编

国家治理与中国道路

中国社会转型研究省级协同创新中心
江西师范大学马克思主义学院 组编

中国社会科学出版社

图书在版编目(CIP)数据

国家治理与中国道路/张艳国主编.—北京：中国社会科学出版社，2015.11
ISBN 978-7-5161-6995-7

Ⅰ.①国… Ⅱ.①张… Ⅲ.①中国特色社会主义—社会主义建设模式—文集 Ⅳ.①D616-53

中国版本图书馆 CIP 数据核字(2015)第 251150 号

出 版 人	赵剑英
责任编辑	王　茵
特约编辑	马　明
责任校对	胡新芳
责任印制	王　超

出　　版	中国社会科学出版社
社　　址	北京鼓楼西大街甲 158 号
邮　　编	100720
网　　址	http://www.csspw.cn
发 行 部	010-84083685
门 市 部	010-84029450
经　　销	新华书店及其他书店
印　　刷	北京君升印刷有限公司
装　　订	廊坊市广阳区广增装订厂
版　　次	2015 年 11 月第 1 版
印　　次	2015 年 11 月第 1 次印刷
开　　本	710×1000　1/16
印　　张	26.75
插　　页	2
字　　数	426 千字
定　　价	96.00 元

凡购买中国社会科学出版社图书，如有质量问题请与本社营销中心联系调换
电话：010-84083683
版权所有　侵权必究

目 录

依法治国与城乡治理

论我国社区治理的原则、理念取向 …………………… 张艳国（3）
当前农村基层政权建设的突出问题与对策建议
　　——基于对河北146位乡镇干部的
　　调查研究 …………………………… 唐　鸣　田凤娟（13）
城市社区网格化管理的区域实践与
　　未来走向 …………………………… 陈荣卓　陈　鹏（36）
权威转型与农村社区治理 ……………………… 邱国良（50）
农村基层治理能力现代化的构成要件及其
　　实现路径 …………………………… 张艳国　尤　琳（61）
城市社区治理的国家、市场与社会互动
　　——以武汉市百步亭社区治理为个案 ……… 刘小钧　张艳国（79）
浅谈社会阶层结构变化对中国法治
　　建设的影响 ………………………… 沈桥林　刘媛媛（94）
论守法与国家治理现代化 ……………… 熊春泉　聂佳龙（104）

传统与现代背景下的国家治理

国家治理现代化与政治伦理 …………………… 张　莉　祝伟伟（123）

协商民主与中国前途
　　——基于中国古代议政和当今民主
　　　选举观察的分析 ················ 邱新有　吴佩芝（136）
列宁对"怎样治理社会主义社会"命题的
　　思考和探索 ···················· 周利生　王钰鑫（152）
国家治理现代化与政府购买公共服务：
　　一个分析框架 ························· 李志强（163）
社会质量理论：一个研究综述 ················· 韩克庆（174）
论执政党执政的基本原则和影响因素 ············ 淦家辉（189）
协同治理：大型体育场馆公益性与经营性的共济 ········ 郑娟（200）
微博问政与公民参与 ······················ 余芝　聂平平（210）
经济全球化背景下的国家意识形态安全 ··········· 邱平香（223）

中国道路与全球视野下的国家治理

民主化悖论
　　——世界政治新生态与中国道路 ········ 张树华　景向辉等（235）
树立道路自信，突破话语瓶颈
　　——关于中国道路及其话语权的思考 ············· 赵卫涛（248）
坚定马克思主义信仰与拒斥虚无主义
　　——读张维为的《中国震撼》 ············ 彭隆辉　刘尚明（261）
领导干部应增强"政治定力"
　　——学习习近平总书记重要论述 ············ 周利生　王水兴（273）
中国发展与变化中的全球治理秩序 ············ 邱显平　周志鹏（286）
浅论中国复兴 ························· 李才义　周威（298）
英国的政治传统与公民教育 ················· 樊丽　聂平平（308）
"五位一体"总体布局的形成、意义及实现路径 ········· 严文波（319）
核心价值：群众路线与专业社会工作 ················ 查明辉（328）
社会主义核心价值观：实现中华民族伟大复兴
　　中国梦的重要软实力 ··················· 罗奇清　王员（339）

公平正义与国家治理

社会稳定中的"资源诅咒"破解
  ——基于利益分享框架的个案研究 ………………… 曾　明（351）
治理现代化视野中的"强制拆迁"现象的
  社会学思考 ……………………………………… 冯小林（372）
政府治理和公共行动
  ——阿马蒂亚·森的治理理论研究 ……………… 王东明（382）
马克思主义文化认同与社会治理的
  文化源泉 ………………………………… 王　员　于　波（398）
推行电子政务整合，创新政府治理模式 ……… 吴雪平　梁　锐（410）

后　记 ……………………………………………………………（422）

依法治国与城乡治理

论我国社区治理的原则、理念取向

张艳国[*]

【摘　要】 社区是国家治理体系的基本单位，社区治理是国家治理的基础，社区治理体系和治理能力现代化是国家治理体系和治理能力现代化的重要组成部分。因此，加快推进社区治理体系建设，尽快提高社区治理能力现代化水平，对实现国家治理体系与治理能力现代化有着十分重大的意义。实现社区治理体系及治理能力现代化，推进社区治理法治化，首先必须明确一个重要的前提，就是社区善治的根本原则，以及由此而确定的社区治理的基本宗旨。推进社区治理体系和治理能力现代化，实现社区治理法治化必须紧紧把握以下根本原则：党的领导原则、居民中心原则、善治导向原则和法制保障原则。在当前发展全球化、社会信息化、新型城镇化的时代背景下，必须明确以善治为导向的社区治理理念、治理框架和治理目标：树立社区治理的基础观、明确社区治理的人本观、确立社区治理的系统观和坚定社区治理的法制观。

【关键词】 社区治理；原则；理念；国家治理体系；治理能力现代化

党的十八届三中全提出了推进国家治理体系和治理能力现代化的新

---

[*] 张艳国，男，江西师范大学副校长，兼任中国社会转型研究中心主任、二级教授、博士生导师，主要研究方向为马克思主义中国化、城乡基层治理。

要求和新论断;① 党的十八届四中全会提出了依宪治国、依法治国、法治中国的目标，要求推进基层治理法治化。② 这就要求我们在社会建设中善于将各种层次、各种范畴、各种形式的多元治理，与增强党和国家对社会主义现代化建设的治理能力相结合，最广泛地调动社会各方面参与国家治理的积极性，做到国家治理体系的全覆盖和治理能力的全面提升。

从在国家治理中的地位来看，社区是国家治理体系的基本单位，社区治理是国家治理的基础，社区治理体系和治理能力现代化是国家治理体系和治理能力现代化的重要组成部分。因此，加快推进社区治理体系建设，尽快提高社区治理能力现代化水平，对实现国家治理体系与治理能力现代化有着十分重大的意义。从微观组织与宏观整体的关系来说，千千万万个社区组织单元个体汇聚成国家政治共同体和社会生活共同体，社区的小环境决定了社会的大环境。从治理层级间的传导与放大效应来说，社区治理的成效，也会最终传导到国家整体层面，它们是一种正相关关系;反过来看，如果不和谐因素不断汇集叠加，就会在更大层面上出现放大以至质变的结果。从这个意义来说，社区治理是化解社会矛盾、维护社会和谐稳定的第一重安全卫士。因此，要站在政治安定、社会和谐、人民幸福的战略高度，充分认识社区建设与治理的重大意义，使社区治理能够对接国家治理的战略需要，同时满足社区居民生活需要，使社区真正成为充满生机活力的社会生活共同体。

但是，当前我国社区治理体系与治理能力的发展现状，同社区在国家治理中的地位是不相适应的。从现状来看，我国社会中存在的各种不安定因素乃至群体性事件的发生，都与基层治理体系不健全、基层治理能力不够、基层矛盾处理机制不完善等因素有很大关系。不可忽视的是，在社区基层治理中存在一个十分突出的问题，即日益严峻复杂的社会关系与相对滞后的社区治理体系和治理能力之间的矛盾，影响了和谐社会建设，对中国共产党执政能力建设提出了严肃的课题。这对矛盾集

---

① 《中共中央关于全面深化改革若干重大问题的决定》，载《〈中共中央关于全面深化改革若干重大问题的决定〉辅导读本》，人民出版社 2013 年版，第 49—50 页。
② 《中国共产党十八届三中全会会议公报》，《人民日报》2014 年 11 月 24 日。

中体现为如下几个方面：一是从整体上看，社区治理体系与治理能力不能完全满足化解社区矛盾纠纷的现实需要。随着经济发展和社会进步，居民的价值取向与利益诉求更加多样化，社会生活中的矛盾冲突也更加频繁和日益刚性化，要及时健全和完善社区治理体制机制，提高社会基层治理能力。二是在各地存在社区治理能力不均衡现象，突出地表现为不同社区在维护和谐稳定、满足社区公共服务、提供群众文化娱乐、加强基层党组织建设等方面的工作中呈现出较大的差异。三是社区参与制度化水平滞后于社区居民参与要求，突出地表现在社区参与的渠道不畅通，即社区选举、议事、公开、述职、考评、问责机制不健全等方面。四是社区建设与治理日益陷入一种碎片化的状态，这既与当前社区的相关法分散有关，又与社区事务涉及多个党政职能部门有关，更为主要的是在全国层面缺乏一个综合性的专门的社区领导部门。

实现社区治理体系及治理能力现代化，推进社区治理法治化，首先必须明确一个重要的前提，就是社区善治的根本原则，以及由此而确定的社区治理的宗旨。思想指导实践，正确的思想会推进伟大的社会实践取得事半功倍的效果。

一 推进社区治理体系和治理能力现代化必须把握的根本原则

把握一个什么样的原则，决定我们在干事兴业中的根本态度。掌握与事物发展内在规定性紧密联系的根本原则，是保证我们在实践中无论遇到什么艰难险阻、无论遇到什么诱惑，都能够不偏题、不走样、不随意改变正确的发展方向的根本保证。推进社区治理体系和治理能力现代化，实现社区治理法治化必须紧紧把握以下根本原则。

一是党的领导原则。邓小平同志在视察南方的谈话中告诫我们，把中国的事情办好，关键在党，关键在中国共产党坚强有力地领导。[①] 这条告诫还没有过时，恐怕要管社会主义初级阶段全过程。中国共产党对中国特色社会主义事业的坚强领导，是党团结带领全国各族人民实现

---

① 参见《邓小平文选》第3卷，人民出版社1993年版，第380页。

"两个一百年"奋斗目标的伟大中国梦,并在推进中国特色社会主义伟大实践中不断取得执政合法性这一最根本的政治资源的内在要求。坚持党的领导,同时也是建设社会主义民主政治的根本原则。坚持党的领导,是建设社会主义和谐社会,推进社区治理体系和治理能力现代化最本质、最鲜明的特征。因此,我们必须旗帜鲜明地将这一根本原则贯彻到社区建设与治理过程的始终。根据我国的实际情况,执政党在国家政治经济生活中担负着总揽全局、协调各方的沟通整合功能。这有利于在一个利益分化的社会基础上,逐步形成一个以执政党为核心的协调与整合各利益主体的机制和纽带,以协商替代竞争,凝聚各方共识,共同推进社区建设。在社区基层建设层面,坚持党的领导,就是要始终将党的治国方针、惠民政策等与社区建设的实际结合起来,使党的大政方针落地生根,使党的主张成为社区建设与治理的主导思想;还要充分发挥基层党组织和党员在社区建设与治理中的主心骨和领头羊作用,成为社区居民"信得过、用得上、离不开、关键时候想得起"的知心人、贴心人和暖心人。

二是居民中心原则。以居民为中心,"就是如何根据群众的需要来开拓我们的社区建设事业,要看到这种家家户户共同参与社区事务,但各家各户又有不同兴趣、不同要求的发展趋势,探讨如何根据这种情况采取不同的组织形式和活动方式来满足群众的要求"[①]。在社区建设与治理中,坚持以居民为中心的原则,是改革开放以来党所主张和强调的以人为本、执政为民政治价值观的根本体现。坚持居民中心原则,要求社区建设与治理的各项工作的注意力放在居民身上,想问题、干事情、解决矛盾、开拓发展新局面,都要始终围绕社区居民展开,办任何事情都要尊重和维护社区居民的意愿和根本利益,引导和培养居民的参与意识和合作能力,积极支持社区居民自治,使居民真正成为社区建设与治理的参与者、推动者和社区发展成果的享有者。这既是我国社会主义人民民主的本质要求,也是解决社区发展动力的迫切需要,还是培养社区居民现代公共精神的有效途径。因为社区建设依靠居民,发展依靠居民,治理依靠居民;反过来,在社区建设与治理中,要一切围绕居民,

---

① 费孝通:《居民自治:中国城市社区建设的新目标》,《江海学刊》2002年第3期。

围绕一切居民，围绕居民的一切，充分确立居民在社区建设与治理中的中心和主角地位。坚持居民中心原则，还是党在社区工作中所体现的活生生的群众路线和群众方法。在社区建设和治理中，离开了居民，就谈不上从群众中来，到群众中去；更谈不上一切为了群众，一切依靠群众；也谈不上让群众来检验党的主张和政策是否密切联系实际，是否正确。

三是善治导向原则。从政治学角度讲的"善治"，有狭义和广义之分。总体上说，既可以指一种政治理想，也可以指一种执政方式，还可以指一种执政目的或者追求。善治的概念自从20世纪90年代世界银行提出以后，已经成为国际政治学界比较流行的、已普遍达成共识的概念。无论从哪个视角来讨论善治，其特点都具有如俞可平教授所归纳的六个特征：权威的合法性（legitimacy）、治理的透明性（transparency）、对民众的负责性（accountability）、法治（rule by law）、回应性（responsibility）、有效性（effectiveness）。[①] 归结起来讲，就是要提升和改善国家治理能力。[②] 在我国，实现城乡基层善治，是中国共产党全心全意为人民服务根本宗旨在社区建设与治理中的集中体现，是中国共产党领导人民群众实现有效的国家治理的根本政治导向，是实现国家治理与人们对幸福美好社会生活的向往的高度统一。一般地讲，善治就是要理顺国家政治生活的一切关系，就是要把切关人民群众根本利益的各种公共事务管好，就是要在最大限度上实现社会安定有序、人民安居乐业，并在最大限度上提升国民幸福指数和人民福祉。从政治角度看，善治既是社会主义民主政治的最终目标，也是人类政治文明的美好诉求，还是人们衡量政治进步的一个标准。具体地讲，善治是政府与社会通过持续双向互动合作，实现公共利益最大化的过程。社区善治就是通过构建社区参与合作框架，整合政府、社会、居民三者的力量与资源，实现政府、社会与居民之间的良性互动关系，从而实现社区治理成效最大化。坚持善治导向原则，就是要在社区建设与治理中，把居民的事情办好，把社区建好管好，使社区真正成为居民宜居、爱居、乐居的幸福家园。

---

① 参见俞可平主编《治理与善治》，社会科学文献出版社2000年版，第32页。
② 对本问题的讨论，参见张艳国、尤琳《农村基层治理能力现代化的构成要件及其实现路径》，《当代世界社会主义问题》2014年第2期，《新华文摘》2014年第21期。

四是法制保障原则。法制是实现法治的重要前提,也是依法治国、用法管事、按法裁量的根本保证。实现社区治理体系和治理能力现代化,最根本的是要从法制着眼,在制度上下功夫,建立健全现代法律制度。树立法制意识,高扬法治精神,形成法律思维习惯,牢固树立法律权威,建设并形成基于法制的社会秩序。以法制为保障的社区制度体系建设,有利于规范多元参与行为、保护各方合法权益,有利于解决各种矛盾纠纷、降低交易成本,有利于增加社会行为的可预见性、促成社区内部各要素协调合作。从根本上讲,有利于社区长治久安、规范治理、有序生活,充分体现在法制保障下的人的尊严。法制原则要求充分重视法律在社区建设与治理中的作用,完善社区治理的法律制度框架,使社区居民自治受到法律保护;规范政府行为,依法行政、依法管理,引导和培育社区居民、社会组织树立现代法律规则意识,知法守法、懂法用法,真正树立法制在社区建设与治理中的权威地位。

二 树立以"社区安则天下安,社区稳则国家稳"为核心的社区善治理念

正确的思想观念是人们行动的先导和依据。在这个意义上说,思想有多远,行为就有多远,思想解放天地宽。人们的文化知识、思想理念和精神状态是人的主体性、自觉性、能动性的体现,它来源于人们改造社会和自然的实践活动,但不能脱离人们的具体实践活动,又通过人的自觉的社会行为反作用于人类社会和自然界。由于社会实践的发展又是无比活跃和丰富多彩的,它总是迫使人们不断地更新已有的知识系统,促使人们不断地打破原有的思维方式和思想眼界,修正原来的行为方式和生活习惯,使主观认识与实践发展相一致,并依靠正确的认识促进实践不断深化。因此,只有在更新思想理念和社会实践变迁之间保持良性互动关系,才能推动社会发展和历史进步。自觉运用唯物辩证法指导人们认识和利用社会规律,对推动社会发展具有积极意义。当前社区治理中存在的许多问题,都与思想观念和治理理念相对滞后有很大关系,违反了社会意识与社会存在之间的辩证关系原理,导致在社区基层治理实践与治理理念之间存在着脱节与不相适应的误区。

要从国家治理和国家治理法治化的战略高度重新审视和思考社区治理的重要性。改革开放以来，我国的经济社会迅猛发展，国家基层治理体系也正经历一个深刻的转型与重塑过程，逐渐形成政府治理和社会自我调节、居民自治的治理格局。从社区基层治理发展的趋势来看，社区基层治理在国家治理体系中的地位和作用将大大提升。这突出地表现为：第一，培育具有现代公共精神的居民。这是社区建设与治理过程中最重要的工作之一，将对未来中国经济社会发展产生重大影响。在社区建设中，一方面，通过定期的社区居委会选举、居民大会或代表大会、业委会大会以及社区论坛、居民议事会等组织形式和参与平台，锻炼居民的政治参与意识和参与技能；另一方面，通过居民自发组织的兴趣小组或志愿者组织等活动载体，比如花鸟协会、棋牌协会、健身爱好者组织、书画兴趣小组等，可以有效激发居民参与公共事务的热情与兴趣，培养他们的自治习惯和组织能力，逐步锻炼他们的组织意识、规则意识、妥协意识和纠纷处理能力。第二，社区基层民主是中国民主政治发展的坚实基础。社会主义民主政治的核心是人民当家做主，真正通过各种途径、手段和制度安排实现国家宪法和法律赋予的各种权利，实现国家权力来源与行使之间的同一性，而基层民主则是其中重要内容之一。1987年，时任全国人大常委会委员长的彭真指出："没有群众自治，没有基层直接民主，村民、公民的公共事务和公益事业不由他们直接当家作主办理，我们的社会主义民主就还缺乏一个侧面，还缺乏全面的巩固的群众基础。"[①] 在广泛的基层民主实践中，社区居民创造出很多基层民主的新形式，丰富了社会主义民主的内容，拓展了社会主义民主的发展空间。第二，社区公共服务是满足居民基本社会需要的重要途径。在社区基本保障方面，社区逐步在居民养老保障、最低生活保障、福利性社区服务及社区优抚等方面，提供了越来越多的社会保障性服务；在社区卫生健康方面，通过预防、保健、医疗、康复等多种手段为居民提供医疗保健服务；在社区安全方面，通过整合社区维稳资源，起到了解决社区纠纷、预防犯罪、矫正犯罪、维护社会稳定、促进社会和谐的重要作用；在社区文化生活方面，通过开展丰富多彩的社区文化娱乐活动，

---

① 《彭真文选》，人民出版社1991年版，第608页。

提高了居民文化素质，陶冶了居民文化情操，凝练了居民文化共识，促进了社区共有精神家园建设，推动了社区文化、社区精神、社区风尚提升。① 总之，社区建设与治理是中国共产党执政后由政府主导的第二次大规模的社会管理体制创新，拉开了基层民主政治发展的序幕，是中国民主政治的生长点。围绕社会基层民主这个主题，以社会管理体制创新为突破，构建现代治理体系和提升现代治理能力，在实现人的现代化、政治现代化和基层生活现代化等重要方面，对社会基层政治生态和运转模式产生了广泛而深远的影响。但是，当前社会各界对社区治理在国家治理中的地位和重要性并没有达成高度共识，导致的对社区建设与治理实践重视不够、投入不够、力度不够等问题，在不同地方都有所表现。要改变当前社区治理面临的困境，更好地发挥社区治理在社会主义民主政治与和谐社会建设中的作用，就是要达成广泛的社会共识，整合社区建设的不同主体的资源，形成社区建设最佳的合力状态。因此，社区建设与治理中的新情况、新问题呼唤创新社区理念。在当前发展全球化、社会信息化、新型城镇化的时代背景下，明确以善治为导向的社区治理理念、治理框架和治理目标，显得尤为迫切和重要。

一是树立社区治理的基础观。社区建设与治理面临全新的时代背景。党的十八届三中全会提出了"推进国家治理体系和治理能力现代化"的总任务、总目标，这就要求我们重新思考社区治理在国家治理体系中的基础性地位和重要作用，树立"社区安则天下安，社区稳则国家稳"的新理念，实现社区治理理念的再出发，首先占领社区建设与治理理念的战略制高点，把思想解放和观念创新提升到新的时代高度。社区治理在国家治理体系中的基础性地位有多重含义：从社区与居民关系看，社区治理涉及绝大多数城市人口的日常生活的各个方面，社区治理成效关系到每一个居民的生活幸福指数；从社区所处的层级看，千万个小社区汇聚成国家治理整体，社区的治理成效关系到国家的长治久安；从社区民主政治的发展看，社区居民自治培育了社区居民的主体意识，完善了社区民主的组织结构与制度框架，对促进社会主义民主政

---

① 参见张艳国、陈新川《活跃社区文化：建设城市和谐社区的基础和关键》，《江汉大学学报》2007年第3期。

治具有重大而深远的意义。因此，要把社区作为国家稳定的基础和社会和谐的基本单元或单位个体来认识，重新思考社区治理在构建现代基层治理体系和重塑国家现代治理能力中的地位和作用。①

二是明确社区治理的人本观。社会主义民主政治发展的内在规定性决定了居民在社区治理中的主体地位。"一切为了居民，为了一切居民，为了居民的一切"，这是社区建设与治理的起点和终点，这是看得见、摸得着、能够赢得群众拥护的、实实在在的为人民服务。从社会主义民主政治的价值取向来说，我国的社会主义民主政治就是要保障人民家当做主的地位和权利，以实现人民民主为最高价值追求。从民主政治的历史演进来说，人类历史的发展从低级到高级的演进过程，就是科学社会主义基本原理所揭示的向"自由人联合体"逐步发展的过程，人的自由而全面发展是人类社会发展最重要、最本质的问题。从社会主义民主政治发展动力来说，人的积极性、自觉性和主体性是推动社会发展进步的最活跃、最重要的因素，人是社会发展的出发点，也是落脚点。总之，居民是社区建设与治理的参与者、建设者和成果享有者，社区建设与治理的各项工作要始终围绕社区居民的根本利益和意愿展开，使他们乐心乐意、乐居乐治。

三是确立社区治理的系统观。党的十八届三中全会提出了社会治理要坚持"系统治理"、"依法治理"、"综合治理"、"源头治理"的系统治理观。② 在社区建设与治理过程中，要更加自觉地坚持和应用系统治理观，既将社区建设纳入到社会发展的整体战略中予以规划定位，又把社区看作由一个个子系统构成的整体来考量。从当前社区治理所涉及的内容来看，社区治理涉及多领域、多方面的工作，包括社区基层民主、社区文化娱乐、环境保护、社区治安、社区卫生与体育、社区教育等诸多方面，这些方面共同构成社区的复杂系统，因而社区建设与治理具有相对独立的价值取向、要素构成、制度安排和运转逻辑。同时，受制于全面深化改革的时代背景和社会主义发展的阶段性特征，我国的社区建

---

① 参见张艳国、刘小钧《我国社区建设的困境与出路》，《当代世界社会主义问题》2013年第3期，《新华文摘》2014年第1期。

② 《〈中共中央关于全面深化改革若干重大问题的决定〉辅导读本》，人民出版社2013年版，第49—50页。

设与治理体系还没有完全成熟，也没有达到相对稳定的形态。因此，推进社区建设与治理的各项工作，要打破"头痛医头，脚痛医脚"的应急式的思维方式和行为模式，要打破"只见树木不见森林"的片面思维方式和局限性行为模式，要以前瞻性、全局性的指导思想和工作魄力来谋划社区未来的发展规划和发展目标。此外，如同任何社会体制改革正常进行所要求的那样，社区建设与治理的顺利推进还需要有一个相对集中的决策和执行体系。

四是坚定社区治理的法制观。健全的法律体系有助于形成良好的社会秩序，增加行为的可预见性，减少不确定因素，降低交易成本，以制度的完善来推动社会诚信建设，提高社会合作效率。社会主义社会必然是一个法律制度健全、人人遵纪守法、法制文明发达的社会形态。树立社区治理的法制观，就是要将社区建设与治理的各项工作都纳入法制化的轨道，真正确立法制在社区建设与治理中的权威地位，以制度来保障社区建设与治理所取得的各项成果，维护社区建设各参与方的合法权益，从而使社区建设与治理的各项工作在一个稳定有序的社会环境中进行。树立法制在社区建设与治理中不可动摇的权威地位，党政部门及其负责人要带头履行法定职责，遵守法律秩序，从而带动整个社会树立法制规则意识，以法制带动法治，以法治体现法制。还要解决目前在实践中存在的以党的文件、政策代替法律制度的做法，明确区分二者性质、效力以及在社区治理中发挥作用的方式，使社区治理走上良性发展之路。

总之，社会主义现代化建设的发展历程和人类历史上正反两方面的经验教训已经雄辩地证明，思想的高度决定了发展的深度，观念的宽度决定了实践的厚度，思维方式的缜密度决定了实践的力度和主观设定的实现程度。在全面深化改革的时代背景下，社区建设与治理面临着无比丰富而又复杂多变的经济社会形势，这既给社区建设与治理带来了发展的机遇和空间，也带来了挑战和困难。要打破制约社区发展的瓶颈，就要勇于打破传统思想观念的枷锁和固有思维方式的束缚，克服传统行为模式的惯性即传统路径依赖，树立先进的思想观念，才能推动社区建设事业的发展进步。

当前农村基层政权
建设的突出问题与对策建议
——基于对河北146位乡镇干部的调查研究

唐 鸣 田凤娟[*]

【摘 要】当前农村基层政权建设在监督和奖励机制上的薄弱不容忽视,没有真正激发干部的积极性和主动性;在政府职能转型和公共服务的供给中,乡镇政府发挥其应有的职能,农村公共服务供给基本上满足需求,但是资金来源渠道单一,供给仍有不足;在基层政权的关键环节,权力结构和职能的设置与履行中,存在结构的失衡和职能的不明晰。由此笔者提出基层政权建设的四大建议:一是明确政权职能,理顺权力关系;二是深化政府职能转变,建构服务型政府;三是强化监督奖励机制,培养高素质干部队伍;四是丰富资金来源渠道,拓宽公共产品供给机制。

【关键词】基层政权;乡村关系;公共服务;社会治理

农村基层政权建设问题一直备受学界和国家的关注,特别是在全面深化改革的背景下,在国家治理体系和治理能力现代化建设中,基层政权在何种和多大程度上以及怎样促进这一进程,这一问题很值得关注和研究。在当代中国,许多研究者将关注点放在基层干部身上,将他们作为理解国家与农民关系的关键所在。而理解农村基层政权建设的现状也主要是从乡镇干部这一重要的基层群体来认识。为此,笔者对河北省146位乡镇干部进行问卷调查和实地访谈,通过数据分析和理论文献的

---

[*] 唐鸣,男,华中师范大学政治学研究院院长、教授、博士生导师,主要研究方向为政治社会学。田凤娟,女,华中师范大学政治学研究院硕士研究生。

参考相结合，从中总结出农村基层政权建设的基本现状和突出问题，并提出相应的改革对策建议。

一 农村基层政权建设的现状以及存在的问题

基层政权上连"国家"下接乡村社会，是国家权力在乡镇一级的设置，它涉及的是权力主体、权力配置以及权力运行机制，主要包括乡镇人大、乡镇党委和乡镇人民政府等重要的组成部分，而我们在讨论农村基层政权建设时往往也会涉及村民委员会这个群众性自治组织，因此在这一部分主要分析这几个部分之间的关系、机制配置现状和存在的问题，同时进行在新型城镇化背景下的乡镇政府的职能转变和公共产品和服务的供给状况的调查研究，主要是从现有的文献研究和调查研究中的实证分析来总结分析现有基层政权存在的诸多问题。

在实证分析问卷调查中，曾经对乡镇政权建设存在的主要问题进行问卷调查和收集工作，在备选项中列举了诸多文献收集中找到的问题，其中主要有七个选项：乡镇债务繁重、事权大于职权、财政入不敷出、公益事业兴办难、事务性工作繁多、干部积极性不高、职能部门管理不顺，选择限选五项，分析中的调查情况见表1。

表1　　　　　　　　乡镇政权存在的突出问题

	响应 N（个）	响应 百分比（%）	个案百分比（%）
乡镇债务繁重	47	12.8	34.8
事权大于职权	74	20.1	54.8
财政入不敷出	68	18.5	50.4
公益事业兴办难	89	24.2	65.9
事务性工作繁多	90	24.5	66.7
总计	368	100	272.6

注：总样本146份，有效样本135份。本题为限选五项，总计个案百分比>100%。

在这样的数据分析中，可以看到的是在干部工作中乡镇政权建设的问题更多的是体现在具体的政府工作事情中，突出的问题排名情况由高到低依次是事务性工作繁多、公益事业兴办难、事权大于职权、财政入不敷出、乡镇债务繁重。实证分析由于本身固有的缺陷和问卷设计环节，实际调查环节中都会有很多的不可控因素，但是数据本身还是具有一定的实际代表性的。乡镇政权建设在不同的时期其发挥的作用和本身的地位，以及其存在的问题都有其深刻的历史现实，而分析目前的乡镇政权建设不仅需要阅读大量的资料，还要具有实证的分析模式和框架。以下主要分析介绍乡镇政权建设现状的四个方面。

（一）基层政权：权力结构的失衡

乡镇基层政权作为国家政权序列的最基础部分，代表着"国家"对农村社会进行直接治理。它的地位和作用相当重要，其行为在相当大的程度上关乎国家的权威和合法性基础的建构。现有的乡镇政权一般有乡镇人民代表大会、乡镇人民政府和党的农村基层组织构成，人民将乡镇党委、乡镇政府、乡镇人大、乡镇纪委、乡镇武装部乃至乡镇政协组织称为乡镇的"五大班子"或"六大班子"，一般主要是注重前三者之间的权力配置。乡镇基层政权的结构和权力分配基本上是"上下同构"，这样主要是便利了与上级机构的"交往"，并不是出于乡村治理的实际需要，这就在一定程度上阻碍了乡镇政权的良性运行和民主化转型。

1. 乡镇人大权力缺失

从法律上或制度设计上来看，乡镇人大是最基层的国家权力机关，由本行政区域内的选民直接选举代表组成，代表人民行使国家权力。乡镇政府是乡镇人民代表大会的执行机关，必须对人大负责并报告工作，接受人大的民主监督。同时，作为一级基层国家行政机关，乡镇政府必须对上一级人民政府负责并报告工作。此外，党的农村基层组织是由乡镇党委及其下属的农村党支部共同组成的，是乡镇、村各种组织和各项工作的领导核心。

然而，实际的情况却是乡镇党委权力最高，居于乡镇机构的首位；乡镇政府权力最实，不但机构设置庞大，而且功能最多；乡镇人大的权力最弱，处于乡镇权力结构的边缘地位，其既不能任命干部、对重大事项进行决策，也不能对乡镇政府进行有效监督和有力的制约。

从图1、图2的对照中，一方面可以看出党委、政府和人大之间的配合状况良好，但是没有得出的是"这种工作配合是在什么意义上的配合，三者之间在以什么样的关系配合工作"的结论。另一方面乡镇人大和党委、政府之间的关系，在乡镇干部的观念中，34.75%的人认为乡镇人大受党委的领导，26.24%的认为乡镇人大形同虚设，只有27.66%的人认识到了这种法律和制度最初设计中的监督和被监督的关系。

我国的乡镇人大从机构设置上来讲，组织机构相对健全，这为乡镇人大履职奠定了良好的组织基础。宪法赋予乡镇人大诸多权力，但是在现实的实践中，特别是在有些干部的领导观念中，乡镇人大成为"可有可无"的设置，有了它反而增加了协调难度和麻烦。有的认为乡镇人大没有硬指标，都是务虚工作。从图1、图2也可以看出有些领导干部对乡镇人大的地位、作用认识尚且如此，更不用说普通老百姓了。

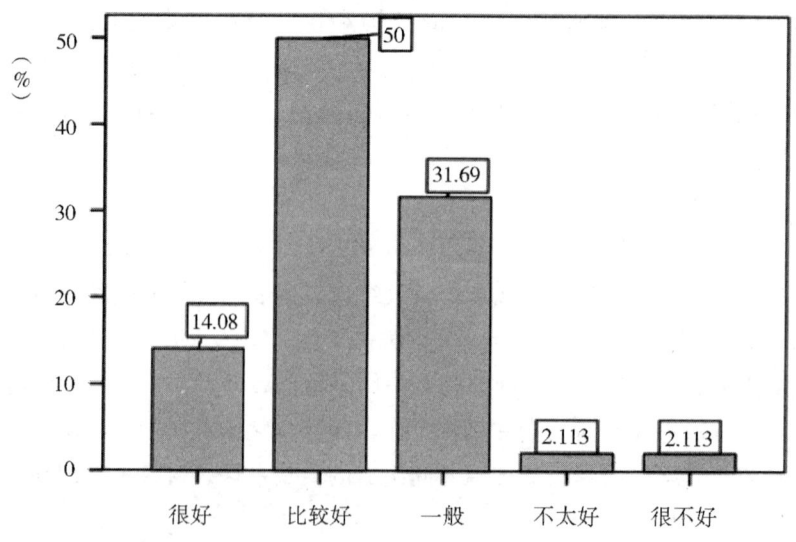

图1　乡镇党委、政府、人大之间的工作配合情况

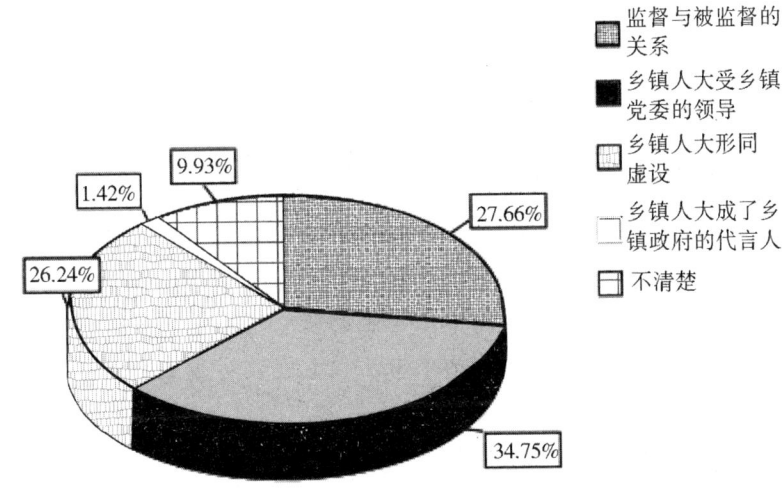

图2 乡镇人大与党委、政府之间的关系

乡镇人大具有宪法规定的多项职能,但是在乡镇政权的实际运行中,其职能并没有得到有效的发挥。表2中显示的是乡镇领导干部对于现行人大履行职能情况的调查,分析中得出:民主监督乡镇行政是乡镇人大最应具备的职能,其次是向政府反映民众要求,然后是审议乡镇财政。一方面反映了干部对于人大寄予了很高的期望,在一定程度上认识到了人大的权力和地位;另一方面反映的是在实际运作中乡镇人大的职能并没有得到很好的发挥,只是限于选举人大领导、选举乡镇政府上,而其监督职能并没有得到很好的发挥。

表2 乡镇人大应该具备的职能

		民主监督乡镇行政	向政府反映民众要求	审议乡镇财政	选举乡镇政府、人大领导	决定乡镇范围内重大事项	任命乡镇政府部门负责人
样本	有效	142	142	142	142	142	141
	缺失	4	4	4	4	4	5
响应	是	113	94	66	50	48	30
	否	29	48	76	92	94	111

续表

	民主监督乡镇行政	向政府反映民众要求	审议乡镇财政	选举乡镇政府、人大领导	决定乡镇范围内重大事项	任命乡镇政府部门负责人
有效百分比（%）	79.6	66.2	46.5	35.2	33.8	21.3

注：总样本146份。在此题设计中答案为可以多选，因此总百分比>100%。

在乡镇政权的实际运作中，乡镇党委一直是位居乡镇一切组织之上，依然存在很严重的"党政不分、以党代政"现象。而作为基层国家权力机关的乡镇人大，无从监督乡镇政府的行政工作，从而使乡镇人大处于乡镇权力结构的边缘地位。

2. 县乡村的权力矛盾

从乡镇治理的视角来看，国家与农村社会的界限一直不清，乡镇政权对下扩张有余，对上依赖过度，乡镇政权一直锁定在一种自上而下的行政支配型的运行机制中。县乡村的权力关系的矛盾和揪扯不清，特别是体制越来越官僚化和正规化，县乡村体制逐渐成为实现自我利益的工具，县乡村体制本身存在的体制弊端和权力的矛盾是制约乡镇政权建设的重要原因。

3. 县乡关系：条块分割下的乡镇政权

条块分割是在计划经济体制下的一种中央与地方、地方与地方的权力划分，随着中央政府放权式改革和以市场化为导向的行政体制改革，这种条块分割的作用已经微乎其微了。但是在县级以上政府条块矛盾逐渐消解的同时，基层政权一级的条块冲突却尖锐起来，在中央与地方的权限关系正在通过分税制进行科学、合理调整的情况下，县级政权仍旧采用"条""块"的划分来分割乡镇政权的权力。作为中国农村基层政权组织，乡镇政权在很大程度上失去了独立的地位：它只能接受上级党政组织与各部门下达的指令与任务，几乎没有必要的权力和人、财、物，来根据本辖区的实际情况，独立制订社会经济发展计划。而"条条"部门则往往强调本部门的利益，很难考虑到乡镇辖区的整体利益。

图3表明，在干部的工作实践中，认为乡镇工作压力是来自上级政府的比例将近一半，其次是村民工作中带来的压力。在现行的县乡体制

中，乡镇工作受到条块分割格局的影响。近 10 年来，中央不断强调"理顺条块关系、增强乡镇政权职能"表明，农村改革发展到现在，乡镇一级的条块分割问题远远没有得到解决，理论上是双重领导，实际上由县级主管部门决定人、财、物的"条条"部门，分割了乡镇政权权力的完整性、统一性和独立性。对于这些名义上是乡镇政府组成部分的部门，无论乡镇党委还是乡镇政府，都无法行使有效的管辖权和治理权。

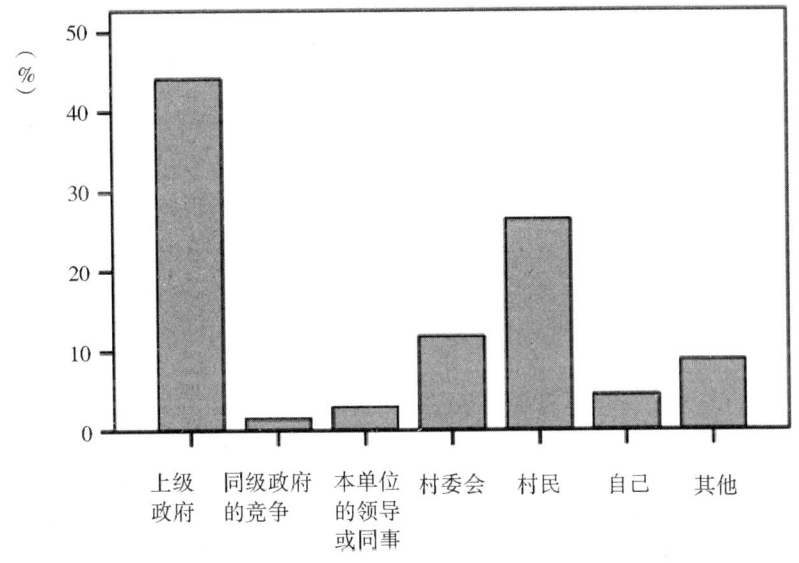

图 3　乡镇工作压力

4. 乡村关系：乡镇行政权对农村自治权的侵蚀

在乡政村治的乡村治理体制下，农民获得了自治权力，是根据现代民主的原则运行的，但是村级组织的存在是作为有限的自治权和村民参与的自治组织，如何通过村民自治的形式来完成国家对农村的有效治理，是有关"乡政村治"的制度涉及的问题。就乡镇政权与村委会的关系而言：前者处于国家行政系统，后者属于社会自治系统，村委会不但履行村务的管理功能，还承担着来自乡镇政权的国家行政管理的职能，尽管从理论上说，乡镇政府与村民委员会之间不是领导与被领导的关系，而是指导与被指导的关系，但是在实际操作过程中，理论上的指导关系自然地转化为领导与被领导的关系。在落实乡镇政府的行政任务时，村委会已经在实质上进入了政府行政管理的范围。

表3对乡村治理中最重要的关系进行了统计分析，在乡镇干部的认识中干群关系和乡村关系是在乡村治理中占据重要地位的关系。其中对乡村关系的重要性的认识也在一定程度上反映了，在乡村治理中这种关系是处于一种紧张的和被重视的状态。在乡村关系中，乡镇行政权的扩张，外在地表现为某种程度上的"无限性"，从而造成了与村治的冲突。

表3　　　　　　　　　　**乡村治理中最重要的关系**

	响应 N（个）	响应 百分比（%）	个案百分比（%）
乡村关系	82	25.1	57.7
党政关系	38	11.6	26.8
条块关系	23	7.0	16.2
县乡关系	20	6.1	14.1
干群关系	107	32.7	75.4
政事关系	33	10.1	23.2
政社关系	24	7.3	16.9
总计	327	100	230.3

注：总样本146份，有效样本142份。在此题设计中答案为限选三项，因此总计百分比>100%。

当前的乡镇政权从权力结构上来讲，是处于一种权力失衡的状态，一方面是党委、政府和人大的权力错位，特别是"党政不分、以党代政"，权力高度集中于乡镇党委，政府和人大难以发挥权能，特别是人大的权力缺位。另一方面则是涉及县、乡、村三者之间关系的调试问题。"国家"与农村社会关系的重构，是建立适应民主化和市场化的发展的现代乡镇治理结构的权力优化的重要方面。

（二）干部队伍：监督和激励机制的弱化

农村基层干部相对于其他干部群体而言，人数最多、接触面最广，其素质高低、作风好坏直接体现我们党和国家政权的性质，对于政权的巩固起着直接的关键作用。必须肯定的是，我国农村基层干部素质已经明显得到了提高，思想观念也发生了显著的变化，知识结构明显改善，业务能力显著增强。但是在新形势下也面临一些新的挑战，农村干部需要具备更多的开拓创新、与时俱进和驾驭全局的能力。

在调查问卷中，对于新型城镇化背景下，乡镇干部应该具备哪些能力的调查中，开拓创新能力为37.7%，依法执政能力为19.9%，联系群众能力15.8%，驾驭全局能力11.6%，政策执行能力6.2%，危机处理能力5.5%，事务管理能力1.4%，学习能力0.7%。乡镇干部在挑战面前一定程度上认识到自己的不足和需要改进之处，其思想观念具有适应新时期的与时俱进性。同时值得肯定的是，乡镇干部的文化素质和知识结构也有了明显的改善。在调查访谈的146位乡镇干部中，30岁以下的有14人，31—40岁的有44人，41—50岁的有67人，50岁以上的21人。其中，文化程度初中及以下占1.4%，高中及中专水平占13%，大专及本科占83.6%，研究生及以上占1.4%。干部政治面貌构成中，中共党员占到83.6%，共青团员3.4%，民主党派0.7%，群众11.6%。虽然学历结构不能百分之百说明文化程度的高低，但它确实是主要标志之一。所调查地区乡镇干部文化程度比较高，知识结构比较合理。从年龄结构中看出，干部年龄普遍在50岁以下，而且40岁以下干部占一定的比例，年龄结构较为合理，应该是年富力强、知识丰富、能够干事业出成果的一批干部。当然，并不是说全国的农村基层干部状况都是这样，但是应该是具有一定的代表性，说明一定程度上我国农村基层干部队伍建设和培训工作取得了一定的成效。

在调查问卷中，针对农村基层政权建设干部队伍的作风建设、组织建设、制度建设等做了详尽的调查。例如，"您如何评价乡镇领导干部的工作作风"一题的调查结果显示，4.8%受访者选择非常满意，20.3%的受访者选择比较满意，13.8%的受访者选择不太满意，10.3%的受访者选择非常不满意。问卷调查中大部分涉及的是针对当前干部队伍制度建设和组织建设的现状和存在问题的调查,特别是干部监督机制和激励机制应然性和实然性的调查。

表4 乡镇领导班子建设最突出问题

	响应		个案百分比(%)
	N(个)	百分比(%)	
职责不清、分工交叉	55	17.7	39.3
班子成员能力不强	40	12.9	28.6
班子成员年龄偏大、文化偏低	23	7.4	16.4
民主集中制没有落实	53	17.0	37.9
上下条块分割、管理体制不顺	49	15.8	35
党员干部相互不信任	20	6.4	14.3
干部工作积极性不高	71	22.8	50.7
总计	311	100	222.2

注:总样本146份,有效样本140份。在此题设计中答案为限选三项,因此总计百分比>100%。

在表4中显示的是对乡镇领导班子建设的突出问题进行的调查。数据显示,干部工作积极性不高,职责不清、分工交叉,民主集中制没有落实,上下条块分割、管理体制不顺等选项选择率相当。干部队伍建设的制度机制存在的不足严重制约了干部的积极性和工作的展开。与此同时,考核奖励机制与监督机制并行,但是二者只有合理分配才能相得益彰。在利益多元化的市场经济条件下,"官僚主义现象"是一种制度和个人双重作用的结果,首先是制度诱因的作用,在效率和责任的促使下,如何兼顾公平,只有公平、责任、效率三位一体,才能构筑有效制度的大厦。

图4是在调查问卷中对于"您认为对乡镇领导干部最直接、最现实、最有效的监督方式是哪种"的统计结果。在被访问者的回答中可以看到,群众监督的地位和作用得到深刻的重视,其次是县级以上部门的监督。但是,认识上的重视不代表在监督机制中群众监督发挥了实质

性作用,在监督上存在消极和被动对待监督的对象,民主集中制没有得到很好的落实,干部内部监督薄弱,"一言堂"现象时有发生。另外,就监督主体而言,群众监督并没有发挥最现实的作用,更多的还是来自上级部门和同级党委、纪检监察部门等专门部门的监督,没有形成监督合力。值得肯定的是,群众的监督作用是干部充分认识到的,但是在制度设计和现实工作中没有真正得到落实。除此之外,应该将农村社区监督、网络监督、媒体监督等监督渠道纳入干部监督协调机制,形成监督合力。

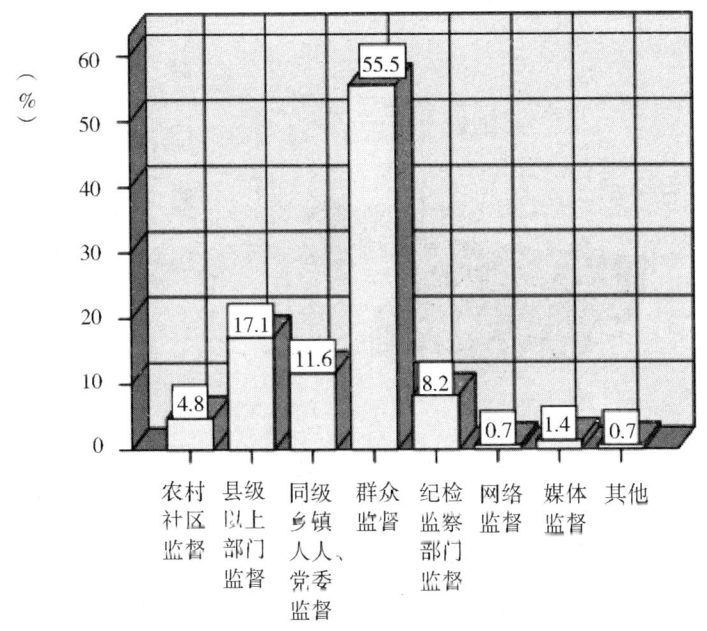

图4 对乡镇干部的监督

基层干部组织建设中非常重要的是考核激励机制,调查问卷在问到"您认为乡镇考核对您有激励作用吗"?受访者的回答显示,36.3%的认为有,并比较积极地投入工作;28.77%认为有,但是没有实际行动;30.82%的认为没有,只是形式。

乡镇干部激励机制的弱化的关键性原因的调查中,如图5显示,其中认为是考核激励"纸上谈兵"的占到32.17%,监督激励"一团和气"的占到25.87%，另外占到16.08%的受访者认为是物质激励成了"无米之炊"。当前的干部考核机制在多大程度上做到了效率、责任与公平的统一，为了更好地达到这样有效的制度设计，引入了激励机制。但是在现实中激励机制并没有很好地发挥作用，特别是监督激励"一团和气"，利益的获得必须要有监督的存在，特别是对权力拥有者的监督。在考核指标刺激下的激励机制在一定程度上获得了与预期相反的结果，监督机制的不完善也带来了激励机制的不健全和弱化。

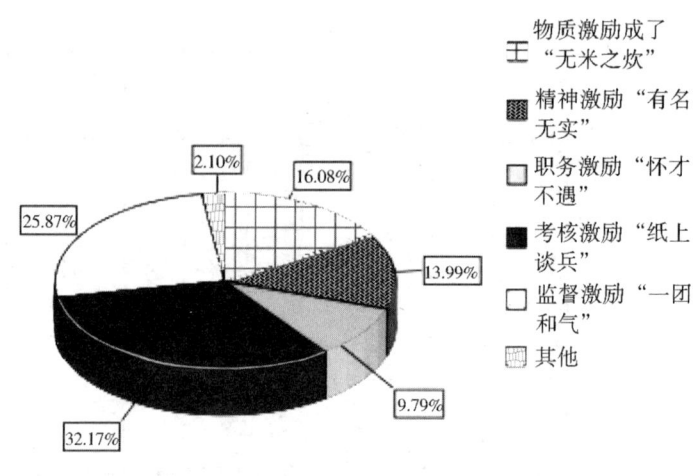

图5　激励机制弱化的原因

（三）乡镇政府：职能转型的挑战

依据宪法和地方组织法的规定，乡镇政府是我国的基层国家行政机关和乡镇人大的执行机关，执行乡镇人大的决议和上级国家行政机关的决定和命令，管理本行政区域内的行政工作。乡镇政府是我国基层社会的行政"末梢"，直接面向我国社会基层，是国家和政府联系广大人民群众的桥梁和纽带，起着承上启下的作用，在中国行政体系中占据着极其重要的地位。乡镇政府的机构设置和职能由宪法和地方组织法等相关法规规定，但是当前的乡镇政府依然普遍存在着行政机构上的"条块分割"和职能不清问题，这也是在20世纪90年代后，国家非常重视乡镇机构改革问题的原因。乡镇政府的主要职权包括四个方面：一是执行权，二是管理权，三是制令权，四是保护权。从乡镇政府的这些职能来看，乡镇政府的主要职能是行政管理。但是，伴随着基层民主的发展和其乡镇政府自身的结构转型，其主要职能必须做出相应的调整，即以行政管理为主转型为以乡村治理和公共服务为主。十八届三中全会之后的治理体系和治理能力现代化下的由"管理"向"治理"转型，虽然仅一字之差却有着根本的分野。

从根本上解决政府机构改革，关键是要推进政府职能转变。在国家现代化转型中的乡镇政府承担着乡村基层治理的重任，乡村治理的根本目的是促进农村的全面协调持续发展，乡镇政府转型工作任重而道远。

乡镇政府职能转型是必然趋势。表5是对乡镇政府职能转型的主要原因所做的调查数据分析，从中可以看到，各种原因都在促使着政府职能转型，这是乡镇政府机构改革和在新形势下的必然要求所致。其中主要原因即可反映出当前乡镇政府机构存在的主要弊端，包括机构臃肿，财政供养人员过多；在公益事业和处理负债方面陷入困境（负债严重）；乡镇与站所权、责、利不统一；相互关系难协调（条块分割）；体制障碍，党政关系难以理顺（党政不分）。这些问题是促使乡镇政府职能转型的关键，其实质是促使政府机构改革和体制创新。

表5　　乡镇政府职能转型的主要原因

	响应 N（个）	响应 百分比（%）	个案百分比（%）
机构臃肿，财政供养人员过多	63	18.4	45.3
乡镇政府职能转变滞后，公共服务能力较差	79	23.0	56.8
乡镇在公益事业和处理负债方面陷入困境	53	15.5	38.1
体制障碍，党政关系难以理顺	40	11.7	28.8
乡镇与站所权、责、利不统一，相互关系难协调	48	14.0	34.5
乡镇政府缺乏权威	37	10.8	26.6
村两委交叉任职后，乡镇工作难度大	23	6.7	16.5
总计	343	100	246.6

注：总样本146份，有效样本139份。在此题设计中答案为可多选，因此总计百分比>100%。

乡镇政府职能转型具有长期性和艰巨性。乡镇政府职能转型调整的不仅是自身的结构和职能，同时必须对县乡村关系体制进行相应的改革，必须对各自的职权进行合理界定。在表6中，占最大比例的是增强公共服务能力，其次则是乡镇制度的改革，包括选举领导人制度、乡镇权力结构调整，同时还涉及县乡关系体制改革、合理划分权限、扩大乡镇政府权力。在表7中，乡镇政府职能转型的难点是当下职能转型的瓶颈，包括财力不足，无钱办事，在"条块分割"的县乡关系格局下，特别是在税费改革之后，乡镇财政困难，负债累累，对上级财政依赖过度，没有广泛的资金来源渠道，难以办事。另外，缺乏民主监督和群众缺乏有效的参与渠道，这是基层民主发展要求与机制不健全的矛盾，民众的民主意识和参与意识提高，但是并没有有效的参与渠道，政府职能转型中很大一部分是要回归市场和社会，而完善的机制建立是必要的前提。

表6　　　　　　　　　　乡镇政府职能转型重点

	响应 N（个）	响应 百分比（%）	个案百分比（%）
转变政府职能，增强公共服务能力	110	34.6	79.1
理顺县乡关系，合理划分各自权限	38	11.9	27.3
革新选举制度，民主选举乡镇领导人	52	16.4	37.4
精简机构和人员，优化乡镇权力结构	40	12.6	28.8
加强乡镇建设，扩大乡镇政府权力	35	11.0	25.2
实行党政领导交叉任职	19	6.0	13.7
提升乡镇人大权能和工作效率	24	7.5	17.3
总计	318	100	228.8

注：总样本146份，有效样本139份。在此题设计中答案为限选三项，因此总计百分比>100%。

表7　　　　　　　　　　乡镇政府职能转型难点

	响应 N（个）	响应 百分比（%）	个案百分比（%）
乡镇政府财力不足，无钱办事	97	25.7	70.3

续表

	响应 N（个）	响应 百分比（%）	个案百分比（%）
缺乏民主监督	63	16.7	45.7
群众缺乏有效参与渠道	56	14.8	40.6
乡镇政府的职能转变跟乡镇干部的利益有冲突	34	9.0	24.6
乡镇只对上负责不对下负责	47	12.4	34.1
乡镇将精力过多地放在招商引资等经济工作上	27	7.1	19.6
乡镇干部观念难以转变	19	5.0	13.8
县乡之间压力型体制使乡镇政府职能难以转变	15	4.0	10.9
乡镇工作考核机制不合理	7	1.9	5.1
基层群众互动参与不足	13	3.4	9.4
总计	378	100	274.1

注：总样本146份，有效样本138份。在此题设计中答案为限选五项，因此总计百分比>100%。

（四）公共服务：供给不足与缺失

公共服务是乡镇政府职能转型的重要方面，在"管理"向"治理"的转型中，乡镇改革的重心都应该切实转向"转变政府职能"——将乡镇改造成为真正为农民提供公共服务的一级组织。在相当长的一段时间内乡镇这一级组织都不可能取消，乡镇组织在农业税取消后，其职能也必须随之改变，工作的重心主要是执行和落实党在农村的各项方针政策、向辖区农民提供必要的公共服务。这些公共服务主包括社会秩序、适用技术、公共卫生、社会保障、农村基础设施建设等项目。"十二五"规划纲要明确指出，要建立健全基本公共服务体系，推进基本公共服务均等化。近年来，国家和政府不断加大对农村公共服务的投入，农村公共服务现状不断得到改善。同时，我们要看到农村公共服务得到改善也存在不少问题。由于我国长期以来的城乡二元结构，公共资源的配置主要向工业和城市倾斜，农村公共服务的提供基本上是自上而下的，农民没有真正参与并表达需求，使得农村公共服务在总量不足的同时也存在结构的失衡。

基本公共服务得到改善,但仍有供给不足。表8和表9反映的是受访的乡镇的公共服务供给状况的调查数据。可以看到,农村教育文化卫生社会保障等社会公共服务有所加强,包括义务教育,建有文化室(图书馆)、幼儿园、小学等文化设施;同时新型农村合作医疗和养老保险等社会保障制度有所改善;农村生活条件得到改善,道路、农田、水利设施得到改善,建有户外活动广场和体育健身设施,交通条件和生活娱乐活动有所改善。但是,技术性的公共服务则供给不足,包括农业技术指导、就业服务,还包括农村信贷服务等。在调查过程中对于居民急需的公共服务进行了分析总结,其中环境保护和乡村道路建设、农业实用技术推广、社会治安和公共安全、农产品供需信息等服务占有较高比例,这些农民生活生产急需的基础性公共服务供给不足,道路建设和饮用水设施建设等远远低于城市水平,并未达到标准要求。随着农业生产的规模性和现代化,对于农业实用技术推广和农产品供需信息的提供是发展农村经济所必需的公共服务。

表8　　　　　　　　　　　　　提供的公共服务

	响应 N（个）	响应 百分比（%）	个案百分比（%）
义务教育	101	15.2	72.1
"新农合"（新型农村合作医疗）	124	18.7	88.6
新型农村养老保险	113	17.0	80.7
农业技术指导	58	8.7	41.4
道路、农田水利等基础设施	75	11.3	53.6
文化娱乐服务	59	8.9	42.1
社会治安	60	9.0	42.9
就业服务	32	4.8	22.9
农村信贷服务	42	6.3	30
总计	664	100	474.3

注：总样本146份,有效样本140份。在此题设计中答案为可以多选,因此总计百分比>100%。

表9　　　　　　　　　　公共服务机构和设施

	响应 N（个）	百分比（%）	个案百分比（%）
（社区）综合服务大厅	57	6.5	41.6
卫生室	115	13.1	83.9
文化室（图书馆）	73	8.3	53.3
农技推广站	61	7.0	44.5
警务室	64	7.3	46.7
敬（养）老院	71	8.1	51.8
幼儿园	67	7.6	48.9
便民超市	70	8.0	51.1
小学	95	10.8	69.3
户外活动广场	75	8.6	54.7
体育健身设施	75	8.6	54.7
公交车站点（码头）	53	6.1	38.7
总计	876	100	639.2

注：总样本146份，有效样本137份。在此题设计中答案为可以多选，因此总计百分比>100%。

公共服务财政投入不足，资金来源单一。在调查"您觉得当前对于乡镇公共服务的财政投入是否充足"时，受访者中41%的认为比较不够，31%的认为完全不够，只有近27%的认为是基本够或者比较够。在问到"您认为乡镇公共服务存在的主要问题还有哪些"时，33%的受访者认为是政府财政投入不足。这反映了当前的公共服务资金投入不足。包括政府财政投入不足，同时表10中反映的一个问题是当前的公共服务资金来源渠道较为单一，主要是来源于上级政府拨款，资金单一分散。虽然国家每年都有涉农资金扶持，但真正用于农村公共产品服务的资金远远满足不了需求。公共服务不可能再像计划经济时期那样以政府大包大揽的方式提供，市场化、社会化的方式提供公共服务是必然趋势，这也是当前社会治理体系创新的要求，这就需要社会更加多元的资金渠道和支持力度，形成发展农村事业合力。

表10　　　　　　　　　　公共服务的资金来源

	响应 N（个）	响应 百分比（%）	个案百分比（%）
上级政府拨款	126	46.0	93.3
本地企业赞助	50	18.2	37.0
村委会引导下的村民集资	51	18.6	37.8
信用社贷款或银行贷款	24	8.8	17.8
社会捐赠	23	8.4	17.0
总计	274	100	202.9

注：总样本146份，有效样本135份。在此题设计中答案为限选三项，因此总计百分比>100%。

在对146位乡镇干部的访谈和问卷调查中，通过实证分析可以总结出农村基层政权建设的基本现状及其存在的主要问题，主要有以下四个方面：第一，从政权建设的权力机构和职能设置来看，存在着权力的失衡，包括乡镇人大权力的缺失，存在"党政不分、以党代政"现象，乡镇人大在实际中处于权力的边缘。县乡村权力存在矛盾性，表现为条块分割下的乡镇政权以及乡镇行政权对农村自治权的侵蚀。第二，在基层党组织内部乡镇干部的组织机制方面的欠缺，集中表现在监督机制和奖励机制的弱化。第三，在乡镇政府职能转型中的长期性和艰巨性上，面临着财政困难、公共服务能力不足、缺乏民主监督和群众有效的参与渠道。第四，在乡镇政府公共服务供给中的现状和问题，主要表现为基本公共服务得到改善，但仍有供给不足、公共服务供给的财政投入不足、资金来源单一等问题。

二　进一步优化农村基层政权建设的对策建议

农村基层政权建设进入了全面深化改革时期，在民主化和市场化的驱动下，基层政权也有了新的功能和改革的方向。在新时期背景下，基层政权不再是过去的"管控式"的管理模式，而是向服务型的治理模式转变；不再是政权自身的单一行为，而是向社会整合资源，推动国家和社会双向互动的行为模式。在农村则体现为一种培育农村社会组织、扩大群众参与渠道、整合农村社会资源的途径。除此之外，基层政权建设本身也存在改革的瓶颈，特别是旧有的体制弊端，这是一个长期的过程。因此，农村基层政权建设是在改革其自身建设问题的基础上，推动乡村治理体系的过程，从而实现乡村社会的繁荣发展。

（一）明确政权职能，理顺权力关系

一是完善基层党的领导体制。完善党的领导体制，乡镇党组织严格履行宪法和法律规定的职责，严格实现党政职能分开，而不是包办人大和政府的具体工作。第一，必须确立党政职能分开的执政理念。明确"党政"是两种完全不同性质的组织，具有各自不同的权力来源、组织原则和运行方式，明确乡镇党委的职责是政治领导、思想领导和组织领导。第二，必须从制度上保证党政合理分工。从制度上更加明确乡镇党委、乡镇人大以及乡镇政府的职能分工，制定各自的职责权限和工作制度，使基层党政分工。这样，既能加强基层党组织建设，又能扩大农村基层政权的合法性基础，进一步巩固国家政权的建设。

二是健全乡镇人民代表大会制度。在现状分析中得出了乡镇人大虚化，处于权力的边缘，乡镇党委处于权力的中心的现实。首先，必须树立乡镇人大的权威。人大具有宪法规定的权力和地位，必须从传统的"党委决策、政府执行"习惯模式向"人大决定、政府执行"法治模式转变。其次，健全农村基层人大选举制度。应严格按照选举法规定的选举制度办事，不搞"人治"，不搞"委派"，同时健全选举制度必须以时代更新和当地实际为前提。最后，要完善乡镇人大监督制度。乡镇人大具有监督权力，即对乡镇政府的监督，这种监督在实际中已经流于形式，没有起到应有的作用。必须完善乡镇人大的监督制度，依法行使监督职权，不断加强和改进监督工作。

三是理顺县乡权力关系。影响乡镇政权建设的县乡关系，实质上是指县乡行政体制运行上的权力关系，现行行政体制上的县乡权力关系严

重失衡。理顺县乡权力关系，第一，必须确立县乡之间的法律化分权。县级政府要放权，由乡镇政权独立决定，自主管理本区域的社会经济生活，使乡镇政权的权力、责任、能力达到行政上的均衡状态。县级政府不再以行政命令干涉，而是监督、指导和协调。第二，取消"条条"的垂直管理。从根本上解决乡镇政权的条块矛盾，必须尽可能将"条条"归还乡镇管理，如将财政、税务、工商等职能部门的人、财、物全部下放由镇管理，上级部门只进行业务指导。

四是明确乡政与村治的关系。首先，要明确乡镇与村委会的关系。国家需要健全具有可操作性的法规，严格规定政府的责任，对其越权行为具有处罚措施。其次，要加强村民自治自身建设，提高村民的自我管理意识和能力以及村委会的工作能力，教育农民和村干部学会行使民主权利，正确认识与党委和乡镇政府的关系。

（二）深化政府职能转变，建构服务型政府

一是改革乡镇行政体制。第一，要推进政府机构改革。包括逐步实现乡镇领导的直接选举，使农民成为乡镇政府的权力来源，形成向农民负责的责任机制。精简机构，减少人员，在此基础上统一乡镇工作人员的身份。定编定员，合并职能相近的机构，撤销能够由中介组织承担职能的机构，将某些事业单位转化为经济实体。为了有效控制乡镇工作人员的数量和质量，应当通过考试录用，纳入国家公务员系列，以调动他们工作的积极性。第二，推动乡镇财政改革。乡镇政府缺乏独立的财政支持是其开展各项工作的重要瓶颈。税费改革之后的乡镇财源单一，可以在税收分配上给乡镇更大的份额，同时可以适当在乡镇开辟一些新的税种，加大中央的转移支付资金水平以及建立规范的专项拨款制度等。在财政预算编审和决算制度上，更多地尊重地方的自主权。

二是强化公共服务职能。新型城镇化背景下对公共服务的供给要求越来越高，乡镇政府的功能更多的是供给一体化的公共服务。首先，乡镇政府要强化公共服务意识，加快转变政府职能。特别是在干部教育和培养中更多地培养其公共服务意识，学习和创新公共服务供给机制，为更好履行公共服务职能打下基础。其次，不断完善公共产品供给机制。包括农村文化、农村教育事业、农村医疗卫生事业、农村社会保障、农

村环境建设等所有公共事业的完善和建设。最后，国家需要加大财政转移支付力度。公共财政更多地覆盖农村公共服务事业建设，同时，吸收民间资金，扩大公共服务建设的资金来源，将闲散的社会资金吸纳到公共服务事业的建设中来。

三是强化社会治理职能。新时期的农村问题具有复杂化和多样化特性，维护农村社会稳定和谐，解决农村的突出矛盾和问题，加强社会治理职能是乡镇政府的重要工作。第一，要开展农村法制教育，增强基层干部和农民的法制观念。逐步健全农村法律援助体系，为农民提供优质的法律服务。第二，加强农村纠纷解决排查工作力度，建立多层次、全方位的农村社会矛盾纠纷解决机制。第三，加强和改进信访工作，进一步拓宽农民群众利益诉求表达渠道。对农民上访采取"疏"而不是"堵"，有效预防和减少因矛盾激化而引发越级上访事件。第四，要完善农村社会治安工作。加大对农村恶势力等危害社会稳定力量的打击，包括反对和制止利用宗教、宗教势力干预农村公共事务，坚决取缔邪教组织。

（三）强化监督奖励机制，培养高素质干部队伍

一是加强干部教育培训。把农村工作的需要作为出发点和归宿，着力提高乡镇干部的理论水平和实用知识能力，要创造条件和机会使乡镇干部参加学习、考察、观摩等。第一，强化干部责任意识和使命感。牢固树立科学发展观和政绩观，培养干部正确面对新时期的各种诱惑时坚定使命感和责任感。第二，加强政治理论知识和相关政策的学习。深入学习科学发展观和执政为民的理念，同时加强有关国家对农政策的学习。第三，学习现代科技、管理、经济、法律等知识，努力提高带领农民发家致富的能力和解决各种农村实际问题的能力。第四，加强实用技术学习，在实践中锻炼干部能力。把乡镇干部放到一线，让其独立负责，调处基层矛盾，驻村解决实际问题，在实践中经受磨炼，锻炼党性，提高其服务人民意识和科学决策、统揽全局的能力。

二是完善和加强考核激励机制。完善的考核激励机制是提高干部凝聚力和向心力的重要之举。应本着"权责统一、目标明确、突出实际、效能管理"的原则，以及"平时与定期、定性与定量、领导与群众"

相结合。第一，效能管理，注重考核结果运用。对德才兼备、群众公认又取得突出实绩的干部，给予提拔使用，甚至破格提拔；对实绩平庸者，要实行降职、免职处理。打破"干好干坏一个样"的平均主义，充分调动干部工作的积极性和主动性，实行工作量化与工资挂钩，制定目标管理考核办法，严格兑现奖惩。第二，加大在一定范围内的公开考核结果，强化考核结果的运用，自觉接受群众和领导的监督，监督考核"分庭抗礼"，打破"一团和气"，切实使考核激励机制真正公开透明，为调动干部工作积极性提供机制保障。

三是强化乡镇干部监督机制。第一，有序推进党务、政务、财务公开。乡镇干部工作的公开是实现监督的基础。公开内容要具有真实性、完整性和及时性，公开内容要根据中央规定和本地的实际情况而定，公开形式可以多样化，包括公开栏、印发文件、新闻媒体、网络公布等。第二，拓宽监督渠道，形成监督合力。群众监督是对乡镇领导干部最直接、最现实、最有效的监督，同时加强组织部门与执纪、执法、审计、信访等有关部门的协调配合，形成干部监督合力。另外，随着新闻媒体网络的传播，媒体监督和网络监督也成为监督的重要有效力量，为提高新时期干部监督工作的整体水平和效果，发挥了积极作用。三是建立和完善干部教育引导、自我监督和督察警示制度。包括对干部的思想教育、谈话教育和自我教育，督促其树立正确的权力观、地位观和利益观，及时监督和提醒其梳理和改正，自我完善具有苗头性、倾向性的错误。

（四）丰富资金来源渠道，拓宽公共产品供给机制

一是政府主导，加大财政投入。公共产品的"公共性"特征决定了政府在整个供给过程中的主体地位。第一，实现工业反哺农业，为公共产品供给提供财力支持。逐步缩小工农产品价格剪刀差，同时工业反哺农业，要给予农民相应的补偿，为公共产品的供给提供财力支撑。第二，加大农业和公共产品财政投入。建立专项资金转移，加大财政资金转移支付力度，包括国家对农村公共产品的财政倾斜，同时地方政府要给予补助。第三，建立农民需求意愿的表达机制。改革自上而下的供给决策机制，导入农民的需求表达，特别是针对地方公共产品需求的差异性和特殊性，建立一套自下而上的需求表达机制尤为重要。根据农民的公共产品需求进行的财政投入和建设，才是真正适应农民生产生活需要的"公共性"产品。

二是社会参与，吸纳民间资金。随着城乡一体化进程和农村经济社会的发展，农村公共产品的需求越来越大，仅仅依靠政府财政投入无法立即补上供给缺口，因此有必要适当引入市场机制，利用市场力量、社会力量和非政府组织来提供公共产品，丰富资金来源，建构多元的供给机制。第一，对于部分准公共产品可以采用政府与市场混合的方式来提供，在明确产权的前提下，积极引进民间资金和外资，按照"谁引进、谁收费"、"谁投资、谁受益"的原则。第二，对于那些投资较小、受益对象明确但排他成本较高的部分农村公共产品，如田间道路修建、部分学校设施修缮等，可通过"一事一议"制度，以村集体为主体召集受益村民共同付费的方式来供给。第三，对那些受益对象明确、排他成本较低的农村公共产品，如农村小型水利设施中的机井、水渠等，可运用市场机制按照市场运作的方式来供给农村公共产品。鼓励个人和其他社会力量投资农村公共产品的供给，非营利性的社会组织也可成为供给的补充力量，推动多渠道的资金供给。

三是加强公共产品供给的监督和管理。在多元的公共产品供给机制中，由于信息不对称或者预算不完整等问题，往往使得供给缺乏监督和管理。表现为公共资金的筹措、管理和使用；公共产品供给中的各地方和部门的利益争夺导致的效率低下、无序等。加强公共产品供给的监督和管理途径主要包括：第一，发挥地方人大对公共资金的筹集、管理和使用的监督。乡镇政府的收入和支出方式要定期报送地方人大审议，发挥地方人大的监督功能。第二，实施政务公开，接受各方面监督。使公共产品资金的筹集、使用和管理接受农民的监督，发挥民主监督的作用，增加公共产品资金的透明度。第三，加强财政系统内部监督和审查。财政、审计部门不定期地进行审计监督，及时发现问题及时解决。同时，还要强化社会各方面的监督作用，将农村公共产品资金的监督置于严格的社会监督之下。

城市社区网格化管理的区域实践与未来走向

陈荣卓　陈　鹏[*]

【摘　要】 加强和创新社会治理是建设和谐社会的关键所在，如何建设一个善于治理的社会是当前我国亟须破解的一个重大课题。网格化管理作为现代城市社区的一种新型社会管理模式，是对传统社会管理的继承与发展，对加强和创新社会治理有着十分重要的作用。本文试图通过北京东城区、山西长治和山东诸城的社区网格化管理的组织结构、服务方式、运作机制、服务流程以及运行效果等的分析，探讨区域性社区网格化管理的建构机理以及这一模式建构的共性与差异性，寻找网格化管理过渡到网络化治理的重点和方向。

【关键词】 城市社区；社会治理；网格化管理；网络化治理

城市社区管理是一个世界性的话题，不同国家都在进行各自社区管理的实践和探索。在欧美发达国家已经普遍地将计算机技术、遥感技术、全球定位技术、地理信息系统技术、网络技术等作为现代城市治理的重要手段。虽然没有城市社区网格化管理或治理这一明确概念，但在城市治理中早有类似的做法，比如英国政府推出的"游牧项目"、欧盟实施的数据网格项目、法国启动的国家网格计划、美国实施的"全球信息网格"计划等。从我国来看，网格化管理的实践运行先于理论研究而开始。网格化管理实践最先开始在北京和上海进行，其最早运用于

---

[*] 陈荣卓，男，华中师范大学政治学研究院副教授，山东大学政治学与公共管理学院博士后，主要研究方向为法治政府、基层社会治理。陈鹏，男，华中师范大学政治学研究院博士研究生。

军事、社会治安巡逻等领域，随后在社区管理、党建、法务、消防安全、食品安全、计划生育、市场监管、市容环卫、劳动保障等领域内不断得到拓展和运用，成为当前社会治理领域中十分重要的管理模式，俨然呈现出"无网格，不治理"的发展趋势。国内学者现有研究，在实践层面上，对地方改革创新的跟踪研究没有及时跟上，其分析的准确度、普遍性及其优化路径的可行性仍有待进一步研究。更重要的是，迄今人们对网格下的国家与社会的关系、网格化管理与社区自治的关系、网格化管理的性质和未来发展等仍存在严重的分歧。因此，本文围绕"网格化管理"这一核心命题，致力于探讨区域性网格化管理实践运行，并进一步明确构建的重点和方向。

一 生成与重构：网格化管理对传统社会管理模式的整合

城市管理模式是一个不断变化发展的过程，不同城市进行城市管理有其不同的特点和不同的实施条件。城市作为政治、经济、社会、文化的载体，是社区居民生活最为密切的空间，同样也经历着时代的变迁。新中国成立以来，我国城市管理模式大致经历了计划经济时代和市场经济时代。与国际城市管理经验相比较，我国在计划经济时代形成的城市管理模式明显不适应甚至制约了社会主义市场经济的发展，其消极影响突出表现在四个方面：一是政企不分；二是条块分割；三是管理职能和层次不明；四是规划、建设和管理脱节。[①] 改革开放以来，强化城市以经济建设为中心的核心地位是这一时期城市发展的主线，在这一过程中市场经济的发展对我国传统城市管理体制产生了较大冲击，对城市管理水平的提高和改善起到积极作用。但市场经济时代所形成的城市管理模式成就与问题同在，在推动城市现代化发展的过程中，也存在不少问题：一是政府职能转换及其运行方式未有实质性的突破；二是城市治理体制和机制改革未能赶上城市功能扩展的步伐；三是城市治理的理念未能真正转变。进入 21 世纪，全球化、信息化和网络化的迅速发展，为

---

① 叶南客：《城市管理模式比较论》，《学海》2000 年第 1 期。

我国城市管理提出了严峻挑战的同时也创造了难得的机遇与条件。在这样的背景下，我国开始改革和创新社会管理，不断提出新的价值理念，积极推动城市管理体制机制改革，并高度重视信息技术的运用与拓展。从我国城市管理改革的具体实践来看，从20世纪90年代中期的城市管理服务承诺制的推行，到20世纪末的城市便民服务热线的推出，再到21世纪的数字化城市管理新模式的推广，城市管理工作经历了从管理部门自我制约，到交给群众监督，再到主动发现和解决问题的过程，10年来城市管理理念得到了三次提升，管理体制经历了三次变革，管理水平上了三个台阶。①

数字化城市管理作为城市网格化管理的雏形，其实质是一种多元主体的城市治理模式，同时也是对传统社会管理模式的一种整合。简言之，网格化管理并不是对原有城市管理模式的完全抛弃，而是对原有传统管理模式的深化、整合和拓展。其特征主要体现在以下几个方面：一是在原有行政区划的基础上利用信息技术打破了传统意义上的城市区划空间，实行整体性的统一规划、管理和服务。二是对原有社会管理的行政管理资源、社会治理资源、公共服务资源等进行整合，从低效行政向高效政府转变，切实消除城市管理条块分割的弊病。三是整合原有"管制型"的社会管理体制，理顺市场经济条件下政府与公民、社会组织的关系，将基层政府工作的中心和重心转移到为普通社区居民提供高效、公平和全面的公共服务。四是对单一层级的社会管理方式进行上下联动的综合改革和社会管理，建构社会综合体和全方位、多层次、多功能的城市管理系统，对组织机构、人员配备及其运行方式进行不断完善，从原先的"全能政府"、"失责政府"向有限政府和责任政府转变，开始注重基层权力向公民权利保障和社会参与、公民社会方向深化和提升。

二　实践与比较：网格化管理的区域选择

本文选取北京、山西和山东作为分析的区域，旨在探求区域性社区

---

① 薛秀春：《数字化，城市管理的新里程》，《中国建设报》2006年11月24日。

网格化管理的建构机理，试图从中探求网格化管理这一新模式建构的共性。三地在区位上是具有很强的地理、经济、人文特点的区域，在政治、经济、文化、社会基础等方面存在着一定的共性，即面临着在国家宏观政策引导下进行社区建设借鉴、改革和创新的紧迫性问题。同时，三地邻近，在平台借鉴与创新、技术运用与服务、信息获取与传递、人才培养与输送等方面占有独特优势。而北京作为城市社区网格化管理新模式的创始地，对邻近省份的社会治理创新与社区治理模式选择会产生一定的影响。

（一）城市社区网格化管理模式的多元化构建

1. 科技：网格化模式构建基础

我国城市发展进入现代化阶段以来，尤其是信息社会的到来，使社会治理发生了根本的变化，城市社区治理创新必然与之适应才能顺应时代的要求和潮流。传统社会管理模式在管理手段和方法上与快速发展的社会有着很大的不平衡，在这种背景下，信息科技的发展为网格化管理模式的诞生提供了可能。具体表现为：（1）北京东城"万米单元网格"[①]。就是指利用网格地图技术，将辖区的管理空间按照一定的原则划分成若干网格，每个网格面积约为1万平方米，就是所谓的"万米单元网格"。新模式主要由城市管理部件法、信息采集"城管通"、城市管理流程再造、管理体制"双轴化"等构成，最终形成多种技术集成的网格化城市管理信息平台。（2）山西长治"三位一体"网格化社会管理服务系统。[②] 长治城区引入"物联网"、"云计算"、"大数据"等当今最前沿的信息科技理念，综合运用"掌上网格"无线传输、系统数据存储、系统网络安全等成熟、先进的科技成果，在全区搭建了集"党的建设、社会管理、公共服务"三位一体的网格化社会管理服务新模式。（3）山东诸城"社会管理服务综合信息系统"[③]。诸城市创新推

---

① 陈平：《网格化管理新模式》，北京大学出版社2006年版，第29—119页。
② 《城区"三位一体"网格化社会管理服务系统开始试运行》，《长治日报》2012年6月20日。
③ 窦焕民：《诸城市建成社会管理服务综合信息系统》，2012年11月24日，中国长安网。

进了以网格化为基础的社会管理服务信息数字化，建立了社会管理服务综合信息系统。其主要包括：数据管理、事项办理、监督考核、分析研判四个功能。众所周知，城市管理是衡量一个城市发展水平的重要标志之一。网格化管理显然已经适应了城市现代化发展的趋势，对现代城市社区都有其现实的意义和实践操作的可能。由于信息技术的引入，城市按照一定的标准划分为无数个单元网格作为管理的基础单元，同时运用了地理信息系统、无线通信等信息技术和设备，为城市管理空间的精细化、管理对象的数字化以及城市管理信息的采集与传输奠定了基础，构建了一个天上有云（云计算中心）、地上有格（社会治理网格）、中间有网（互联网）的新型社会服务管理信息化支撑体系，为整个城市管理流程的再造提供了技术支撑。可见，信息科学技术的推进与成熟使用，成为网格化管理这一新模式诞生的基础，亦成为当代城市发展和社会管理创新发展的必然趋势和结果。

2. 服务：网格化管理基本内涵

社会管理归根到底是对人的管理和服务。网格化管理新模式的诞生为城市社会服务提供一套行之有效的治理思路和框架，由以往城市管理部件静态"物"到网格内精细服务以"人"为主体的动态变化，实现社会服务与网格化管理的有机结合。其具体表现为：（1）北京东城："1510便利生活服务圈"。每个网格内都包含网格管理员、网格助理员、网格警员、网格督导员、网格党支部书记、网格司法工作者、网格消防员这七种力量，根据职责分工覆盖到日常生活中各个方面。在此基础上，通过全市购买服务、统一规划的方式在全市社区建立了"1510便利生活服务圈"，为居民提供10大类基本公共服务的一站式服务，居民步行15分钟就可以解决买菜、就医、文体活动、修车、修鞋等最基本生活服务需求。（2）山西长治："363"服务模式，即"三位一体、六星示范、三个层面"社会管理服务新模式。在网格化社会管理信息系统平台的基础上，组建了一批包含"主管队伍、专职队伍、协管队伍和志愿者队伍"等四支力量的服务管理队伍，开展"党的建设、民主自治、关注民生、平安稳定、城市管理、文化建设"等"六星示范"创建活动。同时启动区级领导、政协民族宗教人士、律师和法律工作者三个层面的一岗双责社会履职活动。(3) 山东诸城：城乡服务一体化。① 诸城市城乡社区划分为若干大网格和多个小网格，市、镇（部门）、社区三级联户人员活跃在每个网格中，并及时了解民众诉求，对一时解决不了的问题，写进"民情台账"，逐级汇报，协调解决。我们不难发现，网格化管理在社区服务过程中，形成了以"协同服务"为特征的社区服务新模式。基层政府在充分发挥力量的同时，还广泛吸收了社会力量的协同参与，并在突破原有制度的基础上形成了新的制度支撑，在探索建构基层公共服务体系的过程中，网格化管理发挥了积极作用：首先，延伸了服务的触角。网格化管理以网格为基本的服务单元，通过对地域网格进行不同的力量配备实现为普通社区居民、社区特殊人群和流动人口等提供全方位、多层次的社区服务。其次，增进了与群众的沟通。网格化管理从制度和心理层面上为党群和干群联系搭建了平台和桥梁，在社区服务的职责任务上，既注重为社区居民提供日常生活所需的基本公共服务，又注重倾听居民诉求，提供情绪疏导。最后，提高了服务质量和效率。以网格为单位的社区服务，确保每户居民都在网格化管理服务之中。通过整合行政和社会资源，发挥多元主体的协同作用，并通过责任划分的方式及时协调解决网格管理中的各类事项和问题，大大缩短了"发现问题—解决问题—监督反馈"的时间间隔。总的来说，网格化管理的重点在社区基层，其对象是广大社区居民，将管理寓于服务之中是网格化管理的基本内涵。

3. 民主：社区治理理念的转变

推动基层民主发展是国家现代化和社会转型发展的必然要求。网格化管理通过各种社区力量的广泛动员为广大社区居民提供了更多更好的参与、管理社区和社区事务的平台，这为社区治理理念的转变起到了很好的推动作用，为基层民主发展起到了良好的示范效应。具体表现为：(1) 北京东城："一委三会一站，多元参与共建。"东城区积极倡导这一新型社区治理模式，旨在通过设立社区居民会议常务会、社区居委会兼职委员和社区居民代表会议，加强居民自治体系建设，并充分吸引社

---

① 《诸城推进城乡社会管理服务一体化》，2011 年 8 月 30 日，人民网（http://wf.people.com.cn/GB/70086/15545783.html）。

区社会组织、驻社区单位、社区居民等各种主体积极参与社区管理工作，以优化社区治理结构。（2）山西长治："党建联网工程"。联动式共建旨在促进网格内和网格之间党组织资源优势互补，共同协商讨论社区发展面临的问题。并以此为契机通过制度建设推进社区党建的民主化、标准化。普通社区居民则可以通过网格化管理服务平台对区域、单位和党组织、流动党员、两新组织等进行公开评议。（3）山东诸城：构建"社区化"平台。在社会管理服务综合信息系统的基础上，诸城市建立起以社区党组织为核心、自治组织为主体、群团组织为纽带、各类经济社会服务组织为补充的社区化管理服务平台，探索居民自治的有效实现形式。同时通过推行"四务"公开和"五制"管理，积极引导社区居民依法民主管理社区公共事务。总的来说，各地区各自在社区建设中分别形成了适合当地的社区治理方式，总体上形成了以民主为特征的多元治理主体。以网格化管理为基础的社区建设正逐步摆脱传统一元化社会管理体制在面对新型社区发展时所表现出的不适应性，开始更多地吸纳城市管理主体，并开始注重民意的表达与回应，以民主的方式动员社会力量一起参与社会管理。多元化参与、联动式共建、社区化平台这些典型做法在网格化管理的基础上，强调社区自治组织、社区社会组织和社区居民参与社区公共事物，强调社区建设以民主协商的方式实现自我服务和自治管理。在网格化管理的基础上，社区治理主体逐步增多，且呈上下联动之势；社区治理的理念逐步从政府管制向社区自治倾斜，表现出民主化的特征。这都为社会治理体制的改革和创新提供了一个基本思路和大体方向。

综上所述，城市社区网格化管理模式呈现出多元化发展之势。三省（地）所进行的社区网格化管理建设虽然起步于不同时间和空间，但具备较多的共同特征。由于现代信息技术的应用，网格化管理在建构基础方面的显著特点表现为它有别于传统的社会管理模式，建立了以科技支撑的信息化动态管理、监督和评估的平台，这对社区管理效率的提高提供了技术支持。当然我们应该看到，其技术设备的引进、技术运用和治理人才培养等方面会消耗大量人力、物力和财力，存在运行成本较高的问题。就网格化管理基本内涵而言，其特点主要表现在基层政府开始由以往的单一政府管理向多元治理服务转变。但在当前政府主导的社会治理体制中，如何处理当前社会治理"行政性"和"社会性"关系问题成为现实的难题。在社区治理理念方面，网格化管理模式则以人性化作为社区管理的出发点和最终目标，以民主协商来合作处理社区公共事务，这在极大促进社区居民参与社区事务积极性的同时，也面临着"网格管理"与"社区自治"之间有机衔接的问题。"科技+服务+民主"作为网格化管理方面所具有共性特征，直接决定了所在城市进行社区管理模式创新的广度和深度，但在社区网格化管理实践运行中，可能受当地不同的社会经济环境影响而表现出差异性和不同点。

（二）城市社区网格化管理模式的非均衡发展

由于各国及各地区自然资源禀赋的差异性和社会资源配置的非均匀性，存在经济发展的区域空间差异。① 经济发展的非均衡性是经济发展的普遍规律，由于现代化进程在社会各领域的全方位发展，使得各地区在社会管理领域方面也表现出非均衡性特征。不可否认的是，社区网格化管理作为社会管理创新的重要模式，北京、山西和山东在具体的实践运行中由于当地政治生态环境、经济发展水平、文化发展程度、科技支撑力度等的不同，决定了三地网格化管理模式的差异，总体上呈现出非均衡性发展的态势，具体表现在以下几个方面。

1. 网格化管理功能及其延伸不同

北京东城区率先在全国进行社区网格化管理模式的试验和探索，其阶段性变化体现了不同的管理功能。在起步阶段，其重点关注的是城市基础数据库的建设、城市信息资源的整合及其数字技术服务平台的建设。在发展阶段，重点关注的是公共服务与社会管理的嵌合关系，数字技术与本地居民生活结合的网格化管理模式只是城市管理的工具，主要对城市部件、人物和事件的管理，处理居民对各类城市管理问题的投诉和一般性的"小城管"问题。在成熟稳定阶段，则是出于对维护社会稳定的需要。在这样背景下，城市社区网格化管理作为社会管理创新的重要举措，成为各大城市竞相学习、借鉴和探索的重点。北京东城区的"万米单元网格"开始全面升级，山西长治和山东诸城也开始逐步探索

---

① 肖玥：《我国非均衡发展模式下的社会风险治理》，《经济导刊》2009年第12期。

城市社区网格化管理模式。所进行的网格化管理除了"维稳"这一共同目标外，三地在功能及其延伸上也各具特点。北京东城区开始努力推动社区由"管理"向"治理"转变，注重城区行政性管理与社区居委会自治管理的结合，并将网格化管理的领域拓展到经济运行、市场监管、公共服务等领域。山西长治城区则以党建来加强网格化管理和社区公共服务的提供，更加注重网格内外间不同资源的整合与协调，并将网格化内党的建设拓展到乡村地区。山东诸城在具体实践中，通过组团式服务实现城乡社区管理服务资源的下沉，同时，将安全生产、环境整治、民生保障、流动人口等社会管理服务事项统一纳入网格进行监督管理。

2. 复合型管理主体与结构的不同

网格化管理已突破了一般性的管理和服务，作为一种新的社会管理方式已成为一种共识。随着政府职能转型和城市管理任务的不断增加，社会管理的主体不断增多，由以往的单一化向多元化转变。通过前文所述不难看出，社会管理的主体除政府之外，还包括社区党组织、社区居委会、社区社会组织、专业性的社区服务与社会工作机构、驻区单位以及社区居民等，他们在网格化管理的实践运行中逐步形成政府调控与社会协调互联、政府行政与社会自治互补、政府管理力量与社会协同力量互动的社会管理体制与运行机制，表现出明显的复合型特征。三省（地）在网格化管理中，复合管理主体在构成上表现出差异性。北京东城区在网格内采用的"7+X"力量配置模式，网格管理员大部分由原来的社区主任、党支部书记等人担任，在网格内进行日常巡查的助理员则是向社会公开招聘的，大部分都是年轻的、经过专业培训的社区工作者，并由政府支付报酬。山西长治网格内包含四种不同层次的力量，即指导力量、专职力量、协管力量以及志愿力量。山东诸城根据网格的大小配备不同的网格管理力量，即在每个大网格内配备网格管理员、专业力量、协管力量及志愿服务力量，而每个小网格内明确具体的责任主体，并配备网格信息员。

3. 居民参与的程度及其成效不同

随着网格化管理将数字管理技术越来越多地运用于社会管理与公共服务中，其所形成的监督管理考核评价系统，一方面使得社区居民之间、社区居民与居委会之间、社区居民与基层之间的关系和网络结构向"数字化"、"虚拟化"和"网络化"方向发展。另一方面网格化管理所形成的精细化、动态化、全程化的特征也增加了社区居民与社区居委会以及社区居民之间的面对面直接交流的机会。在网格化管理运行的实践中，社区居民的参与程度及其成效呈现不同的特征而表现出差异性。北京东城区在2010年以前进行网格化管理的主要做法是以政府单一主导模式进行城区社区管理，通过电话热线将城市管理问题向信息管理中心上报反映，与居民互动仅停留在理论层面上。2010年以后，随着网格化管理的升级改造，网格化管理模式开始注重社区的多元参与，针对不同群体提供个性化的社区服务与居民"零距离"接触，并注重社区民主自治体系和工作运行机制的建立和完善，产生了较好的上下互动效果。山西长治市的社区居民则可以通过社区网格化管理信息系统，在虚拟网络上对"社会管理"、"公共服务"、"党的建设"等工作进行民主评议，社区居民也可以通过网格内的不同力量表达自己的意见或看法，而基层政府则通过"363"服务模式积极动员社区居民参与社区事务或社区活动的积极性。同时，以党建为基础，以制度化的方式实现对党员、干部及群众的民主化管理，但容易流于形式，存在架空的可能。山东诸城则以亲情化的服务手段开展"民情台账"工作，居民也可以通过信息化平台反映自身的诉求，并在社区化平台的基础上形成大调解的格局，以有效减少事件的发生概率。

4. 网格化运行机制的层次性不同

网格化管理的功能由城市部件管理、维护社会稳定向人性化、服务型转变，其管理主体由以往政府单一主导向党委、政府、社会组织及社区居民多元参与等复合型管理主体转变，等等，就必须形成与传统社会管理结构层次不同的结构序列，才能达到创新社会管理与服务的目标。在网格化管理过程中，由于信息化平台结构层次的不同决定了网格化管理运行机制层次性不同。东城区搭建了区级社会服务管理综合指挥中心、街道社会服务管理综合指挥分中心、社区社会服务管理综合工作站"三级平台"和区、街道、社区、网格"四级管理"体系，综合考虑人、地、物、情、事、组织、房屋等因素以推进社会管理的精细化。山西长治网格化管理则是在功能上涵盖党的建设、社会管理和公共服务三大领域，空间上贯穿"区—街道—社区—单元网格"四级覆盖全区的综合性信息系统和工作平台。山东诸城市在社会管理网格化的实践运行中则通过社会管理服务综合信息系统，经市、镇街部门、社区三级平台，按照职责权限，及时协调办理，实现社会管理服务全过程、全方位、全覆盖的工作目标。并用以市中心为龙头、镇街为节点、社区为支点三级联网的城乡一体化行政审批与服务运行机制，以实现行政审批"一站式"服务。

总的来说，我们既要看到社区管理网格化在社会管理中的优势，同时也要看到它在区域范围内所表现出来的差异性及不足。需要说明的是，社区作为居民公共服务的直接提供者在面向基层、面向群众时，难以摆脱自上而下的行政干预。同时，网格化管理模式在以往"区—街道—社区"三级管理结构之下，新增了"网格"这一层级，基层社会管理的体制构造更加精细化，然而这存在削弱社区自治而增加行政性的倾向，使社会管理内卷化成为一种常态。网格化管理在发展过程中，政府一直发挥着决定性的主导作用，承担着网格化管理运行的发起、组织、规划、扶持等多重任务，并为其运行投入大量的人力、物力和财力以成立专门的机构和组织来负责网格化管理的具体运行，这对网格化管理运行的初级阶段无疑起到了巨大的推动作用。但随着现代风险社会的深入发展，其弊端日益显现出来，如管理机制的行政化、社区自治浅层化、社区参与的初级化等。当然，社区网格化管理还处于社会管理创新的初级发展阶段，所产生的消极影响不是排斥网格化这一新模式的理由，而是需要对网格化管理在实践运行中进行长期深入的跟踪调查和试点研究。

三　网格到网络：网格化治理模式发展的未来走向

（一）从网格化管理到网络化治理：社会治理的现实转变

党的十八届三中全会指出，"全面深化改革的总目标是完善和发展中国特色社会主义制度，推进国家治理体系和治理能力现代化"，这更加丰富了城市基层管理体制改革的内涵。从理论上讲，加强和创新社管理与十八届三中全会提出的"社会治理"概念是相互衔接的。近年来,随着社会转型和社会风险的加剧,强调地方公共治理的公共行政理论应运而生,这一理论范式的典型特征是现代开放的公共管理与广泛的公共参与的逻辑整合,主要区别于传统的社会管理模式。管理与治理虽只有一字之差,但有着本质的区别。在社会治理过程中需要权威,但不一定是政府行政机关,而社会管理过程中的权威必定是政府。本文所分析的网格化管理虽然突破了一般性、传统的社会管理和服务,也试图努力沿着社会治理的轨道前行。但从实践运行的轨迹来看,仍然没能摆脱"网格化行政",面临着社会自治诉求与政府社会管理诉求的矛盾与挑战。鉴于此,笔者认为,网格化管理必然要朝着网络化治理的方向前行才能增强内在活力,而在管理到治理的转型中最为关键的环节在于社区网格化管理与社区自治的有机衔接和良性互动。

网络化治理并不是根本理念上的转变,而是自上而下的社会管理与自下而上的社区自治的一种复合。[①] 其内在价值理念在于多元参与主体的相互合作、多元社会利益的包容共享、政府及公民之间的相互尊重与信任、社会管理责任的法治化。从社会管理的实践来看,良好的经济社会秩序的建立需要政府管理与群众自治的紧密结合,需要党委、政府、社会组织、公众的相互协作和共同努力。因此,网络化治理通过强调价值共识形成合作机制、利益协调机制和信任机制以及社会管理责任的法治机制,有利于真正实现"党委领导、政府负责、社会协同、公众参与、法治保障"的社会治理要求。在此过程中,需要沿着社会治理的改革方向,在网络化治理追求"善治"目标的同时,不断强化社区网格化管理亲情化、精细化、动态化的特征,不断适时进行城市社会治理体制机制的创新。

(二)从网格化到网络化:创新社会治理需要进一步思考的问题

尽管从网格化管理到网络化治理具有较强的可操作性,但也需要在合适的制度框架下才能体现它的价值及功能。十八届三中全会首次将

---

① 夏国锋、刘辉:《从"网格化管理"到"网络化治理"——社会管理模式与秩序观的转型》,《湖北文理学院学报》2012年第10期。

"创新社会治理体制"写进党的纲领性文件，这为社区建设创造了巨大空间，为社会治理提供了良好氛围。在新形势下，社会管理格局的不断变化，从网格化管理转变为网络化治理是顺应社会发展潮流的表现。但在原有网格化管理的基础上进行社区网络化治理，还有诸多问题值得进一步探讨。

1. 如何处理好网格化管理与社区自治的关系

网络化治理的关键在于如何处理好社区网格化管理与社区自治的关系。可以说，在理论上，对于如何合理划分政府行政管理与社区自治的权责界限，"实现政府行政管理和社区自我管理有效衔接、政府依法行政和居民依法自治的良性互动"，政界和学界已经达成高度的一致，但在实践运行中如何实现两者的有机衔接和良性互动存在激烈的冲突。一方面，网格化管理政策落地需要政府自上而下进行全程贯彻与强势推动，所形成的网格行政空间是对社区自治能力的一种弱化；另一方面社区自治内生基础的薄弱以及理论上要求政府让渡社区自治的空间以培养社区自治能力，使得在治理机制的运行层面上，网格化管理与社区自治还处于脱节状态。从目前来看，社会管理模式中社区居民、社区社会组织在社区事务参与上严重不足，在"强政府，弱社会"的格局下难以形成两者的有机衔接。因此，需要在网络化治理中尽可能地激发公众参与的积极性，在多元参与机制下进一步明确政府与社会的边界，实现政府与社会的平衡发展。

2. 如何将网络化治理中的数字技术融入人文关怀

网络化治理是建立在网格化管理的基础上，网格化管理所运用的数字化管理技术使得社会管理方式由粗放式向精细化转变。但在社会转型和社会形势严峻的情势下，社会管理所出现的"内卷化"现象不容忽视。在各地进行网格化管理的实践中，存在将其"维稳"的目标与社会管理体制相结合的倾向，并扩展到不同领域，导致某些地区在网格化管理的功能定位上出现"跑偏"现象。数字技术作为网格化管理建构的基础，强调的是对城市物件的管控，忽视了社区中人的情感。因此，如何将网络化治理中的数据技术融入人文关怀成为关注的问题之一。就网格化管理在各地进行试点的情况看，借用网格化管理平台，将管理寓于服务之中成为各地纷纷效仿的做法。但这也只通过多元主体组团的方式满足不同层次的社区居民对公共服务的需求,数字技术作为一种服务工具直接满足居民的实际需求还处于探索阶段。

3. 如何通过网络化治理达成价值共识与互信互利

价值共识作为一种意识形态高于个人价值、部门价值和地方价值,是各主体在合作共治中所形成的一种共同信念。但在当前社区建设过程中普遍存在公共价值缺失的现象,公共文化呈现衰弱之势,尤其是互联网络的兴起,人们的公共生活日益减少,人际关系日益疏远。社区文化作为社区生活共同体得以形成和维系的精神纽带,在个体碎片化时代也面临诸多问题和困境。因此,如何在网络化治理中寻求不同主体之间的价值共识成为现实难题。如何在纠纷不断、矛盾丛生的社会管理中产生集体行动,并增进信任机制和利益共享有待实践探索。

权威转型与农村社区治理[*]

邱国良[**]

【摘　要】伴随国家力量从农村社会收缩，农村集体的政治权威开始弱化并逐渐导致农村社区非组织化状态。它不仅无助于构建和谐稳定的社区秩序，也最终撕裂居民之间的信任纽带。本文指出，促进社区信任和融合，应顺应社区多元化趋势，积极培育和规范社区组织，推动农村社区权威转型。

【关键词】权威转型；社区治理；社区融合；社区信任

一　权威转型：从宗族权威到政治权威

自西周至清末，宗法制度总体上经历了"贵族性宗族—士族性宗族—平民性宗族"的演变过程。在周朝，君主既是一国之君，同时也是宗主，宗族制度与君主政治融为一体，国君兼有至高无上的君权和宗族权力。源于西周的宗法制度，旨在通过宗统与君统的高度合一，构建完整的治理网络，共同维护君主政治权威对乡村社会的控制。这种制度架构，使得宗族不仅具有社会整合功能，还兼具较强的政治功能。随着宗族平民化趋势的加强，宗族的政治功能不仅没有弱化，相反它通过各种民间仪式和标志，逐渐渗入民众的日常生活，对广大民众产生了深远

---

[*] 本文系邱国良主持的2014年度国家社科基金年度项目"城乡社区信任与融合研究"（14BSH054）及江西高校人文社科项目"城镇化背景下城乡社区信任研究"（SH1402）的阶段性成果。

[**] 邱国良，副教授，硕士生导师，主要研究方向为农村基层政治和社会治理。

影响，使之形成根深蒂固的宗族观念。传统宗族之所以能够形成政治权威并发挥重大影响力，很大程度上有赖于其强大的社会功能。不仅如此，随着宗族平民化趋势，宗族本身所蕴含的族人互助、相恤的内容也得以彰显和扩展。宗族所拥有的族田和其他族产，也确保其得以开展，如修祠堂、赈济贫穷族人、资助后辈求学等各项活动。通过各种形式的宗族互济，加上本身因血缘而缔结的天然联系，强大的宗族凝聚力和相对治理空间得以最终形成，并成为主导乡村社会秩序的权威。

秦汉以后，宗族祭祀权力扩展到其他社会阶层，如隋唐时期的士族阶层也可以祭祀祖先。宋元时期，甚至民众也开始关心宗族建设，如大规模编撰族谱、修缮宗族祠堂，不断扩大宗族因素的影响。此时，宗族组织在中国南方地区大量出现，宗族祠堂、族谱等宗族标志也陆续建立和修缮，甚至不少宗族还设立义庄，用于资助和接济族人，并开始广泛参与社区管理。及至清末年间，为进一步加强对农村社会的控制，以便攫取乡村社会资源，官府试图突破"国家"与"宗族"的传统治理边界，积极推动国家政权力量的"内卷化"。与此同时，不少宗族头人开始强化自身与国家政权之间的联系，甘做国家在乡村社会的"代理人"；但仍有一些农村精英领袖坚守"保护型"经纪人角色，结果虽然赢得了声望，但其在政治中的作用却在下降。杜赞奇在《文化、权力与国家》一书中介绍说："随着国家权力的深入，战乱以及经纪状况恶化等因素联合作用下，有声望的乡村精英不是逃离村庄，便是由富变穷，那种名副其实的保护人在逐渐减少。到了20世纪30年代，富有而有声望的人在经济中的作用日渐减弱，其在政治中的作用更是如此。"[①]事实上，随着国家权力对乡村社会的渗透，一些农村精英迫于国家政权的巨大压力，而由"保护型"经纪人转变为"赢利型"经纪人。乡村宗族精英的转变过程也恰恰是国家政权"内卷化"的过程，其结果必然是传统宗族权威的弱化。

当然，由于受历史惯性及其他因素的影响，宗族因素在农村社会仍然表现出强大的治理能力。这种状况一直持续到1949年中共政权确立

---

① ［印度］杜赞奇：《文化、权力与国家——1900—1942年的华北农村》，王福明译，江苏人民出版社2003年版，第135—136页。

后，农村社区治理格局才发生新的重大变化：一是各地纷纷建立农会组织，巩固新生政权；二是确立公社体制，强化对农村社会的整合和吸纳。根据有关规定，这一时期的"农会"组织具有发展经济、保障民生、维护社会治安等多项职能，并实际上行使着基层民主政权的主要职能，是一级比较完备的基层民主政权。1958年前后，"三级所有，队为基础"的人民公社制度开始得以广泛确立，进一步强化了国家政权对农村社会的控制，确保国家各项政策的贯彻落实。在整个体制结构中，生产队及生产大队发挥了重要作用，其各项活动则主要接受公社党委及管委会的领导。通过实行人民公社体制，并结合当时"生产集体化"、"经济计划化"和"教育标准化"等具体政策措施的推行，最终达到了进一步削弱宗族权威、确立中共政治权威的目的。

综上不难发现，在中共政权确立和巩固之后，农村社区权威发生了重大转变，即由传统宗族权威转向国家政治权威，社区信任纽带也随之发生了相应变化。在传统宗族社会，人们以血缘为基础形成了社区共同体，并通过一定的宗族自治形式享受生活。在特定的宗族共同体内，社区同质性非常强，人们有着共同的血脉、文化背景以及相似的生活经历，其日常交往遵循该共同体的行为规范。而这种行为规范无疑受宗族因素影响和支配，甚至可以说，宗族因素在整个共同体中是最为核心的因素，构成了社区居民关系的基本纽带。事实上，社区居民之间相互信任与否，很大程度上取决于其内心对宗族权威是否遵从或者对于宗族规范是否信任。一旦宗族权威丧失，社区居民对宗族性规范将不再无条件遵从，人们之间的信任纽带开始瓦解。不过，中共政权在内地确立以后，其农村社区共同体的基本规范得以重塑，其信任纽带也随之由宗族因素转变为政治权威，人们相信并愿意遵从政治权威和规范。在不少农村社区，居民之间若发生冲突，人们更倾向于通过生产大队或生产队的干部（代表农村政治权威）而非宗族头人（代表传统宗族权威）获得调解。这表明，农村社区权威的嬗变虽然对社区居民的信任结构产生根本性的影响，却并未破坏社区居民之间的基本信任，而只是重塑了社区居民的关系结构和信任纽带。这对维护农村社区秩序的基本稳定起了至关重要的作用。

二 治理困境：权威弱化与社区的"碎片化"

20世纪80年代初，国家正式废除人民公社体制，取而代之以乡镇基层政权组织，并在乡（镇）下设村民委员会，实行村民自治。乡镇基层政权被纳入国家政权体系，村民委员会则属于群众性自治组织，两者在法律上不再是行政隶属关系，而是"指导—协助"的关系。与相对简明的政策法规相比，实践中的乡村关系则要复杂许多。有学者根据村级组织的自主程度以及协助乡镇政府完成任务的情况，把乡村关系的现状分为三种类型。其一，健康型的乡村关系，即村级组织保持较高的独立性，同时能很好地协助乡镇政府完成国家任务，乡镇政府能对村民委员会提供适当的支持、指导和帮助；其二，行政化的乡村关系，即乡镇政府对村级组织以"命令"代替"指导"，后者在村级事务中缺乏应有的自主性，主要完成乡镇布置的任务；其三，放任型的乡村关系，即村级组织在村级事务中保持着过高的自主性，或者乡镇政府的指导和帮助不到位，或者村民委员会拒绝接受乡镇政府的指导，同时村民委员会也不能很好地协助乡镇政府完成国家任务。就行政化的乡村关系而言，法律赋予村级组织的自治权利基本缺失，其功能很大程度上类似于人民公社体制下的生产大队。然而，村级组织毕竟是法律意义上的"农民自己的组织"，因而乡镇政权在贯彻落实国家涉农政策时离不开村政精英的配合与支持。这无疑使得村政精英在与乡镇政权"博弈"中能够获得更多"筹码"。同时，由于村政精英的"合法性"实际上来自于"上面"而非"下面"，村政精英也迫切需要与乡镇组织建立密切关系，以便稳固自己在村庄权力结构中的地位。

乡镇与村级组织的上述关系实质是一种"利益共享"关系，与人民公社体制下的"三级所有，队为基础"的"一体化"模式有着根本不同。这是因为，公社体制下的"一体化"模式能够有效地整合国家和民众两个方面的因素，以便顺利推行国家政策；"乡政村治"模式下的乡村"利益共享"关系则可能在"国家"与"民众"之间形成"结构阻力"，不仅不利于国家政策的有效推行，还将持续弱化公社体制下确立的政治权威。当然，为了重新树立农村社区政治权威，国家着手推动村民直选和差额选举制度。只是由于乡村精英已然形成了强大的"利益联盟"，极力维护原有村庄权力结构，从而阻滞了村政精英的正常循环。村政精英循环的遇阻，不仅挫伤了选民的政治参与热情，导致村政精英乃至村民直选制度本身的信任危机不断加深，并最终阻碍了农村社区政治权威的重新确立。

不仅如此，社区治理还遭遇到"多元化"甚至是"碎片化"的挑战。改革开放后的社区发生了显著变化，即由原先单一、封闭的社区发展成为多元而开放的社区。在传统农业社会，社会流动性不强，人们的生活方式和职业背景基本相似，思想观念和行为方式甚为接近，形成了相对封闭、单一的农村社区。改革开放以后，农村社会流动性开始增强，一些农民纷纷外出务工或经商，职业分化趋势愈加明显，农村社会开始出现了新的阶层分化。在学界，围绕农民社会分层标准的观点不一，如邹农俭等主张以职业作为划分农村社会阶层的主要标准，认为"职业差别决定着人们的社会差别，社会成员的身份标准主要还是职业的基本规定性，阶层之间的地位不平等在局部领域已经显示，但还没有成为主基调"。[1] 有学者则对此提出质疑，"以职业作为农民的分层标准的做法，没有充分认识到农民劳动的兼业性、非农劳动的流动性和家庭内部分工的社会外化性，应将经济、政治权力、声望、专业技术、族姓五个方面作为农村社会的分层标准"。[2] 党国英从公共资源掌控角度出发，认为农村社会形成了"权势阶层"和"弱势阶层"。[3] 毛丹、任强的观点则进一步肯定了"社会资源"标准的适用性和包容性，其依据这一标准，将农民划分为精英阶层、代理人阶层、普通农民和弱势群体等四个阶层。[4] 尽管上述关于农民社会分层的标准各异，但就农村社会出现阶层分化的趋势却基本认同。

另外，随着城镇化的不断推进，一些邻近城镇的农村社区或城中村

---

[1] 邹农俭：《当代中国农村社会分层标准研究》，《南京师范大学学报》1999 年第 3 期。
[2] 李全生：《农村社会分层标准浅析》，《烟台大学学报（哲社版）》2003 年第 4 期。
[3] 党国英：《中国乡村权势阶层崛起》，《中国国情国力》1998 年第 5 期。
[4] 毛丹、任强：《中国农村社会分层研究的几个问题》，《浙江社会科学》2003 年第 5 期。

社区的居民成分也愈加复杂，呈现多元化趋势。其与传统农村社区的不同之处在于：一是具有不同利益诉求、观念及生活方式的人们聚居在同一社区内，社区异质性显著增强；二是社会流动频繁，社区的半熟人社会的特征更加突出；三是社区居民的传统宗族观念加速淡化，但同时，人们对现代社区的归属与认同感却并未随之增强。显然，在愈加多元化的社区，不仅传统的宗族权威难以恢复，就是国家试图恢复的政治权威也缺乏足够的再生空间。相应地，原先凭借"一元化"权威维系的传统社区秩序也面临瓦解直至崩溃，人们开始漠视甚至公然挑战传统规则。对于大多数社区居民而言，社区内充满着更多的变数，人们无法像在传统社区那样对其他居民的行为形成合理预期，社区居民之间的隔阂感逐渐变得强烈起来。

由此可见，社区多元化是改革开放后内地农村剩余劳动力转移及城市快速拓展的必然结果。这将导致在流动人口密集的沿海发达地区，其社区结构发生显著变化，形成了各种各样的"混居社区"，社区的"多元化"和"异质性"更加凸显，社区居民在习惯、观念以及行为方式等许多方面冲突明显增多。同时，这种变化也给社区治理带来新的挑战。尽管如此，这并不意味着我们应该阻断或是扭转社区多元化的趋势。相反，社区多元化是传统社区向现代社区转型的一个重要标志，符合中国社会发展的必然趋势。它要求人们积极转变观念和创新管理模式，不断适应社区多元化趋势。但事实上，由于社会转型过快或其他因素，不少农民并未有足够的思想准备，往往"人是城镇人，心是农村心"。他们在主动或被动地卷入城市浪潮、接触各种新鲜事物的同时，其农民的思维和行为方式却未能从根本上得以转变。同时，一些传统市民也仍在抱守"城市中心"或"区域中心"的优越感，拒斥农民融入城镇的努力和愿望。这必然形成这样一种困境：一方面社区呈现多元化趋势，有助于推动传统社会向现代社会转型；但另一方面，由于新的权威秩序无法及时构建，社区居民之间缺乏核心的、共同的纽带，社区多元化因素可能成为社区秩序的不稳定因素，甚至将导致社区走向"碎片化"，最终不利于社会结构的转型。

三　协商治理与社区融合

　　一旦社区"多元化"走向社区"碎片化",其危害是极为严重的。首先,社区公共规则遭到破坏,社区居民的日常交往缺乏一致的行为准则,其交往过程充满着不确定性,社区居民的信任水平持续下降。在农村社会,传统社区秩序主要依靠宗族得以维系,中共政权在内地确立后则主要靠政治权威来支撑。改革开放后,"政治挂帅"的权威秩序逐步瓦解,却没有为传统宗族秩序的重构预留空间。相反,社会转型的加快使得原有社区行为规则越来越难以适应社区多元化的趋势,人们对他人的行为普遍缺乏明确的预期,社区居民的相互交往风险陡然上升,交往成本也随之增加,信任危机逐步加深。其次,传统的宗族组织或政治组织权威弱化,新的社区组织尚未建立和健全,社区内缺乏合适的组织平台,公共责任意识淡薄。当前,农村基层党组织涣散,战斗力和凝聚力不强,同时,农村基层群众性组织——村(居)民委员会的行政化倾向较为严重,其他村社组织也缺乏相应的感召力,因而农村社会基本处于"碎片化"的非组织化状态。社区居民的日常沟通主要通过一些非正式场所,如个体商店、街坊等,只有极少数情况下才由村政组织召开居民代表会议讨论集体事务。不少社区居民缺乏公共责任意识,他们普遍关心自身经济利益,对于公共事务则表现得漠然。最后,基层政府和社区工作人员需直面"原子化"的社区居民,社区治理成本陡然增加。在农村集体化时期,由于广大农民"嵌入"村社组织中,国家各项涉农政策均可通过村社组织得到迅速而有效的贯彻落实。然而,随着村社组织的"虚化"或"异化",其组织动员能力大为弱化,已难以推动社区的组织化治理。面对"原子化"状态的社区居民,社区工作人员需要付出更多的时间和精力,社区治理绩效普遍低下,治理成本也随之增加。

　　因而,应设法弥合"碎片化"社区、重建社区秩序。众所周知,当前农村社区秩序失范的根本原因并非村社组织的缺乏,而是该组织的"虚化"或"异化"。因为一个"虚化"或"异化"的组织,本身难以赢得社区居民的信任,其权威自然无从确立。由于村社组织大都具有体制性特征,因而社区居民对村社组织的信任一般可纳入政治信任范畴,居民之间的信任则属于一种特殊的社会信任。在学界,有关政治信任和社会信任之间关联性的讨论有两种针锋相对的观点:其中一种观点是以纽顿(Newton, K.)为代表,他否认了社会信任和政治信任的关联性,认为社会信任和政治信任虽有重叠之处,但它们毕竟是两个根本不同的事物;[1] 另一种观点则坚持,两者虽分属不同范畴,但它们之间的关联性却不容忽视。如莱恩(Lane)认为,政治信任是一个人对他人信任的函数,"如果一个人在一般情况下不能信任他人,他当然不能信任由于权力的诱惑而担任公职的那些人"[2]。阿尔蒙德和维巴(Almond, Gabriel A. & Sidney Verba)也认为,那些对别人有较高程度信任者往往表现出政治方面的信任。[3] 笔者的一项调查结果也表明,个体的社会信任状况对其政治信任程度有着显著影响。[4]

那么,个体对政府组织和制度的信任是否也会对其社会信任产生影响呢?众所周知,中国社会的陌生人之间之所以难以产生普遍信任,固然有社会文化的根本因素,但也有规则体系是否健全的原因。当前,我国正处于社会治理转型过程中,原有规则体系遭到破坏,新的规则体系尚未建构,社会不确定性因素增大,对陌生人信任的风险过高。尤其是社会上频频出现的"杀熟"现象,更是将这种信任风险带入到熟人关系网络中。因此,规则或制度体系的建构对于降低人们交往风险、增强人们的社会信任感具有重要作用,而政府在规则或制度体系的建构过程中是能够有所作为的。综合上述分析,提升社区居民之间的信任水平,重塑居民对社区组织的信任,应当发挥政府或社区组织在规则或制度建构中的作用。

一般而言,重塑农村社区组织信任可以有两个途径:一是矫正现有

---

[1] Newton, K., "Trust, Social Capital, Civic Society and Democracy", *In International Political Science Review*, Vol. 22, No. 2, 2001.

[2] Lane, Robert E., *Political Life*, Glencoe: Free Press, 1969, p. 164.

[3] Almond, Gabriel A. & Sidney Verba, *The Civic Culture*, Boston: Little, Brown & Company, 1963, p. 283.

[4] 邱国良:《信任的网络与逻辑——转型时期中国农民的政治信任》,中国社会科学出版社2013年版。

村社组织，剔除其"异化"因素，使之变为社区居民的"自我"组织；二是大力发展社区自治性组织，增强社区自治组织的对话能力，并使之与既有村社组织对接。无论走哪一路径，均对社区居民的自组织性和协商能力提出了更高要求。其实，在公众权利意识普遍增强的时下，社区自治组织的行为规范和模式必定不能沿袭传统宗族或政治组织，它应体现社区多元力量的博弈。具体言之，它应通过自治组织这一平台，由社区居民或其代表充分协商、聚合民意，形成一定的"公共意志"，取代传统的政治权威，填补由于社区政治权威弱化而形成的权威"真空"。矫正后或重建的社区自治组织与传统宗族组织及村社组织显然不同，前者主张平等、协商，顺应了社区的多元化趋势；后者则过于强调对组织权威的服从，忽略了组织成员的个体性。事实上，在日益多元化的时代，民主选举制度下形成的组织权威很难代表不同利益主体的意志，选举结果意味着对少数人权利的漠视。同时，更多的"被代表"现象也使得民主选举制度饱受诟病。因而，由组织内成员平等协商、形成公共意志，避免了民主选举的不足，同时也顺应了社区多元化的趋势，有助于加强社区居民之间的日常沟通和信任。

社区居民的平等协商不仅在实践中很有必要，也有着坚实的理论基础。若对西方民主理论稍做梳理，则不难发现，自20世纪70年代起，西方社会长期占据主导地位、积极倡导"选举民主"的精英民主理论即遭到质疑。卡罗尔·帕特曼曾就精英民主理论进行了深刻的反思，并进而提出"参与民主"理论。他认为，精英民主理论过于受制于经验主义的分析而失去将理论用于指导政治生活的价值。[1] 此后，罗尔斯、吉登斯及哈贝马斯等人则大力推动有关"协商民主"的讨论，并注重糅合自由与民主之间的对立，即避免"精英民主"的不足，同时力图防止"直接民主"可能引发的暴政。这表明，在愈加多元化的社会，"协商民主"模式具有广阔的市场前景。同时，通过前述讨论也可发现，伴随着社会转型所带来的农村阶层分化，农村社区愈来愈多元化，尤其是受城镇化影响较大的城郊地带的社区更是如此。因而，从理论上

---

[1] 参见胡伟《民主与参与：走出貌合神离的困境——评卡罗尔·帕特曼的参与民主理论》，《政治学研究》2007年第1期。

讲,"协商治理"模式无疑是符合中国农村社区治理的实际需要的。事实上,有研究者曾就此做过相关试验。如何包钢、王春光等人就曾以浙江温岭扁屿村的民主恳谈会为例,分析了"协商治理"模式的试验过程,并对其适应性提出具体建议。①

在实践中,推动社区协商自治,将至少遭遇两大挑战:一是由于传统"威权治理"模式所产生的思维定式将对社区协商治理形成干扰。长期以来,宗族或政治威权是主导乡村秩序的重要因素,即使在民主选举时期,政治威权依然对乡村社会具有深远影响。不难想象,这种政治威权的惯性使得体制性因素似乎有足够力量阻止或支持"协商治理"模式的顺利推进,甚至可以说,能否获得体制性力量的支持是该治理模式在乡村社会实施的基本条件。可见,"协商治理"模式能否成功,很大程度上取决于其能否成功地排除体制性力量的干扰。二是各类社区组织的缺乏以及社区居民公共责任意识淡薄,也构成了社区协商自治的重大挑战。"协商治理"模式之所以在西方社会备受推崇,一个重要因素就是西方社会组织发达、公众自组织能力较强。在那里,人们可以通过平等地参与各类社会组织,并通过组织内部以及组织之间的合作,实现对社会的有效治理。而习惯"威权治理"模式的中国农民,则普遍缺乏平等、合作的公民意识。这种公民意识的培育并非可通过单纯的教育过程就能获得,而必须经受长时间公共生活的历练才能养成。否则,社区协商自治只能是良好的愿望,甚至于可能招来现实主义思潮的批判,认为这种治理模式"歧视那些历史上的弱势群体"。②

四 讨论与结语

当前,我国正处于社会转型的关键时期,社会结构深刻变动,利益格局深刻调整,思想观念深刻变化,各种利益、观念和势力不断摩擦和碰撞,一些深层次的矛盾开始凸显,社会不稳定因素逐渐增多。这种状

---

① 何包钢、王春光:《中国乡村协商民主:个案研究》,《社会学研究》2007年第3期。
② [南非]毛里西奥·帕瑟林·登特里维斯主编:《作为公共协商的民主:新的视角》,王英津等译,中央编译出版社2006年版,第140—141页。

况表明，传统的社区治理模式已难以适应社会发展形势，传统宗族或政治的强制性权威无法持续，而以"平等协商"为特征的自治性权威却有着广阔的生长空间。这不仅是由于"平等协商"符合现代民主政治的必然趋势，更是因为它具有调解"多元"与"权威"之间现实矛盾的功用，即它既维护了社区治理的权威性，又兼顾了社区多元化的发展趋势。

由于社区是现代社会的基本单位，推动新型城镇化、破解我国城乡二元结构难题，其根本在于促进城乡社区的信任与融合。伴随现代化进程，一些传统农村社区纷纷衰落甚或终结，社区人口结构表现出了多样性和差异化，社区居民的职业背景、社会经历、经济和社会地位形成了新的分化、组合。尤其是在流动人口庞杂的城郊地带或发达地区农村社区，这种多样性和差异化均表现得更为显著。因此，在推动新型城镇化的背景下，增强社区信任、促进社区融合将可能遭遇复杂形势和严峻挑战，它迫切要求社区组织快速、健康发展，为居民日常沟通搭建良好的组织平台。这种日常性沟通，不仅可以培育个体的公共责任意识，推动传统小农向现代公民转变，同时还有助于促进社区信任和融合。

政府在积极培育和规范社区组织过程中可以且应当发挥重大作用。当前，各地村社组织普遍存在"行政化"倾向，社区居民对之认同及归属感较弱。因此，原有村社组织无法承担社区居民之间沟通的平台，必须剔除其自身可能存在的"异化"因素。同时，大力培育和促进民间组织的发展，为村社居民打造更多的交流平台，不断增强居民对社区组织的认同和归属感，从而提升社区居民之间的信任水平。在社区组织发展过程中，政府尤其是基层政府，要注意发挥引导而非介入、服务而非替代的作用。

农村基层治理能力现代化的构成要件及其实现路径[*]

张艳国 尤 琳[**]

【摘 要】 中国农村的改革发展稳定、基层治理制度化水平与治理能力紧密相关。随着现代化进程加速推进，传统乡村社会不断从封闭、单一走向开放、多元；与此同时，计划经济体制下形成的社会管理方式方法的弊端日益凸显。以国家治理能力为分析框架，从乡镇政府能力和它在行使过程中乡镇政府与农村社区自治力量合作治理能力两个维度，来考察后税费时期的农村基层治理能力，可以看到，乡镇政府对农村基层社会的资源汲取能力、发展经济能力、社会管理能力、公共服务能力和制度建设能力不断增强，农村社区自治能力和农村基层治理制度化水平也不断提升。乡镇政府治理能力与农村社区自治力量之间是不均衡的，农村基层治理制度化水平和治理能力的现代化还有很大的发展空间。深化农村改革，必须推动农村基层治理能力现代化，必须在促使乡镇政府大力改进治理机制、积极发挥农村社区各类组织的协同作用、建构乡镇政府与农村社会制度化之间良性互动关系等方面下功夫。

【关键词】 农村基层治理；治理能力；现代化

---

[*] 本文是国家社科规划基金项目"城镇化进程中郊区城市化与城乡社会管理一体化研究"（13BZZ038）、中国博士后科学基金第55批面上资助"现代治理背景下农村基层善治研究"（2014M551864）的阶段性成果。

[**] 张艳国，男，江西师范大学副校长、教授、博士生导师，主要研究方向为马克思主义中国化研究、城乡基层善治研究。尤琳，女，江西师范大学政法学院教授，硕士生导师，主要研究方向为乡村政治及基层治理。

改革开放拉开了以中国式现代化为标志的社会转型序幕；现代化进程是一场深刻而广泛的社会变革，必然对社会改革、发展和稳定造成深远的影响。因此，推进现代化，首先必须正确处理改革、发展与稳定的关系，对于中国这样有着深厚历史传统和独特国情的东方大国来说，尤其如此。对此，西方的中国问题研究专家也是认同的。譬如，美国著名政治学家亨廷顿在其名著《变动社会中的政治秩序》中在论及现代化与社会稳定的关联性时，曾指出："现代性产生稳定，而现代化却引起不稳定"、"农村作用是一个变数，它不是稳定的根源，就是革命的根源"。[①] 针对发展中国家现代化进程中引起的动乱、不稳定问题，亨廷顿开出的处方是政治制度化理论。他认为要根除国内政治的动荡与衰败，必须建立起强大的政府，并依靠强大政党的缔造与巩固来维持。而政府的强大与否，主要看其完善政治制度化的速度与扩大群众参与水平之间是否能实现很好的均衡，其目标是通过提高政治制度化水平来实现政治稳定和政治发展。

在传统的农业社会，农村一直被视为国家政权的基础。由于农村的发展稳定与农村社会管理能力紧密相关，因此，看住农村这个国家与社会的"基础"，就必须把农村社会治理能力放置到一个被充分重视的政治高度。改革开放使中国传统的"总体性的"乡村社会不断从封闭、固化、单一走向开放、流动、多元，对旧有的社会秩序和传统的农村社会管理体制形成了挑战。习近平总书记在党的十八届三中全会上指出："全面深化改革的总目标是完善和发展中国特色社会主义制度，推进国家治理体系和治理能力现代化。"这是党直面改革发展挑战，在执政理念和治理转型上的重大突破。国家治理体系和治理能力是一个国家的制度及其执行能力的集中体现。推进国家治理体系和治理能力的现代化，要求我们必须进一步深化治理体制改革、完善治理体系、增强治理能力。当然，进一步提升乡村治理的制度化水平和推进农村基层治理能力现代化是现代国家建构的题中之义。

---

① ［美］塞缪尔·P. 亨廷顿：《变动社会中的政治秩序》，张岱云等译，上海译文出版社1989年版，第51页。

一 农村基层治理能力现代化与国家治理能力转变

长期以来，国家职能的履行是通过科层制行政管理机构来实现的，这种国家管理是一元的、垂直的、随意性的和单向度的，社会是管理对象而非合作对象，社会自主空间被挤压，国家能力建设更多地体现在强化政府行政管理能力方面。

进入20世纪中后期，人们注意到，已有的政府行政能力已经不能适应外部环境的变化，于是就尝试着促使公共管理从传统的科层制向治理转变。这种转变导致治理概念的广泛使用，寻求和改善治理能力开始成为政府的新目标。① 自此，治理开始成为学术界关注的热点。关于治理与统治的区别，有学者认为，治理与统治具有维持正常的社会秩序和集体行动等共同目的。治理与统治的差异只是过程的差异。② 还有学者列举了治理的六种定义，③ 指出治理的四项特质，④ 提出治理的五项命题。⑤ 以上研究表明，无论从哪个角度对治理进行定义，相对于统治而

---

① [美]菲利普·施密特:《民主化、治理和政府能力》,《经济社会体制比较》2005年第5期。

② [英]格里·斯托克:《作为理论的治理：五个论点》, 华夏风编译, 载俞可平主编《治理与善治》, 社会科学文献出版社2000年版, 第32页; 俞可平:《中国治理变迁30年（1978—2008）》,《吉林大学社会科学学报》2008年第3期; 俞可平:《治理和善治引论》,《马克思主义与现实》1999年第5期; 俞可平等:《中国公民社会的兴起与治理的变迁》, 社会科学文献出版社2002年版, 第190—193页。

③ 治理的六种定义是指：作为最小国家的管理活动的治理, 作为公司管理的治理, 作为新公共管理的治理, 作为善治的治理, 作为社会—控制体系的治理, 作为自组织网络的治理。参见 [英]罗伯特·罗茨《新的治理》,《政治研究》1996年第154期。转引自俞可平主编《治理与善治》, 社会科学文献出版社2000年版, 第2页。

④ 治理的四项特质是指：一种过程, 强调相互调适, 同时包括公私部门, 强调持续的互动。参见 Smouts, M. S., "The Proper Use of Governance in International Relations", *International Social Science Journal*, Vol. 115, No. 1, 1998。

⑤ 治理的五项命题是指：(1) 治理包括政府与非政府部门的行动者; (2) 在处理社会及经济议题时, 责任与界限的界定并不是非常清楚; (3) 治理明确肯定涉及集体行动的各个社会公共机构之间存在权力依赖; (4) 治理系一个行动者拥有自主性且自我管理的网络; (5) 治理强调政府运用新的政策工具或技术来指导或驾驭来成就目标, 而非一味依赖权威或命令。Stoker, G., "Governance as Theory: Five Propositions", *International Social Science Journal*, Vol. 115, No. 1, 1998。

言,治理均具有以下几个特征:在治理主体上,包括政府与非政府等公私部门;在治理理念上,民主、公正、权利保障应是治理的价值诉求;在治理方式上,治理主体采取多种治理方式,并强调治理主体之间的协商和合作。应当特别指出的是,治理与统治的差异只是政治管理过程的差异,其目的都是为了提升和改善国家能力。

从国家与社会关系的视角看,从"统治"到"管理",从"管理"再到"治理",是全球政府治国转型的普遍趋势。在现代社会,随着民主进程的推进,国家能力的行使更多地依赖于国家与社会合作和协商,国家能力行使中具备更多的合作治理的现代化因子,提升国家治理能力逐渐成为现代国家建构的重要内容。

一般而言,国家治理能力就是运用国家制度管理国家和社会各方面事务的能力,包括促进国家经济社会发展、应对重大突发事件、维护国家安全利益、提升人民幸福生活水平等方面的能力。[1] 从治理的本义出发,将国家治理能力界定为国家能力所体现的国家与社会合作治理的能力。由此,国家治理能力的构成要件应该包括国家能力以及国家能力行使中国家与社会之间形成协同互动能力两部分。

国家能力与国家权力紧密相关。美国学者福山指出,国家权力包括国家权力范围和国家权力的强度这两个方面,国家权力的范围是指国家职能的范围,国家权力的强度则是指国家制定并实施政策和执法的能力,即国家能力。[2] 对于现代国家而言,要建设一个强有力的国家,需要极大增强与国家基本职能相对应的国家能力。问题的关键是,哪些职能是国家的基本职能?按照世界银行1997年《世界发展报告》将国家职能的分类,最小的职能诸如提供纯公共产品、国防法律及秩序、财产权保护、宏观调控、公共卫生、增进公平、保护穷人等,这是维护国家政权的稳定和社会可持续发展必不可少的职能,也是现代国家必须履行的国家基本职能。

据此,笔者指出与国家基本职能相对应的五种国家能力:资源汲取

---

[1] 江必新:《推进国家治理体系和治理能力现代化》,《光明日报》2013年11月15日。
[2] [美]弗朗西斯·福山:《国家构建:21世纪的国家治理与世界秩序》,黄胜强、许铭原译,中国社会科学出版社2007年版,第7页。

能力、发展经济能力、社会管理能力、公共服务能力、制度建设能力。其中，资源汲取能力指国家动员社会经济资源的能力；发展经济能力指国家指导社会经济发展的能力；社会管理能力和公共服务能力是指国家通过维护社会秩序、提供基本服务等职能履行，以期提高社会对国家的认同感和归属感，进而巩固其统治地位的能力；制度建设能力是指国家依法行使国家权力的能力。实践中，这些能力互相依赖、相辅相成。

国家政策的制定需要反映民众的意愿、政策的执行需要民众的遵从与参与，国家能力的行使与社会密不可分。在实践中，为了尽可能地提高国家制定并实施政策和执法的能力，国家能力的行使表现为两种类型的权力交替使用：专断权力和基础性权力。[①] 进入现代社会，在民主化浪潮推动下，国家能力的行使相应地表现为较少专断权力和更多的基础性权力，国家加大对社会的放权力度，国家能力行使中国家与社会合作治理的互动关系日渐形成。国家能力行使中国家与社会合作治理要形成一种良好的互动关系，既需要制定和执行国家政策的长效机制保障，也需要实现民众有序政治参与的制度化。据此，笔者认为，国家与社会合作治理能力，具体表现为国家政策的制定、执行中与社会进行制度化、规范化、程序化的协商与沟通的能力。

胡鞍钢认为，国家现代化包括"有形的建设"和"无形的现代化"。"有形的建设"是我们所能看到的经济建设、政治建设、文化建设、社会建设、生态文明建设；"无形的现代化"又称为制度建设，可表述为制度建设的现代化。[②] 据此，可以将国家治理能力现代化分为两个方面：一是指国家在社会资源汲取能力、发展经济能力、社会管理能力、公共服务能力、制度建设能力等方面所表现的有形治理能力现代化；二是指包括上述国家能力行使中国家与社会之间形成协同互动能力的无形治理能力现代化。

---

① [英]迈克尔·曼：《社会权力的来源》，陈海宏等译，上海世纪出版集团、上海人民出版社 2007 年版，第 68—69 页。
② 胡鞍钢：《完善发展特色社会主义推进国家制度现代化》，2013 年 11 月 13 日，光明网（http://politics.gmw.cn/2013-11/12/content_9469868.htm）。

二 乡镇政府与农村社区在治理
现代化中的非均衡关系

从2000年开始的农村税费改革，是继土地改革、家庭联产承包责任制之后的第三次重大变革，对农村基层治理带来了深刻影响。项继权指出，农村税赋关系及其利益分配是乡村社会权力关系和权力结构的基础，乡村税赋关系的变迁也将导致乡村治理体系的变化。旨在减轻农民负担的农村税费改革是国家、农民和集体关系的深刻调整，引发了乡村基层政府和社会组织之间权力与利益的重新分配，最终导致乡村治理体系及治理方式的变革。[①] 在后税费时期，乡镇政府对农村基层社会的资源汲取能力、发展经济能力、社会管理能力、公共服务能力和制度建设能力不断增强，农村社区自治能力不断提升。但是，乡镇政府治理能力与农村社区自治力量之间是不均衡的，农村基层治理体系和治理能力的现代化还有很大的发展空间。

在农村基层治理中，乡镇政府是国家政策在农村基层社会的执行者，乡镇政府能力强弱直接决定国家在农村基层治理上目标的实现程度，因此，乡镇政府能力的强弱应是决定农村基层治理能力的关键因素。后税费时期，随着国家对农村宏观战略调整，国家对农村由"资源汲取"到"资源反哺"，从总体上看乡镇政府对农村基层社会的资源汲取能力、发展经济能力、社会管理能力、公共服务能力和制度建设能力不断增强，乡镇政府能力显著增强。

资源汲取能力与国家相伴而生。只有国家实际掌握资源，才能确保国家政策得以实施、国家意志得到实现。国家向社会进行资源汲取，在不同时期、不同发展阶段，国家汲取的对象和强度有所不同。后税费时期，国家财源基础主要由城市工商税构成，国家对社会资源的汲取主要来自于城市。具体到乡镇财政一级，由于取消了农业税，乡镇财政自有收入中只剩下为数不多的工商税、契税等几个小税种，乡镇财政收入与

---

① 项继权：《农村税费改革与乡村治理的变革——对湖北京山县的调查与分析》，《中国社会科学评论》（香港）2003年第2卷第1期。

当地非农经济发展密切相关，在工商业较为发达的东南沿海地区，乡镇政府具有较强的资源汲取能力。但是，在以农业为主的中西部地区，乡镇财政收入中的工商税收比重较小，其财政收入主要依靠上级返还和补助收入，乡镇财政主要负责具体落实国家出台的对"三农"的转移支付以及财政对农户的粮食直补、良种补贴等补贴资金，中西部地区乡镇财力较弱。在没有足够财力支撑的情况下，乡镇政府对资源的分配与配置能力相应弱化，乡镇政府对农村资源汲取能力也随之弱化，相应地，它在农村基层发展经济、进行社会管理和提供公共服务等公共治理支出的能力也较弱。随着党的十八大报告提出"让广大农民平等参与现代化进程，共同分享现代化成果"目标，城乡一体化发展机制进一步健全，国家进一步加大对乡镇财政转移支付力度，乡镇政府的财力基础逐渐得到夯实，乡镇政府因而具有较强的财政配置能力，也能够更好地在农村基层履行发展经济、社会管理和公共服务等基本职能。

国家向社会汲取资源后，需要以国家为主体、以满足社会公共需要为目的配置资源。在资源配置上，国家主要集中于发展经济、进行社会管理和提供公共服务等领域。具体到农村基层治理，在发展经济能力行使上，乡镇政府逐渐减少对农村市场经济过多的主导和干预，并着力为农村市场经济发展提供政策支持等服务，如在推进中国特色农业现代化进程中，乡镇政府在构建新型农业经营体系、健全"三农"投入稳定增长机制、完善农业补贴政策、加快建立利益补偿机制、整合和统筹使用涉农资金、完善农田水利建设管护机制、推进农业科技创新、加快发展现代种植业和农业机械化等方面发挥农业支持保护作用；采取财政税收优惠政策吸取外来资本，培育本地经济组织的发展；为本地区经济活动主体创造公平、公正、公开竞争的经济环境和法律秩序等。因此，随着乡镇政府能力的增强，乡镇政府发展经济的能力也会逐步得到增强。

社会管理能力是指国家维持社会秩序的能力。为维护阶级统治和国家政权的稳定，国家担负维持社会秩序的职能。在农村基层治理中，乡镇政府担负着加大社会管理力度，协调多种利益主体和各种价值取向、化解社会矛盾与利益冲突、维护社会公正和社会秩序及提高社会认同的责任。从农村基层治理创新实践来看，不同地区的乡镇政府社会管理创新方式方法各有特点。如在经济发达地区，农村出现了促进新老居民融合的"社区和谐促进会"与"和谐共建理事会";在经济欠发达地区,农村出现了以挖掘村落社区社会资本为主要内容的"社区理事会"和"农村村落社区志愿者协会",甚至还有乡镇政府吸纳民间力量参与网格服务团队的"网格化管理"工作。这些探索创新表明,乡镇政府加强了农村社会管理力度,其农村社会管理能力正在增强。

  现代国家的政治统治和社会管理职能的重心、权限范围与履行方式随着时代进步而调整变化。国家在履行社会管理职能时,强调把服务作为出发点和归宿,现代国家的社会管理在某种程度上甚至就意味着服务。这就需要国家社会管理既善于维持社会秩序,又能提供高质量的公共服务。公共服务能力包括国家向社会提供公共服务和公共产品的广度和深度。具体到农村基层治理,进入21世纪以来,国家加大了农村公共服务供给力度,随着党的十六届六中全会提出"逐步实现基本公共服务均等化",各地乡镇政府将履行公共服务职能作为其重要职能,并在公共服务供给方式、机构设置、人员配置上予以相应改进。在公共服务供给方式上,乡镇政府充分发挥市场在农村公共服务供给领域的资源配置作用,让市场组织、社会组织参与农村公共服务供给,通过构建市场化、社会化服务体系,弥补乡镇政府供给能力不足;在服务机构和人员设置上,各地乡镇政府新设"农村社区服务中心",承接乡镇政府延伸至农村社会政务性服务,如法规咨询、计划生育、纠纷调解、劳动就业、社会保障等,实现乡镇政府管理下沉和服务前移。同时,还有乡镇设置"农村社区专职社工",实现农村社区公共服务职业化、专业化。以上创新实践表明,乡镇政府通过统筹公共服务资源,促使政府公共服务与村民自我服务供给相结合,由此,乡镇政府在农村的社会公共服务供给能力得以增强。

  制度建设是现代国家治理能力建设的基础性保障。基于国家权力具有强制性的特点,为避免国家权力扩张侵扰社会,就需要用制度规范来限制国家权力,将国家权力的行使限定在一定范围内。制度建设能力主要是指国家通过制定法律规范,规定国家权力运行规则,合理界定国家权力行使边界,促进国家权力依法行使。具体到农村基层治理,自20世纪末我国实施"依法治国,建设社会主义法治国家"的治国方略以来,乡镇政府不断加强自身制度建设。党的十七大报告提出"要加强基层政权建设,完善政务公开、村务公开等制度,实现政府行政管理与基层群众自治有效衔接和良性互动",乡镇政府探索农村基层社会治理创新,并注重治理创新的制度化建设。例如,在扩大公众参与农村基层公共事务管理方面,无论是选举乡镇一把手的"公推公选",还是让公民直接参与乡镇财政预算的决策过程,均严格限定于法律制度框架内的创新。乡镇政府在向市场组织、社会组织购买服务过程中,不仅明确乡镇政府购买服务的种类,在服务合同中规定基本的服务项目和权责义务之外,还规定了服务范围,约定了经费支付方式,体现合同双方地位平等和契约自由的原则。在乡镇政府与农村基层自治组织权力划分方面,有地方梳理了农村基层自治组织协助乡镇政府工作的事项,对乡镇政府权力确权勘界,严格限定"行政权力"与"自治权利"的界限,为推进"乡镇政府行政管理和基层群众自治有效良性互动"奠定了坚实基础。因此,乡镇政府制度建设能力逐渐增强。

作为农村社区自治组织的村委会,在后税费时期工作内容发生重要改变,其工作重心由征缴农业税费转为向农村社区提供公共服务,这就为重塑村委会在农村社区服务中的合法性提供了契机。为重新赢得村民的认同,村委会不断改进工作程序与工作方法,其在农村社区的公共权威逐渐得到增强。在两委关系处理上,各地强调两委成员交叉,进一步推进"一肩挑"。在落实村务公开和民主管理上,河南邓州"四议两公开"强调,村务重大事项决定必须经过村两委、村代会协商一致,并且实现决议公开、实施结果公开;河北"青县村治模式"合理划分村党支部、村代会与村委会权限,实现各司其职。在对村委会监督上,各地设立村务监督委员会,由村务监督委员会负责村民民主理财,监督村务公开等制度的落实;村民会议或村民代表会议每年负责评议村委会履行职责情况;对村民委员会成员实现任期和离任经济责任审计等。

自党的十六届六中全会明确提出"逐步实现基本公共服务均等化",国家加大了农村财政转移支付及公共服务供给力度。但是,随着农村社区发展提速,农民在生产与生活中对公共服务有着多样化的需求,自上而下公共服务供给不可能穷尽农村所有公共事务,更不可能由乡镇政府包办一切,这就需要农村社区自治力量参与农村公共服务供给。在实践中，农村社区组织不断建立健全，主要包括内生型农村社区组织和外生型农村社区组织这两类。外生型农村社区主要成立于经济发达地区的农村，为将外来人口纳入一体化服务和管理中，村级"社区和谐促进会"、"和谐共建理事会"等农村社区社会组织相应成立。这些外生型农村社区社会组织最大限度地整合农村社区物质和人力资源，拓展了本社区公共服务渠道，实现对外来人口无缝隙管理和均等公共服务。内生型农村社区社会组织主要成立于中西部经济欠发达地区的农村，基于农民内生需求而成立老年人协会、红白喜事理事会等社会组织。内生型农村社区组织产生于农村社区内部，在社会资本作用下，农村社区内部成员最容易平等相处，培育信任感和归属感，社区成员能够构筑人际关系网络，学会以民主的方式处理内部事务。[①] 因此，根植于农村基层的内生型农村社区社会组织能够挖掘乡村社区传统文化资源，重建乡村社区社会资本，组织农民进行自我服务的供给。

党的十六届六中全会强调，必须"建设服务型政府，强化社会管理和公共服务职能"。近年来，乡镇政府发展农村经济的职能就主要表现为履行"三农"服务经济的职能。鉴于农民在农业生产中分散、封闭的特征，乡镇政府通过提供政策支持和资金扶持等措施，不断提高农民的组织化程度，农村社区"土地股份合作社"、专业技术协会等农村社区经济组织如雨后春笋般发展起来。农村社区经济组织在农业生产中打破了一家一户的封闭生产方式，通过组织某个生产经营环节或整个生产经营过程，把生产、加工、运输、销售等环节连接起来，实现专业化生产和一体化经营，提高分散农民在市场经济中的谈判地位，增强农民抵御自然和市场风险的能力。因此，农村社区经济组织在发展经济活动中与乡镇政府合作发展，能够有效促进农业生产与市场对接，促进农村社区农业生产社会化、市场化发展。

如前所述，在后税费时期，由于国家对农村实现了由"取"到"予"的政策调整，乡镇政府能力得以增强，农村社区自治力量得以发育。但是，乡镇政府行政功能也随之向农村社会弥散，乡镇政府管控和

[①] 王绍光：《安邦之道：国家转型的目标与途径》，生活·读书·新知三联书店2007年版，第7—8页。

包办许多原先由农村社区自治力量完成的事项，许多原先由农村社区自治力量发挥的自治功能由乡镇政府承担，乡镇政府行政权力在农村社会无所不能、无所不包。农村社区各类组织独立性不强，受到乡镇政府一定程度上的控制与约束。乡镇政府与农村社区各类组织之间的非均衡关系，主要表现为以下几个方面。

首先，乡镇政府弱化农村社区自治权。后税费时期，为缓解经济欠发达地区村级治理"无钱办事、无人办事"的窘境，乡镇政府加大了村级财政转移支付力度，村委会日常运作经费、村干部的工资均由乡镇政府支付。加之乡镇政府对村干部考评实行"一票否决"，无形中加大了村干部对乡镇政府的依赖。甚至有些地方村委会开始实行"坐班制"，村委会有朝着乡镇政府派出机构方向发展的趋势。

其次，乡镇政府过多干预农村社区公共服务供给。如农村社区服务中心在组建过程及人员选配上，往往由乡镇政府统一领导协调，并由乡镇政府负责日常管理和统筹经费使用。特别是"农村社区专职社工"制度，使得农村社区工作人员具有"公职化"色彩，农村社区服务中心在性质上更类似于乡镇政府派出机构。

再次，乡镇政府加强对农村社区管控。在实践中，乡镇在加强农村社区管理过程中，虽然也注重扩大公共参与，试图与农村社会之间建构合作机制，但是，由于乡镇政府社会管理的制度化水平和能力取决于乡镇政府自身制度化水平和能力，在乡镇政府自身制度化水平和能力较低的情况下，乡镇政府有可能干预农村基层自治。例如，"网格化管理"削弱村委会、村民小组等农村基层组织的自治功能，乡镇政府通过网格服务团队直接联系管理村民和实施管理。"联村管委会"的设置表明乡镇政府主动"逼近"乡村社区；同时，联村社区管委会将原属于村委会的自治职能剥离，就存在行政权侵蚀自治权之嫌。

三 推进农村基层治理现代化的路径

农村基层治理能力现代化的实现，表现为乡镇政府能力现代化及其与农村社区自治力量之间合作治理能力现代化的同步推进。在乡镇政府与农村社区自治力量处于非均衡关系条件下，仅有乡镇政府能力的增强，将不利于农村社会对乡镇政府权威的自觉认同和农村社区居民自愿与乡镇政府合作，进而影响乡镇政府与农村社会合作治理能力的提升。在今后很长一段时期，大力推动农村基层治理能力现代化，必须大力改进乡镇政府治理机制、积极发挥农村社区各类组织在农村基层治理中的协同作用、在乡镇政府与农村社区之间建构制度化的良性互动关系。

（一）大力改进乡镇政府治理机制

根据党的十八届三中全会提出的全面深化改革的总目标，推进国家基层治理能力现代化，首当其冲的是要改进乡镇政府治理结构，提升农村基层治理能力，运用改革创新的办法，写好基层治理能力现代化这篇大文章。

第一，科学定位乡镇政府职能，增强乡镇政府能力。随着我国经济社会快速发展，不同地区乡镇呈现不同发展态势。在经济发达的东南部沿海地区，已经形成了以工业为主导并集聚大量外来单位和人口的经济发达镇。这些经济发达镇的综合实力强，其社会结构已经初步实现向现代工业社会和城市社会转型，它既是推进中国特色城镇化的重要载体，也是一般乡镇发展的趋势。在经济欠发达的中西部地区，乡镇主导产业依然是农业。值得注意的是，这些乡镇也开始致力于推进现代农业发展。笔者提出科学定位乡镇政府职能，是指乡镇政府应针对本地区社会经济发展实际，结合本地区居民、企业和其他社会组织多元化需求，确定其关键职能。科学定位乡镇政府职能，应集中发展其镇域经济，向农村社区提供公共服务和进行社会管理，增强乡镇政府支持农村社区在经济发展、社会管理和公共服务等方面的能力，实现镇域经济发展与服务民生双赢多利。应当注意的是，乡镇政府应根据本地经济实际情况有所侧重，如在农业比重较大、经济欠发达的乡镇，乡镇政府应当着重加强为"三农"服务的经济职能；在工商业和城镇化发展到一定水平的乡镇，乡镇政府要着力促进工业化和城镇化发展进程，重点履行产业发展、规划建设、项目投资、安全生产、环境保护、市场监管、社会管理、民生事业等方面的经济社会管理权限，增强乡镇政府在经济发展、社会管理、民生事业等方面的能力；甚至在城镇化水平较高的乡镇，也可以有针对性地突破现有乡镇政府经济管理权限，赋予其县级经济社会管理权限，增强乡镇政府相应的行政处罚权以及与之相关的行政强制权和监督检查权，完善其作为经济发达镇这样一种类型的基层政府满足人民群众日益增长的公共服务需求和推进城镇化的功能。

第二，搭建"一站式"管理与服务平台，促使乡镇政府职能转变。乡镇政府直接面对农村基层，为了实现乡镇政府管理重心下移，基本公共服务下沉，需要最大限度整合乡镇政府行政资源，搭建便捷、灵活、高效的管理与服务平台，推进乡镇政府向"服务型政府"角色转变。在搭建"一站式"管理与服务平台过程中，首先成立乡镇便民服务中心服务"窗口"，把面向居民管理与服务事项"打包"，将就业、社保、民政、卫生、文化以及综治、维稳、信访等属于乡镇政府管理与服务的事项，集中于乡镇便民服务中心等服务"窗口"统一办理。其次，对于有些乡镇已经承接县级政府下放的部分管理职权，服务"窗口"应尽可能将不同机构之间行政许可、非行政许可审批整合起来，简化农村公共事务服务办理流程和环节，提升乡镇政府管理与服务效率，为基层群众、企业和其他社会组织提供高效、便捷、贴心的服务。最后，乡镇政府将基本公共服务向农村社区延伸，应依托新设"农村社区服务中心"，由"农村社区服务中心"承接乡镇政府延伸至农村社会的政务性服务，确保农村社区居民能够就近享受优质的公共服务。

第三，治理方式从管制向协商转变，推进多元治理主体共管共治。为了实现全新的政治管理，乡镇政府要在治理手段上实现由管制向协商转变，使权力由"自上而下"的单向度运行向"上下互动"双向度运行转变。为了更好地实现对农村社会的管理与服务，乡镇政府逐渐减少强制手段，更多采用说服、协商和指导等手段，积极发挥乡规民约等社会自治规则的指引作用，探索农村社会各类组织和居民在管理中的协同参与，促使多元主体参与农村基层治理。在现阶段，多元主体参与农村基层治理，顺应了农村社会各阶层日益增强的政治参与意识和对构建新的社会管理权力结构的迫切要求。为促使多元治理主体在农村基层治理中形成合力，实现农村社区居民有序的政治参与，乡镇政府应当用引导和民主的方式促使农村社区各类组织和居民参与农村社区公共事务的决策，建立农村社区各方利益诉求的表达机制。在乡镇政府与农村社会的互动和交流过程中，提升农村社区各类组织与公众对乡镇政府的支持与认同，形成乡镇政府与农村社区各类组织及居民之间共管共治的治理格局。

（二）要积极发挥农村社区各类组织在农村基层治理中的协同作用

农村基层治理的重点是农村基层社会，主体是农村社区居民，关键是创新基层治理机制，实现基层善治。这就需要增强农村社区自治力量，提升基层组织自治能力。目前，农村社区主要是通过村委会这一自治组织来行使自治权，集中表现为对农村社区公共事务的管理和服务。由于具备独立行动能力的民间组织的建构是社会行动能力生长的动力原点[①]，因此，增强农村社区自治力量就要以农村社区自治组织为中心。但是，它绝不限于此，还要将农村社区自治组织纳入到农村社区自治的平台之中，在这个平台上，整合农村社区自治组织与农村社区其他各类组织之间的关系，充分发挥其群众性、自治性和民主性，孕育出群众自治的活力、基层管理的合力和民主成长的动力，[②] 让农村社区居民依法办理自己的事情，发挥农村社区各类组织在农村基层治理中的协同作用，促进乡镇政府治理与农村社区各类组织自治良性互动。

第一，规范农村社区自治组织自治权力的行使，组织本社区居民依法自治。作为农村社区自治组织的村委会，行使自治权力来源于村民授权。因权力来源决定，村委会在对本村进行公共管理、提供公共服务时，必须代表村民的意愿和利益，而不是乡镇政府的"手"或"腿"。因此，应当改变村委会"行政化"趋向，促使村委会逐渐回归其自治本质，组织农村社区居民共同管理本社区公共事务，确保本社区居民自我管理、自我教育、自我服务等民主权利得以实现。首先，村委会依法行使自治权力。村委会在本社区行使公共权力的过程中，要合理界定与村党支部、村代会之间权责分工，实现各司其职，并积极落实村务公开

---

① 陈剩勇、徐珣：《参与式治理：社会管理创新的一种可行性路径——基于杭州社区管理与服务创新经验的研究》，《浙江社会科学》2013年第2期。

② 林尚立：《基层民主：国家建构民主的中国实践》，《江苏行政学院学报》2010年第4期。

和民主管理,对于本社区重大事项,还应遵循决议公开、实施结果公开,接受本社区居民监督。其次,依法保障农村社区居民四大民主权利得以实现:在民主选举上,完善选民登记制度,委托投票制度、罢免制度,使村委会选举程序运行制度化、规范化;在民主决策上,完善村民会议和村民代表会议制度,建立涉及村民利益事项的议事协商制度;在民主管理和民主监督上,落实村务公开、民主评议、在村委会成员任期和离任时对其实行经济责任审计制度等;在社区公共事务管理上,村委会要组织本社区居民共同管理本社区公共事务。对于维护社会治安、调解民间纠纷、遵守社会公德等公共管理事项,村委会应引导本社区居民自觉遵守本社区公共规范,并通过村规民约的规劝疏导,化解本社区居民之间的利益冲突,促使社区治理目标的实现;对于修建道路桥梁、建设社区公共环境等公益事业,村委会还应发动本社区居民"有钱出钱,有力出力",实现本社区公共服务的集中供给,满足本社区居民的公共需求。

第二,建立现代社会组织制度,促使农村社区社会组织、经济组织参与农村社区管理与服务。农村社区社会组织、经济组织是农村社区居民建立的自治性组织。这些组织的成立,能够弥补乡镇政府和村委会对农村基层治理的不足,在发展农村社区经济、促使本社区居民参与农村社区管理、提供公共服务等方面发挥积极作用。鉴于国家对农村社会组织、经济组织控制较为严格,农村社会组织、经济组织具有自主性和镶嵌性"官民二重性"的特性,[1] 需要对这些组织进行去"行政化"引导,重塑其"草根性"。因此,应当限期实现农村社区社会组织、经济组织与行政机关真正脱钩,实现农村社区社会组织、经济组织在人、财、物上真正独立,建立政社分开、权责明确、依法自治的现代社会组织制度。在参与农村社区管理上,由于农村社会组织更能贴近居民的实际需求,能够吸纳广大乡村社区居民参与,因此,农村社区社会组织还要善于引导农村社区居民参与,发动本社区居民参与本社区社会治安的维护、民间纠纷的调节、本社区社会救助、文化生活等公共事务的管

---

[1] 王信贤:《争辩中的中国社会组织研究:"国家—社会"关系的视角》,台北韦伯文化国际出版有限公司2006年版,第38—45页。

理。农村社区居民在参与农村社区社会组织自我的管理过程中，逐渐了解与他人沟通、交流的技巧，懂得在利益均衡过程中适度妥协和宽容对待，逐步培养集体行动中互助与互信的良好品质，形成遵从约定与规则的自觉意识，促使农村社区居民逐渐养成民主生活方式，推动农村社区自治力量深度发育。在参与农村社区公共服务供给上，对于可以由农村社区社会组织、经济组织承担的农村公共服务，农村社区社会组织、经济组织应积极参与市场竞争，接受乡镇政府委托，提供市场化、社会化服务。

（三）构建乡镇政府与农村社会制度化之间的良性互动关系

推进农村基层治理能力现代化，既要强调农村基层治理中乡镇政府的主导作用，又要发挥农村社区各类组织在农村基层治理中的协同作用，更要促使乡镇政府与农村社区各类组织之间在管理与服务中的分工、协作，实现相互配合、和谐共生。为了实现乡镇政府与农村社区之间的有效互动与相互制衡，增强乡镇政府与农村社会合作治理能力，需要重构乡镇政府与农村社区之间的制度化关系。

第一，确定乡镇政府与农村社区各类组织之间的职责边界。乡镇政府是行使行政管理权的行政机关，农村社区各类社会组织是行使农村社区自治权的自治组织。为避免乡镇政府与农村社区各类组织之间"零和博弈"，促进双方良性互动，需要厘清乡镇政府与农村社区各类组织之间的职责边界。按照现有法律规定，乡镇政府对属于农村社区居民自治范围的事项进行指导，对于农村社区自治各类组织而言，它们在行使民主选举、民主决策、民主管理、民主监督等自治权利过程中，只要是属于合法的自治活动，乡镇政府就负有指导职责。当然，乡镇政府在指导中还应严格遵守法治程序，不能轻易介入农村社会日常生活领域，避免产生"权力越位"情况。同时，乡镇政府是直接向农村社区居民行使行政管理权的基层政府，由于乡镇政府管理人口较多、管辖范围较大，必须借助农村社区各类组织的有效协助才能实现对农村的有序管理。在农村社区各类组织依法协助乡镇政府行使公权时，乡镇政府要遵循"权责对等"和"还权于民"原则，为农村社区各类组织提供相应的经费、设施和条件保障，将"责、权、利"捆绑落实到农村社区各类组织中,提高农村社区各类组织的积极性和承接能力。对于可以推向市场的农村公共服务,乡镇政府应采取"购买服务"的做法,向农村社区各类组织购买,并遵循"费随事转"原则,将履行这项职责的相应经费足额拨给农村社区各类组织。

第二,乡镇政府对农村社区各类组织自治权的行使进行必要干预和调节。农村社区各类组织在农村社区行使自治权,源于国家向农村基层社会和公民让渡和下放部分治权。[1] 因此,当农村社区面临自身无力解决的矛盾和冲突时,作为农村社区国家法令执行者的乡镇政府,需要对农村社区各类组织自治权的行使进行必要的干预和调节。在干预和调节过程中,乡镇政府凭借国家权力产生对农村社区任何阶层、组织和团体平等的约束力,并促使农村社区各方利益主体按照国家法令规定的制度和程序,谋求所谓"随机性的制度化让步妥协"。[2] 由此,农村社区各方利益冲突处于乡镇政府可控范围内,避免农村社区自治力量无序扩张。值得注意的是,乡镇政府行政管理权对农村社区自治权力进行必要的干预和调节的同时,应该避免对农村社区自治权力进行超强控制和过度干预。

第三,农村社区各类组织制约乡镇政府行政管理权扩张。现代国家的目的是将其活动引向它所服务的人民认为是合法的这一终极目标上,并把权力的行使置于法治原则之下。[3] 政府在行使行政管理权过程中,如果不能将行政权力限制在法律框架内行使,建立对政府的问责机制,不受监督和制约的政府权力必然会异化,而异化的权力是难以实现现代治理目标的。因此,为增强政府能力,需要建立对政府的问责机制,监督和制约政府权力的行使。具体到农村基层治理,由于乡镇政府对农村社区在权力配置、运行目标等方面起到主导作用,在现代治理背景下,除了强调乡镇政府采用非强制或弱强制的方式对农村社区进行管理之外,也要注重发挥农村社区各类组织来制约乡镇政府的行政管理权。农

---

[1] 徐勇:《村民自治:中国宪政制度的创新》,《中共党史研究》2003年第1期。

[2] 甘阳:《"民间社会"概念批判》,载张静主编《国家与社会》,浙江人民出版社1998年版,第31页。

[3] [美]弗朗西斯·福山:《国家构建:21世纪的国家治理与世界秩序》,黄胜强、许铭原译,中国社会科学出版社2007年版,第1页。

村社区各类组织通过选举、议事、公开、述职、问责等机制，通过这种群体性自治权力来约束乡镇政府行政管理权对农村社区的过度扩张和盲目渗透，实现对乡镇政府行政权力的监督和制约，形成农村社区自治权力对乡镇政府行政管理权的良性制衡关系，从而达到切实保障农民权利的目的。

城市社区治理的国家、市场与社会互动

——以武汉市百步亭社区治理为个案

刘小钧　张艳国[*]

【摘　要】 我国仍处于经济社会高速发展与转型时期，国家、市场与社会之间的关系正经历着深刻的变化与调整，还没有进入一个相对稳定的状态。在社区基层建设与治理的实践中，政府或者缺位、或者越位、或者错位，市场与社区依存度不高，社区主体意识不强等情况仍然较为普遍。在武汉市百步亭社区建设实践中，通过创新党的领导与政府服务的内容与方式、发挥市场主体在社区建设过程中的作用，鼓励并规范社会组织和居民参与，从而整合了国家、市场和社会三者的资源与力量，变各自为政为协同共生，收到了良好的治理效果。百步亭社区建设的经验说明，实现社区善治，就是要根据中国基层民主政治发展的内在规定性，从整体上探索社区建设与治理的新格局和新机制，创新国家介入社区的内容与方式，整合市场与社会的内在张力与价值向度，充分发挥各个主体的积极作用，克服各自的不足与缺陷，最终形成它们的正相关性和良性互动。

【关键词】 国家；治理能力现代化；社区治理；百步亭社区

社区处于社会生活共同体的末梢，是国家治理体系的基本单位。社

---

[*] 刘小钧，男，湖北省社会科学院研究人员，江西师范大学政法学院博士研究生。张艳国，男，江西师范大学副校长，兼任中国社会转型研究中心主任、二级教授、博士生导师，主要研究方向为马克思主义中国化、城乡基层治理。

区治理的有效性是国家安定、社会和谐的基础。社区治理能力的提升和实效的获得，是国家治理能力现代化的基础。但当前社区治理质量与社区在国家治理体系中的重要地位是不相匹配的。当前社区治理的困境之一在于未能有效整合治理因素：开发商卖完房子就"一走了之"，社区党的领导"停在口号上"，政府服务"停在表面上"，居民自治"留于文件上"①。在社区建设与治理中，各方主体的缺位、越位、错位等现象也是屡见不鲜。党的十八届三中全会提出了党、政府和社会各方面共同参与社会治理、实现良性互动的"系统治理"的新要求，② 如何将国家意志和社会各方面参与形成一个有机的统一体，克服社区治理中凸显的参与因素不协调甚至是缺位乱象，实现社区善治，既是一个需要理论回答的实际问题，也是一个影响实践深化的现实问题。

考察武汉市百步亭社区治理过程中国家、市场与社会之间的互动关系，明确它们在社区善治中的角色意义，科学构建国家、市场和社会的三维结构，对解决目前在社区建设中存在的治理困境，描绘社区治理的发展前景，具有十分重要的理论意义和实践作用。

一 由点到面：百步亭社区建设的影响力

百步亭社区位于武汉市江岸区，是一个集商品房、经济适用房和廉租房于一身的混合型社区，占地4平方公里，现有8个居委会，入住13万居民，由百步亭社区管委会统一管理。10多年来，百步亭社区先后荣获全国先进基层党组织、全国文明社区、全国和谐社区、中国人居环境范例奖等100多项国家级奖项。百步亭社区建设的理念、模式和成效得到了中央和地方各级领导的肯定和赞扬。曾有多位党和国家领导人以及中央100多位部委办领导视察了百步亭社区，并予以高度评价。

---

① 中央组织部组织二局、湖北省委组织部、武汉市委组织部联合调研组：《以党的建设引领文明和谐社区建设——关于湖北省武汉市百步亭社区党建工作的调查》，《光明日报》2012年8月21日。

② 《〈中共中央关于全面深化改革若干重大问题的决定〉辅导读本》，人民出版社2013年版，第49页。

2003年，中宣部、中央文明办、建设部、文化部四部委联合发文，向全国推广百步亭社区经验。2012年，中组部要求在全国学习推广百步亭社区党建工作法，并列为中组部2013年工作要点。来自全国各省市自治区、港澳台地区的社会各界人士以及20多个国家的友好人士共120多万人次到百步亭社区视察参观。很多地方学习借鉴百步亭社区建设经验，比如沈阳大东区提出打造"北方百步亭"的建设目标。关于百步亭社区建设的经验和理论探讨不断被媒体和学者见诸文字，经常出现在各大主流媒体和重要学术刊物上。有关方面还召开了多场以百步亭为主要对象或与之有重要关联的全国性研讨会，在许多全国性社区建设的会议上，百步亭社区建设的经验都被重点介绍。

纵观百步亭社区建设影响力的发展历程，可以大致分为前后相续的两个阶段。从1995年开始建设到2003年，百步亭社区的影响力主要是区域性的；从2003年开始，百步亭社区建设的影响力走向全国。其标志是：第一，2003年，时任中央政治局常委的李长春视察百步亭并予以高度评价；第二，同年，中宣部等四部委联合下发通知，要求各地学习借鉴百步亭社区建设经验。

综合来看，推动百步亭社区影响力全国化的主要因素有：

第一，国家因素介入。国家介入主要有三种形式：一是国家各级领导干部对百步亭社区的视察。包括时任中共中央政治局委员、湖北省委书记俞正声在内的多位党和国家领导人以及100多位中央部委办领导同志到百步亭社区视察指导工作。湖北省和武汉市的各级领导也多次到百步亭社区实地考察，这就形成了从中央到地方各级党政机关对百步亭社区建设的广泛关注。二是中央职能部门向全国推广学习百步亭社区经验。三是将百步亭集团负责人吸纳到国家政治体系。百步亭社区建设取得全国性影响的同时，百步亭集团负责人在国家政治体系内的地位和影响力也逐步提高（比如，百步亭社区集团负责人茅永红为全国工商联副主席，社区党委书记王波为十一届全国妇联常委），二者呈现出正相关性。

第二，主流媒体介入。包括《人民日报》、《光明日报》、《工人日报》、《中华工商时报》、《湖北日报》、《长江日报》、《北京日报》和人民网、新华网、搜狐网、新浪网等在内的各大主流媒体和主力网站，都对百步亭社区予以关注和报道，极大提升了百步亭社区的社会知名度、美誉度和影响力。仅以《光明日报》为例，根据笔者的统计，仅从2009年1月23日到2014年4月23日，《光明日报》涉及百步亭的稿件数为59件，其中专门报道或研究百步亭的稿件为24件，总字数超过5万，包括3个专版，另外还有11张图片新闻。地方性媒体对百步亭的报道更是不计其数。

第三，学术理论界介入。来自各地科研机构的研究人员，包括高校、社科院、政府部门的研究机构的专家，从学术研究的不同角度观察并参与百步亭社区发展。随着研究成果以学术期刊和专著的形式出版，百步亭社区渐为学界熟知。根据笔者在中国知网的统计，截至2014年4月23日，以百步亭为关键词的各项研究成果共有515条。

第四，其他社会因素介入。比如，前来百步亭社区参观的其他社会各界人士，包括其他地方社区建设者，通过考察学习百步亭社区经验后，把百步亭社区的一些经验、理念和做法带回去予以借鉴，这就促进了百步亭社区经验的传播和社会影响力的扩大。

唯物辩证法认为，在决定事物发展进程的多个矛盾中，必然有一个居于主导和支配地位的矛盾因素，认识和解决问题必须从这个主要矛盾着手。在决定百步亭社区影响力的诸多因素中，笔者认为，百步亭社区体现出的鲜明主流性（这一点将在下文论述）和国家因素，是寓于其中最为重要的要素，这有着深刻的政治社会背景。

第一，从我国现有政治社会结构的特性来看，中国共产党是执政党，具有突出的政治优势，其中一条就是它掌控着许多重要的社会政治资源的配置。在现有社会利益格局下的各种力量对比中，国家的影响力和社会动员能力仍然居于主导地位，对许多领域有着强大的影响力。这种政治权威理所当然地延伸并影响到百步亭社区，决定了百步亭社区的价值取向，这是百步亭社区权威性、合法性以及组织资源有效性的来源。

第二，从当前我国新型城镇化快速推进的时代背景来看，城镇的快速扩张导致了很多治理难题，对巩固党的执政地位和增强国家治理能力，提出了严峻挑战。党的十八届三中全会提出了"推进国家治理体系和治理能力现代化"的深化改革总目标。在此背景下，百步亭社区的探索与实践就契合了国家发展需要，因此，百步亭社区能够赢得重要的社会价值和政治影响力。

第三，从政治社会化的视角看，百步亭社区始终坚持党的领导和社区建设的正确方向。这种价值取向显然是我国占主导地位的意识形态政治社会化的产物。百步亭社区建设始终与国家主流政治发展相结合，从而在政治合法性以及政治资源上拓展了自己的发展空间。

总之，百步亭社区通过积极融入主流社会政治意识形态、贯彻党和国家的政策、积极与国家的社区建设要求对接等措施，赢得了来自中央和地方各级党政部门的充分肯定和大力支持，这是百步亭社区建设经验从地方走向全国、由点到面的关键因素。

二 软中有实：国家力量对百步亭社区建设的软介入

本文所说的国家力量软介入，是指国家并不直接干预社区建设过程中的微观管理和具体活动，而是通过采取意识形态引导、制度供给、组织资源保障、国家领导人视察、权威性和合法性赋予等方式，在宏观上对社区建设予以支持和引导。这种变微观管理为宏观治理的转变，适应了在社会主义市场经济深入发展的背景下，构建新型的国家与社会、国家与市场关系的新要求，既有利于保证社区建设和基层民主发展的正确政治方向，提高党的领导能力、夯实群众基础，又有利于发挥基层的积极性、主动性和创造性，从而形成方向正确、治理合法、参与有力、管理有序，而又生动活泼、充满活力的社会局面。具体来说，国家对百步亭社区的软介入主要体现在以下几个方面。

第一，以百步亭社区管委会代替街道办事处。在管理上，以百步亭社区管委会替代街道办事处，管理这个拥有13万居民的超大社区。这一管理格局的变化旨在充分调动社会力量参与社区治理，使国家对基层社区之间关系从刚性管理转为弹性介入。百步亭社区管委会在我国当下的基层治理体系中是独特的，具有多重属性：从其产生来看，它是百步亭集团这个市场主体投资建设的，百步亭集团是一家从事多种经营的民营企业，百步亭社区是企业以市场化方式运作的；从其承担的职能来看，它发挥了街道办的功能和作用，得到从中央到地方各级党和政府的肯定，具有权威性和正当性；从与居民的关系看，它是推动社区建设和发展的民间组织，它从事的主要工作都以满足居民的实际需求、提升居民的生活幸福感为主要内容。[①] 百步亭社区管委会的设立并成功运行，说明国家辩证地调整了自己与社会的行为边界。这种辩证性表现为：政府作为微观管理者角色退出社区，"甩手而不放手"，基层党组织以群众性组织的身份入场。基层党组织和党员在社区中发挥作用的方式与政府发挥作用的方式有很大区别：基层党组织作用主要通过示范、团结、说服、教育等方式来体现，是一种弹性的管理和介入；政府主要以命令—服从和决定—执行的方式行使职能，更多地体现刚性的特征。基层党组织的这种弹性管理，更符合社区居民的自主自治方向和党的十八届三中全会提出的发展"基层协商民主"的要求。总之，百步亭社区管委会的存在与运行反映了国家介入社会管理的新途径、新方式。

第二，党和国家领导人的视察活动。国家领导人的身份是代表国家最强烈的政治符号。已有多位党和国家领导人视察了百步亭社区建设，这一点对百步亭社区建设有着深刻影响：既从政治高度肯定了百步亭社区已有的成绩，又标明了百步亭社区未来发展方向。在现有的政治体制和政治文化下，国家领导人的多次视察活动，象征着国家政治权威的介入，赋予百步亭社区鲜明的政治色彩和政治符号，树立了百步亭社区权威的社会形象和地位，增强了社区工作人员和居民的认同感、自豪感、荣誉感、责任感和使命感。

第三，吸纳百步亭社区的主要领导人进入现有政治体系。随着百步亭社区建设知名度的扩大和社会影响力的提升，百步亭社区领导人在国家政治体系内的地位和影响力逐步提高，二者呈现出正相关性。百步亭集团董事局主席茅永红，先后担任的重要社会职务有：湖北省工商联副主席、全国工商联副主席、全国政协第十二届全国委员会常务委员等。百步亭社区党委书记王波，是中国共产党十七大、十八大代表，2013年当选第十一届全国妇联常委。这两位百步亭社区重要领导人的政治参

[①] 张艳国、胡盛仪、李广平：《社会生活共同体建设中的百步亭发展之路——武汉市百步亭花园社区调查》，《江汉论坛》2010年第6期。

与行为，说明我国政治制度有能力吸纳和同化新兴社会力量，实现其政治参与行为的制度化和有序化。

第四，正式制度的供给和完善。国家制定出台了一系列法律法规及政策文件，规范并支撑了社区建设的开展。比如，《城市居民委员会组织法》、《物业管理条例》、《中国共产党党章》、《关于加强和改进城市社区居民委员会建设工作的意见》、《中国社会服务志愿者队伍建设指导纲要（2013—2020年）》，等等。这些正式制度，涵盖了居委会产生、居民权利保障、党组织生活与党员权利、物业管理、志愿者活动等各方面，为百步亭社区治理提供了政策法律依据。

第五，意识形态上的主导。执政党的重大决策、文件等通过党组织和党员的宣传、执行并融入社区居民生活，从而起到了宣传和树立党的权威性的社会作用。值得重视的一点是，在笔者的调查中，鲜明的政治价值取向，不仅体现在百步亭社区领导人身上，而且体现在社区基层的工作人员和社区志愿者身上。

第六，通过体制内人员的非职务性介入。比如，警察是色彩鲜明的国家机器的组成部分，也是体现国家意志的政治符号。驻百步亭社区的民警通过组建"沈警官爱民服务队"，将国家政治符号与为社区居民温情服务结合在一起。再如，社区居民肖恒杰是湖北省高级人民法院的一个党务干部，他利用节假日义务向社区居民普及法律知识，发放宣传材料，解答法律上的困惑，产生了积极的社会影响。这些情况说明，通过国家体制内人员的非职务性介入，国家权力与意志得以贯彻到社区基层，是一个很好的方式。

国家对社区的软介入表明，随着经济社会发展创新，国家权力运行的边界与方式做出了深刻调整；同时也表明，只有引入市场和社会的力量，鼓励居民有序积极参与，才能有效解决政府在社区建设中的"失灵"或"越位"问题。

三 融政于情：百步亭社区管理的战略选择

所谓融政于情，就是将政治融入情系居民、服务居民中。根据我国国情，社区建设始终要考虑两个因素：国家治理的政治需求与社区居民的生活需求。这两个向度的需求，既有共同点，也有不同点，都交汇集中在社区。处理好两者关系，社区就能承上启下，内处外联都能相安无事；处理不好两者关系，社区就会左右为难，矛盾丛生。在指导理念和具体实践中，百步亭社区始终努力探索如何实现党的领导和满足居民需要的有效对接，走出了一条新路。

百步亭社区的政治融入主要有如下做法：

第一，始终坚持党对社区建设的全面领导，积极寻求社区与国家互动。在完善党组织体系上，以党组织为依托，构建了"两长四员"制的组织网络，使基层党组织对社区的全覆盖有了可靠的组织保障和制度平台。在价值取向上，百步亭社区始终高举"永远跟党走"的大旗。党的十七大召开前，百步亭社区组织4600多名党员和群众将"百步亭人永远跟党走"绣在一面党旗上并献给党的十七大。党的十八大时，百步亭社区更是在全国动员了10余万名党员志愿者和群众在一面党旗上绣上"社区老百姓永远跟党走"。在完善党员活动机制方面，采取社区党员登记、设岗承诺与反馈评价等机制，使党员活动机制常态化。在培养社区党组织带头人方面，以"一好双强"即以思想政治素质好、社会管理能力强、群众工作能力强为标准选拔培养社区党组织队伍带头人。

第二，探索中央政策在基层贯彻和执行的新途径新办法，努力对接国家对社区基层治理的精神和要求。百步亭社区发展与壮大过程是在贯彻国家主流意识形态和政策、对接国家基层治理需要的基础上实现的，兼顾了市场主体、社区建设者和社区生活者的不同角色的利益和需求，由此获得了国家的支持和肯定，成为国家治理体系的一部分和一个亮点。这种来自主流政治系统的肯定与赞誉，特别是中央高层的认可，不仅对百步亭社区发展是极大推动，而且对整个百步亭集团的发展都是大有助益的。

在百步亭社区建设中，社区党委和管委会始终以满足居民的需求为最大动力，以提升社区幸福感为最大目标。

第一，树立居民至上的服务理念。百步亭社区对居民的服务意识，集中体现在他们的服务理念上："居民永远都不错，我们永远有不足。"

百步亭社区管理者认为，要通过服务活动，打破社区居民精神上的隔阂，营造出一个共建共享、守望相助的精神家园。为了更好地体现服务精神，百步亭社区实行"首问责任制"。该制度要求，不管是不是你分管的，只要居民找到你，就要负责到底。百步亭社区还要求党员干部平时看得出来，关键时刻站得出来，做到"问题前面有党员，党员面前无问题"。

第二，坚持多样化的服务内容。社区千家万户，需求千差万别，既有共同点，也有差异。百步亭社区始终坚持将一般化服务和特殊性服务相结合，努力满足各种不同的需求。在百步亭社区，活跃着160多支各种服务的志愿者组织。比如，有专门调解居民矛盾的"管得宽志愿服务队"，有专门照顾老人的"健康关爱站"，有专门帮助特殊人群采购生活用品的李小海志愿服务队，还有专门结对帮扶空巢老人的"温馨姐妹"，等等。这些服务组织几乎涵盖了社区生活的每一个方面，其中既有健康咨询、医疗服务、居家养老、法律咨询、餐饮娱乐等常规服务，也有临终关怀、技能培训、推荐就业、特殊人群的关爱等特殊服务，还有因突发事故产生的特殊需求。

第三，打造完善的服务基础设施。为了让居民生活在一个环境优美舒适、服务方便快捷的现代小区，百步亭社区十分重视对基础设施建设的投入和建设，建成了规模完善、种类齐全、性能优良的各种服务设施。从开发至今，百步亭集团总计投入7亿多元，建成1个大型社区配餐中心、10个社区食堂；建成3个社区公园、1万多平方米的居民活动场所；建成6所幼儿园、4所小学、2所中学和1所老年大学，建成了设备先进、诊疗项目齐全的非营利性社区医疗服务中心，大幅度降低了居民的就医费用。

第四，健全多方联动服务机制。为了避免社区的物业公司、居委会、业委会之间出现推诿扯皮和职责不清的现象，百步亭社区实行"支部领导，三方联动"的议事机制。具体而言，在整个百步亭社区，实行社区党委统一领导，社区居委会、物业公司、业主委员会三方联动，整合各方资源，形成合力的联动格局；在各个居委会区域内，实行在社区党支部领导下，居委会、物业服务处、业委会苑区小组共管的议事制度和互动机制。比如，百步亭康和苑就是在党支部领导下，建立了三方共商社区大事的周例会制度、三方联席评议工作的月民主听证会制度、周末居民接待日制度等。发挥联动服务机制作用，有效地解决了在社区服务中存在的推、拖、磨等问题，增进了社区各方的了解与协作意识，维护了居民的切身利益，也增进了党对社会资源的整合与领导能力。

作为一个市场主体，在社区建设中，百步亭集团实现了由市场盈利者向社区建设者的角色转化，将贯彻执行党和国家的政策与服务基层、构筑社区生活共同体结合起来，力图在政治上层与基层群众之间找到一个结合点。从政治学的角度来看，现阶段的政治制度安排与利益分配格局对百步亭集团的这种发展战略的转变起到了非常重要的作用。

第一，国家强大的社会整合与动员能力。在当前的政治格局下，中国共产党执政下的国家政权对社会具有强大的动员能力和社会整合能力，在社会政治资源的配置中发挥着强势影响力。正如全国工商联领导人全哲洙在非公有制经济人士纪念建党 90 周年座谈会上的讲话中指出："没有党的指导思想的与时俱进和改革开放方针政策的不断创新，就没有我国公有制经济和非公有制经济的共同发展……加强党在非公有制经济领域的领导，非公有制经济人士自觉接受党的领导，绝不是一句简单的口号。"[①] 在百步亭社区建设与发展过程中，借助中国共产党的政治权威和组织资源，以"大党委制"实现对居民自治组织、政府派驻机构、物业公司等相关主体的整合与协调，这是对现代社区治理的一个有益探索。

第二，百步亭集团领导层的共识和远见。首先是企业家的责任和担当精神。茅永红说："做人要讲良心，办企业也要讲良心。老百姓买房子不容易，一生辛劳、半生积蓄交给我们，是对我们的信任，我们不能让他们失望。"[②] 其次是理性义利观，茅永红说："我总在想，当年革命先烈，为了新中国，不惜抛头颅洒热血，他们得到了什么？今天的民营企业，为了社会和谐，牺牲一点经济利益，和那些连生命都可以牺牲的

---

① 全哲洙：《坚持党的领导 确保"两个健康"——在非公有制经济人士纪念建党 90 周年座谈会上的讲话》，《中华工商时报》2011 年 6 月 27 日。
② 崔静：《"做有良心的企业家"》，《湖北日报》2011 年 12 月 1 日。

革命先烈比较起来，又算得了什么呢?"① 这种精神也见诸百步亭集团的实际行动。截至2012年，百步亭集团公益性投入累计已达7亿多元。

第三，从长远来看，百步亭集团实现了包括经济、政治、社会的多重效应。百步亭集团认为，市场经济条件下，企业与社会可以达到双赢的局面，"百步亭不用做商业广告，老百姓的口碑就是'金广告'。你为老百姓考虑，老百姓就会买你的房子。房子卖得快，资金就周转得快，总体下来，利润并不比别人低。而且这样的利润更长久，企业更能实现可持续发展"②。在发展过程中，百步亭集团在社区建设过程中看似放弃了某项利益，但从长远看，却收到了良好的社会综合效益。

总之，百步亭集团这种"儒商"经营战略成功的关键在于，始终坚持与主流政治思想和方向保持高度一致，依托了党的组织资源和党员、志愿者的力量，并与居民自治相结合，起到了团结和带领群众的作用，真正将百步亭社区建成了名副其实的社会生活共同体。

四　双重角色：百步亭社区居民 既是建设者，又是管理者

社区居民是社区建设的核心，这意味着居民是社区建设的参与者、建设者和享有者，必须尊重居民的根本利益和意愿。社区居民的普遍参与是社区建设和基层民主政治发展的根本保证，这一点学界和政界已达成共识。但在现实中，我国的社区参与总体上表现出不均衡特征：部分社区高水平参与和诸多社区低水平参与同时存在；社区内部分人热情主动参与和另一些人消极被动参与形成鲜明对比。如何解决社区居民的参与困境，形成国家、市场与社会三者的有效对接和共同推进，是当前社区建设过程中的一个突出问题。各地在社区建设实践中，探索出了很多参与新途径、新办法，比如各地兴起的居民议事会、居民恳谈会、社区论坛等。这些多样化参与形式与机制，鼓励了居民参与的积极性，拓展

---

① 王晴、张继涛：《"义利"茅永红　人民大会堂赢得四次掌声》，《长江商报》2011年12月3日。

② 同上。

了参与的路径，锻炼了居民的公共精神，提高了社区治理的成效。在积极地实践与探索中，百步亭社区建设经验和模式取得的成效很有借鉴意义。

在百步亭社区，居民的参与热情突出地表现为两个方面：一是居民的热情参与和主动参与。2013年9月，笔者在百步亭调查期间深有感触的是，社区党群服务中心（百步亭居民称为大社区）的各个活动室每天活动不断，热闹异常。每个到过百步亭社区党群服务中心的人，都会被这种热情所感染，产生一种久违或从未有过的心理体验。二是社区活动的频繁性和多样化。根据百步亭文卉苑社区居委会干部田欢的记录，大约每两周就有一个比较大型的活动，而志愿者自己组织的各种活动几乎天天都有。这与笔者在百步亭越秀居委会了解到的情况大致相同。龙华庭党支部书记李素珍为了解决活动场所不够用的矛盾，还专门制定了使用活动室的时间表。

很多到过百步亭社区的人都不禁会问：为什么居民活动在别的社区冷冷清清，在这里却红红火火？根据调查结果，笔者认为，百步亭社区采取了以下措施。

首先，社区党员干部以身作则，身先士卒。百步亭社区党委提出了"居民永远都不错，我们永远有不足"的服务理念，认为只有想方设法把服务做到体贴入微的地步，真正把群众的事当成自己的事，把群众当成自己的亲人，才能真正组织居民、依靠居民，从而服务居民。在实际工作中，百步亭社区领导人茅永红亲身示范，带头深入群众，以同情共感的心态去服务群众，他也被居民称为"社区大孝子"。正是以这样的工作精神和态度，百步亭社区的党组织才得到群众的认可和拥护，群众的参与热情才焕发出来。

其次，实行抓骨干、以点带面的工作方法。管委会和社区居委会的工作人员加起来总共就百十来号人，怎么管理这个多达13万人的大社区呢？百步亭社区采取的措施是：培养志愿者骨干，让这些骨干去带动一批人，再发展一批骨干，就这样"滚雪球"，于是队伍也就越来越壮大，"众人拾柴火焰高"，每个人的公益心和爱社区的热情都聚合在一起。在百步亭这样一个有着13万人的社区，就有多达近3万人的志愿者和160多支特色队伍，这不能不说是一个社区奇观。这些志愿者组织活跃在社区管理服务的各个方面，全面覆盖了居民生活方方面面。在社区与居民之间形成了良性互动关系，构建了以基层党组织为核心、以党员为骨干的社区志愿者队伍体系。

再次，创新社区干部的培养选拔模式，使他们成为社区参与的领头羊。百步亭社区居委会干部的培养和选拔模式很值得思考。在百步亭社区，要想成为社区干部，就得先从社区志愿者开始。社区干部都是以社区志愿者为起点，逐步成长起来，然后一步一步走上领导岗位的。这种选拔模式的优点是：一是通过志愿者岗位锻炼并提高社区干部的工作能力、心理承受能力，奠定坚实的群众基础。二是从"群众堆里"成长起来的干部回到群众中间做群众工作，往往可以起到"一呼百应"的效果。

最后，要切实解决群众生活中的问题，让群众有参与的积极性。"喊破嗓子，不如甩开膀子，做出样子"，动员社区居民参与必然要与满足居民的实际需求相联系。茅永红提出："社区干部，要让居民看得见，叫得应，来得快，办得了，一定要成为居民贴心贴肝的依靠。"[①] 为了随时保持与居民的沟通，社区党组织成员公布电话号码，24小时接受群众来电来访，并做到"小事不过夜，大事不隔天，件件有记录，事事有回音"。还形成了"三必到、五必访"的制度规定：居民有突发性事件，有不满情绪，有大的家庭纠纷必到；对困难居民，住院病人，下岗失业人员，孤寡老人，"两劳释解"人员必访。正是被这种奉献精神所感动和鼓舞，才有越来越多的人参与到社区建设的各方面。

五　社区善治：实现社区管理的最终目标

要实现城乡基层的有效治理，就是要对遍及城乡的社区组织实现善治。社区善治是中国基层民主政治发展的终极目标。从善治的本质和要求来说，善治是对民主政治更高要求：不仅强调民主的形式，更强调民

[①] 中共湖北省委组织部、中共武汉市委组织部：《百步亭社区党建工作法》（鄂省图内字〔2011〕第043号），第208页。

主的实质；不仅强调民主过程，更强调民主结果；不仅强调民主是个好东西，更体现民主如何是个好东西。社区善治是社会主义基层民主政治价值观的集中体现，也是指导社区建设与治理的方法论。从主体要素来说，社区善治强调的是国家、市场和社会之间的良性互动关系，其权力向度是双向的，其目标是共同致力于社会公共利益最大化。但由于复杂的历史与现实原因，各地社区建设普遍处于国强民弱的基本格局，导致社区建设过程中的国家依赖困境。[①] 因此，实现社区善治，应从中国民主政治的内在规定性出发，改革国家介入社区的方式，整合市场与社会的资源与力量。

第一，实现社区善治，首要的问题是思考和改革国家介入社区的方式和作用。创新国家介入社区的方式和途径，意味着国家对社区建设的介入应该是辩证的进入与退出。一方面，国家从社区建设中的退出，表现为作为行政机关的政府要转变职能，变微观具体管理为公共服务，以服务居民为核心增强政府的服务职能。政府部门应以优化服务质量、简化服务程序、降低服务成本为原则，依托社区服务中心，将计生、公安、工商、税务、人社等部门集中办公，实行"一站式"服务。另一方面，国家在社区建设中的进入，表现为作为执政党的中国共产党基层组织的进入并发挥领导与核心作用。这是由中国共产党的两重属性决定的，即作为执政党的政治属性和作为群众性组织的人民属性。前者强调党的执政地位和政治性，后者强调党的群众基础和人民性；后者是前者的基础，前者是后者的政治表达。作为基层的党组织，更多地要体现党的群众属性，即人民性。在基层生活中，基层党组织要发挥联系和团结群众的桥梁和纽带作用，凝聚民心和增强共识，使党成为基层民主政治建设中的核心。

第二，实现社区善治，还要整合市场与社会的力量。从理论上来说，实现社区善治，依靠任何单一主体都是不够的，难以达到善治要求。由于不同主体间的价值观和利益取向不同，使得整合不同主体的行为与价值取向成为一项极富挑战性的工作。在社会管理，尤其是在基层治理中，国家有选择地退出，并不意味着市场或者社会就会理性地进入

[①] 张艳国、刘小钧：《我国社区建设的困境与出路》，《新华文摘》2014年第1期。

或者自动补位。因此，发挥市场与社会在社区建设中的作用，必须与基层党的建设和政府职能转变联系在一起考量。具体而言，首先，国家要逐步引导、鼓励市场主体逐步介入社区建设，通过财政补贴、政府奖励、税收减免或借贷优惠等措施，将市场主体引导到参与社区公共物品或服务项目的建设上来，还要通过政治吸纳、荣誉授予、非公企业党组织建设与完善等办法，逐步实现对市场主体的政治社会化。其次，要加强和引导非政府组织的建立与开展活动，并予以各种必要的支持和业务上的培训，使其活动逐步实现与社区公共需要相对接。再次，还要加强社区志愿者组织建设。百步亭社区建设经验表明，社区志愿者组织在社区建设中发挥了重要作用。大力发展社区志愿者组织，是当前及今后一段时期，社区建设的重要任务。

我国仍处于经济社会高速发展与转型时期，国家、市场与社会之间的关系正经历着深刻的变化与调整，还没有进入一个相对稳定的状态，尤其是政府或者缺位、或者越位、或者错位，市场与社区依存度不高，社区主体意识不强等情况仍然较为普遍。从社区建设与治理的主体支撑上看，国家、市场、社会三者缺一不可，只有三者形成相互促进、相互制约、互补共进的关系格局，实现社区善治才有可能。可见，实现社区善治，就是要根据中国基层民主政治发展的内在规定性，从整体上探索社区建设与治理的新格局和新机制，创新国家介入社区的内容与方式，整合市场与社会的内在张力与价值向度，充分发挥各个主体的积极作用，克服各自的不足与缺陷，最终形成它们的正相关性和良性互动。

浅谈社会阶层结构变化对中国法治建设的影响

沈桥林 刘媛媛*

【摘 要】随着改革开放的进程，我国社会正面临全面的变革。所有制结构的变化、产业结构的调整、分配方式的多样性、市场经济的发展及其带来的政策性调整等因素引起了社会阶层结构的变化。本文从改革引发的社会结构变迁入手，进一步阐释社会阶层结构的变化对中国法治建设的影响。

【关键词】改革开放；社会结构；阶层结构变化；法治

埃利希说："法律发展的重心不在于立法，不在于法律科学，也不在于司法判决，而在于社会本身。"[①] 法律作为一种社会现象，它的变革与发展的动力在于社会内部的矛盾运动。法治是通过良好法律的合理运作实施社会控制的原理和制度。因此，法治是社会发展的产物，它的产生和发展与社会变迁有着紧密的联系。

一 社会结构变化与法治进程

新中国成立后，中国社会结构面临着转型，国家通过制定各种社会制度，试图摧毁封建基层社会结构，尤其是在计划经济体制下创造的许

---

* 沈桥林，男，江西师范大学政法学院教授、博士生导师，主要研究方向为中国近代法制与社会。刘媛媛，女，江西师范大学2012级宪法学与行政法学研究生。
① [美] 弗里德曼：《法律制度》，李琼英等译，中国政法大学出版社1994年版，第132页。

多规章制度，都表明国家运用政治权力，试图改变人们的社会地位和生活方式，使中国社会的基本结构发生根本性变化。改革开放以来，在制度逐个变迁过程中，社会结构发生了不可逆转的变动。"中国改革最具实质意义的在于它引发的是一场社会结构的变革。社会结构，按社会学家的理解，是指人们的社会地位及其社会关系的模式。从某种意义上说，社会结构是包容万物之桶。不能将社会结构变革仅仅归结到某一方面，它是综合性的、全面的，政治、经济、法律、文化等都是组成社会结构的因素。也可以说，社会结构是它们赖以生存的根本。可以说，有什么样的社会结构，也就有什么样的政治、经济、法律和文化。"[1]

社会结构变迁意味着人们相互之间关系的改变，而人们相互之间关系从来都是法学所关心的重点所在。人的主体性状况、人所享有的权利状况，最终构成了人们相互之间关系的社会结构模式。在改革前的中国社会中，国家通过计划控制了几乎所有的社会资源，并通过计划制度进行分配，形成了人与人之间的关系以各自的身份为坐标的身份社会。改革以来，随着各种制度的变革，市场化的推进，身份逐渐被契约所替代，人与人之间的关系开始以契约为手段。这种社会资源占有、分配的变动不仅引发了中国社会成员间原有利益格局的重大调整，而且导致了整个社会结构的深刻变迁。

随着中国社会的经济形态从计划经济逐步转向市场经济，经济运行方式的根本转变对社会结构变化的影响日渐突出，逐步改变着社会生活的基本方式和内容，实现着对人的改造和重塑。现代意义的法治在中国的出现才具备了基础性条件。因此，中国法治进程的时间应当从改革开放以后开始计算。

二 社会结构变迁带来的社会阶层结构变化

作为一种社会分析框架的社会结构可以概括为："由社会分化产生

---

[1] 张树义：《中国社会结构变迁的法学透析——以行政法学背景分析》，中国政法大学出版社2002年版，第6页。

的地位和角色不同的群体在社会中所占据的位置状态，以及它们之间表现出来的交往模式，其中各个阶层在社会中的位置状态和阶层之间的关系模式就是社会阶层结构。"①"社会阶层的核心是社会资源和社会机会在不同社会群体中的分配方式或配置方式的差异。"② 因此，社会阶层结构是社会结构中占主导性的社会关系。

一般来说，社会阶层结构由于受到社会生产方式的影响，相对处于比较稳定的状态。但在社会变革中，由于所有制结构、产业结构、分配方式、国家政策的调整和变化，使得社会阶层位置会处于变动之中。改革开放以来，伴随着社会结构的变迁，中国的社会阶层结构正在趋向异质多元的现代型社会结构发展，逐渐从过去封闭、僵化、凝固的社会阶层结构向开放、流动、分化、重组的现代化社会阶层结构转变，具体表现在：原有的工人阶级和农民阶级的分化重组，知识分子阶层的分层和流动，各种新兴阶层出现和发展；随着改革的进一步深化，产业结构调整以及社会制度政策变化带来的社会资源的重新分配，逐步摆脱了运用政治力量和意识形态力量抑制正常的社会成员分化，从原来以阶级划分社会群体初步转变为以阶层来划分；各阶层之间分化速度加剧，不同阶层之间在不断地分化重组，阶层位序在重新排列，中间阶层的比例在迅速扩大，中下层的规模在逐渐缩小，现代性的社会结构在不断分化与融合的彼此推进中日趋形成。当代中国社会阶层发生了全面分化，由此带来了社会阶层结构的重大变化。

三 社会阶层结构变化对中国法治建设的影响

社会阶层分化作为社会转型产生的重要社会现象，是现代化进程的必然产物。其存在和发展具有其合理性。这种合理性对社会的发展必然

---

① 肖炜：《改革开放以来我国社会阶层结构变迁及其对政治发展的影响研究》，硕士学位论文，西北师范大学，2009年，第11页。
② 郑杭生：《我国社会阶层结构新变化的几个问题》，《华中师范大学学报（人文社会科学版）》2002年第7期。

产生一定的积极影响。在相当长的时间里，中国法治进程的动力来自于政治高层的主观设计，是一种自上而下的建构模式。这在一定程度上阻碍了中国的法治进程。随着改革开放的进行，社会阶层结构的变化使得中国法治进程在依靠政府推动的同时，也逐渐地寻找到了自身发展所必需的社会原动力。可以说，社会阶层结构的变迁，为法治建设提供"生长点"。

（一）利益主体的多元化和多元利益的存在与冲突，构成法治生成的原动力

改革开放前，我国的社会群体是以阶级来划分的。改革开放以来，我国以阶级为表征的社会结构发生了分化。由于社会群体在社会资源的分配关系中存在差异，从而形成不同层次的社会关系，以阶层划分社会群体取代了以阶级来划分。这种区分弱化了社会群体相互之间剥削与斗争的含义，强化了社会成员演进的层次化规律。从本质上说，阶级关系是社会群体之间的生存关系，主要是社会群体之间统治与被统治的关系；阶层关系则是社会群体之间的地位与利益差别关系，主要是反映社会群体之间的等级层次关系。以阶级为主体的政治关系意味着大规模的阶级冲突、阶级斗争以及社会的持续性震荡，以阶层为主体的政治关系则更多地意味着阶层之间的利益矛盾和冲突。

社会阶层分化使社会结构趋向于丰富和多样，必然会形成社会群体价值观念和利益多元化的格局。阶层分化过程实质上是一个利益分化过程。由于社会总体资源的有限性，导致了社会成员在获取自身利益时不可避免地与其他成员发生多样性的冲突；由于社会成员在谋求自身利益的同时，又是以同其他成员发生必要的联系与合作为基础的，因而在争取自身利益的同时，又必须对其他成员的利益给予必要的关注和照顾。多元利益和多元利益主体的冲突、互动和整合，要求形成原生性的秩序规则。法治的形成过程实质上就是对这种原生性规则秩序给予权威性确认和整合的过程。因此，多元利益的存在与冲突，构成了法治生成的原动力。

(二) 多元社会权力主体结构的形成，是实现法治的基础性因素

1. 社会各阶层的政治影响力的上升，形成多元社会权力主体

社会阶层分化、重组，使得我国社会阶层结构不再是"两个阶级，一个阶层"，而是在原有结构的基础上分化出来的多层次结构。各阶层的经济地位虽然有所不同，但总体上看都处于上升期。这些新分化出来的社会阶层由于阶层队伍的不断壮大，政治实力、经济实力、文化实力的增强，社会地位也日渐上升，他们具备了同社会政治对话的"资本"，分享社会政治权力的要求随之产生。当他们开始介入社会政治权力的运行，意味着社会权力主体多样化的格局的形成。多元的权力主体意味着对权力分解和制约，各社会阶层和社会成员之间处于平等的地位，一定程度上消解了凌驾于社会之上的强力，使社会秩序保持在动态的平衡之中。

2. 社会中间阶层的发展壮大，成为推动法治发展的重要力量

改革开放以来，社会结构的变迁逐步显示出社会中间阶层成形的征兆，但是尚未形成一定的规模，在社会分层结构中所占比例不大。中国加入 WTO 以后，受经济层面和政策制度层面的影响，中间阶层呈现快速发展的趋势。亚里士多德认为："凡是中产阶级很发达的地方，均倾向于建立民主的法治的政府形式；只要中产阶级足够强大、足够兴旺、足够有教养，他们就会成为建设法治和民主的核心力量。"[①] 现阶段我国发展壮大起来的中间阶层虽不能与亚里士多德所说的中产阶级等同，但是他们同样对民主法治发展中起到了重要的作用。

在我国，中间阶层的表述一般是指社会分层结构中居于中间等级或中间层次的社会群体。改革开放以来，中国的社会中间阶层由过去的与计划资源相对接近的群体逐渐转化为与市场资源、受教育程度相关的群体，经理人阶层、私营企业主阶层、个体工商户阶层、专业技术人员阶层和办事人员阶层逐步成长为中间阶层。他们与传统的社会阶级阶层相比，具有更强的公民意识，对于矛盾的处理，更倾向于通过法律和制度

---

① ［古希腊］亚里士多德：《政治学》，颜一、秦典华译，中国人民大学出版社 2003 年版。

的途径解决。因此，中国社会阶层结构变化中逐步发展成长起来的中间阶层，成为推动法治发展的重要力量。

3. 社会组织的发展，有利于实现对权力的约束和监督

在现代社会结构中，利益关系是多元化的，个体的力量又是相对软弱的。于是力量薄弱的公民联合起来，组成一些自治性、社会性和开放性的社会团体，去抗衡专权和暴政以及监督权力。它们独立于政府、政党和国家制度之外，要求政府尽量少干预而维护其自治权，扼制国家权力职能和范围的扩张；另外，它们通过提出自己的要求并试图对国家权力或国家政策施加一定的影响。在不断的争斗和妥协过程中，社会成员必然排斥权力的单一性和专断独占性，从而孕育一种民主的、自由、理性的社会精神，客观上也要求维护法治的绝对权威来保障既存的社会权力主体的多元化。社会组织发展能够有效保护少数人权、抑制等级体系和权力支配的互控机制，有利于实现对权力的约束和监督。孟德斯鸠曾经指出：一切有权力的人都容易滥用权力，这是万古不易的一条经验。有权力的人们使用权力一直到遇有界限的地方才休止。……从事物的性质来说，要防止滥用权力，就必须以权力约束权力。[1]

（三）从身份结构向契约结构转变，为法律意识的形成奠定基础

改革开放以前，中国是一个典型的身份社会，受传统封建等级身份关系的影响，加之当时的社会制度进一步强化了身份制度。甚至从某种程度上说，这种身份制度是与生俱来的，并非社会成员自身的选择。不仅如此，社会成员也很少有机会和途径来改变在社会中的本来的身份定位。改革开放以来，随着市场经济的发展，产业结构的调整，多种所有制经济的共同发展，原来的身份制度逐步被打破。农村土地承包合同的出现，标志着我国契约化的开始。国家和农民之间的关系不再是传统意义上的身份关系，而是现代意义上的契约关系。除了农村出现的这种身份制的变化，对于城市里体制内的群体而言，企业与工人之间的关系由原来的依附关系向合同关系转变。随着改革的深化，身份关系逐渐从许多领域消退，被契约关系取而代之。历史学派的代表梅因说过："所有

---

[1] [法]孟德斯鸠：《论法的精神》，商务印书馆1982年版，第154页。

进步社会的运动,到此为止,是一个身份向契约的运动。"① 虽然在一定时期内,身份制的影响还将存在,但由身份结构向契约结构的转变是社会发展不可逆转的必然结果。契约意味着权利义务关系由实体法律规范来确立。契约通过规范平等主体之间的权利义务关系,改变了上层对下层的权力支配关系。契约不仅意味着交易,更是一种精神和意识。平等、自由、合意既是契约的核心价值追求,同时也是法律意识的重要体现。随着身份制的逐渐被打破,阶层间和阶层内部的关系开始向流动化、松散化发展,促使社会成员不再较多地依赖于身份保护或部门保护,更多地依靠法律来保护自己和自己的权益。

（四）思想观念的改变,推动了民主政治的发展,为法治提供了必要的前提

1. 原有社会阶层意识观念发生变化,阶层主体意识增强

社会存在决定社会意识。随着社会阶层分化,人们的思想观念也随之发生变化。社会阶层的分化引起原有的意识、观念的分化、解体。这种分化、解体主要表现在原有的干部阶层主导政治的主体意识和统揽政治权力的观念开始减弱,传统的工人阶层由于经济、社会地位的下降,工人阶级领导一切的观念开始淡化,新的产业工人阶层争取政治权利的意识和观念在逐步增强。

由于新的社会阶层的成员在社会职业、经济状况、文化状况等方面具有相似性、相近性或同一性,他们在意识、态度和价值观念方面易于连在一起。这些共同的基础,促进了他们在意识上、观念上的同一化,而这种同一化势必引起他们对原有意识和观念的"疏远",形成新的观念、意识。当他们为了自己的利益而参与社会博弈时,必然带来阶层主体意识和权利意识的强化。

2. 农民阶层的分化,使非民主、非法治的社会根基开始走向瓦解

建立在小农经济基础上的中国传统的乡土社会,以礼俗宗法为底蕴,对于政治上的影响主要表现为行政权力支配社会,导致农民自发产生的政治倾向不是自治和民主,而是对威权的迷信。因此,在传统的乡

---

① ［英］梅因:《古代法》,沈景一译,商务印书馆1959年版,第97页。

土社会中对人治情有独钟,因而没有民主法治产生的现实土壤。改革开放以后,伴随着人民公社制度的瓦解,在农村开始实行家庭联产承包责任制,从此农民开始有了独立的自主经营权,成为真正意义上的利益主体;由于户籍制度的逐渐松动,大批的农民从农业生产中脱离出来,向城市流动,从事服务业、建筑业和工业等产业;乡镇企业兴起后,一部分农民脱离了土地到乡镇企业就职。由此农民阶层出现了内部分化。从农民中分化出来的新阶层,传统意识观念也随之发生变化,更迫切地要求表达自己的意愿,保护和争取自身的权利。可以说,农民阶级的分化一定程度上动摇了传统社会的专制和顽固势力赖以生存的根基,加强了民主法治生长的社会基础。

3. 利益表达和公众参与,促进公共权力和公民权利的良性互动

随着市场经济体制和市场体系的不断形成和完善,社会阶层结构的转换在利益分化方面表现为从一元化向多元化演变。有利益分化就必然有利益表达的欲求。阶层利益的多元化促使公民的民主、法制意识的增强,社会个体自主意识的复苏。同时,由于社会资源的稀缺性,以及政治本身所具有的对社会资源进行权威性分配功能,社会各阶层的逐步成长、成熟,特别是在社会阶层结构分化中出现的新兴阶层,他们不仅要求通过合理的利益表达来维护自身的利益,同时随着经济实力的增强和社会地位的提高,必然会增加对国家政治、经济、文化和社会生活的参与热情。公众参与作为利益表达的最直接最有效的方式,是人民当家做主的实质所在,也是实现公民权利的基本途径。一方面公众参与使各个利益阶层充分表达自身的利益诉求,同时有利于决策者能够倾听公众意见,使国家政策更加科学化、民主化,符合公众的利益;另一方面公众参与能够防止公权力的滥用,实现对公共权力的制约。因此,公共参与有利于促进公共权力和公民权利的良性互动。从这个意义上说,基于市场经济的生产方式而产生和发展起来的社会利益阶层是推动当代中国从人治型社会向法治型社会转变的重要因素。

(五)市民社会的形成和发展,积极推动了中国法治进程

1. 市民社会的形成,公民权利意识的增强,为法治奠定了重要的基础

多元利益分化导致了社会分层的出现,社会资源占有呈现分散化、

分布多元化的特点，加之社会权力主体的多元化，使国家权力开始缩减，逐步形成"小政府、大社会"的格局，推动了社会价值观念的多元化，使市民社会逐步形成，公民权利意识日渐增强，基本权利成为现代市民社会的组织原则。市民社会作为一种社会现象，虽然在不同国家和历史背景下，其含义构成、性质有所不同，但也有其共同特性。一般来说，市民社会是"以市场经济为基础，以契约关系为中轴，以新生和保护社会成员的基本权利为前提"①。法治的产生与运行就是以权力制约和权利保障为基础和核心。因此，市民社会多元权利的实现，为法治奠定了重要的基础。

2. 市民社会的发展，客观上要求程序正义和司法公正，为中国法治进程指明了方向和发展目标

秩序与正义是法律所关注的两个基本价值。秩序是一种人与人之间的关系模式，既体现为人的生存状态，也体现为社会的结构性安排。它所关心的是一个群体或政治社会是否采纳某些规则与行为标准，并通过此将社会生活纳入某些模式或结构。人们试图过一种秩序生活，法律为人们选择的秩序生活提供了保障。

市民社会所自发形成的原生性规则秩序是法治秩序得以确立的现实基础；以自由理性精神为内核的公民意识，为法治秩序提供了内在驱动和有力支撑。市民社会的存在和发展需要通过法律来调节人与人之间的权利和义务关系，为各项活动的有序进行提供规则的指导和保障，为社会的资源配置创造自由、平等、公正的竞争环境。因此，市场经济和市民社会的发展，积极地推动了中国实体法律规范的不断完善；在实体正义得到基本保证的前提下，又对程序正义提出了进一步的要求。在这个意义上，本文有理由认为，中国市民社会的发展，客观上要求程序正义和司法公正，为现有体制带来的良性压力，成为今日中国进行法治建设的根本动力。也正因为如此，司法公正和程序正义成为中国法治进程的必要环节。换言之，如果没有市民社会的发展所展示的社会前进的目标，中国的法治进程将失去前进的方向和发展的目标。

---

① 王耀海：《初论市民社会与中国法治建设的展望》，硕士学位论文，中国政法大学，2004年，第32页。

随着中国法律体系的进一步完善，程序正义精神的进一步弘扬，公民法律意识的不断强化，中国的市民社会必将得到进一步的发展。与此同时，中国的法治进程也将迈入一个新的发展阶段。

四 结语

百年中国法治变革是世界范围内法治现代化进程影响的结果，更是中国社会结构变迁的结果。随着改革进程的不断深化，在市场经济的推动下，中国市民社会走向成熟，法律必将成全社会自觉的信仰。那时，基于这种信仰而产生的巨大社会凝聚力，将成为中国法治进程最主要的驱动力，中国法治进程将得到全社会更广泛的关注和支持。

论守法与国家治理现代化

熊春泉　聂佳龙[*]

【摘　要】 国家治理现代化在某种意义上就是实现法治社会。公民自觉守法是实现法治社会的前提，而公民的守法行为服从边际效用递减规律和"商品"的边际替代率递减规律。在此意义上，国家治理现代化是服从守法规律的善治。善治是多中心的治理模式而非以国家为表征的单中心统治模式，从而决定了法律产品由国家与社会或民间供给，由守法规律决定国家与社会或民间供给之间的关系是竞合关系。由此要实现国家治理现代化，法律供给必须由国家垄断转向法律的供给"市场化"。

【关键词】 守法；国家治理现代化；法治；善治；法律供给

在 2013 年 11 月召开的党的十八届三中全会上通过的《中共中央关于全面深化改革若干重大问题的决定》明确提出："推进国家治理体系和治理能力现代化。"时隔不到一年，于 2014 年 10 月 20 日召开的十八届四中全会以研究如何全面推进依法治国、实现国家治理法治化为主题，并且通过了《中共中央关于全面推进依法治国若干重大问题的决定》[①]（以下简称《决定》）。《决定》明确指出："依法治国，是坚持和发展中国特色社会主义的本质要求和重要保障，是实现国家治理体系

---

[*] 熊春泉，男，江西师范大学政法学院教授，主要研究方向为法律经济学。聂佳龙，男，江西科技师范大学理工学院助教，硕士，主要研究方向为法律经济学。

[①] http：//news.sina.com.cn/c/2014-10-28/180131058286.shtml.

和治理能力现代化的必然要求，事关我们党执政兴国，事关人民幸福安康，事关党和国家长治久安。"由此，不难知道，国家治理现代化在某种意义上来说就是实现法治社会。亚里士多德曾有言："法治应包含两重意义：已成立的法律获得普遍的服从，而大家所服从的法律又应该本身是制定得良好的法律。"[①] 法治表征为法律获得人们普遍的服从或者说人们因为信赖法律、尊崇法律而形成的自觉守法状态。"法立而不行，与无法等，世未有无法之国而长治久安也。"[②] 如果法律在社会生活中得不到人们的遵守与执行，实现国家治理现代化或者说实现法治社会势必会沦落为一句只能引起空气振动的口号而已。因而，从逻辑上讲，如何让人们自觉守法是实现国家治理现代化首先必须正视的问题。基于此认识，本文不揣冒昧拟就守法与国家治理现代化这一问题抒一己之私见，以求教于大方之家。

一　守法的重新认识

实现一个和谐有序的社会一直都是人类孜孜以求的目标。"秩序的存在是人类一切活动的必要前提。除了极少数试图从混乱中渔利的坏人，绝大多数人，不管他来自哪个阶级、阶层，担任何种社会角色，都希望有某种秩序的存在。秩序构成了人类理想的要素和社会活动的基本目标。"[③] 从法的历史看，不难知道，法的首要任务是造就一定的社会秩序，该种社会秩序称为法律秩序。法律秩序获得的逻辑是人们普遍地依据法律进行活动或者说是因为人们希望通过法律来形成社会秩序而造就的。不论法律秩序获得的逻辑做何种表述，究其根底是法律得到人们的普遍遵守。这样，当我们言及法律秩序或者实现法律秩序时，必须首先考虑法律被人们遵守的可能性。

考虑法律被人们遵守的可能性实质上就是回答"怎样的法律才可能被人们遵守"这个问题。现在普遍认为人们守法逻辑可能是对合法

[①] ［古希腊］亚里士多德：《政治学》，吴寿彭译，商务印书馆1965年版，第199页。
[②] 沈家本：《历代刑法考·刑制总考三》，中华书局1985年版，第34页。
[③] 张文显：《法哲学范畴研究》，中国政法大学出版社2001年版，第195页。

性的认识、契约式的利益和信用的考虑、惧怕法律的制裁、迫于社会的压力、出于个人利益的考虑以及道德上的考虑，① 从而产生了相应的守法理论。这些理论无论是强调"在一个基本公正的社会，在其他成员都守法的情况下，一个社会成员可能从中获得极大的好处。这时，如果该社会成员违法，必然会使守法的人遭受损失，这是不正当的"、"每个公民都有无可争议的义务去做出产生良好结果的行为。对于获得一般福利来说政府和法律是绝对需要的，因为如果没有政府，人们就将回到自然状态"②，还是认为"公民之所以守法是因为惧怕国家暴力，为了避免违反法律所招致的暴力制裁或经济损失，公民才采取遵守法律的行为"③，都认为守法是人们的道德义务，都没有准确地揭示出人们守法的内在逻辑。④ 既然现有的关于守法的各种理论没有揭示出人们守法的内在逻辑，那么对人们的守法行为进行重新认识不但是必然的同时也是必需的。

英国哲学家休谟曾有言："一切科学对于人性总是或多或少地有些关系，任何学科不论似乎与人性离得多远，它们总是会通过这样或那样的途径回到人性。"⑤ 因而，被人们遵守的法律必然是满足了人之本性的法律。一如我们所知，追求自身利益最大化是人的最根本的本性，于是"人是理性的自身满足度的最大化者"⑥。既然人是理性的自身满足度的最大化者，那么人类的一切行为都蕴含着追求自身效用最大化的动机与目的是自然而然的。正如美国著名经济学家贝克尔教授所言："所有人类行为均可视为某种关系错综复杂的参与者的行为，通过积累适量信息和其他市场投入要素，他们使其源于一组稳定偏好的效用达至最

---

① 参见张文显《法理学》，高等教育出版社、北京大学出版社2011年第4版，第204—205页。
② 张文显：《二十世纪西方法哲学思潮研究》，法律出版社2006年版，第381—382页。
③ 丁以升、李清春：《公民为什么遵守法律?》（上），《法学评论》2003年第6期。
④ 吴亚辉：《论守法的逻辑——基于法经济学分析范式》，《广东商学院学报》2011年第2期。
⑤ ［英］休谟：《人性论》，关文运译，商务印书馆1980年版，第6页。
⑥ ［美］理查德·A. 波斯纳：《法理学问题》，苏力译，中国政法大学出版社2001年版，第453页。

大。"① 因此，回答"怎样的法律才可能被人们遵守"应从效用最大化的角度去找寻答案。

所谓效用是经济学在研究需求曲线时提出的一个概念，它指的是消费者在消费某一商品时所获得主观满足的程度。由于效用用来描述消费者在消费某一商品时的主观欲望，于是根据生活经验——比如，某人在饥饿的时候，第一个馒头给他带来的效用是很大的，但是随着不断地吃馒头，后一个馒头带给他的效用小于前一个馒头带给他的效用——与消费心理，我们不难得出这样两个富有经验性的结论："1. 如果我们连续不断地满足同一种享受，那么这同一种享受的量就会不断递减直至最终达到饱和。2. 如果我们重复以前已满足过的享受，享受量也会发生类似的递减；在重复满足享受的过程中，不仅会发生类似的递减，而且初始感到的享受量也会变得更小，重复享受时感到其为享受的时间更短，饱和感觉则出现得更早。享受重复得越快，初始感到的享受量则越少，感到是享受的持续时间也就越短。"② 这两个结论后经门格尔、瓦尔拉斯等经济学家的发展，最终导致了边际效用价值论的出现。

由于在效用大小的度量问题上存在着不同的观点，从而在经济学中先后出现了基数效用论者的边际效用分析方法与序数效用论者的无差异曲线的分析方法。前者认为，效用和长度、质量等概念一样，可以具体衡量并且可以加总求和；后者认为，效用的大小是无法衡量的，它和美丑、香臭一样只能通过等级或顺序表示。无论何种分析方法，都提出了递减规律，即边际效用递减规律与商品的边际替代率递减规律。所谓边际效用递减规律指的是："在一定时间内，在其他商品的消费数量保持不变的条件下，随着消费者对某种商品消费量的增加，消费者从该商品中连续增加的每一消费单位中所得到的效用增量即边际效用是递减的。"③ 商品的边际替代率递减规律指的是："在维持效用水平不变的前

---

① ［美］加里·S. 贝克尔：《人类行为的经济分析》，王业宇等译，格致出版社、上海三联书店、上海人民出版社2008年版，第19页。
② ［德］赫尔曼·海因里希·戈森：《人类交换规律与人类行为准则的发展》，陈秀山译，商务印书馆1997年版，第9页。
③ 高鸿业：《西方经济学（微观部分）》，中国人民大学出版社2007年第4版，第74页。

提下，随着某一种商品的消费数量的连续增加，消费者为得到每一单位的这种商品所需要放弃的另一种商品的消费数量是递减的。"① "边际效用递减规律是一个优化资源配置的规律，小到日常生活，大到资源利用，无不受这一规律的影响。"② 由于基数效用论与序数效用论在实质上是相同的③，因而可以说商品的边际替代率递减规律与边际效用递减规律在本质上没有任何的差别。进一步地，商品的边际替代率递减规律也是一个优化资源配置的规律。

不能否认，无论是边际效用递减规律还是商品的边际替代率递减规律都是经济学的分析方法。"经济分析是一种统一的方法，适用于解释全部人类行为"、"经济分析适应于说明全部人类行为"④。这样，从效用最大化的角度去找寻"怎样的法律才可能被人们遵守"的答案便转化为从边际效用递减规律和商品的边际替代率递减规律的角度去找寻。

人类的法治实践清楚地显示，人们并不仅仅是因为遵守法律是他们的"道德义务"而遵守法律。"一个制度或一个人并不因为有什么名号而高贵起来或堕落下去，其高贵或堕落全在于它在一个特定语境中的对人或人们的实际作用。"⑤ 也就是说，人们遵守法律绝非是想要贴上或（和）已经被贴上了"守法即道德高尚"的标签那么简单。从心理学来看，"人们是否守法不仅与法律本身的客观品质有关，更与欲望、情感和意志等主观心理因素有关"⑥。无论是法律本身的客观品质还是欲望、情感和意志等主观心理因素，都同利益联系着。这是因为，人类的一切行为都同利益有关或者说都同追求自身利益最大化的本性有关，于是

---

① 高鸿业：《西方经济学（微观部分）》，中国人民大学出版社2007年第4版，第86页。
② 王容昌：《简论边际效用递减规律》，《西北第二民族学院学报》2006年第1期。
③ 参见高鸿业《西方经济学（微观部分）》，中国人民大学出版社2007年第4版，第115页。
④ ［美］加里·S. 贝克尔：《人类行为的经济分析》，王业宇等译，格致出版社、上海三联书店、上海人民出版社2008年版，第11页。
⑤ 苏力：《波斯纳及其他——译书之后》，法律出版社2004年版，第80页。
⑥ 王晓烁、刘庆顺：《守法行为的心理因素分析》，《河北大学学报（哲学社会科学版）》2010年第6期。

"守法更多的只是一个利益刺激问题而不是敬重和尊重的问题"①。既然人们守法更多的是一个利益刺激问题，那么法律被人们至少是在潜意识里视为一种消费"商品"，通过对该种"商品"的消费来谋取其所诉求的利益。

既然人们是为了谋取其所诉求的利益来消费法律这种特殊的"商品"，那么人们自然会从能否满足其所欲诉求的利益出发对法律进行主观的评价。该种主观的评价便是效用。"人的行为目标是，使他的生活享受总量最大化"②，即效用总量最大化。实现效用总量最大化绕不开边际效用递减规律与商品的边际替代率递减规律，因为它们是优化资源配置的规律。于是，从边际效用递减规律和商品的边际替代率递减规律的角度去找寻"怎样的法律才可能被人们遵守"的答案，最后得到的答案是人们的守法行为符合前述两递减规律。简言之，要人们全遵守法律得遵守边际效用递减规律和"商品"的边际替代率递减规律。

要人们全遵守法律得遵守边际效用递减规律和"商品"的边际替代率递减规律其中蕴含的潜台词是人们的守法行为是遵守前述两递减规律的行为。既然人们的守法行为是遵守边际效用递减规律和"商品"的边际替代率递减规律的行为，那么可以说"人们是否遵守法律便只是一个纯个人的问题，是个人对法律能否约束自己进行主观认可的一种表现"③。确切地说，人们守法是为了谋利而对法律能否约束自己进行主观认可，而且此种主观认可同法律强制力没有必然的关联。不可否认，法律被人们遵守与强制力有关联，"没有强制力的法律如同一封无人收启的死信；而强制力如果被不适当的人所掌握，那么必将使法律制度所规定的一切预防措施都受到损害"④。由此可见，法律并非也不可能单纯地依靠强制力而被人们遵守。"民不畏死奈何以死惧之"以及前

---

① ［美］理查德·A. 波斯纳：《法理学问题》，苏力译，中国政法大学出版社2001年版，第294页。

② ［德］赫尔曼·海因里希·戈森：《人类交换规律与人类行为准则的发展》，陈秀山译，商务印书馆1997年版，第9页。

③ 李其瑞、蔡伟：《守法：一个需要哲学考量的法律问题》，《宁夏大学学报（人文社会科学版）》2006年第5期。

④ ［英］彼得·斯坦、约翰·香德：《西方社会的法律价值》，王献平译，中国法制出版社2004年版，第66页。

几年经常见诸报端的为阻止暴力拆迁的自焚事件就是很好的注脚与例证。因此，可以这样说，人们无论是从道德还是法律上都没有守法的义务①，因而对于人们守法的行为应从行为的自身——边际效用递减规律和"商品"的边际替代率递减规律——去理解。

二 国家治理现代化：服从守法规律的善治

遍览人类发展史，不难有这样一种印象：任何时代的国家都面临着如何治理社会的问题，或从有国家之日起，如何对社会进行有效治理以及获得好的治理实效是国家必须面对与正视的问题。如何对社会进行有效治理以及获得好的治理实效，人类无论从理论还是实践上都在进行不懈的探索，从而形成了诸多的社会治理理论以及进行了诸多的实践。这些实践从正面或反面告诉我们："人们需要的与其说是好的人，还不如说好的制度。……我们渴望得到好的统治者，但历史的经验向我们表明，我们不可能找到这样的人。正因为这样，设计使甚至坏的统治者也不会造成太大的损害的制度是十分重要的。"② 由于法治与统治者的恣意相对立，能够降低人们行动中的不确定性。于是，到目前为止，法治是人类社会最佳的社会治理方式，尽管不是最好的但却是没法替代的社会治理方式。

法律同其他的社会规范相比，最为显著的特征是以强制力这种物理性力量作为后盾。正如耶林所说的："没有强制的法律规则是不燃烧的火，不发亮的光。"③ 自从国家诞生后，强制力体现为警察、大兵和监狱等表征国家暴力形式的统治力量。由此，法律与国家就成了须臾不可分的结合体或者说如果国家不复存在法律亦不复存在。基于此认识抑或

---

① 人们没有守法的义务在英国著名法学家拉兹著作中有所论述。参见 [英] 约瑟夫·拉兹《法律的权威——法律与道德论文集》，朱峰译，法律出版社 2005 年版，第 218—228 页。

② [英] 卡尔·波普：《猜想与反驳》，傅季重等译，上海译文出版社 1996 年版，第 549 页。

③ [英] 霍贝尔：《原始人的法》，严存生等译，贵州人民出版社 1992 年版，第 23 页。

在此认识的基础上，国家被预设为解决在社会治理过程中面临的各种形形色色问题的唯一解，而法律是国家解决在社会治理过程中面临的各种形形色色问题的工具。于是，"法律与不同类型的国家观进行联姻，不论是产生了何种法律类型，也不论是'在大政府还是小政府这个问题上各执一端，但在坚持法的国家性这一点上如出一辙'"。①

坚持法的国家性并且国家主要是依靠法律这种社会规范来进行社会治理，这样必然衍生出这样两条当然的规则：其一，法律是国家的专营产品；其二，国家是法的权威的唯一来源。这两条规则都暗含了对社会治理方式是国家统治而非治理。"治理从头起便须区别于传统的政府统治概念。"② 虽然从词——治理的英文是governance，统治的英文是government——的表面来看，治理与统治之间似乎没有太大的差别，但实际上它们的意义却很不相同。尽管治理与统治一样需要权威，但这个权威并不一定是来源于政府，还有社会公民组织。申言之，社会公民组织可以参与社会公共事务的决策与管理。统治的权威必定而且只能是政府。与此相对应的是，社会公共事务的决策与管理主体只能是政府，公民与社会公民组织对于政府的管理主要是接受与服从。由此，在行政权力运行的向度上，统治中的行政权力运行向度是表现为政府运用政治权威，通过制定发布与施行政策和行政命令来实现对社会单一向度的治理。治理中的行政权力向度表现为政府通过协作的方式同社会公民组织一起以最佳的合作管理状态施行对社会公共事务的多元与相互管理。概括地说，在社会治理下的行政权力其行使主体除了国家还有公民社会组织或者说"各种公共的和私人的机构只要其行使的权力得到了公众的认可，就都可能成为在各个不同层面上的权力中心"③，且各行使行政权力的主体以最佳合作管理状态共同管理社会公共事务。

从上述关于统治与治理的区分中不难看出，治理是为了弥补表征为"国家中心主义"、"国家主导性"的统治的不足而提出的一种社会治理方式。尽管治理能够弥补国家统治的不足，但治理并不是万能的，因为"它不能代替国家而享有合法的政治暴力，它也不可能代替市场而自发

---

① 王春业、聂佳龙：《知识经济与行政法"脸谱"》，《甘肃理论学刊》2014年第4期。
② 转引自俞可平《治理与善治》，社会科学文献出版社2000年版，第5页。
③ 俞可平：《治理与善治》，社会科学文献出版社2000年版，第3页。

地对大多数资源进行有效的配置"①。也就是说，治理也有可能失效。既然治理有可能失效，那么寻求如何防止治理失效的方法就成为我们必须正视的问题。关于如何防止治理失效，学界和实务界都认为善治是最好的方法。

国家治理现代化实际上就是摒弃"国家中心主义"统治理念，"它要求市场、市民社会发挥更大的作用，与民族国家一起构成一个多中心的治理体系"②。既然善治是治理失效的最好办法，那么国家治理现代化实际上就是善治。所谓善治就是使"公共利益最大化的社会管理过程。善治的本质特征就在于它是政府与公民对公共生活的合作管理，是政治国家与公民社会的一种新颖关系，是两者的最佳状态"，基本要素是合法性、透明性、责任性、法治、回应与有效。③ 其中法治是善治的基本要求。《决定》更是明确地指出："法律是治国之重器，良法是善治之前提。"然而，"邦国虽有良法，要是人民不能全遵循，仍不能实现法治"④。也就是说，再怎么制定得良好的法律只有被人们遵守了才能实现法治或善治。由此，可以说善治的实现或达致的前提是制定得良好的法律被人们遵守。这样，问题就被转化成了实现或达致善治的方法就是让人们守法。

前面已阐明人们遵守法律的行为符合边际效用递减规律和"商品"的边际替代率递减规律。从前面关于边际效用递减规律和"商品"的边际替代率递减规律论述中，不难得出这样两点结论：其一，从边际效用递减规律的角度来看，宏观而言，法律供给不可能是无限的，因为在一定时间内，在其他"商品"的消费数量保持不变的条件下，随着人们对法律消费量的增加，人们从法律中连续增加的每一消费单位中所得到的边际效用是递减的，于是当边际效用递减至零的时候，人们便不会自觉地守法。如果继续增加法律供给，要想让法律得到人们遵守，只能依靠国家强制力，而此时遵守法律对于人们而言成了人们心理不可承受

---

① 俞可平：《治理与善治》，社会科学文献出版社2000年版，第7页。
② 徐越倩：《治理的兴起与国家角色的转型》，博士学位论文，浙江大学，2009年，第9页。
③ 俞可平：《治理与善治》，社会科学文献出版社2000年版，第9—10页。
④ [古希腊]亚里士多德：《政治学》，吴寿彭译，商务印书馆1965年版，第199页。

之重。当遵守法律成了人们心理不可承受之重时，不难知道，人们会以消极的态度来守法甚至在极端的情况下拒绝、排斥和对抗法律。其二，从"商品"的边际替代率递减规律的角度来看，"立法—守法"不是法治的当然逻辑。对于人们而言，法律不是他们唯一的为了谋取其所诉求的利益而消费的"商品"，即有替代法律的"商品"，如道德、宗教、民间法规则[①]甚至潜规则等。既然有替代法律的"商品"，那么人们为了维持一定的效用水平或效用总量，可以根据具体情势来组合法律和替代法律的"商品"，甚至在组合中没有法律。法治表征为人类自觉地以法律方式来建立社会秩序即法律秩序。但法律秩序仅仅是社会秩序中一个组成部分，这也就意味着法律秩序的存在并不当然地排除在社会生活中一些领域内自发形成的秩序，甚至是无序状态。申言之，法治要求人们遵守法律，但不是必然地要求人们在所有的社会生活中唯一遵守法律。即便是法律要求人们在所有的社会生活中唯一遵守法律，也是有一个限度的，即必须服从边际效用递减规律。

前面已指出，善治除了法治这一基本要素外，还有合法性、透明性、责任性、回应与有效等基本要素。合法性指的是权威与社会秩序能够被人们自觉接受和服从，也就是说同法律没有直接的关系或者说从法律角度看是合法的但并非是合法性的。除了合法的评价对象，评价的标准——法律，只有获得了人们普遍认可才具有合法性。透明性指的是任何政府政策的信息都应当让人们知悉，以便让人们参与公共政策的决策。也就是说，任何政府政策都是政府同公民或公民组织共同协商与协作的结果。责任性指的是人们对自己的行为负责，这里的负责包括负法律责任与道德责任。也就是说，善治要求利用法律与其他社会规范尤其是道德来治理社会，并且如果其他社会规范能够将冲突与纠纷解决好就无须上升到法律层面或者用法律的方式来解决。回应指的是政府对人们的诉求应当做出及时的和负责任的回应，也就说任何政策被执行的逻辑

[①] 民间法规则"是这样一套民间规范，它是独立于国家法之外的，在社会生活中自然演进其具有传统和现实的合理性和合法性基础，它被用来分配乡民之间的权利义务，调整和解决他们之间的利益冲突，并且主要是在人缘关系网络中依靠内心的自省或外在的权威保证实施的行为规范"。参见熊春泉、马婧《民间法规则：基础、功能及转化》，《江西师范大学学报（哲学社会科学版）》2011年第3期。

是其回应了人们的诉求而非人们对于政府制定的政策有服从的义务。有效指的是国家的管理必须是有效率的。

从上面的论述中，不难得出这样一个结论：人们遵守法律的行为符合边际效用递减规律和"商品"的边际替代率递减规律同善治在本质上是一致的。由此，可以这样说，守法角度的国家治理现代化实质上就是服从边际效用递减规律和"商品"的边际替代率递减规律的善治。简言之，国家治理现代化实质上就是服从守法规律的善治。

三 国家治理现代化的实现：法律供给"市场化"

承上所述，国家治理现代化实质上是服从边际效用递减规律和"商品"的边际替代率递减规律的善治。而善治是多中心的治理模式而非以国家为表征的单中心统治模式，因而对人们行为进行约束的社会规范也是多元的，并非只有法律。《决定》也指出了："推进多层次多领域依法治理。……支持各类社会主体自我约束、自我管理。发挥市民公约、乡规民约、行业规章、团体章程等社会规范在社会治理中的积极作用。"既然善治是多元社会规范对人们的行为进行约束所达致的，那么就存在着法律与其他的社会规范如何配置的问题。一如我们所知，市场是配置资源的最佳方式，因为"通过价格与市场体系对个人和企业的各种经济活动进行协调。它……能将数十亿的各不相同的个人的知识和活动汇集在一起。在没有集中的智慧或计算的情况下，它解决了一个连当今最快的超级计算机也无能为力的涉及亿万个未知变量或相关关系的生产和分配问题。并没有去刻意地加以管理，但市场却一直相当成功地运行着。在市场经济中，没有一个单独的个人或组织专门负责生产、消费、分配和定价等问题"[1]。前面已指出边际效用递减规律和"商品"的边际替代率递减规律是优化资源配置的规律，国家治理现代化是服从守法规律的善治，于是从逻辑上讲如何让人们自觉守法从市场的角度进

---

[1] ［美］保罗·萨缪尔森、威廉·诺德豪斯：《经济学》，萧琛等译，人民邮电出版社2007年第17版，第21页。

行思考是可行的。

在原始意义上，市场就是商品买卖的场所。在市场体系下，每种东西都是有价格的，而价格的实现是通过买方和卖方相互作用——交易——实现的。于是，在现在意义上，市场被理解成是"买方和卖方的集合，通过他们实际或潜在的相互作用来决定一种或多种商品的价格"①。由于美国经济学家加里·S.贝克尔教授以布坎南教授为杰出代表的公共选择学派的努力——贝克尔教授坚信"经济分析是最有说服力的工具，这是因为，它能对各种各样的人类行为作出一种统一的解释"②，将非市场行为纳入经济学的研究领域；公共选择学派以追求自身利益最大的"经济人"行为为逻辑起点，通过发展出在基本方面类似于在市场中个人行为的非市场行为模式来解释官僚与政府的行为——从而导致"市场"成了可以研究人类行为的一种理论。

钱弘道教授指出："法律也当然可以模拟为一个市场，法律市场也有个供给与需求关系。任何一种法律都依存于供求双方的交换才得以成为法律产品。……法律和法规也可以被看做物品和服务，因为它们为人们创造效用或负效用。"③ 由此，不难知道，研究法律与其他的社会规范如何配置的问题可以从法律市场的角度切入。所谓的"法律市场是一种调节国家和社会（注意：这里的社会不是仅仅指市民社会）分别作为法律产品的供求双方对法律产品所产生的实现供给均衡的机制"④。据此，从法律市场的角度研究人们的守法行为的假设前提是：其一，国家和社会或民间都是法律产品的供给方，只不过国家供给的产品的形态是国家法，社会或民间供给的产品的形态是民间法规则等社会规范；其二，通过法律产品的供给与需求关系来实现法律市场均衡。这两个假设前提蕴含着相同的潜台词，即法律产品不是国家的专营产品或者说法律市场不是由国家机关垄断。基于此认识，可以用图1来展示国家供给与

---

① Robert S. Pindyck, Daniel L. Rubinfeld, *Microeconomics*, Fifth Edition, Pearson Education Asla Limitei and Tsinghua University Press, 2001, p. 7.
② [美] 加里·S.贝克尔：《人类行为的经济分析》，王业宇等译，格致出版社、上海三联书店、上海人民出版社2008年版，第7页。
③ 钱弘道：《经济分析法学》，法律出版社2003年版，第201页。
④ 聂佳龙：《法律市场论纲：作为经济分析法学的一种基础理论前言》，江西人民出版社2013年版，第71页。

社会或民间供给之间的关系。

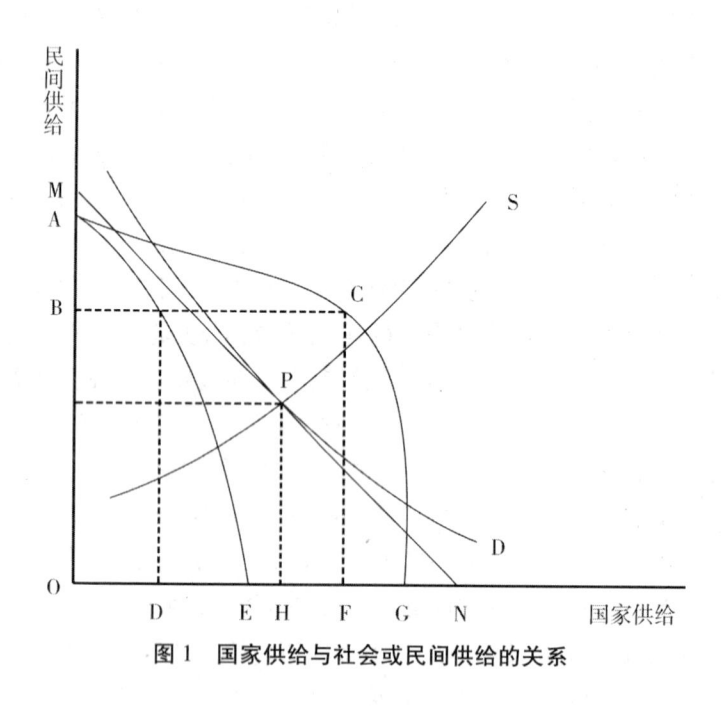

图1 国家供给与社会或民间供给的关系

在图1中,纵轴表示社会供给的民间法规则等社会规范数量,横轴表示国家供给的法律数量。由于一个社会不可能全部是由民间法规则等社会规范或法律来规范人们的行为,于是"生产可能性边界"[①] AE、AG 在民间供给轴与国家供给轴处是虚线。其中 AE、AG 构成的区域 AEG 称之为生产可能性区域。从图1中不难知道,在生产可能性区域 AEG 内沿着任何一条"生产可能性边界"任何一点如 C 点(在 C 点处民间供给数量是 B,国家供给数量是 F)变化要么意味着法律供给量的增加而须民间法规则等社会规范的供给量减少,要么意味着民间法规则等社会规范供给量的增加而法律的供给量减少。总之,民间法规则等社会规范供给与国家法供给的关系是竞合关系。

---

① "生产可能性边界"指的是现有的资源和法律生产技术水平下,社会法律秩序生产的潜力全部发挥时所能生产的民间法规则和国家法的各种组合。参见钱弘道《经济分析法学》,法律出版社 2003 年版,第 236 页。

之所以民间法规则等社会规范供给与国家法供给的关系是竞合关系，其实是由边际效用递减规律和"商品"的边际替代率递减规律所决定的。这点在上一部分已论述。既然民间法规则等规则供给与国家法供给的关系是竞合关系是由边际效用递减规律和"商品"的边际替代率递减规律所决定，那么法律的供给必须"市场化"。所谓"市场化"就是将国家供给的法律和民间供给的民间法规则等社会规范视为两种具有替代关系的产品，然后通过需求与供给的均衡寻求人们的最优购买行为。

根据经济学原理，消费者的最优购买行为必须满足最优的商品购买组合是消费者最偏好的商品组合和最优的商品购买组合必须位于给定的预算线上这两个条件。其中所谓的预算线指的是在消费者在收入和产品价格给定的条件下，人们用其全部的收入来购买产品所得到的各种组合。消费者的最优购买商品组合条件是在一定的预算条件下，消费者愿意用一单位的某种商品去交换另一种商品的数量等于消费者在市场上用一单位此种商品去交换得到的另一种商品的数量。[①] 相应地，在法律市场中人们购买法律和民间法规则等社会规范的最优组合在一定的预算条件下，消费者愿意用一单位的民间法规则等社会规范去交换法律数量等于消费者在市场上用法律去交换得到的民间法规则等社会规范数量。

对现实进行观察，人们之所以弃用法律而选择民间法规则等社会规范来解决纠纷，主要的因素是法律价格过高。于是理论上讲，人们购买法律和民间法规则等社会规范的最优组合是两者价格相同所得到的。于是在图 1 中，如果用 S 曲线表示生产法律和民间法规则等社会规范的边际生产成本曲线，用 D 曲线表示法律和民间法规则等社会规范被人们消费所产生的边际收益曲线，那么 S 曲线与 D 曲线相交点 P 表示法律和民间法规则等社会规范的价格相同。根据边际成本等于边际收益时利润最大的原理，不难知道人们购买 P 点处的法律和民间法规则等社会规范的组合是最优的。

"只有当各种各样的规则形成一个恰当的和谐整体时，它们才会有

[①] 高鸿业：《西方经济学（微观部分）》，中国人民大学出版社 2007 年第 4 版，第 92 页。

效地造就秩序,并抑制侵蚀可预见性和信心的任意性机会主义行为。"①需要指出,上面的论述是假定了民间法规则等社会规范与法律能够形成一个恰当的和谐整体。毋庸置疑,这个假定过于简化,与现实也不相符,因为诸如潜规则等社会规范无法同法律形成一个恰当的和谐整体。但它们却又和法律是竞合关系,要想法治得以实现必须对它们进行矫治。前面已指出,人们购买法律和民间法规则等社会规范的组合是受预算线的约束。于是对无法与法律形成一个恰当的和谐整体的社会规范,国家可以通过改变预算线来将它们挤占。在图1中,如果用MN线表示将无法与法律形成一个恰当的和谐整体的社会规范挤占出去的预算线,那么P点处的法律和民间法规则等社会规范的组合是能够使社会秩序处于和谐状态的最优的组合。

由上可知,国家治理现代化尽管表征为法治,但绝非意味着"法律中心"②,而是在国家通过设定预算线与满足人们追求效用最大化的动机的基础上,诱导人们选择出的法律和民间法规则等社会规范组合而造就的社会秩序的能力。由此,法律的供给"市场化"下,国家的任务主要是:其一,设定预算线;其二,生产法律产品。申言之,国家首先设定预算线将同法律无法形成一个恰当的和谐整体的社会规范挤占出去,在此环境下生产法律产品。据此,可以这样操作:通过严格法治精神与法律权威来设定预算线,即凡是同法治精神与法律权威相悖的社会规范,人们不得适用,如果适用承担严格的法律责任;在此前提下,根据边际效用递减规律和"商品"的边际替代率递减规律来生产法律产品,即通过法律同民间法规则等于社会规范之间的价格比与人们意愿中的民间法规则替换法律的比率或者说国家向社会供给的法律是图1中P点处的供给量。由于"法律成为市场价格构成中的一个重要变量,从而当其他价格因素假定不变的情况下,法律的价格可以通过相关的市场

---

① [德]柯武刚、史漫飞:《制度经济学》,韩朝华译,商务印书馆2000年版,第164页。

② 新制度经济学代表性人物奥利弗·威廉姆森曾用"法律中心论"这一短语来批评国家是规则与执行活动的主要渊源这一信念。参见[美]罗伯特·埃里克森《无需法律的秩序——邻人如何解决纠纷》,苏力译,法律出版社1998年版,第167页。

价格亦即'影子价格'或'参照价格'得以认识和度量"[1]，以及要实现国家向社会供给的法律是图 1 中 P 点处的供给量必须降低法律价格。因而，当度量到法律价格过高而没有实现有序的社会秩序时应从立法技术、资金支持等法律生产要素入手降低法律价格，但如果无法降低法律价格或者降低法律价格也无法实现有序的社会秩序就得重新设定预算线。

概而言之，从守法角度去理解的国家治理现代化就是法律供给由国家垄断转向法律的供给"市场化"，国家按照自己的意志向社会供给法律转向国家服从边际效用递减规律和"商品"的边际替代率递减规律，从而能够根据具体社会情势变化设定预算线或生产适度法律产品供给社会，即由统治转向善治。

---

[1] 钱弘道：《经济分析法学》，法律出版社 2003 年版，第 202 页。

传统与现代背景下的国家治理

国家治理现代化与政治伦理

张 莉 祝伟伟[*]

【摘 要】 政治离不开伦理。无论东西方，古代政治都强调伦理性。近代西方主要持国家非伦理化观念，而中国则一直坚持政治伦理传统。但中国政治伦理建设并不完善，当前政治社会中存在的许多问题与此有关。推进国家治理体系和治理能力现代化涉及政治制度与政治行为现代化，必须从政治制度伦理和政治行为伦理两个方面加强政治伦理建设。加强制度伦理建设，必须强调制度正义，使我们的制度充分体现公正、平等，加强政策与策略的正义性，摈弃功利主义观念。加强政治行为伦理建设，必须强调治理手段的正当性，正确认识隐蔽性非道德行为，调整官员政绩评价取向，加强政治行为伦理法制化建设。

【关键词】 国家治理；政治伦理；政治制度伦理；政治行为伦理

党的十八届三中全会提出全面深化改革的总目标是"完善和发展中国特色社会主义制度，推进国家治理体系和治理能力现代化"。[①] 关于"国家治理体系和治理能力"，习近平明确指出，国家治理体系就是

---

[*] 张莉，女，《国外社会科学》编辑，中国社会科学院马克思主义研究院副研究员，主要研究方向为政治行为理论；祝伟伟，女，博士，中国社会科学院文献信息中心编辑，主要研究方向为地方政府治理。

[①] 《中共中央关于全面深化改革若干重大问题的决定》，人民出版社2013年版，第3页。

"在党领导下管理国家的制度体系",包括各领域的"体制机制、法律法规安排","也就是一整套紧密相连、相互协调的国家制度";国家治理能力就是"运用国家制度管理社会各方面事务的能力,包括改革发展稳定、内政外交国防、治党治国治军等各个方面"[①]。基于此,本文拟从政治制度和政治行为两个方面讨论加强政治伦理建设对于推进国家治理体系和治理能力现代化的必要性和重要性。

一 政治与伦理及中国问题

政治总是以一定的伦理为基础,以某种伦理价值为目标,这是中外政治实践的基本事实,只是在不同时期、不同地域,人们有不同的认识。略知西方政治哲学史的人都知道,古希腊人是特别强调政治的伦理性的,甚至认为政治和伦理是二而一的东西,是不能分开的。苏格拉底的政治理想就是建立"正义"的城邦,认为公民以城邦制度为其生活准则才能成为完善之人。柏拉图进一步把城邦的政治和社会经济制度与人们的生活模式相结合,把正义的城邦与正义的人相统一,用正义的国家制度明确规范公民的主要活动和言行,以使正义同时在城邦和公民身上得以实现,达到政治与道德双重目标。柏拉图还注意到不同政治体制对伦理的不同要求,如贵族制要求荣誉,民主制则要求平等。柏拉图的这一思想也表明,在古希腊,政治伦理的内容是相对的,并不认为其具有超越政治制度和民族差异的普遍的和绝对的意义。

西方强调政治伦理的普遍性和超越现实政治制度的思想开始于斯多葛学派和基督教思想。基督教思想对后世关于政治与伦理关系认识的影响很大。它强调人性具有超越政治制度的普遍性,以及拒绝承认政治制度本身具有任何有价值的道德和伦理,集中体现就是奥古斯丁关于国家和政治制度无非是人类堕落的产物的思想。这种国家观念直接影响了后世的政治思想,近代的社会契约论者、自然权利论者和自由主义者基本上都继承了这一思想观念,无论他们之间的思想理论本身有多大差别。

---

① 习近平:《切实把思想统一到党的十八届三中全会精神上来》,《求是》2014年第1期。

随着自由主义在西方政治思想中统治地位的确立，国家的伦理性进一步受到排斥，对国家的非道德化成为主流。

西方自由主义政治思想对西方国家政治实践产生了重要影响，表现之一就是道德和伦理被公共领域驱逐，国家被要求尽量避免价值介入。正义与价值被效率与技术所取代，政治哲学让位于政治科学。但是，任何国家和政府的政治活动都不可能完全脱离伦理道德，现实中没有哪个国家不在一定的道德和伦理背景下从事政治活动，没有生存于道德真空中的国家，否则必将因"缺德"而失去民众支持和国际认可，丧失存在的合法性，无法立足于世，也将因没有共同的价值追求而失去团结合作的可能，或因"道德沦丧"导致社会低俗化和庸俗化。

与西方不同，中国的政治，无论是理论还是实践，从来就没有出现过对国家的非道德化，至少没有成为主流，这与自由主义从来就没有成为中国的主流政治思想有关。不仅如此，中国还一直有政治伦理化的传统。现代中国虽然是传统中国参与世界历史和世界范围的现代化过程的结果，深受西方思想理论和价值观念的影响，但是，中国的现代化，从第一次鸦片战争算起，也就100多年时间，而中华民族及其文化的历史超过5000年。尽管现代化、西方化对中国的影响巨大，但是，如此悠久历史的中华文化传统和民族习惯无疑更加强大，且深入中国人的骨髓与血液，不是短暂的100多年就能够完全改造或替代的。这些传统和习惯就包括中国人对待政治的态度和看法，特别是对政治的伦理要求。

传统中国政治的伦理特征非常突出，但也不是不讲法理，而是伦理与法理的结合。过去有一段时间中国历史被说成是"儒法之争"，这就从一个侧面说明了"儒"与"法"在传统中国的同时存在。与其说中国历史是"儒法之争"，倒不如说是儒法结合，或如所谓的儒表法里，是人情、天理、国法的统一，以道德教化人心，以法制治理天下，用现代话语表达就是德治与法治的结合。也就是说，传统中国的政治是没有离开过伦理的，伦理是中国传统政治的重要内容和基本要求，也是其获得民众认同或者说是其政治合法性的重要基础和来源。在中国历史上，能够体现伦理要求的政权即能被民众认可，不能体现伦理要求的政权就难以获得民众认可，就会失去其合法性，甚至被民众推翻。因此，翻开中国历史，我们就会看到，中国的君主不仅把自己称作上天的代理，同时也把自己视为道德的化身。中国的各级官吏的身份和职责也很特殊，亦官亦师，既要求其有能力为百姓造福祉，也要求其有道德为百姓立楷模。老百姓对其确有这样的要求。

传统中国之所以会形成伦理型政治，一般认为，中国传统政治的特点决定了政治的伦理化，其最重要的特点就是政治根植于宗法血缘，以家庭、氏族外推构成，因此，政权既是政治框架，也是伦理结构，君主亦君亦父，官吏亦官亦父（"父母官"之谓即是），伦理既是政权大厦的奠基石，也是政治运转的润滑剂。占据中国思想两千年统治地位的儒家思想，其关于政治的思想主要就是伦理政治思想。当然，传统中国伦理政治的形成和不断完善也离不开后继统治者对先朝政权灭亡的经验总结。研究认为，我国政治伦理思想就发端于西周对于夏、商灭亡教训的吸取，开始强调道德对政权的重要性，提出"以德配天命"的新的"天命"学说。[①] 要求君主崇尚德政，以德治国，才能永葆天命。周统治者不仅把政治与宗教相结合，而且与伦理相结合，强调政权中道德因素的重要性，对传统中国的政治思想产生了重要影响。后来的儒家就在此基础上进一步把"德"置于政治统治的核心地位，进而成为中国古代思想家、政治家的普遍共识。例如，孔子说："导之以政，齐之以刑，民免而无耻。导之以德，齐之以礼，有耻且格。"[②] 管仲说：国有四维，"一曰礼，二曰义，三曰廉，四曰耻。礼不逾节，义不自进，廉不蔽恶，耻不从枉。故不逾节，则上位安；不自进，则民无巧诈；不蔽恶，则行自全；不从枉，则邪事不生"。"四维不张，国乃灭亡。"[③]

中国古代王朝政权的灭亡虽有深刻的社会和政治原因，但统治者"失德"也确实成为重要原因之一。企图推翻政权的造反者往往也借于此，打着"替天行道"的旗号昭告天下。中国的王朝时代早已结束，但政治的伦理基础并没有消失，民众对政治的伦理要求也没有取消，人们政治思维的伦理习惯也没有根本改变，因此，政治的伦理性要求并没

[①] 参见北京大学哲学系中国哲学教研室《中国哲学史》，北京大学出版社2003年版，第8页。

[②] 《论语》，载《四书五经》，中华书局2009年版，第7页。

[③] 《管子》，中华书局2009年版，第4、2页。

有过时，而且随着改革开放的深入和市场经济的发展，政治与社会问题的凸显，特别是社会公正的缺失与腐败的猖獗，加强政治伦理愈益显示出其重要性和紧迫性。当然，国家治理需要伦理，并非因此就如一些学者所疑虑的政治可能出现伦理化倾向，走向人治。现代政治是民主政治、依法治理，这是历史大势，任何人都无法阻挡。但是，民主法治也不能背离伦理。

二　国家治理体系与政治制度伦理

国家治理体系，作为管理国家的制度体系，其现代化的主要标志之一就是制度的正当性，即制度的社会伦理要求。

制度经济学家诺斯指出："制度是一个社会的游戏规则，更规范地说，它们是为决定人们的相互关系而人为设定的一些制约。"① 既然是一种人为设计的游戏规则，就必然涉及制度设计的目的和动机，以及制度运行的社会结果。现代社会的制度化程度越来越高，制度安排对人们生活的影响也越来越大，这就要求必须充分考虑制度的道德性及其可能导致的社会结果。

简单地、绝对地把伦理道德制度化或政治制度伦理化，或把二者简单对立，都是极端的做法，在实践中都难免不出问题。制度伦理要求把一定的伦理原则制度化甚至法律化和一定的政治和社会制度伦理化，要求制度蕴含一定的道德价值和伦理规范，可以用道德和伦理为标尺来评价制度，衡量其是否合理、是否正当，进而判定其善恶，以及对社会可能造成的影响。不能因传统中国伦理政治的弊端而否认政治制度的伦理性要求，更不能把伦理道德从政治制度中直接剥离。休谟指出："正义制度的建立和正义美德的产生是同一历史进程的两个阶段。"② 亚当·斯密认为："良好的社会制度和政治制度将能够给那些既有益于个人完善又有助于其他人幸福的品质提供培养和发挥作用的环境，同时，又能

---

① ［美］道格拉斯·C.诺斯：《制度、制度变迁与经济绩效》，刘守英译，生活·读书·新知三联书店1994年版，第3页。

② 转引自慈继伟《正义的两面》，生活·读书·新知三联书店2001年版，第120页。

够有效地控制那些损人利己的恶劣品质和行径。"① 制度伦理建设对社会道德提升十分重要。因为，一旦人们建立起合乎道德的正义的制度和规则并发现其有利于公益，"遵循规则的道德感就会自然产生，无需凭借外力"②。反之，"当人们处于从恶能得到好处的制度之下，要劝人从善是徒劳的"③。改革开放使中国取得了巨大成就，但问题的累积也十分严重，几欲超出社会和人们心理的承受程度。我们不难听到把问题归咎于制度的声音，认为不改变不合理的制度社会问题无法根本解决。因此，探究政治体制改革和政治制度建设的伦理基础，探讨政府体制和权力运行机制的道德要求，寻求将道德建设纳入国家治理体系和政治制度建设的可行路径，切实加强制度伦理建设，无疑是思考当下中国严峻现实问题的重要视角。

  无论是东方还是西方，传统政治哲学的第一原理或基本原则都是政治正义。政治正义的集中体现和实现保证就是制度正义，因此，制度正义就成为关键。当代无可争议的正义理论大家罗尔斯认为，"正义是社会制度的首要价值"，"某些法律和制度，不管它们如何有效率和有条理，只要它们不正义，就必须加以改造或废除"④。一个社会，只有当它的制度设计和政策制定充分体现正义，或被社会正义所约束，它才是有价值的，也才能称得上善的，或罗尔斯所说的"组织良好的社会"。制度正义是构成一个组织良好的社会的基本前提和首要基础。

  但是，人们对政治正义的内涵并没有形成统一的认识。柏拉图把不平等作为政治正义的前提，将正义理解为城邦内部各阶层、各群体各安本分、各司其职、各得其所的社会生活秩序。但后来的思想家更多强调平等，从公正、公平、平等的意义上理解正义。如尼布尔认为，个人道德的最高要求是无私，但是，"从社会角度看，最高的道德理想是公正"。而"社会将公正而不是无私作为它的最高的道德理想，它的目标

---

① Adam Smith, *Theory of Moral Sentiments*, Oxford University Press, 1976, Party Ⅳ, Chapter Ⅱ.
② 慈继伟：《正义的两面》，生活·读书·新知三联书店 2001 年版，第 1 页。
③ 转引自 [美] 萨拜因《政治学说史》（下），商务印书馆 1986 年版，第 633 页。
④ [美] 约翰·罗尔斯：《正义论》，何怀宏等译，中国社会科学出版社 1988 年版，第 3 页。

是为所有人寻找机会的均等"①。拉斐尔指出："公正是一种美德，但不是所有的美德都叫公正。它是最基本的社会美德，因此在某种意义上它也是最重要的美德。"② 亚里士多德认为："公平就是公正。"同时认为，"所谓公正，它的真实意义，主要在于平等"③。

关于制度正义，罗尔斯的思想在当代的影响最大，不仅影响到人们的政治价值观念，而且直接影响到许多国家的政治与社会制度设计。在罗尔斯的政治哲学中，正义即公平，罗尔斯指出："我称之为'公平正义'。"④ 后来又将其称为"作为公平的正义"（justice as fairness），并以此作为其著作的标题。罗尔斯认为："社会正义原则的主要问题是社会的基本结构，是一种合作体系中的主要的社会制度安排。"⑤ 据此达到全体公民的自由平等以及基本权利和义务的公平正义分配，从而实现社会普遍的公平正义。作为制度正义的前提和基础，罗尔斯提出著名的两个基本正义原则："第一个原则：每个人对与其他人所拥有的最广泛的基本自由体系相容的类似自由体系都应有一种平等的权利。第二个原则：社会的和经济的不平等应这样安排，使它们①被合理地期望适合于每一个人的利益；并且②依系于地位和职务向所有人开放。"⑥ 第一个原则通常被称为平等原则，第二个原则为差别原则。但是，这两个正义原则是有优先次序的，罗尔斯明确指出："第一个原则优先于第二个原则；同样在第二个原则中，公平的机会平等优先于差别原则。"⑦ 即公

---

① ［美］R. 尼布尔：《道德的人与不道德的社会》，蒋庆等译，贵州人民出版社1998年版，第257、202页。
② ［英］D. D. 拉斐尔：《道德哲学》，邱仁宗译，辽宁教育出版社1998年版，第86页。
③ ［古希腊］亚里士多德：《政治学》，吴寿彭译，商务印书馆1997年版，第153页。
④ ［美］约翰·罗尔斯：《政治自由主义》，万俊人译，译林出版社2011年版，（导论）第2页。
⑤ ［美］约翰·罗尔斯：《正义论》，何怀宏等译，中国社会科学出版社1988年版，第50页。
⑥ 同上书，第60页。罗尔斯在之后出版的《政治自由主义》一书中进一步对差别原则表述为："社会的和经济的不平等要满足两个条件：第一，它们所从属的各种岗位和职位应在机会公平均等条件下对所有人开放；第二，它们要最有利于那些处境最不利的社会成员。"参见［美］约翰·罗尔斯《政治自由主义》，万俊人译，译林出版社2011年版，（导论）第5页。
⑦ ［美］约翰·罗尔斯：《作为公平的正义》，姚大志译，中国社会科学出版社2011年版，第56页。

平原则优先于差别原则。实际上,这两个正义原则强调的都是平等,第一个强调的是平等的自由,第二个强调的是平等的分配。平等是罗尔斯正义思想的核心。公正、平等应该是制度正义的核心,因为这决定着人的基本的权利、义务、机会和利益分配,直接影响着人们生活的当前状况和未来成就。

如果我们也这样理解制度正义,那么,我们就有了反思某些制度和政策的标尺。不能说我们的制度和政策在制定时没有考虑正义原则和制度伦理,但是,有时候我们没有充分顾及或有意识地避免一些非正义性问题。如我们在特定的历史时期,为了加快发展,提出效率优先,实行不平衡发展战略,政策向部分地区、部分人倾斜。在特定情况下这样做有其必要性,也的确带来了社会财富总量的增加,也使大多数人从中获益。但是,这些政策在促进效率的同时没能很好地顾及公平,在做大蛋糕的同时没有分好蛋糕,没能使所有人获利,更没有使人平等获利,甚至使"那些处境最不利的社会成员"处境更加不利。这是导致当前中国贫富分化和社会不公的重要原因之一。我们也应该有这样的认识:"减少一些人的所有以便其他人可以发展——这可能是策略的,但不是正义的。"[①] 与此相关,我们也应该反思功利主义倾向。功利主义强调社会整体福利总量的增加和满足,但并不在意这些福利在个人之间的分配,这显然不符合正义的真正要义,也曾遭到罗尔斯的特别批判。当下中国的许多问题一定程度上也与此有关。我们曾过多强调快速发展经济,官员的考核也主要围绕经济增长指标,他们全力投入到经济增长之中,甚至不惜全员投入"招商引资"。在此背景下,官商勾结、权钱交易也就在所难免。这样,腐败就与制度、体制联系起来。

为了预防和解决以上问题,必须加强制度伦理建设,有意识地加强制度设计的伦理基础,确保制度本身的正义性;同时提高制度运行的道德要求,坚持基本伦理原则,规范制度管理,堵塞制度漏洞,严守政府行为边界,严防权力越界和个人与组织权力公共化,使政治社会基本制

[①] [美]约翰·罗尔斯:《正义论》,何怀宏等译,中国社会科学出版社1988年版,第15页。

度及其运行回归公平正义，使体现社会正义的政治伦理通过制度建设落实下去，并随制度定型固定下来。

三　国家治理能力现代化与政治行为伦理

　　国家治理现代化的另一重要方面就是国家治理能力现代化。国家治理能力现代化最根本的要求就是要随着时代的发展运用现代化的国家制度有效管理社会事务，不断获取公众的认同和支持。要获得公众的认同和支持，治理者除了规范执政、依法治理、为民谋利之外，还要讲求为政之德。孔子说："为政以德，譬如北辰，居其所而众星共之。"[1]

　　现代社会结构及其运行极其复杂，国家治理评价往往把公共目标与官员政绩相结合，在给官员带来压力的同时，也会给其带来利用权力满足私欲或获得个人利益的机会，在公共目标实现过程中掺入私人目的。无论是出于公共目的的治理效益考虑，还是出于私人目的的个人利益考虑，官员在实现这些目标时都可能选择不道德的手段。近代西方主流政治思想一直对政治家和政府官员的道德持怀疑态度，认为："政治家和官员都逃不出私欲的控制。尽管他们名义上是为公共利益服务，而不是为自身的晋升和报酬奔忙，但实际上他们总是在追求自身和自己所属部门的最大利益，至于他们的服务对象和那些交了税的纳税人则不在考虑之列。"[2] 这段话说得虽然有点极端、尖刻，但至少反映了部分事实。

　　纯粹为了获取个人利益、不符合政治伦理的渎职和腐败行为比较容易判别，一旦暴露就会受到谴责、查处，因此，政府官员通常不会明目张胆地谋取个人利益，而是以隐蔽的形式进行。以实现公共目的为目标的非道德手段则更具隐蔽性，也更具欺骗性和危害性。这样的非道德手段或被认为是"必要的"，"并非真正的恶"，"实质却是一种善"；[3] 或被认为是必然的，认为"所有社会秩序或道德秩序都是借助于道德上

---

[1] 《论语》，载《四书五经》，中华书局2009年版，第7页。
[2] [美] 麦特·里德雷：《美德的起源》，刘珩译，中央编译出版社2004年版，第19页。
[3] 彭定光：《论公共管理中不道德手段的生成与控制》，《伦理学研究》2005年第4期。

颇成问题的手段而建立起来的"①。这种或隐藏于公共利益名义之下，或被认为只是为了公共利益的非道德治理手段，极容易获得正当性和合法性，非道德手段使用者也感觉不到理亏，甚至还理直气壮，纠正起来十分困难。当下中国，除了少数纯粹为了个人或利益相关人的私利而滥用职权、运用非道德手段之外，大量存在的是官员在发展指标的压力下，在功业欲的驱使下，在实现公共目标的同时谋取个人政绩。而当他们热切追求这些目标时，非常容易淡化或者低估他们所使用手段的非道德性。但是，无论何种理由都不可以赋予非道德治理手段的正当性和合法性，正当的目的也需要通过正当的手段实现。这应该是治理能力现代化的题中应有之义。

当前我国社会有一个非常重要的倾向，就是社会价值评价的功利性。"成功"成为社会评价的非常重要甚至是唯一的标准，只看结果，不看手段。对一般人如此，对承担国家治理职责的政府官员亦然。只要发展成功、治理有效，手段的非道德性就会被忽视，至少会被极大地宽容，如发展背景下的强拆（侵权）、维稳背景下的欺骗（隐瞒）等。有效治理的主观前提是治理者的治理能力，在此背景下，治理能力往往就被简单理解为治理手段的善于运用与有效，而无视手段是否正当合理、是否合乎道德。加之官员大都关注自己的仕途，不当的政绩观又驱使畸形的功业欲，使其急于建功立业以获取政绩，有效、便捷的手段自然是首选，道德考虑也就在其次，甚至不予考虑，更何况社会对此也足够宽容。

但是，政府治理手段的不道德且得不到及时制止和处理，即使从实用主义的角度来看也是不当的，因为一定会带来严重的社会不良后果，尤其是不良的道德后果，从根本上说，无益于社会公共目的的实现。首先，政府治理手段的不道德会严重败坏社会道德风气。因为，"政府的品质会影响并塑造一个民族的品质……恶劣政府造成的后果是人民道德水平的普通降低"。"一个公道的政府会激发人们的正义感。一个玩弄虚假欺诈的政府必然会使社会流行阳奉阴违的两面派伪善习气。"② 政

---

① ［美］列奥·施特劳斯：《自然权利与历史》，彭刚译，生活·读书·新知三联书店2003年版，第182页。

② ［法］路易斯·博洛尔：《政治的罪恶》，蒋庆、王天成、李柏光、刘曙光译，改革出版社1999年版，第283、284页。

府官员的所作所为，都在为社会确立或改变道德准则，他们的任何不道德行为，都是在向社会传递信息：社会道德准则是可以不遵守的，甚至遵守道德对己不利、不遵守道德可以获利。"如果社会一部分人的非正义行为没有受到有效制止或制裁，其它本来具有正义愿望的人会在不同程度上效仿这种行为，乃至造成非正义行为的泛滥。"① 其次，治理手段的不道德也会造成治理者与公众之间关系的紧张。有效治理或善治是以公众的信任、合作和服从为前提的，如果公共权力遭到滥用，治理手段不道德，公众就会对政府产生怀疑，政府的公信力就会降低甚至完全丧失，治理的群众基础就会动摇，合法性就会流失，合作与服从都将不复存在，善治的目的也不可能实现。

为了使对公职人员的伦理要求落到实处，世界上许多国家，无论是法制比较健全的西方发达资本主义国家，还是法制相对落后的发展中国家，都对公职人员的行为进行伦理规范，还有些国家更是把伦理与法律相结合，对公职人员的行为伦理专门立法，以克服伦理道德软约束的不足。其初衷，主要就是为了对国家公职人员的行政行为进行伦理约束，以保障国家公职人员履职行为的公正合法，提高政府和公共机关的公信力，增强治理能力和治理效果。如日本，早在1947年就制定通过了旨在规范一般职公务员行为伦理的《国家公务员法》。20世纪90年代以后，又针对特别职公务员行为伦理制定了一系列法律。1999年，日本把特别职公务员与一般职公务员的伦理立法相结合，专门制定了《国家公务员伦理法》，明确该法制定的目的是："为使国家公务员切实履行其职务伦理，需要采取必要措施，借以防止国民对公务员执行公务的公正性产生怀疑或不信任，从而确保国民对公务的信赖。"② 该法与日本《国家公务员法》、《国家公务员管理法》、《国家公务员伦理规程》等法律法规一起，对于规范公务人员行为，提高公务人员行为伦理，增强公众对政府的道德信任起到了重要作用。日本一系列关于国家公职人员伦理法律法规的出台及其严格执行，改变了日本公职人员的行为方式和官场习气，社会风气也随之改变。

---

① 慈继伟：《正义的两面》，生活·读书·新知三联书店2001年版，第1页。
② 《日本国家公务员伦理法》（1999年法律第129号），2001年10月23日，人民网（http://www.people.com.cn/GB/news/6056/20011023/588437.html）。

2005年4月,我国也通过了《中华人民共和国公务员法》(自2006年1月1日起施行)。在关于公务员应当履行的义务中,不乏伦理规定,如按照规定的权限和程序认真履行职责,努力提高工作效率;全心全意为人民服务,接受人民监督;忠于职守,勤勉尽责;遵守纪律,恪守职业道德,模范遵守社会公德;清正廉洁,公道正派等。[①] 但总的来说还比较笼统,不够具体,因此难以执行,实施效果并不理想。中央2012年底提出"八项规定"、"六项禁令"则十分具体,直指问题,而且执行严格,效果良好。如果能把类似"规定"与"禁令"补充进国家"公务员法"之中,并严格执行,对于端正党风政风、反腐倡廉以及党员干部的职业伦理建设和治理能力现代化都将起到十分重要的作用。

总之,政治离不开伦理,不蕴含伦理的政治是不存在的。伦理可以为政治服务,可以辅佐政治更好地实现其目标。政治也要在自己的社会文化结构和形态中运行,满足社会伦理提出的道义要求,要求制度的设计和运行不能违背社会道义准则,要求政治家和国家公职人员在从事国家治理行为时必须遵守职业道德,必须具有基本的政治操守和道德底线。这既是政治实现平稳运作和政权得以延续的要求,也是民众对政治系统、过程及其从业人员提出的要求。面对当下诸多政治社会问题,需要全面深化改革,推进国家治理体系和治理能力现代化,在此进程中,加强政治伦理建设十分必要而且紧迫。

参考文献:

[1] [美] 约翰·罗尔斯:《正义论》,何怀宏等译,中国社会科学出版社1988年版。

[2] 万俊人:《从政治正义到社会和谐——以罗尔斯为中心的当代政治哲学反思》,《哲学动态》2005年第6期。

[3] 张桂珍:《马克思恩格斯政治制度伦理思想及其当代价值》,《马克思主义研究》2010年第12期。

---

① 《中华人民共和国公务员法》,2005年4月28日,中国网(http://www.china.com.cn/policy/txt/2005-04/28/content_ 5849658.htm)。

［4］王中汝:《社会主义核心价值：公平正义抑或人的解放与全面自由发展》,《马克思主义研究》2010年第9期。

［5］彭定光:《论公共管理中不道德手段的生成与控制》,《伦理学研究》2005年第4期。

协商民主与中国前途
——基于中国古代议政和当今民主选举观察的分析

邱新有　吴佩芝[*]

【摘　要】协商民主的根本在于使人民或其代表能够通过理性的交谈，而不是简单一人一票原则和多数决定原则，通过协商达成共识，使得理性的个体更好地参与事务的决策。中国政府和领导人从共同的中华文化中寻找文化灵感，从群臣谏言、学生运动等古人的智慧中得到启示。文章基于中国古代臣民议政和村委会选举观察的分析，认为在"金字塔"式的道德体系影响下，中国人形成了稳定的民族政治心理和文化个性以及精神惯性，至今还有着"臣民"性特点。中国的选举实践证明，纯粹按一人一票式的西式民主是不现实的，采用协商民主与选举民主相结合，这是由中国自身历史文化渊源和当代中国特殊的国情决定的。

【关键词】"金字塔"式的道德体系；协商民主；臣民议政；舆论表达

一　引言

中国的协商民主是世界近代史和中国社会发展的内在逻辑的共同产

---

[*] 邱新有，男，江西师范大学传播学院教授，博士生导师，主要研究方向为中国社会政治传播。吴佩芝，女，江西师范大学传播学院研究生。

物，是在马克思主义理论与中国特殊的国情相结合的产物，与西方的现代民主有着显著区别，它有吸取和借鉴西方协商民主理论的有益成分，但更多的是根据自己的文化渊源、民主实践、政治制度等本国国情所建立的。学术界在用协商民主理论分析中国协商民主的过程中，总是陷入过于强调我国协商民主理论与实践产生的西方背景，把西方协商民主理论和我国的政治协商制度混为一谈，其实这两者从产生原因、背景、理念和内容上都有很大的差异。即使有些学者认为发展中国的协商民主应"以我为主，为我所用"①，但研究重点也主要集中于中西方协商民主的异同以及我们如何运用西方协商民主的有益部分发展我国的协商民主。讨论是有益的，本文试图以古代舆论表达的典型史实为依据，从中探索和分析我国协商民主的文化基础与历史根源，我国实行协商民主具有十分的合理性和必要性。

舆论表达是一个社会意识的范畴，中国古代虽没有现代意义上的大众报纸，民众无报可读，但是皇帝作为统治者也受自汉代便成为"王官之学"的传统儒家思想影响，并不是"一言堂"，都有着"群臣议事"的理念。被统治阶级的臣民也有着舆论表达的需求，士大夫具有由儒家"仁政"、"谏言"思想而内化的一种埋性品质，中国至今仍存在的"文人论政"之风便是这一历史传统的延续；社会最底层的民众也试图表达自己的声音，从远古时期的歌谣到宋朝小报出现都可以追溯公众舆论批评的痕迹。

由此可见，不论在哪个历史时期，中国社会知识分子和民间的力量总是共同推动着一股源源不断的公众舆论的浪潮，然而这个事实却常因缺乏报纸这样的载体等原因被忽略，这些被忽视的"舆论表达"恰恰很多方面都体现着协商民主的因素，这是我国早期民主思想的源泉，它对我们思考和分析中国民主化进程中的问题提供了一定的理论空间。正如钱穆先生所说："今天率言'革新'，然革新固当知旧。"② 这便是本文的研究价值所在。

---

① 张献生、吴茜：《西方协商民主理论与我国社会主义民主政治》，《中国特色社会主义研究》2006年第4期。
② 钱穆：《国史大纲》，商务印书馆2006年版。

二　古人的启示

（一）尧舜禹的"共政"

在国家形成之前的尧、舜、禹国家雏形状态时期，尧舜禹作为部落联盟的首领，实施着一种我们现在称之为"共政"部落联盟会议的管理机制，即在处理部落联盟的公共事务诸如治水、选任接班人等时，都经过了部落联盟会议来讨论决定，然后再由部落联盟的首领进行实施，这种模式既有君主专制制度的萌芽，又有原始民主制度的痕迹。

据《尚书·尧典》记载：帝曰："咨！四岳，汤汤洪水方割，荡荡怀山襄陵，浩浩滔天。下民其咨，有能俾乂？"佥曰："於！鲧哉。"帝曰："吁！咈哉，方命圮族。"岳曰："异哉！试可乃已。"帝曰："往，钦哉！"九载，绩用弗成。[①]

这种"共政"制度在远古时期存在了相当长的时间，甚至在国家形成后还以"诸侯共政"的形式延续了很久。这种共政的形式虽不是新闻传播，更多的是舆论的反应，说明我国早在远古时期国家事务就是根据各方舆论表达共同协商讨论决定的。这也与我国现在一项重要的协商民主形式——中国共产党领导的多党合作和政治协商制度有着一定的契合，甚至可以被看作协商民主的雏形。后来，尧舜禹时期的"共政"制度的基本观点多被集中记载于儒家经典著作《尚书》之中，其传达的如"天下为公"、"任人唯贤"、"虚怀纳谏"等思想对后来历朝历代发展演变的谏言制度提供了文化源头和启示作用。

（二）士的"谏言"

我国的"谏言"思想产生于诸子百家的春秋战国时期，孔子提倡实施"仁政"，认为广开言路是实施仁政必不可少的前提，视君臣为一体，贤臣的谏诤辅佐可以补君王之短。如《论语》曾记载：定公问："一言可以兴邦，有诸？"孔子曰："言不可以若是几也？"曰："一言可

[①] 《尚书·尧典》。

以丧邦,有诸?"孔子对曰:"言不可以若是几也。"

古代中国虽一直饱受报纸缺失之苦,人民也无报可读,甚至还经受着独裁政府的统治,但是,民众还是在其所被允许的范围内最大限度地进行舆论表达,发挥着对政府的监督作用。这样,统治者与被统治者之间、当权者与舆论之间便总是存在着一种拔河式的较量和博弈,舆论表达便以这种形式存在于由古至今的任何一种政权的政府中。

邸报自唐代有之,但到宋代才称邸报。它的兴盛并不具有现代意义上的大众报纸的作用,主要被统治者用来巩固统治基础,从意识形态上控制受众和社会。唐宋时期,大量由士大夫阶级不断进行舆论表达和学生请愿活动,尤其是盛唐时期,有"水能载舟,亦能覆舟"[1] 这种士的宝贵声音。

隋唐时期,就有文官制度的雏形;到宋代,文官政治制度更加完善。为了防止再出现五代十国那样的军阀割据局面,在全国广办公私教育,通过科举考试从全国平民寒士中挑选大量文官来取代武将。这种文官政治制度的建立,不仅让文官有足够的尊严来执掌朝政,同时给予了他们较高的社会地位。他们作为受到良好教育的阶层,更能思考当下的政治与社会,组织和表达思想,从而形成和推动舆论表达的浪潮。

宋朝科举制度中,有一项"制策",要坦白批评朝政。宋仁宗求才若渴,饬令举行此种考试,以激励公众舆论的风气,所有读书人经大臣推荐,并凭呈送的专门著述之所长,都可以申请参加。《宋史》关于"制策"曾记载道:"仁宗初读轼、辙制策,退而喜曰:'朕今日为子孙得两宰相矣。'"[2]

不仅如此,宋太祖赵匡胤在登基之初还立誓不杀士大夫和议论国事者,也就是保护有异见的知识分子。这项禁令,直到160多年后的宋高宗赵构统治时才被触犯。

宋朝的舆论气氛,与文官制度有关,但带来的实际成果远远超过了政治,构建了一个开明、高雅、精致的文明生态。这种文明生态是一种

---

[1] 源于《荀子·哀公》。但魏征和唐太宗也转引过这样的观点,《贞观政要·论证体》:"臣又闻古语云:'君,舟也;人,水也。水能载舟,亦能覆舟。'陛下以为可畏,诚如圣旨。"另魏征《谏太宗十思疏》:"怨不在大,可畏惟人;载舟覆舟,所宜深慎。"

[2] 脱脱、阿鲁图:《宋史·苏轼列传》。

处处渗透的精神契约，渗透到细处，使百姓生活气氛开朗、自由交谈；渗透到高处，使东南西北学者潜心钻研，友好辩论，形成一个个高水准的学术派别，文明生态无形地使人民处于一种民主的气氛和土壤之中。

明末清初，以黄宗羲、顾炎武为代表的具有民主启蒙意义的思潮在批判君主专制的同时，提出了"天下之法"、"天下为公"的政治主张和限制君主集权的初步思想。这种"公"的观念在中国传统文化中占据重要地位，与协商民主中所强调的以公共利益为导向具有一致性，对我们今天思考发展民主协商、推进中国民主化进程都是宝贵的传统文化资源。黄宗羲在提出"天下为公"的设想时还曾论述过"学校议政"的主张："学校所以养士也，然古今圣王，其意不仅在此也。必使治天下之具皆出于学校而后学校之意始备。"① 他认为学校不能只是"养士"的地方，还应该成为"天下之具"，即发挥传达民意、表达舆论和监督朝廷的作用。他还认为东汉、宋、明时期的太学生和士大夫议论朝政，便是古代学校利用舆论表达来干预、影响政治的榜样。学校参政议政，就需要培养知识分子担任官职，并具有表达自己意见和思想的能力与勇气，做批评朝政的舆论代言人，这为舆论表达进行了思想上的动员。

民主的重要保障是舆论自由，君主专制社会虽不能孕育出民主制度，但是带有些许民主特色的文官谏言制度也是中国古代传统文化留给后人的一份宝贵遗产，其积极因素对我们今天的社会建设尤其是民主化进程道路有借鉴作用。宋朝建立了完善的文官制度、"制策"等进言制度，听取多方意见，并以朝廷律法保护知识分子进行舆论表达，这对我们思考现今协商民主制度在鼓励各方讨论国事和发表言论上有启示作用：只有以法律规范保护舆论自由，人的生命和安全不会因言论而受危及，人们才能以一种积极的心态来关注和讨论公共事务，才能实现真正的民主，而不是冒着被惩罚和付出自由的危险代价来"勇敢说话"；只有当人民可以没有危险顾虑地参与到干预政治活动中去，公共事务的决策没有失去民众的声音，才是民主真正在社会建立起威信的时刻，才是民主化进程取得真正成效的一方面。

协商民主恰恰可以在这种矛盾中取得一个平衡点，因为由于中国人

---

① 黄宗羲：《明夷待访录·学校》。

在"金字塔"道德体系下具有"臣民"的特性,在舆论表达上常变现出盲目性、依附性和跟风性,而协商民主为公民进行舆论表达和政治诉求提供了正常的渠道和途径,使其表达可以自主、理性而非情绪化的方式进行。协商民主下公民进行舆论表达和政治参与的特色在于"有序",也可以理解为"依法","'有序'的关键在于强调遵循体制内的参与渠道,可以确保在参与和社会稳定之间达到动态平衡"[1]。

(三) 稷下学宫

据史料记载,齐国于公元前4世纪中叶在都城临淄创建稷下学宫,在其延续的130多年,以极高礼遇召集各地人才,吸引的学者最多时达数百人。他们自由地发展学派,平等地参与争鸣,在当时形成了学术思想的一片繁荣。诸子百家中几乎当时所有的代表人物都来过,他们大多像以前孔子带着学生那样,组成了一个个以"学派"为基础的教学团队。如百江入海,这种孔子式的"流亡大学"在这里聚集。"结果,它就远不止是齐国的智库了,而是成了当时最大规模的中华精神汇聚处、最高等级的文化哲学交流地。"[2]

虽然稷下学宫是开放的,但也不是所有人都能进来,它对从四面八方来的各路学者,都有着清晰的学术评估,根据他们的学问、资历和成就分别授予不同的称号,如"客卿"、"上大夫"、"列大夫"、"稷下先生"和"稷下学士"等,而且当时已有"博士"和"学士"之分。齐国不仅为稷下学者们提供优厚的物质待遇,"开第康庄之衢,高门大屋,尊宠之"[3],政治上让其享受大夫的政治地位和政治待遇,勉励其著书立说,提升其参政议政的积极性,吸纳他们有关治国的建议和看法。

稷下学宫虽是齐国创建的,但它却很好地摆脱了政府的控制,在作为政府智库的同时,又维持了自己作为一所独立的学术机构、自由的文化学宫的姿态进行着舆论表达。这主要是因为学宫里的学者们都不任官职,不必对自己的言行负行政责任。如有资料记载到他们"不任职而

---

[1] 陈家刚:《协商民主与当代中国政治》,中国人民大学出版社2009年版,第214页。
[2] 余秋雨:《中国文脉》,长江文艺出版社2013年版,第149页。
[3] 《史记·孟子荀卿列传》。

论国事"①、"不治而议论"②、"无官守，无言责"③等，都说明了这个特征。

不参政，却议政。稷下学宫的思维自由，并保持这种思维对官场的独立性，是稷下学宫发挥重要作用的生命。

稷下学宫随着秦始皇统一中国而终结，秦朝甚至焚书坑儒，100年后汉武帝实行"罢黜百家，独尊儒术"，为文化专制主义开了恶劣的先河，乍一看"百家争鸣"的局面已不存在。但是回顾历史的长河，中国文化并没有出现一家独霸的局面，稷下学宫所创造的独立于官场外的议政虽然没有保持时代的完整性，可那种关切朝政、忧国忧民、百家争鸣、勇于进谏的品格却被广大的中国后人继承下来了。

稷下学宫可以看作古代议政的典范，国家鼓励知识分子对国家事务发表意见，让舆论集中表达，才智得以碰撞，利用天下贤士的智慧，为实现国富兵强的政治目的服务。这种舆论有序、制度性的汇集表达正是协商民主所提倡的公民有序政治参与理念的示范，让公民沿着规范、理性的轨道，从深度和广度上促进政治决策的完善，更有利于实现决策科学化，有序地推进民主化进程。

（四）民间小报

中国古代除了士大夫、太学生等知识分子议政，民间也有着积极表达舆论的渴望。宋朝开始出现民间小报，从北宋中期至南宋，由"单状"到北宋末年出现的民间经营印刷后公开出售的假"朝报"，后来直呼小报。

这类小报大多是通过所选刊的官方信息来表达自己的政治主张和舆论倾向，且在当时被认定是非法的，屡遭朝廷查禁。它突破了朝廷对国事信息的垄断和封锁，无疑是一种进步；并有时也能反映民间的一些声音，客观上有舆论表达的作用。如北宋大观四年（1110年），有小报登载一篇皇帝训斥宰相的诏书曰："前宰相蔡京，目不明而强视，耳不聪

---

① 《盐铁论·论儒》。
② 《史记·田敬仲完列传》。
③ 《孟子·公孙丑下》。

而强听，公行狡诈，行迹诡谀，内外不仁，上下无俭，所以起天下之议，四海凶顽，百姓失业，远窜忠良之臣，外擢暗昧之流，不察所为，朕之过也。"这篇小报刊登的诏书后来被朝廷声明是伪造的："奉御笔：内外盛传此御笔手诏，深骇闻听。且奸人乘间辄伪撰诏，撰诏异端，鼓惑群心。可立赏钱，内外收捕，并沿流州县等处，仍立知情陈告者特与免罪，候获不以赦降原减，当于法外痛与惩治。仍立赏钱五百贯文，召人告捉。"小报为实现民意的舆论表达，不计后果地挑起了这场"倒蔡"的舆论纷争和政治斗争，还遭到了朝廷的严查和惩治，但是这反而从另一个方面体现了小报敢于矫撰御笔来抨击奸臣，表达民间的舆论声音。同样的，绍兴七年（1137年），御史胡铨上奏，请"斩秦桧以谢天下"，当时的官方报纸都被秦桧等奸臣控制，当然不会刊登这类信息，而小报却将全文刊载。

小报的兴起体现了作为底层民众想表达舆论的愿望，他们深受制度上的压迫和思想的影响，一直欠缺正确表达自我的意识和渠道；长久以来都是通过"士大夫"这个中间缓冲地带来向上传达自己的意愿。而协商民主制度恰好可以为他们提供这样的途径，同时经过理性的思考，在一定程度上避免像全民投票的西方民主民意的撕裂和民粹主义的发生。

三 "金字塔"式的道德体系

中国是一个经历了数千年中央集权的国家，历史发展往往以其间断性来维持其整体的连续性。在探讨中国民主化进程时，不可不了解中国传统文化，在探讨中国传统文化时，首先要反省中国传统文化的核心，即儒家伦理道德体系。关于儒家伦理道德体系，可将其分为三大块，即伦理道德的理念（如神圣之"天"，先验之善性）、伦理道德的范畴（如仁、义、礼、智、信、忠、孝等）、伦理道德的辅助系统。有学者将其概括为"鼎足而立"①。笔者则将其概括为"金字塔"式的道德体系。② 这种道德体系是在古代中国特殊历史文化基础上产生的。处于顶层的"神圣之天"等影响着人的观念,在此观念影响下产生中层的行为范畴,即仁、义、礼、智、信、忠、孝等,并在此行为范畴影响下,通过底层蒙学、家训等辅助道德系统进行整合,从而影响着人的行为。正因为中华民族传统伦理道德体系采取了这种最具稳定性的"金字塔"式的道德体系,使其生命力极强,普泛性极广,堪称人类文明史上的奇迹。具体如图1。

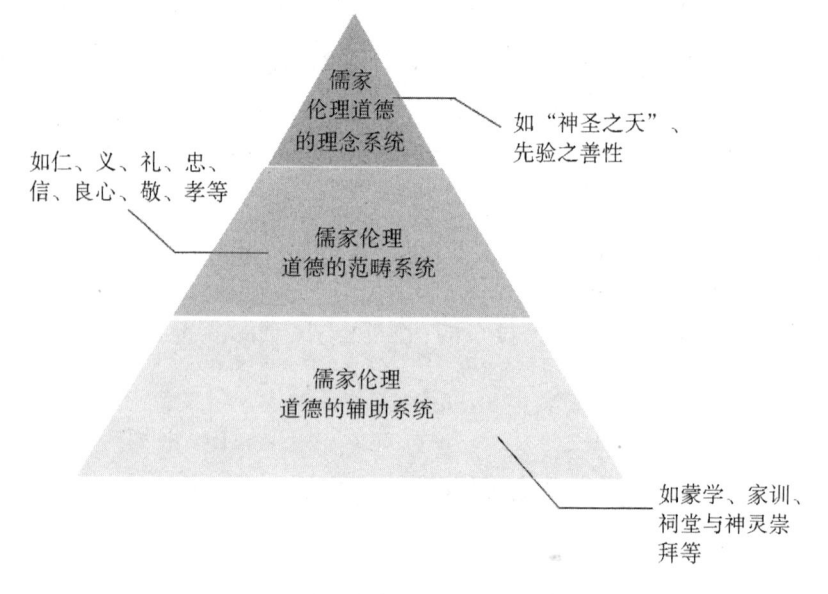

图1 "金字塔"的伦理道德体系

按照这种道德体系,可培养出大批"臣民",他们按照三纲五常行事,目的是能使传统社会与现实社会走向和谐。那么这种和谐又是如何实现的呢?

---

① 郑晓江:《论中华民族伦理道德教化的辅助系统》,载《炎帝与汉民族国际学术研讨会论文集》,2002年。

② 这是邱新有根据自己十多年对中国基层民主选举的调查研究,在《中西方文化背景下的民主选举》一文中提出来的。本文将其对中国治理模式进行一种原因解释。

长期以来，中国的传统伦理道德在现实中往往是通过金字塔的底层，即蒙学、家训、祠堂与神灵崇拜等辅助性系统来实现的。这些辅助性手段深入百姓的日常生活，有着极强的道德整合力量：一方面，它通过具有血缘血亲关系的家长的口传身授，使可能给人带来不便不适的传统伦理道德规范具备了亲和性与人情味，使人们极自愿地遵循之；另一方面，通过祠堂祭祖和神灵崇拜等活动，又使传统伦理道德具有某种神圣的超越性，使人们对之产生敬畏感和崇拜意识，于是能极自觉地践履之。这两个方面共同作用，使中国传统伦理道德真正从理念转变为范畴，又进一步从范畴化为大众日常生活里实际遵行的规范。这一切理论上的建构和强大的社会辅助系统的共同作用，本质上都是为了培养出一大批在外守规矩、在家是孝子、在国是忠臣的"臣民"（又称子民），从而实现传统社会的和谐。

　　应该说，从宋代开始，这一儒家伦理道德体系的目标基本实现。所有文化的系统、教育的系统、社会的系统、政治的系统、民间的系统等，无不围绕着这一目标在运行。正是在这种儒家伦理道德体系的影响下，传统的"子民"大量地、源源不断地产生，保证了传统社会较为稳定的运行。

四　协商民主与中国政治

　　有了这样一个道德体系用来解释中国的治理模式就不难理解了。在解释之前，先来讨论一下与其相关的问题，首先是协商民主与中国政治问题。

　　协商民主是20世纪后期在西方国家兴起的一种新的民主理论和实践形式，是对传统代议制民主的某种超越，代表了西方民主的最新发展。罗尔斯、吉登斯、哈贝马斯等西方思想界的领军人物都是协商民主的积极倡导者。

　　首先要强调的是，协商民主的发展代表的是一种复苏，而不是创新。西方协商民主的观点及应用与民主本身有着同样长的发展历史，都是公元前5世纪在雅典产生的。古希腊伯里克利在其关于雅典的颂歌中谈道：" 我们不是将讨论看做行动的绊脚石，而是认为它是任何明智之举必不可少的前提。"① 这恰与古代中国所表现出来的文官谏言、学生运动等舆论表达方式相契合。学术界关于协商民主概念的定义很多，彼此有着极大的不同。哥伦比亚大学社会学教授约·埃尔斯特认为在所有的定义中，存在着一个突出的核心含义，那就是"所有人都应该同意观念涉及集体决策"②。

1980 年，约瑟夫·毕赛特在《协商民主：共和政府中的多数原则》一文中提出了"协商民主"的概念。③ 他认为，这一概念"既体现了多数原则，同时也是对多数的制衡，这种制衡并不违反多数原则本身"④。

协商民主强调理性立法、参与政治和公民自治，关键在于理性。在"公开利用理性"这种语境下，哈贝马斯的"话语民主理论"可被看作公开利用理性的思考。他认为，协商民主理论在更高层次上提出了一种关于交往过程的主体间性，它将涉及正义问题的协商规则和辩论形式作为民主政治的核心。通过非正式的意见形成转化为制度化的选举决策，公共权威也就获得了坚实的合法基础。⑤

罗尔斯主张"非纯粹程序主义"，认为协商的正当理由必须诉诸"正当性的公共基础"。詹姆斯·博曼对罗尔斯的观点提出了修正："这种重建工作分两步：第一，公共理性必须是多元的；第二，公共理性必须是动态的和历史的。"⑥

杜威对协商民主观念的理解十分深邃，主要体现在三个方面：首先，他强调人与人之间的团结合作的新个人主义，这种个人主义是以共同利益和各种利益之间的协调为基本要素。其次，他非常重视公民的参与，认为民主"似乎可以这样表达出来：在形成调节人们共同生活的

---

① ［美］约·埃尔斯特主编：《协商民主：挑战与反思》，周艳辉译，中央编译出版社 2009 年版，第 2 页。
② 同上书，第 9 页。
③ Joseph Bessette, "Deliberative Democracy: The Majority Principle in Republican Government", in Bobert Goldwin and William Shambra ed, *How Democratic is the Constitution*, American Enterprise Institute, 1981.
④ 陈家刚：《协商民主与当代中国政治》，中国人民大学出版社 2009 年版，第 4 页。
⑤ 参见 ［德］哈贝马斯《民主的三种规范模式》，载《包容他者》，上海人民出版社 2002 年版，第 279—293 页。
⑥ 陈家刚选编：《协商民主》，上海三联书店 2004 年版，第 81 页。

价值的过程中，必须要有每一个成熟的人的参与：从一般的社会福利的观点看来和从个人的充分发展的观点看来，这都是必要的"①。最后，杜威对选举民主"多数决策"提出了质疑，主张用公开讨论和平等交流来代替少数服从多数的原则，即"政治民主的发展使用互相商量和自愿同意的方法来代替用强力从上层使多数人服从少数人的方法"②。

协商民主与当代中国政治有着密不可分的关系，我国社会主义民主政治的理论和实践中，都存在着丰富的协商民主形式，如立法过程中民意表达的听证制度、政治协商制度、基层恳谈会、社区议事会、网络论坛等。"这些多样性的政治形式，在维护民众的利益、鼓励民众利益表达、促进公共利益、推动公民和政府之间的对话和沟通以及包容不同利益诉求，维护社会稳定和构建和谐社会等方面发挥着重要的作用。这些就叫中国特色的协商民主。"③

中西方的协商民主虽然存在一定的渊源关系④，本是各自发展，只是最近才建立起连接⑤。学术界一般认为我国"协商民主"的理论起源是 1991 年 3 月江泽民同志在七届全国人大四次会议、全国政协七届四次会议党员负责人会议上的讲话。他指出："人民通过选举、投票行使权利和人民内部各方面在选举、投票之前进行充分协商，尽可能就共同性问题取得一致意见，是我国社会主义民主的两种形式。这是西方民主无可比拟的，也是他们所无法理解的。两种形式比一种形式好，更能真实地体现社会主义社会里人民当家作主的权利。"⑥ 第一次正式使用"协商民主"一词是在国务院新闻办公室 2007 年 11 月发布的《中国的政党制度》白皮书中："选举民主和协商民主相结合，是中国社会主义

---

① ［美］杜威：《人的问题》，上海人民出版社 2006 年版，第 45 页。
② 同上。
③ 《借鉴现代民主理论新成果　大力推进中国特色的协商民主——访谈中央编译局比较政治和经济研究中心陈家刚博士》，《中国人民政协理论研究会会刊》2008 年。
④ 如马克思主义批判理论不仅是当代中国民主协商的重要理论来源，也是当今西方协商民主的理论来源。
⑤ 这种连接指的是一些国外学者积极把西方一些协商民主实践应用在中国地方治理上，如澳大利亚的何包钢教授、美国斯坦福大学的费什肯教授等在浙江温岭、湖北武汉等地推动的协商民意测验。
⑥ 江泽民：《坚持和完善中国共产党领导的多党合作和政治协商制度》，载《人民政协重要文献选编》（中），中国文史出版社 2009 年版，第 488 页。

民主的一大特点。在中国，人民代表大会制度与中国共产党领导的多党合作和政治协商制度，有着相辅相成的作用。人民通过选举、投票行使和人民内部各方面在作出重大决策之前进行充分协商，尽可能取得一致意见，是社会主义民主的两种重要形式。选举民主和协商民主相结合，拓展了社会主义民主的深度和广度。"①

五 讨论与结语："金字塔"式的道德体系与中国式的治理模式

习近平主席在莫斯科大学进行讲演时提出了中国的治理模式，他说："鞋子合不合脚，自己穿了才知道。一个国家的发展道路合不合适，只有这个国家的人民才最有发言权②"。他明确地告诉全世界人民中国必须走中国特色的社会主义民主治理道路。下面笔者将依托前面的分析，对中国为什么必须走中国特色社会主义民主治理道路做进一步讨论。

在讨论此问题时，我们不能忽略前文提到的"金字塔"式的道德体系，这是一直深刻影响着中国人民的文化道德体系。在这种道德体系的影响下，形成了稳定的民族政治心理和文化个性，使中国社会渐渐发展成为一个伦理本位的社会。"中国人不当他是一个立身天地的人。他当他是皇帝的臣民。"③ 中国人作为一个庞大种族在几千年间形成的这种精神惯性，早已把"君为天"的思想变成了不可动摇的"文化契约"根植于心中，在现实中表现为思想顺从、意识被动、心理依附等，且心理过多涉及"礼"和"情"，不善于维护自己的权利，有时甚至表现出一定的盲目性，使得中国人至今还没有成为真正意义上的公民④。正是

---

① 中华人民共和国国务院新闻办公室：《中国的政党制度》，2007年11月，中华网（http://www.china.com.cn/policy/zhengdang/node_7037982.htm）。
② 习近平：《顺应时代前进潮流，促进世界和平发展——俄罗斯莫斯科大学国际关系学院演讲》，2013年3月。
③ 梁漱溟：《东西方文化及哲学》，商务印书馆2010年版，第49页。
④ 这里所说的公民，是指具有某国国籍，并根据该国法律规定享有权利和承担义务的人。一般在两个层面上使用，一是指政治意义上的，二是指法律意义上的。所谓没有成为真正意义上的公民是指在法律意义上是公民，但政治意义上没有公民意识，或者说公民意识不强。

因为如此，中国公民依旧有着"臣民"的性质，直接的结果就是人们对西方民主没有完全认同。尤其在中国这样一个以伦理为本位的社会，儒家思想以一种"金字塔"式的道德体系深入到社会的各个层面，方式隐蔽但覆盖面大，效果持久；中国人的"面子问题"在民主化进程中可能会在一定程度上引发不稳定的因素，"臣民"思想下易出现跟风现象，导致民主政治的失效。笔者长期从事基层民主选举的调查研究，特别是从1999年起，每三年一届的中国农村村民委员会换届选举现场观察到的一些落选者的行为：有的一个星期不出家门①、有的出于报复心理张贴小字报和散发匿名信②、有的在选举现场踩踏票箱甚至大打出手③等。而协商民主的根本正在于使人民或其代表能够通过理性的交谈，而不是简单一人一票原则和多数决定原则，通过协商达成共识，使得理性的个体更好地参与事务的决策。

虽然自古以来中国士大夫、知识分子和普通民众都积极地进行着舆论表达，这些舆论表达都具有明显的民主因素，甚至有着我国现在所实行的协商民主的雏形，但都是在这样一种稳定的"金字塔"式的道德体系下进行的。这也是古代中国文化常显露出民主的因素，却一直没有形成西式民主制度的部分原因。中国不适于实行西方一人一票和多数决定原则的选举政治制度，是因为中国社会并不存在发展西方民主的文化背景：西方是一种个人本位的社会，而中国则是金字塔式的道德模式影响下的伦理本位的社会。我们不能忽略中国文化自古相传，社会结构历久不变这个事实。

由此不难看出一点，用西方国家的选举民主来评判中国的"协商民主"，削足适履在所难免。选举民主的制度本身存在着缺陷，所提倡的竞争的、自由的、民主的选举看似最能直接地表达民意，但却使广大公民在除了投票时刻以外难以真正地参与政治决策；当民意本身发生极度撕裂时，很难弥合这种撕裂，其内置的动员机制（如竞争选票等）甚至会恶化这种撕裂。我们也已经看到："另一些国家的领导人有时企

---

① 肖唐镖：《宗族、乡村权利与选举》，西北大学出版社2002年版，第38页。
② 李连江：《村委会选举观察》，天津人民出版社2001年版，第480页。
③ 参见肖唐镖、邱新有等《多维视角中的村民直选——对十五个村委会选举的观察研究》，中国社会科学出版社2001年版，第138页。

图摈弃本国的文化遗产，使自己国家的认同从一种文明转向另一种文明。然而迄今为止，他们非但没有成功，反而使自己的国家成为精神分裂的无所适从的国家。"①

中国文化与其他文化的不同之处，不在于发展方式的不同，而在于它的价值观和体制的独特性。中国政府和领导人想要实施或者改革民主制，首要应从共同的中华文化而不是引进的西方观念中寻找文化灵感。正如史学大家钱穆先生所说："人类政制，固有可以出于此类之外者。"②"何以必削足适履，谓人类历史演变，万逃不出西洋学者此等分类之外乎？"③

从群臣谏言、学生运动等古代中国舆论表达的经典案例中，可以追溯到自身民主的根源，从古人的智慧中得到启示，我国悠久的历史文化中蕴含了民主因素，许多思想和行为与当今协商民主模式在不同程度上有着一定的契合。因此，我们在推动民主化进程中所有的国家治理政策在建立法治秩序的同时，不能忽略中国社会传统"金字塔"式伦理道德体系下建立的礼治秩序，"在社会结构和思想观念上还得有一番改革。如果在这些方面不加以改革，单是把法律和法庭推行下乡，结果法治秩序的好处未得，而破坏礼治秩序的弊端却已先发生了"④。

因此，中国采用现有的协商民主模式与西方不尽相同，把协商民主与选举民主相结合，这是由自身历史文化渊源和当代特殊的国情决定的。我国传统文化中蕴含的支持民主化的资源不仅帮助我们消化外来的民主思想，而且将民主的概念转变为与中国传统更加契合的思考方式。若一定要实行西方的民主模式，则首先必须把我们的国民培养成现代意义上真正的公民，改变他们的观念使其对西方文化达到认同。罗杰斯"创新的扩散"理论中，受众对创新结果（新的观念、实践和事务等）的采用要经历以下几个阶段：认知、说服、决策、使用和确认。这其中第一个环节就是认知，创新扩散能否成功，首先就牵涉传受双方对新的

---

① [美]塞缪尔·亨廷顿：《文明的冲突与世界秩序的重建》，新华出版社 2002 年版，第 281 页。
② 钱穆：《国史大纲》，商务印书馆 1999 年版，第 22 页。
③ 同上。
④ 费孝通：《乡土中国》，人民出版社 2008 年版，第 72 页。

文化、新的观念的认同，接受者的潜在意识若不能认同其价值观，其他一切都是白谈。

经过30多年的改革开放，穿越西方的华尔街风暴和欧债危机的遍地伤痕，"中国再次以自己抢眼的表现告诉那些始终将其视为'异数'的传道者们：另一条道路是可能的"①。这条道路和中国本身一样复杂多元，但这种复杂"开创了民族国家走向现代化的另一条路径，改变了以欧美为主导的单向演进的现代化历程，为世界提供了一种新型社会制度的发展模式"②。中国要走好这条道路，要尊重自身历史、文化传承，尊重自身国情的政治发展，尊重历史的选择和经验，以开放求实的思想来完善和推动我国民主化进程。这在一定程度上可以称作"文明重建"的故事，"这个故事给出了对'实现什么样的发展、怎样发展'的重要回答，叙述了一种新型制度文明发展完善的历程"。③ 由此，笔者立足于中国的传统文化梳理和审视中国民主化进程道路上的一系列变革创新，并思考最适合中国国情的民主化道路。

如何才能摆脱传统观念？如何才能使中国人融入现代社会？当然，这并不是说，中国人没有生活在现代社会，而是说受传统文化熏陶的中国人，如何才能摆脱臣民文化观念的影响，使自己实现自身存在方式的角色转换，即由一个传统社会中的"血缘人"（臣民）蜕变为一个现代社会中"公民"，这才是中国未来走向西式民主的前提。

---

① 任仲平：《转变，中国道路的历史性跨越——从十六大到十八大（上）》，《人民日报》2012年11月6日第1版。
② 同上。
③ 同上。

列宁对"怎样治理社会主义社会"命题的思考和探索

周利生　王钰鑫[*]

【摘　要】 从历史经验和现实需要的高度出发，列宁领导俄共（布）应时势而作为、合规律而进取、顺民意而奋发，进行了严谨的理论探索和大胆的实践探索，取得了初步的成果。遗憾的是，列宁在俄国十月革命后不久就英年早逝，客观上中断了探索。同时，治理社会主义社会的问题，是需要几代人、十几代人甚至几十代人孜孜求索的世界性难题，即便列宁可以继续探索，也不可能穷尽所有问题。

【关键词】 列宁；治理社会主义社会；国家治理

回顾列宁探索"怎样治理社会主义社会"的全过程，经历了一个从依据马克思恩格斯著作进行理论研究到依据苏俄治理社会主义社会的实践进行理论研究的转变过程，其主要理论成果是十月革命胜利以后取得的。十月革命取得胜利后，俄国成功跨越了资本主义制度的"卡夫丁峡谷"，建立了世界上第一个社会主义国家，实现了社会主义从理论到实践的伟大跨越。由此，"怎样治理社会主义社会"探索成为一项重大而紧迫的课题。从历史经验和现实需要的高度出发，列宁领导俄共（布）应时势而作为、合规律而进取、顺民意而奋发，进行了严谨的理论探索和大胆的实践探索，取得了初步的成果。遗憾的是，列宁在俄国十月革命后不久就英年早逝，客观上中断了探索。同时，治理社会主义

---

[*] 周利生，男，江西师范大学中国特色社会主义理论体系中心教授，主要研究方向为中共党史。王钰鑫，男，桂林航天工业学院教师，主要研究方向为马克思主义大众化。

社会的问题，是需要几代人、十几代人甚至几十代人孜孜求索的世界性难题，即便列宁可以继续探索，也不可能穷尽所有问题。

一

苏俄所面临的国际国内环境是进行社会主义建设、治国理政必须考虑的第一因素，"要想跳出这种状况是不可能的"。苏俄在探索怎样治理社会主义社会这个命题时，并非随心所欲，由哪一些人、哪一个政治团体依其主观意愿决定的，而是由客观条件所决定的，具有客观性和必然性。列宁清醒地认识到，俄国"无法跳出这种纷繁复杂的现实。这个由各种不同部分组成的现实决不能抛弃，不管它如何不漂亮，也丝毫不能抛弃"。① 从世界范围看，世界历史仍然处于"资本主义尚未充分发展、仍有较大调整空间，但出现向共产主义过渡的倾向"的时代，俄国虽然直接越过了资本主义充分发展的阶段而取得了社会主义胜利，但它处在众多发达资本主义国家的包围之中，如何正视现实、妥善处理好社会主义与资本主义的关系，成为列宁探索如何治理社会主义社会时必须面对和考虑的重要因素和重大问题。从国内范围看，主要有两点：一是俄国成功跨越了资本主义制度的"卡夫丁峡谷"，走上了社会主义道路。但它所处的时代是帝国主义战争破坏之后和无产阶级专政开始的时期，是从资本主义向社会主义的过渡时期，这是认识俄国国情的大前提。二是虽然社会主义制度优越于资本主义制度，但与发达的资本主义国家相比，俄国苏维埃政权是在经济文化比较落后的国度建立起来的，它在经济文化、科学技术、人才储备、管理经验等方面都比较落后，以至于社会主义的优越性难以在短期内充分表现出来，凡此等等。这些因素共同构成了列宁探索治理社会主义社会、社会主义国家治理的时代背景和现实基础。

制度选择与调适是苏俄治理社会主义社会的依据。列宁领导十月革命并取得成功，选择了社会主义制度，这就奠定了苏俄推进国家治理现

---

① 《列宁专题文集·论无产阶级政党》，人民出版社 2009 年版，第 206 页。

代化的根本前提。列宁认为:"既然建立社会主义需要有一定的文化水平(虽然谁也说不出这个一定的'文化水平'究竟是什么样的,因为这在各个西欧国家都是不同的),我们为什么不能首先用革命手段取得达到这个一定水平的前提,然后在工农政权和苏维埃制度的基础上赶上别国人民呢?"① 苏维埃制度的确立,是在本质上完全不同于以往任何一种国家制度的全新的国家类型,人民在参加管理国家方面做出了巨大成就,"在吸收工人和贫苦农民参加国家管理方面,苏维埃共和国过去几个月所做的事情,是世界上任何一个国家连十分之一也没有做到的……是世界上最好的民主共和国在几百年内没有做到而且不可能做到的。这就决定了苏维埃的意义,由于这一点,苏维埃就成了全世界无产阶级的口号"。然而,这种新型国家只能实行无产阶级专政。一般地说,无产阶级夺取政权以后,在相当长的一个历史时期内,国家并未消亡,只能实行无产阶级专政。而无产阶级专政只是区别于旧的国家类型的一种"新型民主的(对无产者和一般穷人是民主的)和新型专政的(对资产阶级是专政的)国家"②,在苏俄的国家组织形式就是苏维埃。从这个意义上,治理社会主义社会的问题就可以转化为国家治理的问题,二者甚至是同一个问题的不同表述。其基本内涵也可通俗地理解为社会主义制度下,无产阶级上升为统治阶级以后治国理政的理论和实践。当时最迫切的就是采取那种能够立刻提高农民经济生产力的具体制度,实现改善工人生活状况、巩固工农联盟进而巩固无产阶级专政的目标。针对党和国家机关中存在的弊端,列宁呼吁对苏维埃俄国的"政治制度作一系列的变动",③ 并强调今后"我们每前进一步和每提高一步都必定要同时改善和改造我们的苏维埃制度",④ 使苏维埃制度更加成熟,不断提高国家治理水平。

在经济文化比较落后的国家探索怎样治理社会主义社会的问题,面临着物质基础差、文化水平低、社会关系复杂、反动势力四面夹攻等条件,同时也面临着没有任何可资借鉴的理论、经验和现成模式等挑战,

---

① 《列宁专题文集·论社会主义》,人民出版社2009年版,第359页。
② 《列宁专题文集·论马克思主义》,人民出版社2009年版,第207页。
③ 《列宁全集》第43卷,人民出版社1987年版,第337页。
④ 《列宁专题文集·论社会主义》,人民出版社2009年版,第291页。

其困难度、复杂性、艰巨性都是难以想象的，甚至于是一项不允许犯错误的探索。苏维埃政权建立以后，"根据书本争论社会主义纲领的时代也已经过去了，我深信已经一去不复返了。今天只能根据经验来谈论社会主义。……现在我们能够向这次代表大会提出苏维埃宪法，那只是因为苏维埃已经在全国所有地方建立起来，并且经受了试验，只是因为你们创立了宪法，你们在全国所有地方进行了试验；只是在十月革命以后过了半年，全俄苏维埃第一次代表大会以后过了差不多一年，我们才能够写下实践中已经存在的东西"①。在列宁看来，"实践比世界上所有理论争论都更为重要"②。正因为这一探索是严格依据苏维埃俄国治理社会主义社会的具体实践逐步展开的，其理论只能是在总结正反两方面经验中不断取得认识上的突破的，经历了直接过渡到迂回过渡的巨大转变，这主要是因为按照马克思恩格斯的设想，企图运用直接过渡的方法治理社会主义社会中遇到了挫折。"由于我们企图过渡到共产主义，到1921年春我们就遭到了严重的失败……这次失败表现在：我们上层制定的经济政策同下层脱节，它没有促成生产力的提高，而提高生产力本是我们党纲规定的紧迫的基本任务。"③ 列宁认真总结经验和教训，从当时俄国的国情出发，提出利用资本主义、实行新经济政策的治理思路，创造性地提出了包括经济建设、政治建设、文化建设等在内的治理社会主义社会的崭新构想，形成了适合俄国国情的国家治理的基本思路。

二

列宁对"怎样治理社会主义社会"的理论发展和实践探索主要表现在以下几个方面。

一是无产阶级政党是治理社会主义社会的核心领导力量，领导着国家的全部政治经济工作和劳动群众。无产阶级政党存续期间，发挥着坚守方向、擎旗引路、统揽全局、协调各方的作用，始终是国家治理的核

---

① 《列宁全集》第34卷，人民出版社1985年版，第466—467页。
② 《列宁全集》第43卷，人民出版社1987年版，第280页。
③ 《列宁专题文集·论社会主义》，人民出版社2009年版，第253页。

心领导力量。列宁在强调必须坚持无产阶级专政的同时，指出：只有共产党才能抵制无产阶级中部分群众不可避免的"小资产阶级动摇性"、"行业狭隘性或行业偏见的传统和恶习的复发"，才能领导无产阶级并通过无产阶级领导全体劳动群众。① 无产阶级政党是治理社会主义社会的核心领导力量，领导着国家的全部政治经济工作和劳动群众，是社会主义事业走向胜利的坚强保证。同时，列宁就如何加强和改进党的领导、更好地肩负起治理社会主义社会的重任进行了艰辛探索。第一，为了扩大党内民主，改变国内战争期间的极端集中制，决定实行党内"工人民主制"，"保证全体党员甚至最落后的党员都积极地参加党的生活，参加讨论党所面临的一切问题和解决这些问题，并且积极参加党的建设"。② 而后，列宁又提出实行选举制、报告制，排除委任制，使党内生活更有活力。第二，实行党内监督，建立党的监察委员会，"同侵入党内的官僚主义和升官发财思想，同党员滥用自己在党内和苏维埃中的职权的行为，同破坏党内的同志关系、散布毫无根据的侮辱党或个别党员的谣言以及其他诸如此类的破坏党的统一和威信的流言蜚语的现象作斗争"。③ 而后，提议把党的监察委员会和工农检察院结合起来，赋予人民更多的监督权，为逐步过渡到人民自治、直接民主创造条件。第三，提出党政分工，强调"对所有国家机关的工作进行总的领导，不是像目前那样进行过分频繁的、不正常的、往往是琐碎的干预"④，并指导俄共（布）把党的日常工作和苏维埃机关的工作区分开来。这就有助于克服国内战争时期党对国家事务的领导中出现的包办国家机关具体事务的现象。第四，巩固党的集中统一。列宁在《给党的代表大会的信》中主张把中央委员人数增加到 50 人甚至 100 人，使之成为小型代表会议，使更多的人参与制定党的重大决策，增强党的巩固性和稳定性，改善党的领导。⑤他还就改组党的领导机构提出了意见建议，体现了伟大革命者的远见卓识。

---

① 《列宁专题文集·论社会主义》，人民出版社 2009 年版，第 383 页。
② 参见《苏联共产党决议汇编》第 2 分册，人民出版社 1964 年版，第 54 页。
③ 同上书，第 70 页。
④ 《列宁专题文集·论社会主义》，人民出版社 2009 年版，第 396 页。
⑤ 《列宁选集》第 4 卷，人民出版社 2012 年版，第 743—747 页。

二是最大限度发展社会生产力是治理社会主义社会的根本任务，由此形成了以经济建设为中心的治理思路。大力发展社会生产力，是苏维埃政权进行国家治理的首要问题。治理社会主义社会的一项根本任务是改造旧的生产关系，建立社会主义的新型生产关系，为建成社会主义创造条件、奠定基础。任何一种社会制度，都有其坚实的经济基础。"只有在一定阶级的财政支持下才会产生。"① 因而要根据不同历史时期或阶段任务的不同，适时调整国家治理的重心。这是因为，"无产阶级专政决不只是推翻资产阶级或推翻地主，——一切革命都这样做过，——我们的无产阶级专政是要保证建立秩序、纪律，提高劳动生产率，实行计算和监督，建立比过去更巩固更坚强的无产阶级苏维埃政权"。② 因此，无产阶级夺取政权之后，必须努力"增加产品数量，大大提高社会生产力"。③ 列宁在《论合作社》中指出："从前我们是把重心放在而且也应该放在政治斗争、革命、夺取政权等等方面，而现在重心改变了，转到和平的'文化'组织工作上去了。"④ 在《苏维埃政权的当前任务》中指出："在任何社会主义革命中，当无产阶级夺取政权的任务解决以后，随着剥夺剥夺者及镇压他们反抗的任务大体上和基本上解决，必然要把创造高于资本主义的社会结构的根本任务提到首要地位；这个根本任务就是：提高劳动生产率。"⑤

在小农经济占优势的国情的基础下，社会主义社会的治理问题，必然带有鲜明的特殊性。在当时的历史条件下，治理社会主义经济的一项基本任务就是实现社会主义工业化。列宁把实现工业化形象地比喻为：从农民的、庄稼汉的、穷苦的马上，跨到大机器的、工业的、电气化的马上。并强调："我们的希望就在这里，而且仅仅在这里。"⑥ 然而，任何超越社会主义发展阶段的举措都会给自身带来伤害，企图跳过商品经济的发展阶段直接过渡到社会主义的道路是行不通的。列宁在探索中逐

---

① 《列宁专题文集·论社会主义》，人民出版社2009年版，第350页。
② 同上书，第384页。
③ 同上书，第301页。
④ 同上书，第354页。
⑤ 同上书，第96页。
⑥ 同上书，第379页。

渐认识到了这一点,在"政治遗嘱"中明确提出,要用合作社的形式引导农民走向社会主义,用无产阶级国家政权支持小农生产力发展,保持住工人政权在小农和极小农中间的威信和对他们的领导,在此基础上,用厉行节约的办法逐步实现工业化和电气化。① 也就是说,列宁选择了一条更加符合苏俄实际的经济治理之路,即从农业开始,从小工业开始,依靠恢复和发展小农经济和小工业来恢复和发展大工业,并逐步确立了通过新经济政策建立社会主义经济基础的思想。其主要做法是:用商业把大工业和小农经济结合起来,用无产阶级政权支持小农生产力的发展;用商业原则改造原有的工业管理体制,扩大企业自主权,实行经济核算等,在此基础上恢复和发展大工业,建立社会主义的物质基础。

治理社会主义社会需要有开放的思维,大胆利用资本主义的文明成果。列宁分析了资本主义文明的二重性特征,提出要善于利用资本主义的文明成果,克服前资本主义制度的落后性;从社会主义制度的高度,来分析资本主义制度的历史局限性和阶级局限性。提出要"利用资产阶级的科学和技术手段使共产主义变成群众更容易接受的东西",争取知识分子阶层服务于苏维埃政权。认为作为小生产和交换的自发产物的资本主义,在一定程度上是不可避免的,提出要"利用资本主义作为小生产和社会主义之间的中间环节,作为提高生产力的手段、途径、方法和方式"。他还就利用资本主义的文明成果进行经济治理列出了一个公式,即"乐于吸取外国的好东西,苏维埃政权+普鲁士的铁路秩序+美国的技术和托拉斯组织+美国的国民教育等等等++=社会主义"②。但利用资本主义的文明成果是有前提条件的,即是无产阶级掌握国家政权和国家的经济命脉,正如他在回答《曼彻斯特卫报》记者时所指出的:"只要国家政权掌握在工人阶级手中","向共产主义的过渡也可以通过国家资本主义"。③

三是不断推进坚强高效的国家机关建设。推进国家机关改革,是一项具有划时代意义的主要任务。④ 列宁在做出这样的判断的同时,辩证

---

① 庄福龄:《马克思主义史》第3卷,人民出版社1996年版,第74—76页。
② 《列宁全集》第34卷,人民出版社1985年版,第520页。
③ 《列宁全集》第43卷,人民出版社1987年版,第259页。
④ 《列宁选集》第3卷,人民出版社2012年版,第773页。

地阐述了国家机关的地位：一方面，"如果没有'国家机关'，那我们早就灭亡了"；另一方面，"如果不进行有步骤的和顽强的斗争来改善机构，那我们一定会在社会主义的基础还没有建成以前灭亡"①。为了使国家机关坚强有力，列宁认为要秉着"宁肯少些，但要好些"的原则，切实推进国家机关机构改革，精简机构和人员。斯大林在给列宁格勒党组织积极分子做的关于联共（布）中央全会工作的报告中指出："列宁曾几十次几百次重复说，工人和农民忍受不了我们国家机关的机构臃肿和开支浩繁，无论如何要用一切办法和一切手段来加以精简。"②在精简机构方面，列宁多次指示，要强力推动。提出要把工农检查院的职数从1.2万人减少到三四百人，同时要珍惜和选拔优秀人才，使机关中有各种类型的人员，达到各种优点和各种品质的最佳组合。他还强调指出，要避免急躁，要求人们牢记："为了建立这样的机关，不应该舍不得时间，而应该花上许多许多年的时间。"③ 同时，列宁提出要坚决同官僚主义的习气做斗争，"暴露它，揭穿它，使人人唾弃它"④。最根本的措施是提高人民群众的文化水平，"只有当全体居民都参加管理工作时，才能把反官僚主义的斗争进行到底"⑤。也就是说，通过"代理人"管理国家只是特定历史条件下的选择，最终要通过培养工人群众管理国家事务的能力逐步过渡到人民自治。此外，在《宁肯少些，但要好些》中，列宁主张学习西方发达资本主义国家行政管理方面的经验，彻底克服农奴制、宗法制所造成的愚昧落后和官僚主义。

四是将法治作为治理社会主义社会的基本方略。随着国内战争的结束和和平时期的到来，以往采取的战时举措就失去了存在的合理性。有鉴于此，列宁指出："随着政权的基本任务由武力镇压转向管理工作，镇压和强制的典型表现也会由就地枪决转向法庭审判。""法院正是吸引全体贫农参加国家管理的机关（因为司法工作是国家管理的职能之

---

① 《列宁全集》第41卷，人民出版社1986年版，第376页。
② 《斯大林选集》上卷，人民出版社1979年版，第470页。
③ 《列宁专题文集·论社会主义》，人民出版社2009年版，第367页。
④ 同上书，第226页。
⑤ 《列宁专题文集·论无产阶级政党》，人民出版社2009年版，第219页。

一),法院是无产阶级和贫苦农民的权力机关,法院是纪律教育的工具。"① 在苏俄探索国家治理的实践中,具有标志性意义的是,1922 年初,俄共(布)中央政治局决定撤销全俄肃反委员会,一切反对苏维埃制度的犯罪案件或要求苏维埃法律解决的案件,均分别由革命法庭或人民法院经过审判程序予以解决。由此,苏维埃国家的管理工作开始纳入正常的法治轨道。在立法领域,列宁亲自起草或指导制定了一系列重要的法律条文,基本上形成了以宪法为核心的法律体系,为依法治理国家提供了基本依据。同时,列宁还对执法工作投入了大量精力,并于 1921—1922 年推动了司法领域的重大改革改革,颁布了《法院组织条例》、《检察院组织条例》和《律师机构条例》等,明晰了权责和权限,规定了工作程序等,形成了由人民法院、省法院、最高法院组成的全国统一的审判体系。这都是十分宝贵的制度财富和实践探索。

五是将文化建设作为治理社会主义社会的重要组成部分。列宁认为,要建成社会主义,没有一场"文化变革"或"文化革命",是不可能的。"只要实现了这个文化革命,我们的国家就能成为完全社会主义的国家了。"② 列宁根据十月革命胜利后的建设实践发现,虽然俄国建立了苏维埃政权,但俄国人民群众的文化水平很低,1920 年俄国居民每 1000 人口中识字人数仅为 319 人,与沙皇时代(1897 年)比,基本没有变化。这已经比较严重地制约经济社会发展、民主政治建设等。"我们苦于俄国资本主义的不够发达",各种各样的人才尤其是管理人才匮乏,旧的官僚可以遣散,但绝不能一下子把他们改造过来。"但是文化水平还没有提高,因此官僚们还占据原有的职位。"有鉴于此,列宁明确把建设、发展和繁荣无产阶级文化提上了议事日程,强调这是一项"最迫切"的任务。他在《日记摘录》中提出,要"充分地把这一具有世界历史意义的巨大文化任务提出来"。③ 他强调要"实际着手干起来",首先,大力增加教育经费,要把其他部门削减下来的款项转用到教育领域。其次,提高人民教师的地位到应有的高度,即"提到在

---

① 《列宁专题文集·论社会主义》,人民出版社 2009 年版,第 104、105 页。
② 同上书,第 355 页。
③ 同上书,第 347 页。

资产阶级社会里从来没有、也不可能有的高度。这是用不着证明的真理。为此，我们必须经常不断地坚持不懈地工作，既要振奋他们的精神，也要使他们具有真正符合他们的崇高称号的全面修养，而最最重要的是提高他们的物质生活水平"①。最后，以城带乡，"利用我们的政权使城市工人真正成为在农村无产阶级中传播共产主义思想的人"。"如果使这个工作带有自觉性、计划性和系统性，这一切就可以加强起来。"② 此外，列宁在治理社会主义文化中还提出要批判文化虚无主义，强调："无产阶级文化应当是人类在资本主义社会、地主社会和官僚社会压迫下创造出来的全部知识合乎规律的发展。""只有确切地了解人类全部发展过程所创造的文化，只有对这种文化加以改造，才能建设无产阶级文化。"

三

列宁对"怎样治理社会主义社会"的艰辛探索体现的是马克思主义国家治理理论逻辑与苏俄社会发展历史逻辑的辩证统一，既是一个坚持真理、修正错误、发扬经验、吸取教训的认识过程，也是不断把苏俄社会主义事业推向前进的实践过程。人们只能"在直接碰到的、既定的、从过去承继下来的条件下"去认识历史、创造历史，列宁也不例外。列宁在探索"如何治理社会主义社会"的过程中，所要解决的核心问题是如何巩固和发展苏维埃政权。十月革命胜利以后，俄国建立了苏维埃政权，确立了社会主义制度，开始了从资本主义向社会主义过渡的历史进程，这是一个社会主义因素与资本主义因素犬牙交错、相互斗争，社会主义最终战胜资本主义的漫长历史过程。进一步说，研究"走向社会主义这一极端困难的新道路的特点"、"俄国革命的特殊条件和革命发展的特殊道路"，把握这一社会发展规律，并不是一件容易的事情；把握过渡时期的时间表、路线图等则更加困难。列宁通过艰苦的

---

① 《列宁专题文集·论社会主义》，人民出版社2009年版，第345页。
② 《列宁全集》第34卷，人民出版社1985年版，第520页。

理论工作和实践活动，逐步形成了对"怎样治理社会主义社会"的认识，形成了国家治理思想，具有重大理论意义和深远历史意义。同时，要承认列宁在探索"怎样治理社会主义社会"这个命题时，无不反映当时的历史特点和治国实践，带有历史局限性。

列宁对"怎样治理社会主义社会"的探索启发我们：第一，在治理社会主义社会时，必须立足现实。成功的治理必须与国情相匹配，从现实的生产力水平、人们的文化程度、社会发展成熟度等方面出发。任何超越现实、超越阶段的理论都会遭到失败，实践中更会带来危害。第二，在治理社会主义社会时，必须坚定目标。正如列宁所说："在到达完全的共产主义以前，任何形式都不是最终的。我们不敢说我们准确地知道道路怎样走。但是我们必然会确定不移地走向共产主义。"[1] 第三，在治理社会主义社会时，必须保持清醒。作为执政党，任何时候都必须清醒、准确地把握自身地位的历史性变化，做到与时代同步伐，与人民共命运，不断加强自身建设，增强领导社会主义事业的本领，肩负起历史使命。第四，在治理社会主义社会时，必须具有开放思维。治理社会主义社会，必须制定灵活的发展策略和政策，吸收和借鉴资本主义发达国家的先进技术和管理经验，大胆采纳一切文明成果朝着自己的目标前进。

---

[1] 《列宁专题文集·论社会主义》，人民出版社2009年版，第400页。

国家治理现代化与政府购买公共服务：一个分析框架

李志强[*]

【摘　要】 政府购买公共服务是转变政府职能所需，是政府公共服务机制创新的重要举措，目的是提高公共服务效率和质量。政府购买公共服务与国家治理存在紧密关系。本文从国家治理现代化视域考察政府购买公共服务，在界定国家治理现代化和政府购买公共服务内涵的基础上提出了国家治理现代化视域下政府购买公共服务分析框架，包括政府购买公共服务的标准（制度化）、机制（民主化）、特点（专业化）、要求（服务化）、原则（效益化）和目标（协同化）。政府应从这六个方面努力推进购买公共服务工作和国家治理现代化。

【关键词】 国家治理现代化；政府；购买；公共服务

西方新公共管理改革把市场竞争机制引入政府管理中，强调"3E"（经济、效率、效益）。公共服务供给模式由此发生重大变化，供给主体多元化，供给与生产相分离，委托制、承包制、合同制等方式孕育而生。中国公共服务的传统供给模式是政府垄断型，政府独揽公共服务供给，导致需求不对称、效益低下等问题。2013年9月底，国务院办公厅正式出台《关于政府向社会力量购买服务的指导意见》，明确指出："与人民群众日益增长的公共服务需求相比，不少领域的公共服务存在质量效率不高、规模不足和发展不平衡等突出问题，迫切需要政府进一

---

[*] 李志强，男，中共江西省委党校公共管理学教研部副主任、副教授，主要研究方向为公共管理。

步强化公共服务职能，创新公共服务供给模式，有效动员社会力量，构建多层次、多方式的公共服务供给体系，提供更加方便、快捷、优质、高效的公共服务。各地方、各级人民政府要结合当地经济社会发展状况和人民群众的实际需求，因地制宜、积极稳妥地推进政府向社会力量购买服务工作，不断创新和完善公共服务供给模式，加快建设服务型政府。"国务院是在总结一些地方政府购买公共服务探索实践经验教训的基础上，做出的公共服务机制创新和政府职能转变。这说明政府购买公共服务是发展趋势，有利于提高公共服务效率和质量。地方政府积极响应中央号召，贯彻落实全面深化改革精神，结合地方实际情况推动。

十八届三中全会把全面深化改革的总目标定位为完善和发展中国特色社会主义制度，推进国家治理体系和治理能力现代化。国家治理及其现代化成为学术界、政界和媒体界等讨论的热点话题。学者、媒体评论人士围绕国家治理的内涵、历史逻辑、特定视角和推进路径等内容展开研究。十八届三中全会做出推广政府购买公共服务的决定，凡属事务性管理服务，原则上都要引入竞争机制，通过合同、委托等方式向社会购买。2014年国务院政府工作报告指出："更好发挥社会组织在公共服务和社会治理中的作用。"因此，推广政府购买公共服务是推进国家治理体系和治理能力现代化的重要举措。目前，对于国家治理现代化与政府购买公共服务没有一个明确的分析框架，本文在对国家治理现代化和政府购买公共服务内涵的基础上，构建国家治理现代化视域下政府购买公共服务分析框架。

一　国家治理现代化与政府购买公共服务内涵剖析

（一）国家治理

国家治理是指国家通过配置和运作公共权力，执行一定的政治理念，始终围绕着特定秩序，对公共事务进行调控、引导和支配，保持良性和可持续发展的善治状态和过程。需从四个方面考察国家治理：治理主体、治理客体、治理机制、治理目标。（1）国家治理的主体是政治国家和政府、市场与企业、社会和公私机构、超国家和次国家等机构组织。公民应是具有民主品格、公共精神、权利与义务对等意识的现代公民。社会应是能够有效抗衡和制约专断性的国家权力和资本权力、高度组织化与制度化的现代社会。市场应是一个充满生机与活力、在竞争性的资源配置中发挥决定性作用的现代市场经济体系。政府应是一个廉洁高效、兼具可问责性和回应性的法治型、服务型的现代政府。(2) 国家治理的客体是社会公共事务，具体包含经济、政治、文化、社会和生态等领域。国家治理是一项系统工程，需要整体推进、协同发展。(3) 国家治理的机制是指导性治理和基层自觉治理相结合。改革开放初期，国家对怎样建设社会主义没有明确的指导理念，强调"摸着石头过河"。而今，改革已进入深水区，社会矛盾交织、利益冲突加剧等各种问题的解决必须由国家做出顶层设计（指导性治理）。在顶层设计指导下发挥基层创新（基层自觉治理）的作用。(4) 国家治理的目标是实现公共利益需求最大化，即善治。善治，作为国家治理的目标，体现为国家、社会与市场三方面力量纳入一个法治机制，促使国家权力合法、公平、公正、公开运作，社会组织自主、自治和自律，市场结构成本低廉、绩效高企运转①。

（二）国家治理现代化

国家治理现代化包括国家治理体系和治理能力现代化两个方面。如图1和图2所示，国家治理体系是制度构建，国家治理能力是制度执行。中国国家治理有别于西方国家治理，必须在中国共产党的统一领导下，建构具有合法性和合理性的包括经济、政治、社会、文化和生态在内的制度体系，即治理体系（设计什么样的平台）。而要把目标转变为现实，国家必须要有强有力的制度执行能力，包括发展、改革、稳定、外交、内政和国防。但是如何考量国家治理现代化，目前学界还没有统一的认识。何增科（2014）认为，国家治理体系和治理能力现代化的衡量标准至少有四条：国家治理的民主化、国家治理的法治化、国家治理的文明化和国家治理的科学化。② 俞可平（2014）认为，衡量一个国

---

① 张建：《中国国家治理体系和治理能力现代化：历史逻辑和实践框架》，《长沙理工大学学报（社会科学版）》2014年第3期，第34页。

② 何增科：《理解国家治理及其现代化》，《马克思主义与现实》2014年第1期。

家的治理体系是否现代化，至少有五个标准：公共权力运行的制度化与规范化、民主化、法治、效率和协调。[1] 任剑涛认为，国家、社会与市场的各归其位、各尽其责，就是国家实现治理体系现代化的标志。[2]

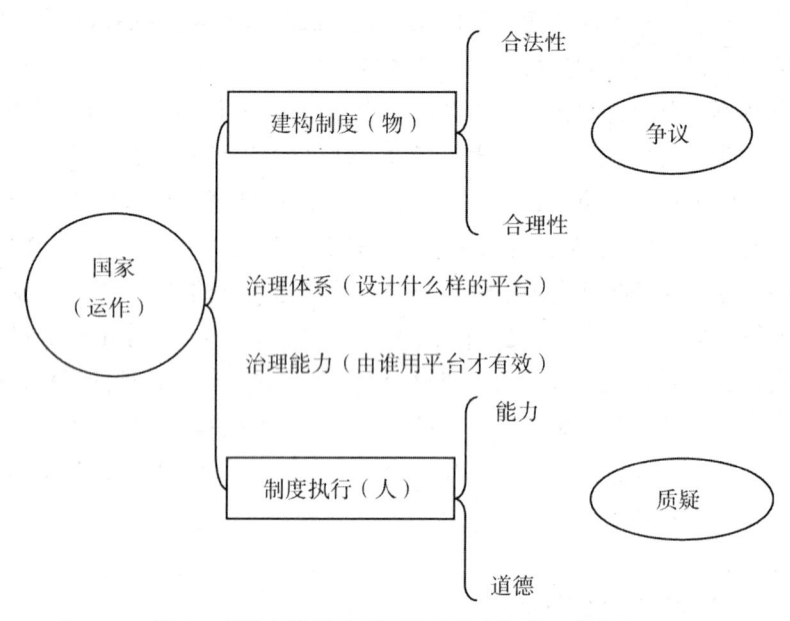

图1　"国家治理体系和治理能力"的一般含义

因此，综合国家治理的内涵和不同学者对国家治理现代化的界定，本文认为，国家治理现代化应具备以下几个标准：（1）制度化，国家

---

[1] 俞可平：《推进国家治理体系和治理能力现代化》，《前线》2014年第1期。
[2] 任剑涛：《国家治理，什么才算是"现代化"》，《新京报》2013年11月23日。在这篇文章中，任剑涛对国家治理中政府、社会和市场的职责分别做了阐述。（1）政府角色。对一个现代国家而言，有效的政府治理，需要在体制机制上做出保障：对政府自身结构和功能做出合理规划，保证政府在规模、职能和作用方式上的合理性，在作为方式上的法治优先性，在发挥政府治理作用上的有效性，在提供社会服务上的公共性，在体制运转上的执行力，在行政结果上的公信力。（2）社会角色。一个得到善治的社会，一方面体现为社会主体，也就是城乡居民和社会组织，能够做到道德的自我约束、行为的自我规范、人与人之间的互爱互助、日常利益的相género调节。另一方面则体现为国家对社会组织的法治化管理、系统性规划、综合性治理、主动化引导。（3）市场角色。对独立的市场治理体系，从正面看，是让相对健全的市场释放自主性价格机制，高效引导资源的有效配置；从反面看，是限制政府直接配置资源的冲动、保证政府监管到位、克制市场机制缺陷的需要。

依靠合法合理的制度（包括党的政策、法律、政府规章制度等）来治理公共事务，各主体都在制度框架下运行；（2）民主化，公共事务的治理需要调动多元主体参与，实施民主是关键，中国民主区别于西方民主，突出强调协商民主；（3）专业化，国家治理是一项庞大工程，需要科学决策以避免决策失误带来资源的浪费和专业化治理以发挥资源的最大价值；（4）服务化，国家治理要求寓管理于服务之中，以建设服务型政府为目标，公务人员为此必须提高理论修养和业务能力；（5）效益化，国家治理中的党建是保证国家有坚强的领导队伍，军队外交建设是为国家治理创造良好外部环境，政治治理、经济治理、社会治理、生态治理和文化治理五个方面应以效益化（效率和公平）为指导，充分运用市场机制和竞争机制；（6）协同化，国家治理需要政府、社会和市场主体各负其责、协同运转，政治治理、经济治理、社会治理、生态治理和文化治理等整体推进，最终实现善治。

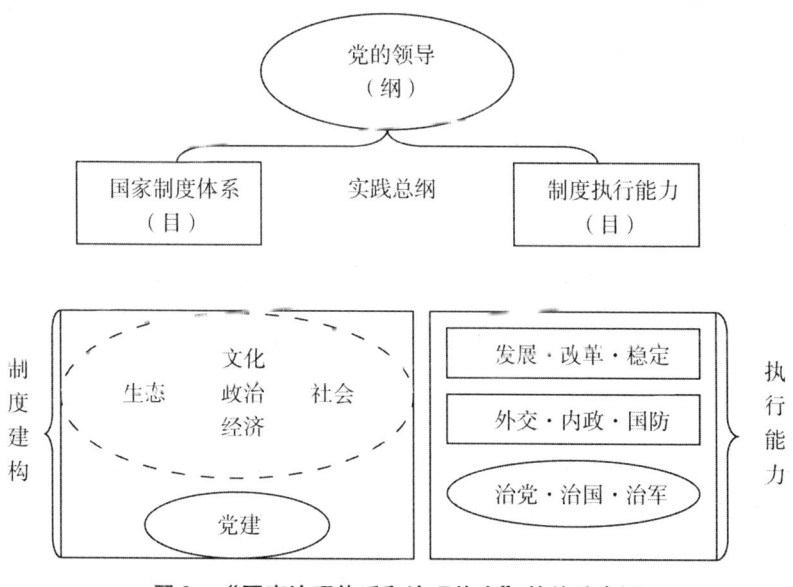

图2 "国家治理体系和治理能力"的特殊内涵

（三）政府购买公共服务

政府购买公共服务是指政府将原来由政府直接举办的为社会发

展和人民生活提供服务的事项交给有资质的社会组织和企业等社会力量来完成，并根据社会组织提供服务的数量和质量，按照一定的标准进行评估后支付服务费用，这是一种"政府承担、定项委托、合同管理、评估兑现"的新型的政府提供公共服务方式。对于政府向社会力量购买公共服务的判定，必须满足以下四个必要条件：（1）由政府作为购买方。传统公共服务供给是政府或公共部门与公众直接打交道，政府集供给者、生产者、监管者等多重身份于一身。政府购买公共服务则是政府不直接生产公共服务，采取购买的方式来为公众提供公共服务。（2）购买的标的属于公共服务。如今公共服务需求呈现数量增长和多元化趋势，政府在满足公众公共服务需求方面显现能力不足和效率不高。如失独老人和空巢老人是当今社会出现的群体，他们最需要精神慰藉，但是政府社会保障部门很难集中精力去给他们提供服务。因此需要借助一些慈善组织来完成。（3）社会力量作为承接主体。政府不直接生产一些公共服务，但政府在这些公共服务供给方面的责任依然存在，而且效率和质量必须更高。因此必须选择有资质的社会力量，包括社会组织和企业，作为公共服务生产的承接主体。（4）购买的资金来源于财政资金。公众享受了公共服务，则需要支付成本。政府则通过财政预算的形式划拨资金给承接主体。

二　国家治理现代化视域下政府购买公共服务分析框架

在界定国家治理及其现代化内涵和政府购买公共服务内涵的基础上，研究提出国家治理现代化视域下政府购买公共服务分析框架，如图3所示，并结合江西省公益创投①进行分析。

---

① 江西省公益创投是由江西省民政厅、团省委、省妇联和省慈善总会在公益慈善领域联合发起的一项公益活动，创投资金来自福利彩票公益基金。2013年投入资金600万元，175家社会组织参与申报，申报项目204个，立项项目58个。2014年投入资金1000万元，侧重于社区居家养老服务和困境儿童帮扶两个重点，106个项目获立项。

(一) 制度化：政府购买公共服务的标准

政府购买公共服务在中国发展的历史比较短，十八届三中全会才做出推广政府购买公共服务的决定。政府购买公共服务是政府转变职能和深化行政体制改革的重要举措，因此必须通过制度来管理这种新生事物，总结前期实践出现的问题和经验，体现法治化和规范化，就向谁买、买什么、怎么买和买得值等问题做出明确规定和制定详细标准。2013年，江西省民政厅等四家单位联合发布《关于征集2013年度全省社会组织公益创投项目的公告》，内容比较简单。2014年联合制定了《2014年江西省社会组织公益创投活动实施方案》。相比2013年的公告，2014年的实施方案内容更全面：一是申报对象要求更详细和严格；二是规定了项目实施步骤和阶段性要求以便于中期考核监督；三是提出了加强组织领导、积极参与活动、加大宣传力度和强化资金监管四点工作要求。但是，研究发现，江西省公益创投比较谨慎，试点范围局限于养老和助残等领域。制度建设也是处在探索阶段，不断总结经验和发现问题，完善制度内容和提升制度层次。

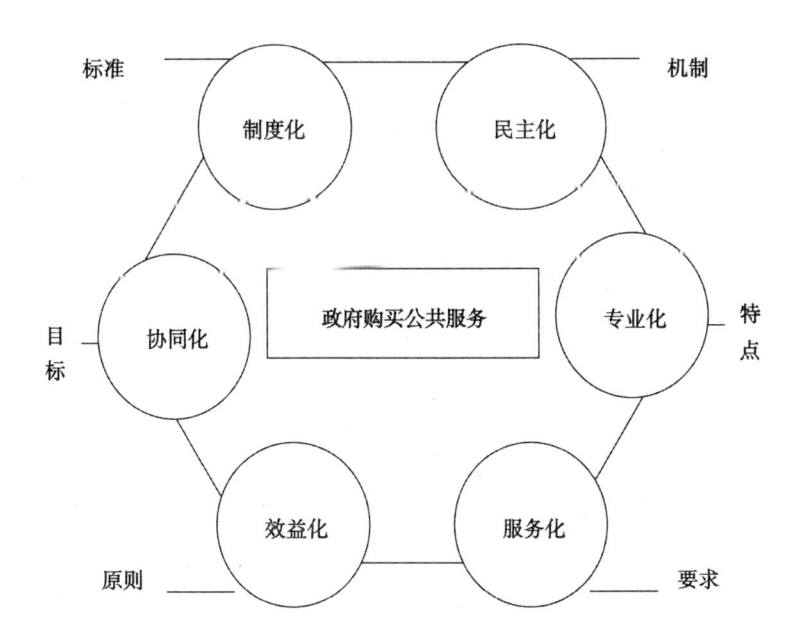

图3 国家治理现代化视域下政府购买公共服务分析框架

（二）民主化：政府购买公共服务的机制

政府购买公共服务区别于传统公共服务供给，是借助社会力量来生产公共服务。政府与社会力量是一种公私合作关系，或者说是一种合同契约关系，它们的地位是平等的。因此，政府应转变角色，发扬协商民主，充分调动社会力量共同做好公共服务需求调研，使供需对称，避免公共财政的浪费。在公益创投实施探索期，政府的态度比较谨慎，习惯用行政力量推动创投工作，期待找专业水平高和信誉好的社会组织来承接项目，以确保项目实施效果。通过试点积累经验，逐步建立起对公益组织的信任。因此，政府与社会组织之间更多是一种引导与被引导的关系。

（三）专业化：政府购买公共服务的特点

如今公共服务需求多元化趋势日益明显，政府在供给公共服务方面显得力不从心，表现为供给不足、供给过剩、效率不高和质量不高等问题。因此，推广政府购买公共服务，期望与专业化的社会组织、企业或个人合作，发挥专业优势，提高公共服务效率和质量。这些公共服务承接主体通过与政府合作，也能获得发展，不断提高自身专业化水平。公益项目将逐渐向专业化方向发展，服务领域越来越细化，服务也会越来越专业。2014年江西省级公益创投中，养老院、医院、行业协会、俱乐部等企业或民办非企业单位申报立项的项目占据大约80%，而纯公益慈善组织申报立项的项目只有约20%。因为许多公益组织还处于起步阶段，自身架构不完善，对政策理解不够深入。一些公益组织本身资质就不好，人员流失、机构涣散，根本无力去承担省级公益创投项目，说明江西省公益组织专业化水平还有待提高。

（四）服务化：政府购买公共服务的要求

政府购买公共服务并不是政府甩包袱，把公共服务责任完全抛给市场和社会，而是为了更好地为公众服务，满足多元化服务需求和提高服务质量。这对购买部门工作人员提出了更高的要求，一方面他们要做好服务需求调研，另一方面还需更好地为承接主体服务，构建良好的政府购买公共服务平台。《2014年江西省社会组织公益创投活动实施方案》指出江西省公益创投的目的是加强和创新社会治理、加快转变政府职能、满足群众社会需求和培育发展一批有能力、讲诚信的公益性社会组织，要求坚持以社会需求为导向和以服务民生为重点。在公益创投中，政府部门要发挥好监管者角色。2013年江西省公益创投中养老方面的立项有17项，但它们各有差异，服务对象细分为社区空巢老人、失独老人、农村留守老人以及因病致残老人等，这与传统助老服务笼统的帮扶概念形成鲜明的反差，从而提高了服务的针对性。

（五）效益化：政府购买公共服务的原则

政府购买公共服务就是要打破政府垄断供给公共服务的格局，引入竞争机制和市场机制，让各类主体在政府购买公共服务市场中充分竞争，从而提高效率。要保证充分竞争，政府要公平公正地履行好供给者和监管者角色。江西省民政厅根据公益创投项目的执行情况，建立社会组织诚信档案，把一些项目执行过程中出现问题的社会组织列入黑名单，同时对于一些表现优异的社会组织给予更多的政府支持。为了让社会组织切实履行职责和保证公共服务效益，江西省民政厅构建一个较为完整的权力制衡体系。例如，2013年公益创投中开始试点社会组织评估项目，江西省鹤翔社会组织评估中心获得这个试点项目立项，项目资金则和其他项目一样来自福彩公益基金。该中心负责对其他获立项的57个项目进行监督和效益评估。同时，省民政厅通过另外拨付财政资金的形式委托独立的审计机构对该中心的财务进行审计。

（六）协同化：政府购买公共服务的目标

政府购买公共服务的目标是政府治理效果得到提升、市场机制得到完善、社会组织得到发展和公众得到良好公共服务，政府、市场和社会三者各负其责、协同运转，使得公共利益最大化。三者协同化是要通过前面五个化来实现。江西省公益创投使一些政府难以满足的公共服务需求得到满足，完善了公共服务机制。民政厅也在一定程度上转变了政府职能。社会组织通过承接公益创投项目得到健全发展。但是通过研究发现，2013年获公益创投立项的纯公益慈善类社会组织比较少，说明江西省社会组织发展水平比较低。由此看出，江西省公益创投反映江西政府购买公共服务的协同化程度还比较低。

三 结语

国家治理现代化是国家治理的目标，需要靠完善的国家治理体系和超强的国家治理能力来实现。国家治理现代化体现在每个领域，也可以衡量每项改革取得的成效。但国家治理现代化是比较抽象的宏观目标，通过细化标准可以明确国家治理现代化的内涵。本文提出了国家治理现代化的六个标准：制度化、民主化、专业化、服务化、效益化和协同化。六个标准衡量政府购买公共服务，对于促进政府购买公共服务具有重要意义。中国政府购买公共服务离国家治理现代化还具有较大差距，政府从以上六个方面推进购买公共服务工作，目的是一个地区政府、市场和社会协同发展。研究对国家治理现代化视域下政府购买公共服务提出三点建议。

一是切实转变治理理念。政府购买公共服务并不是政府甩包袱，目的是以更高的效率和较少的成本为公众提供更高质量的公共服务。政府需要切实从此理念出发，根据转变职能要求，在省钱与效率、有效性与回应性、回应性与公共责任、平等与效率等常常相互冲突的标准之间权衡，将这些标准最大化，做好购买公共服务工作。根据委托—代理理论，政府是受公众委托提供公共服务，需采取有效监督和激励使公共服务生产者切实履行职责。因为公共服务生产者（企业和社会组织）与公共部门（特别是政府组织）在组织愿景上存在很大差异，特别是企业，它以赢利为目的和更多代表股东和员工利益。政府购买公共服务使得公共服务生产关系也变得更加复杂，政府、生产者和公众三者需要在最大限度上取得共识和行动一致。

二是着力进行制度建设。国务院制定《关于政府向社会力量购买服务的指导意见》之后，地方政府积极响应制定实施意见和政府购买公共服务目录。然而这些实施意见都是原则性的。政府所购买的公共服务种类繁多，服务对象不同决定购买方式也会存在很大差异。国家层面应对《政府采购法》进行适时修改。省级政府应督促政府购买公共服务目录具体服务所属部门制定具体的购买办法，加强统筹协调。对于实施意见出台之前已经进行的试点经验及时推广。国家治理现代化是一个动态过程，政府购买公共服务在中国作为一种新生事物，需要在实践中不断发现问题，完善制度。

三是构建协同治理格局。政府购买公共服务是一项系统工程，需要整体推进。西方政府购买公共服务是在社会组织已经很发达的基础上发展起来的。而中国社会组织整体上还处在初级阶段，发展水平参差不齐，它们承接公共服务专业化水平不够。政府需要有计划地培育社会组织和相关人才，政府可以调动企业和优势社会组织等社会力量来参与此项工作。例如，"慈善千人计划·老牛学院"项目由中国慈善联合会指导、中民慈善捐助信息中心和老牛基金会共同发起，目标是在五年内培养1000名慈善组织领军人物，最大限度地改善慈善行业的人才生态。当社会组织培育起来时，政府可以和社会组织形成合力，共同治理公共事务，形成协同治理格局。

社会质量理论：一个研究综述

韩克庆[*]

【摘　要】 本文以社会质量理论为中心，描述社会质量理论是如何为我们提供了一个社会科学研究的新视角，使理论界重新检视人类社会发展的未来图景的。文章认为：对于中国正在进行的福利改革来说，社会质量理论及其倡导的社会发展模式，提供了福利世界的另一个普世价值，使我们可以高屋建瓴地思考中国社会福利体制与社会发展的目标走向。

【关键词】 社会质量理论；要素与方法

一　社会质量的概念

社会质量理论是近年来在欧洲流行起来的一种新的社会理论。在社会质量理论的开创者沃尔夫冈·贝克（Wolfgang Beck）等人看来，社会质量指的是公民在那些能够提升他们的福利状况和个人潜能的条件下，能够参与其社区的社会和经济生活的程度。[①]

按照艾伦·沃克（Alan Walker）的说法，社会质量这一概念的起源可以追溯到20世纪90年代初。当时，召开了一系列会议，目的是为了分享欧洲委员会的两个观察机构（关于社会排斥和老年人）的工作

---

[*] 韩克庆，男，中国人民大学劳动人事学院社会保障系主任、副教授，主要研究方向为社会福利、社会保障、社会政策。

[①] Beck, W., Maesen, L., and Walker, A. (eds.), *The Social Quality of Europe*, The Hague, Netherlands: Kluwer Law International, 1997, pp. 267-268.

成果。会议达成的主要结论是，经济政策与社会政策的不平等关系，以及前者越来越狭隘地界定后者的内容和范围的愈益严重的倾向，是导致欧洲社会政策出现危机的主要原因。[1]

社会质量概念的提出，为欧洲社会模式的可能内涵提供了一种新的愿景，并力图通过使社会政策和经济政策服从于社会质量这一目标，彻底改变社会政策和经济政策之间的不平等关系。社会质量理论的出现，使欧洲福利改革和社会模式发生了新的转向。目前，欧洲社会模式面临威胁，是欧洲社会政策的主要挑战。它绝不是有关社会保护体制设计的技术问题，而是福利，归根结底说就是对数以百万人计的社会生活：拥有哪一种社会—经济安全、水平如何？何种形式的公民权？融入还是排斥？欧洲社会模式毫无疑问需要全方位的改革，但是，正是现在的改革取向，带来了这样的问题：最低标准还是社会质量？

欧洲福利国家模式是目前中国福利改革的一个重要参照。社会质量理论的出现，以及相应的欧洲社会模式的转向，无疑会影响正在进行中的中国社会福利体制建设。

二 社会质量的构成要素

从性质上说，社会质量涉及三类影响因素，即建构性因素、条件因素和规范性因素（见表1）。社会系统是由人们的行动所建构的，而社会质量则是这些行动的结果。因此，在对社会质量进行分析时，我们就要对个人能力、社会认知、社会反应等这些建构性因素展开分析。同时，由于人的社会建构活动势必以一定的社会规范为导向，而个人的活动也是以其对其集体身份的认同为基础的，因而规范性因素（包括社会团结和社会信任等因素）就成为需要考察的第二类因素。这些规范性因素具有很强的意识形态意义，因而无论在个体层面还是在社会层面

---

[1] Walker, A., "Social Policy in the 21st Century: Minimum Standards or Social Quality?", In *The 1st International Symposium and Lectures on Social Policy*, Tianjin: Nankai University, 2005, pp. 11, 15.

(作为意识形态），我们都不能忽视规范性因素对于社会质量的影响。[1]

第三类影响因素是条件性因素，也是社会质量构成的核心。它包含了"社会—经济安全"、"社会凝聚"、"社会融入"和"赋权"等四个构成要素（见表2）。

表1　　　　　　　　　社会质量的影响因素

条件性因素社会行动主体维度	建设性因素人力资源维度	规范性因素道德/意识形态维度
社会—经济安全	个人（人的）保障	社会（公正）平等
社会凝聚	社会认知	团结
社会融入	社会反应	平等价值
赋权	个人能力	人的尊严

资料来源：Lin, K. and van der Maesen, L. J. G., "A Background Paper on Behalf of the International Nanjing Conference on Social Quality and Social Welfare", in *The Conference Proceeding of the International of Social Quality and Social Welfare*, Nanjing: Social Policy Research Center of Nanjing University, 2008, p. 15。

表2　　　　　　　　社会质量的构成要素与主题事件

构成要素	主题事件	理论上的影响
社会—经济安全	社会风险 生活机会	社会不平等 福利多元主义 活力国家/第三部门
社会凝聚	个人关系的强化或弱化	社会凝聚/社会分解 分化/整合
社会融入	公民身份	融入/排斥 分化/整合

---

[1]　林卡：《社会质量理论：研究和谐社会建设的新视角》，《中国人民大学学报》2010年第2期。

续表

构成要素	主题事件	理论上的影响
赋权	人的选择范围的增加	社会资本 网络理论 市民社会

资料来源：Beck, W., Maesen, L., Thomése, F., and Walker, A. (ed.), *Social Quality: A Vision for Europe*, The Hague, Netherlands: Kluwer Law International, 2001, p. 343。

对于"社会—经济安全"这一构成要素来说，其主题事件有两个方面：第一个方面涉及保障公民基本生存安全（收入、社会保护和健康）、日常生活的基本安全（食品安全、环境问题、安全工作）以及涉及国内的自由、安全和正义领域的所有福利供应，其焦点是处理人们的社会危机。第二个方面涉及人们的日常机会，它的任务是扩大涉及不同理论方案的选择领域。[①] 具体来说，它包括那些人们赖以生存的基本社会—经济安全条件及其相关制度，包括收入保障、工作机会、居住条件和住房以及教育、卫生、社会网络、可支配时间等。对于这些因素的考察，人们以往常采用GDP、人均收入和联合国人文发展指数来揭示社会经济发展水平，而社会质量研究则结合各种社会安全项目的相关指标来进行考察，揭示人们在社会安全方面的情况。

第二个构成要素是"社会凝聚"。社会凝聚这一概念在科学上和政治上有很长的历史，现在它已经与其他概念及其内涵一起连接成了一个很宽泛的范围，如融入、排斥、整合、瓦解和社会解组等。朋友、家庭、邻居和当地社区是社会关系最重要的表现形式。但是，社会凝聚不仅仅体现在地方自治和微观的水平上。[②] 社会凝聚程度反映了一个社会的规范基础。由此，在这一构成要素中，社会信任就成为考察的核心问题。这也促使人们在社会质量的国别研究中去考察各社会中人们所具有

[①] Beck, W., Maesen, L., Thomése, F., and Walker, A. (ed.), *Social Quality: A Vision for Europe*, The Hague, Netherlands: Kluwer Law International, 2001, pp. 334, 336 –339.

[②] 林卡：《社会质量理论：研究和谐社会建设的新视角》，《中国人民大学学报》2010年第2期。

的社会信任类型、程度以及人际信任与制度性信任之间的联系。①

第三个构成要素是"社会融入",它与排斥密切相关。在社会质量中,融入的主题事件是公民身份。公民身份是指公民在经济、政治、社会和文化系统及制度中参与的可能性。参与公共事务有三个维度:第一,连接和保卫确定利益的可能性(物质方面);第二,保证公民的私人自治和公共自治能够得到保障(程序方面);第三,自愿参加(个人方面)。具体来说,社会融入从社会结构和社会整合方面来考察社会质量。社会融入具有多层面,包括在人际关系、社区和邻里关系,以及社会组织和国家等层面。提高社会融入程度能够强化已有的社会结构,促进个体的社会化进程并促进社会赋权。② 社会融入能把人们整合到社会体系中,使他们有机会参与到日常生活相关的各种社会关系中去。这也使我们有可能通过考察各社会中社会融入(或整合)状况,来反映这些社会的社会排斥状况。③

社会质量的第四个构成要素是"赋权"。社会质量概念本质上是一个行动导向的概念。因此,赋权这一构成要素具有特殊意义。它有一个吸引人的地方——为诸如"投资于人民"一类的流行口号做证明。因此,赋权看起来容易工具化并被应用于很多政策领域。赋权的主题事件也许可以被定义为提高人们选择的范围以及通过自上而下的方法提升其早期的基本需求。这一概念关注的是人们的能力,人们的社会关系是最有价值的资源。④ 这样,赋权就是一个如何使人们在社会关系中个人能力的增强和发展的问题。而社会赋权则指通过社会关系的增进来提高人们社会行动能力的提高。⑤ 为此,社会质量指标体系包含了考察民

---

① Herrmann, P., "Social Quality-opening IndividualWell-being for a Social Perspective", *Alternative*, No. 4, 2005.

② Walker, A. and Wigfield, A., *The Social Inclusioncomponent of Social Quality*, Amsterdam: EFSQ, 2003, pp. 1-31.

③ Beck, W., Maesen, L., Thomése, F., and Walker, A. (ed.), *Social Quality: A Vision for Europe*, The Hague, Netherlands: Kluwer Law International, 2001, p. 340.

④ Ward, P. (et al.), "Operationalzing the Theory of Social Quality: Theoretical and Experiential Reflections fromthe Development and Implementation of a Pubic Health Programme in the UK", *The European Journal of Social Quality*, Vol. 6, No. 2, 2006.

⑤ Steffens, P., and de Neubourg, C. R. J., "European Network on Indicators of Social Quality: Summary of the Dutch National Report", *The European Journal of Social Quality*, No. 1&2, 2005.

众获得政治资讯的容易程度、对于信息准入性以及他们所具有的参政议政的权利等方面的指标,同时也通过考察人们参与社会事务的能力、意愿和积极性,来反映该社会质量高低。另外,由于社会参与能够提升人们的社会权利和认知权利,社会质量理论也强调建设公民社会的重要性和发展非政府组织的必要性,并把它看作社会赋权的基本途径。①

由此,社会质量理论建构了个人和社会的四维表格。在图1中,个体发展和社会发展构成了一条轴线的两极,而行动主体(社区、家庭或群体)与作为主体活动的环境和条件因素(系统、制度和组织)则构成了另一条轴线的两极。这两条轴线构成了一个坐标系。在坐标的四个象限中,如果着眼于系统、制度和组织等社会环境因素,社会质量可以通过该社会为人们生活所提供的社会—经济安全的水平和程度反映出来。但如果着眼于个体,该社会的社会质量也可以通过该社会为个人提供的进入社会系统的机会、开放度以及个人融入主流社会的可能性来反映。由此,这些因素相互之间所发生的"横向的"和"纵向的"联系,就形成了上述的考察社会质量的四个构成要素。②

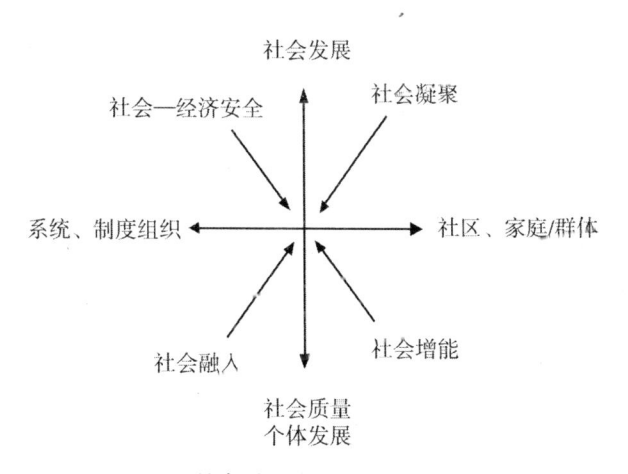

图1 社会质量的构成要素及其关系

资料来源:欧洲社会质量基金会主页(http://www.so—cialquality.nl,2009)。

---

① 林卡:《社会质量理论:研究和谐社会建设的新视角》,《中国人民大学学报》2010年第2期。
② 同上。

三　社会质量的研究方法

开展社会质量研究，其着眼点不是主要放在经济增长和 GDP 等指标上，而是放在对于上述四个构成要素的综合分析中。同时，对于这些构成要素，社会质量理论并不针对每一类因素展开专项研究，而在于揭示这些要素之间的相互联系，根据这些维度的相互联系的阐发来整体上说明整体社会的状况。根据这些联系，社会质量研究将涉及许多社会政策的议题和话题领域（见图 2）。

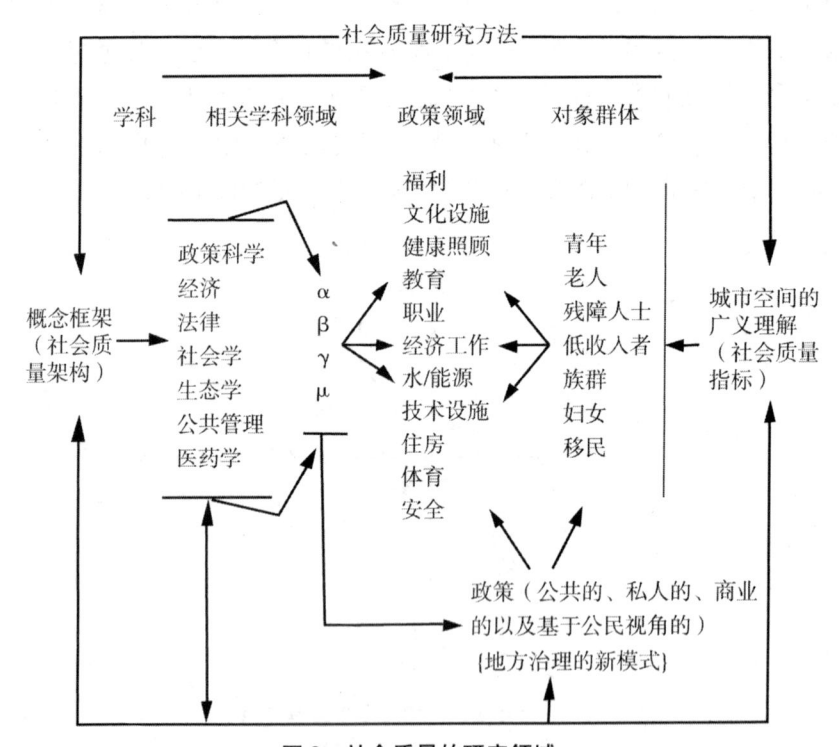

图 2　社会质量的研究领域

资料来源：Lin, K. and van der Maesen, L. J. G., "A Background Paper on Behalf of the International Nanjing Conference on Social Quality and Social Welfare", in *The Conference Proceeding of the International of Social Quality and Social Welfare*, Nanjing: Social Policy Research Center of Nanjing University, 2008, p. 13。

就研究方法而言，社会质量理论要求我们考察一系列与社会经济条件相关的物质指标，包括：社会保障体系的覆盖率、社会保障体系项目的类型、收入状况、就业状况、住房津贴、公共医疗服务的提供。这些指标也涉及环境、教育因素和就业状况（如有关居住条件和教育状况方面的指标），以便反映人们的社会经济保障条件方面所享有的公共津贴和服务的数量、质量。在就业方面，这些指标还涉及就业率、工伤比率和就业形态（固定就业或部分就业）。如表3所示。通过这些指标的使用和比较，可以在社会体系的层面反映社会—经济安全和物质生活的基本状况。当然，如果仅仅把社会指标进行简单罗列，本身并不能有效地描述一个社会的社会质量状况。这就要求在进行数据分析的基础上，展开对于这些资料社会背景的分析，从而在社会质量架构与指标之间建构起具有内在逻辑的解说。

此外，对于社会质量的测量，也可以通过社会规范的角度去描述。社会质量理论将社会凝聚作为中心议题，并在社会价值层面上展开对于社会质量的研究。由此，有关人际信任和机构间的信任的调查就成为分析社会质量的核心（见表4）。在考察一个社会的社会质量时，就要检验人们所具有的社会信任程度、类型以及在人与人之间、人与机构之间、机构与机构之间所形成的信任关系。[①]

社会质量的测度不仅仅可以通过各种物质条件指标的测量来达成，也可以通过使用各项主观性指标来反映。与生活质量研究使用主观满意度来反映生活品质一样，社会质量研究也会采用一些主观指标来反映社会环境和人们的福利状态。事实上，在比较分析中，人们对于各个社会的社会质量的评估具有很强的主观性，也受到其所具有的文化价值和社会主流思潮的影响。例如，印度、泰国等经济发展程度较低的发展中国家，并不认为其社会质量要低于诸如美国等经济发达国家。即使对于一国的发展过程的评估中，也很难断言苏联、东欧社会的社会质量在市场化改革之后一定高于改革之前。因此，我们对于各项社会物质生活条件的指标要进行综合分析，才能更为全面地反映出该社会所具有的基本物质生活条件和状况。

---

① 林卡、高红：《社会质量理论与和谐社会建设》，《社会科学》2010年第3期。

表3　　社会质量的调查问卷（社会融入部分）

1. 您认为各社会群体之间的差距有多大？

	（1）差距非常大	（2）大	（3）不太大	（4）不大	（5）说不清
穷人与富有之间	□	□	□	□	□
老板与员工之间	□	□	□	□	□
男人与女人之间	□	□	□	□	□
老人与年轻人之间	□	□	□	□	□
不同种族群体之间	□	□	□	□	□
不同宗教信仰群体之间	□	□	□	□	□

2. 在这一年中，您是否遇到因为以下原因而受到歧视的事件？

	（1）有	（2）没有	（3）难以回答
社会地位（例如失业或民工）	□	□	□
身体残缺	□	□	□
年龄歧视	□	□	□
性骚扰	□	□	□
性别歧视	□	□	□
外国人	□	□	□
外表难看	□	□	□
外地人	□	□	□
低学历	□	□	□
健康原因	□	□	□
有过犯罪记录	□	□	□
信仰原因	□	□	□
其他：_____	□	□	□

续表

3. 您能接受下列人员做您的邻居吗？

	（1）不希望	（2）无所谓	（3）难以回答
吸毒者	□	□	□
不同种族人士	□	□	□
艾滋病患者	□	□	□
外地劳工	□	□	□
同性恋者	□	□	□
不同信仰人士	□	□	□
酗酒者	□	□	□
同居男女	□	□	□
说外国语言人士	□	□	□
有犯罪记录者	□	□	□

4. 关于外来移民，您是否同意以下判断：

	（1）非常同意	（2）同意	（3）中立	（4）不太同意	（5）完全不同意	（6）不能选择
有能力的外来移民也可以通过选举成为政治领导人	□	□	□	□	□	□
来自外来移民家庭的学生，要能够有在当地参加大学入学考试的权利	□	□	□	□	□	□
外来移民如果有能力，应该有机会与本地人一样成为企业主管	□	□	□	□	□	□

续表

5. 关于性别观念，您是否同意以下观点：

	（1）非常同意	（2）同意	（3）中立	（4）不太同意	（5）完全不同意	（6）不能选择
一般来说，男性比女性更能成为好的政治领袖	□	□	□	□	□	□
大学教育对男生的重要性大过女生	□	□	□	□	□	□
整体而言，男性比女性做更能管理好生意	□	□	□	□	□	□

6. 如果您在生活中遇到麻烦（如被解雇、性骚扰，或身体残障）而需要社会帮助时，您能从政府机构或非政府机构获得多少帮助（如免费的咨询和辅导）？
□非常多　□多　□有一些　□不多　□非常少　□难以回答

资料来源：浙江大学社会质量研究课题组内部资料，2009年7月。

表4　衡量社会质量的基本指标（以社会凝聚维度的指标为例）

领域	子领域	具体指标
信任	一般的信任	对于"大多数人之可信"的这一判断的认同程度
	特殊的信任	对于政府、议员、政党、军队、司法体系、大众传媒、工会、警察、宗教机构、公务员、供销员的信任
		家庭、闲暇、政治活动、对于父母的尊重、对于儿童的照顾这些规范的重要性

续表

领域	子领域	具体指标
其他增进社会凝聚的价值规范	利他主义	自愿主义的活动：每周小时数
		献血行为
	宽容	对于移民、多元化、文化差异的认同
		对于他人的自我认同、行为和生活方式的宽容
	社会连带	认为贫困的原因在于个人或者社会结构
		如果你认为贫困群体的生活状况，你是否愿意付更多的税
		你是否愿意多付1/100的税给老年人
		是否愿意为邻里多做一些事
		男女之间的家务活动责任划分
社会网络	社会网络	作为政治的、自愿组织的、慈善组织的或俱乐部的成员
		是否得到来自于家庭成员、邻里的帮助
		与朋友、同事交往的频率
身份认同	国家或者区域、地方的认同感	作为一个公民的骄傲感
		国家或者区域、地方的认同感
	人际关系的认同	作为家庭、亲属网络的归宿感

资料来源：Walker, A. (et al.), "Indicators of Social Quality: Outcomes of the European Scientific Network", *The European Journal of Social Quality*, Vol. 5, No. 1&2, 2003.

四 社会质量研究的中国语境

中国与其他东亚国家一样，近代以来，主动或者被动地经历了欧洲文明的洗礼。不论从辛亥革命以后的新文化运动，还是到改革开放以来的市场化改革，无不渗透着西方社会的价值理念与本土传统相结合的印痕。

有趣的是，中国学者提出"社会质量"这一概念并进行系统研究也是在20世纪90年代左右，遗憾的是这种探讨并没有在学界持续下去。在王沪宁看来，所谓社会质量（quality of society），指的是社会非政治有序化程度，即在没有政治控制和协调下它们的自组织达到何种程度。① 在吴忠民看来，所谓社会质量，是指社会机体在运转、发展过程中满足其自身特定的内在规定要求和需求的一切特性的总和。② 比较两位研究者的社会质量概念可以发现，他们所谓的社会质量与当今欧洲研究者所谓的社会质量既有关联性，又有所不同。而且，两位中国研究者也并非在同一语境下使用社会质量这一概念。

尽管两位作者的学科背景不同，对概念的界定也有所不同，但是，进一步挖掘两位中国作者的观点就会发现，他们都用强烈的中国关怀，以推进中国现代化进程中的社会转型和政治秩序重构为理论关注点来讨论社会质量问题的，并且都原则性地提出了社会质量的测量指标。在进一步的讨论中，吴忠民提出了社会质量的六个基本特征：本体性、效能性、调适性、畅通性、协调性、稳定可靠性。并且，按照社会机体在运转、发展过程中对于自身内在规定要求的满足程度来划分，可以将社会质量归于三类基本类型：高质量社会、一般质量社会和低质量社会。③ 王沪宁在把现代社会分为政治的有序化社会和非政治的有序化社会两大类的基础上，又分为四大基本类型：政治的有序化低的社会、政治的有序化高的社会、非政治的有序化低的社会、非政治的有序化高的社会。他认为，中国社会历来是第二种类型。并且认为，一个社会能否实现政治秩序的再组合，关键在于其社会质量有否发生变化。④

在吴忠民看来，社会质量的研究内容可以分为两类：一类是有关社会质量问题的理论研究，主要是侧重这样一些内容的研究：社会质量的基本特征、基本品质问题；社会质量的分类；影响社会质量的各种因素、变量；等等。另一类是有关社会质量问题的应用研究，这主要是指：关于社会质量的测量方法及指标体系（包含客观指标体系和主观指

---

① 王沪宁：《中国：社会质量与新政治秩序》，《社会科学》1989年第6期。
② 吴忠民：《论社会质量》，《社会学研究》1990年第4期。
③ 同上。
④ 王沪宁：《中国：社会质量与新政治秩序》，《社会科学》1989年第6期。

标体系)、对于社会质量理想模型的设计及其具体的技术性方法、对于社会质量进行国别性的研究、优化社会质量的具体措施,等等。同时,不规则的经济波动、社会结构的变异、无节制的人口膨胀、操作及控制过程的失误、环境的负方向变动、异常性的变故等因素都有可能带来社会质量的变异。[①] 对于社会质量指标体系的构建,王沪宁将测量社会质量的指标分为两大类:一类为物质性的指标;另一类为价值性的指标。物质性的指标主要有:历史发展的道路;经济发展的水平;人口;沟通,包括交通和通信;教育;文化。价值性的指标主要有:整合、自主、自律、稳定、适应、开放。物质性指标和价值性指标综合运动,作用于社会质量。[②]

近年来,林卡成为社会质量理论的引介和研究的主要推动者。他认为,研究社会质量理论有助于展开社会政策发展的比较研究,进而探索"中国模式"的特点。社会质量理论倡导社会和谐,反对美国式的私有化导向,追求"欧洲社会模式"的价值目标。社会质量理论倡导社会团结和社会和谐,并为此设立了特定的分析框架。这一理论以"社会团结"为核心概念,延续了以孔德和迪尔凯姆为首的以"社会"为导向的社会学思想传统,强调人们在团体中、社区中和社会中的相互依存关系。因此,作为理论特色,这一理论以"社会性"为立论的逻辑起点,以社会整合(包括社会体系、社会利益、阶级阶层的"整合")为原则,强调以大众参与的方式来增进社会整体的福利状况。基于这一价值基础,社会质量研究把社会团结、社会包容和社会赋权这些理念有机地联系起来,并为研究社会和谐问题奠定了社会哲学的基础。[③]

五 结语

社会质量理论为我们提供了一个社会科学研究的新视角,使理论界

[①] 吴忠民:《论社会质量》,《社会学研究》1990年第4期。
[②] 王沪宁:《中国:社会质量与新政治秩序》,《社会科学》1989年第6期。
[③] 林卡:《社会质量理论:研究和谐社会建设的新视角》,《中国人民大学学报》2010年第2期。

重新检视人类社会发展的未来图景。对于中国正在进行的福利改革来说，社会质量理论及其倡导的社会发展模式，提供了福利世界的另一个普世价值，使我们可以高屋建瓴地思考中国社会福利体制与社会发展的目标走向。

同时，应当看到，社会质量理论本身的一些不足之处。例如，社会质量中的"社会"一词，是否包含了整体社会系统中的经济、政治、市民社会甚至文化子系统？社会质量标准及其指标体系依然是模糊的，可操作性程度仍然有待提高，等等。可以预见的是，社会质量理论既对中国现有的福利改革提供了更多的选择和参照，也为进行国别和地区间比较研究提供了新的理论支撑与分析工具。

论执政党执政的基本原则和影响因素[*]

涂家辉[**]

【摘　要】 政党本质是特定阶级利益的集中代表者，而执政党就是执政掌权的政党。由于执政的语境不同、政党性质不同，执政党的执政有广义和狭义之分。执政党执政要遵循合法性，利益表达与整合，法治化、权力制约和民主执政等原则。执政党的执政行为受政党性质、政党获取执政地位的途径、政党文化、执政环境和政党体制等主要因素的影响。

【关键词】 执政党；政党执政；基本原则；影响因素

政党是现代生活的核心，是现代政治体系的基本构成要素，是现代政治活动的重要主体。政党制度是一个国家政治制度的重要组成部分。现代政治从某种意义上说，就是政党政治。在西方国家，政党制度同议会制度、选举制度一起构成了代议民主制的三大支柱；在社会主义国家里，政党制度是整个政治制度的核心部分。可以说，如果不了解政党及政党政治，就难以理解当代政治制度的实质。马克思主义经典作家，站在历史唯物主义立场上，把政党与阶级利益结合起来，运用阶级分析的方法，科学地揭示了政党的本质，从而使政党这种阶级利益的代表者与其他政治组织区别开来。在《共产党宣言》中，马克思和恩格斯精辟地指出："共产党人是各国工人政党中最坚决的、始终起推动作用的部

---

[*] 本文为2010年度国家社科基金重大招标项目"十七大以来科学发展观的新发展研究"的阶段性研究成果。

[**] 涂家辉，男，江西师范大学政法学院副教授，主要研究方向为法政治学、政治沟通。

分。"① 这里，马克思和恩格斯不仅指出了共产党的特性，而且指出了政党的一般特征。恩格斯1891年在为马克思的《法兰西内战》作导言时，不但分析了资产阶级国家的本质，而且揭示了资本主义国家政党制度的实质。他指出："正是在美国，同在任何其他国家中相比，'政治家们'都构成国民中一个更为特殊的更加富有权势的部分。在这个国家里，轮流执政的两大政党中的每一个政党，又是由这样一些人操纵的，这些人把政治变成一种生意，拿联邦国会和各州议会的议席来投机牟利，或是以替本党鼓动为生，在本党胜利后取得职位作为报酬。"② 后来，列宁就政党的本质进一步指出："在通常情况下，在多数场合，至少在现代的文明国家内，阶级是由政党来领导的。""党是阶级的先进觉悟阶层，是阶级的先锋队。"③ "各阶级政治斗争的最严整、最完全和最明显的表现就是各政党的斗争。"④ 毛泽东也指出："政党就是一种社会，是一种政治的社会。政治社会的第一类就是党派。党是阶级的组织。"⑤ 可见，马克思主义认为，政党本质上是特定阶级利益的集中代表者，是特定阶级政治力量中的领导力量，是由各阶级的政治中坚分子，为了夺取或巩固国家政治权力而组成的政治组织。

一 执政党的概念和基本特征

何谓"执政党"（ruling party）？从字面意思来看，执政党就是执掌政权的政党，即通过制度性选举或暴力革命而执掌一国政权的政党。《中国大百科全书》（政治学卷）对执政党的解释是，代表统治阶级掌握或领导国家政权、负责组织政府的政党。在各国政党执政的实践中，执政党可能是一个政党，也可能是多个政党组成的联盟。在资本主义国家的执政党又称在朝党，与没有掌权的反对党（又称在野党）相对。

---

① 《马克思恩格斯选集》第1卷，人民出版社1995年版，第285页。
② 《马克思恩格斯选集》第3卷，人民出版社1995年版，第12页。
③ 《列宁全集》第24卷，人民出版社1987年版，第38页。
④ 《列宁全集》第12卷，人民出版社1987年版，第127页。
⑤ 《毛泽东选集》第5卷，人民出版社1977年版，第335页。

在正确理解何谓执政党时，首先要理解其核心的概念是"执政"。当下国内学术界对"执政"的界定往往见仁见智，莫衷一是。① 笔者认为，要理解"执政"的含义，不能脱离各国政党执政的现实语境。

在对何谓"执政"的理解上，中西方存在着明显的分歧，于是执政就有了狭义和广义之分。现今西方国家的执政，多指狭义的执政，即执掌行政权。西方国家的政党通过竞选而上台后，其获得的往往是行政的权力，而司法权则普遍遵循司法独立的原则，通常不被执政党直接掌控。在实行议会内阁制的资本主义国家，执政党是指在议会竞选中获得多数议席，从而负责组织内阁的政党，这以英国为典型代表。在实行议会制的国家中，执政党又称多数党。由于执政党在议会中居多数，这使得执政党获得了很大的立法权。在实行总统制的资本主义国家中，执政党是指在总统竞选中取得总统职位的政党，这以美国为典型代表。众所周知，美国是一个实行三权分立的国家，立法权、行政权和司法权互不隶属，分别由三个彼此独立的部门——国会、总统和法院分别行使。在美国，总统和议会掌控在不同的政党手中的情况，并不鲜见。在实行多党制的资本主义国家，内阁如果由几个政党联合组成，那么这几个政党就都是执政党，这种情况以意大利为典型代表。

与现代西方政治语境中的执政概念不同。在中国，中国共产党的执政，不仅仅表现为中国共产党执掌国家的行政权，执掌全部的国家政权，还存在着对整个社会的领导问题。从这点来看，中国共产党的执政，是广义的执政，即"大执政"。② 中国现实语境中的共产党执政至少包含三层关系：第一层关系是党和人民的关系，这是个领导问题，即在党的领导下，人民当家做主。第二层关系是党和国家政权，即党代表

---

① 不同的学者从不同的角度，对何谓"执政"做出了不同的阐释。有的学者认为："执政就是由执政主体发出的，作用于执政客体并产生结果的权威性政治行为。"还有学者认为："所谓执政，简言之，就是政党以一部分人（或全体人民）的名义对公共权力实施占有和运用的行为。"还有学者认为："执政就是执政者为了维护和实现本阶级的阶级利益与阶级统治，通过掌握公共权力对国家政治生活进行领导和统治，以及对社会公共生活进行管理和引导的政治实践活动。"高中伟：《共产党执政的基本规律和具体规律》，《西南民族大学学报（人文社科版）》2008 年第 3 期。

② 陈红太：《党的"执政"概念和党的"历史方位"的主题》，《浙江学刊》2005 年第 1 期。

人民统一行使国家权力，执掌国家政权，中国共产党是唯一的执政党。第三层关系是党与政府的关系，即党领导政府，党负责向政府推荐干部，而实现对政府的全面领导。在中国，把共产党的执政仅仅局限于党同政府的关系或党同国家政权的关系，并不符合中国现实语境中"执政"的基本含义。

与此相关，中国现实语境中"大执政"的概念，不仅仅体现在中国共产党执政的具体活动中，还体现在中国共产党的文件中。中共十六届四中全会通过的《关于加强党的执政能力建设的决定》指出："党的执政能力，就是党提出和运用正确的理论、路线、方针政策和策略，领导制定和实施宪法和法律，采取科学的领导制度和领导方式，动员和组织人民依法管理国家和社会事务、经济和文化事业，有效治党治国治军，建设社会主义现代化国家的本领。"中国共产党十七大的报告中指出："要坚持党总揽全局、协调各方的领导核心作用，提高党科学执政、民主执政、依法执政水平，保证党领导人民有效治理国家。"党的十八大报告则进一步指出："要坚持立党为公、执政为民，加强和改善党的领导，坚持党总揽全局、协调各方的领导核心作用，保持党的先进性和纯洁性，增强党的创造力、凝聚力、战斗力，提高党科学执政、民主执政、依法执政水平。"这里所指的"执政"，同样也是"大执政"的概念。

从执政党的界定看，执政党具有以下基本特点：

第一，执政目标的全民性。居于执政地位的政党不能仅仅代表特定阶层的利益，仅仅以实现本阶级的特定目标为宗旨，至少在形式上，还要代表全民利益并以实现全民利益为执政目标。

第二，群众基础的开放性。执政党必须以开放的姿态，将各阶层的优秀分子纳入自己的体制内，避免让这些人成为体制外与自己对抗的力量，最终影响自己的执政地位。

第三，意识形态的兼容性和发展性。意识形态上的兼容性和发展性不仅是执政党适应变化了的社会结构和社会环境的现实性需求，也是马克思主义的本质特征。

第四，政治心理的正统性。靠革命上台的执政党，需要改造其政治心理，形成法统的政治心理。

第五，组织建设的制度化。对于执政党而言，制度化是政党组织自身及政党的组织程序获得价值和稳定的过程。

第六，执政方式的法治化。政党组织和程序制度化最重要的方面就是法治化，只有实现了法治，执政党才真正获得了价值认同。①

执政党的以上基本特征相互联系，相互贯通，相互影响，构成了执政党区别于非执政党，某一执政党区别于他国执政党的主要内容。

在当今世界，执政一般都是通过政党来进行的，政党执政也因此成为当代世界政治统治与政治管理最普遍的形式。由此有学者认为，所谓政党执政，就是指政党以一部分人或全体人民的名义对公共权力实施占有和运用的行为。②体现为执政党对国家和社会公共权力控制的政党政治，是政党从事政治活动的最高形式。政党政治是现代民主社会的常态政治，政党活动几乎是现代国家政治运行的全部内容，各个政党通过影响政府的人事和公共政策的制定与实施，成为政治参与的最重要的组织者和参与者。在现代政治活动中普遍有"无政党则无代议制"之说。③

二 执政党执政的基本原则

政党执掌国家政权的活动是有一定规律可循的。在各国政党执政的过程中，人们逐步探索并归纳出政党执政的一些基本原则，这些基本原则包括：

（一）合法性原则

政党执政的合法性主要体现在两个方面，即执政形式上的合法性和执政实质上的合法性。用英国学者比瑟姆的话讲，就是要"符合既定的规则；规则本身经受得起以共有的信仰为参照而进行的检验；以及下

---

① 杨光斌：《如何理解执政党的基本特征》，《学习月刊》2008年第1期。
② 肖纯柏：《政党执政规律与执政党建设》，《中国井冈山干部学院学报》2008年第1期。
③ 杨森：《香港社会改革》，香港广角镜出版社1992年版，第512页。

属——尤其是其中最重要的成员——对特定的权力关系明白表示同意"①。执政形式上的合法性，即执政活动必须遵循法律规范，符合法律要求，特别是在程序上符合法律种种规定。政党执政实质上的合法，即政党的执政理念、执政体制、执政机制、执政行为和执政绩效等必须得到最大多数人的认同、支持和参与，能以最低的执政资源消耗，取得最大的执政效益。在当代政治生活中，不管是通过革命而上台还是通过选举而上台的政党，都面临着在其执政中能否不断增添其合法性要素的问题，而执政的合法性也直接关系到其执政地位的巩固与否以及其执政时间的长短。因此，执政合法性原则，是政党执政活动中必须遵循的首要原则。

（二）利益表达与整合原则

马克思指出："人们奋斗所争取的一切，都同他们的利益有关。"② 恩格斯也指出："每一个社会的经济关系首先是作为利益表现出来。"③ 现实的政治生活中，政党往往是不同利益群体表达、实现并维护其利益的重要手段和工具，这使得利益表达与整合成为政党的基本功能。利益表达实质是利益诉求或愿望的表明和传递，而利益整合是指将社会成员的利益诉求归纳综合，化解利益矛盾与冲突，形成统一意志的过程。利益整合是利益表达的前提和基础，而利益表达是利益整合的手段和延伸。政党执政的实质，在一定程度上可以说是对包括经济、政治、文化、社会等各种利益在内的权威分配，是对社会价值在不同个人和不同阶层、不同群体中的配置活动。自20世纪以来，政党在其执政中对利益性原则的追寻和配置，已越来越鲜明和突出，并且日益上升为政党执政的一条重要的基本原则。

（三）法治化原则

政党执政的法治化原则，是指政党在其执政的所有活动中必须严格

---

① 转引自俞可平主编《治理与善治》，社会科学文献出版社2000年版，第38页。
② 《马克思恩格斯全集》第1卷，人民出版社1956年版，第82页。
③ 《马克思恩格斯全集》第18卷，人民出版社1965年版，第307页。

依照宪法和法律的规定执掌公共权力、运作公共权力、规范执政行为、处理党法党政关系和党与社会关系的规则和方法。法治化原则要求执政党必须严格按照宪法和法律的规定进行活动，不得超越宪法和法律。德国学者 N. 鲁曼（N. Luhmann）认为，在西方，在旧的身份共同体关系解体与资本主义新秩序的确立这一历史过程中，有两项制度起到了神奇的作用。一个是社会或司法领域里的契约，另一个是国家或公法领域里的程序。① 因此，政党执政的法治化原则不仅表现在政党执政的内容要合法，符合宪法和法律的有关规定，还表现在其执政的程序也合法，符合相关宪法和法律的规定。政党执政的法治化原则是各国政党在长期的执政实践中，通过总结正反两方面执政经验而得出的一条重要原则。

（四）权力制约原则

权力制约原则是指国家权力的各部分之间相互监督、彼此牵制，以保障公民权利的原则。古希腊思想家亚里士多德从人性恶的角度，最早阐述了权力制约的必要性。"常人既不能完全消除兽欲，虽最好的人们（贤良）也未免有热情，这就往往在执政的时候引起偏向。"② 为了有效消除执政者的兽欲，防止政治偏向，亚里士多德提出了选举、限任、监督和法治等一系列的权力制约方法。现实政治生活中，在不受约束的情况下，公共权力的掌握者可能滥用权力，转变为践踏社会公平的特权群体，也可能利用职权介入经济过程谋取市场利润，还可能玩忽职守侵害公共利益。法国思想家孟德斯鸠曾指出："一切有权力的人都容易滥用权力，这是万古不易的一条经验。有权力的人们使用权力一直到遇有界限的地方才休止。"③ 权力制约原则是政党执政中防止公共权力被滥用的重要原则。

（五）民主执政原则

民主是现代政治的基本价值取向，而民主化是现代政党执政的重要目标。现代政党执政，应该符合人类政治发展的民主化趋势，不仅对国

---

① 转引自季卫东《法治秩序的建构》，中国政法大学出版社1999年版，第39页。
② ［古希腊］亚里士多德：《政治学》，吴寿彭译，商务印书馆1983年版，第169页。
③ ［法］孟德斯鸠：《论法的精神》，商务印书馆1961年版，第156页。

家政权进行民主管理和民主监督,也要对本党内的事务进行民主管理和民主监督。对于那些依靠革命手段而走上执政舞台的执政党而言,要完成自己的执政方式的转变,有赖于建成与民主执政相适应的保障制度。在一党执政的政治制度中,执政党务必解决两大问题,即如何通过适当的组织方式与人民保持紧密联系,使自己的决策符合人民的意愿和期待;以及如何让人民有效地监督自己,确保自己不被权力所腐蚀,执好政,掌好权。要解决这两大问题,执政党需要与民选机构联合,把监督政府的权力交给由民选产生的民意机构,并保证民众有序地参与政治,参与社会管理,行使自己当家做主的各种权利。

三 影响执政党执政行为的基本要素

政党是各国政治生态中的重要组成部分,政党的执政不是孤立的行为,会受到许多因素的影响。这些因素从大的方面说,包括经济因素、政治因素、文化因素和社会因素;从小的方面来看,主要是政治因素,包括政党性质、执政基础、选举制度和国家政体等。本文将主要从政治因素方面,来阐释影响现代政党执政的基本要素。

(一) 政党性质

马克思主义认为,阶级性是政党的本质属性,政党的性质由它所代表的那个阶级的性质所决定。任何政党都是代表一定的阶级、阶层或集团的利益并为其而斗争的。马克思主义还认为,政党的阶级利益基础是区分不同性质政党的基本标准。区分政党的阶级标准,具体体现在三个方面:第一,政党的指导思想体现着哪个阶级的意志和利益;第二,政党的纲领、方针、政策体现着哪个阶级的要求;第三,政党的实际活动为实现哪个阶级根本利益。在剥削阶级占统治地位的国家里,统治阶级政党的一切活动,都是为了维护和巩固统治阶级的地位,保证统治阶级的各种利益得以实现,而被统治阶级政党的一切活动都是为了反对和推翻统治阶级的政治统治,力争实现本阶级的执政掌权。现实的政治生活中,执政后的政党与其所代表的阶级之间的关系,比一般意义上的政党与其所代表的阶级之间的关系，更为复杂。执政党不但要处理好本党的阶级性和公共权力的社会性之间的关系，还必须对由社会发展引发的社会阶级构成的变化做出及时的反应①，不断扩大本党的执政资源，夯实本党的执政基础，巩固本党的执政地位。

（二）政党获取执政地位的途径

政党获得执政地位的途径，对执政党与民众、与公共权力、与其他政党的关系，都有至关重要的影响。在当今的政党执政中，政党要成为执政掌权的政党，主要有两种途径：一种是通过制度性选举。通过竞选成为执政的政党，其合法性来源于多数选民对其所投的支持票，选票在这里成为获取执掌政权的合法性象征，这就是通常所说的用选票说话，选民用多数选票对上台执政的执政党表示了同意；二是通过武装革命而成为执政的政党，旧统治者统治行为及其法律制度的不合法性和民众对革命党的认同与支持，形成了革命党上台执政的合法性。但政党执政仅仅依靠其权力来源上的合法性是不够的。随着政党执政活动深入，其权力来源上的合法性将随着时间的推移而被逐步消解，乃至于消失，这需要寻找新的合法性资源来继续维护其执政合法性。因此，不论是通过革命而上台或是通过选举而上台的政党，最终都需要不断加强其执政能力建设，增强其执政合法性，夯实其执政基础，巩固其执政地位。

（三）政党文化

政党自诞生之日起就打上了文化的标记，政党文化属于政治文化的亚文化系统。"意识形态把政党当作自己的物质武器，任何政党的产生和存在都有自己的意识形态前提，从逻辑上说，先有意识形态和意识形态认同才可能有政党。"② 按照马克思主义的观点，政党作为阶级的组织，其指导思想、其遵循的政治价值观具有十分鲜明的意识形态特色。由于受指导思想和价值观念的直接影响，政党的制度文化和行为文化无不打上意识形态的烙印。由于政党价值观是对政党本质属性及其基本功

---

① 王长江：《现代政党执政规律研究》，上海人民出版社2002年版，第59—60页。
② 王邦佐：《中国政党制度的社会生态分析》，上海人民出版社2000年版，第235页。

能的界定，因此，政党的执政行为首先要受到政党价值观的影响。政治心理作为政治文化的表层和表性部分，是人们对现实政治生活的多方面的一种自发的心理反映形式，由政治认识、政治情感、政治动机和政治态度等因素构成。各国的政治实践表明，政党成员的政治认识、政治情感和政治态度会直接影响政党的执政行为。公民在政治生活和政治社会化过程中，逐渐形成对于现实政治体系、政治活动、政治事件、政治人物的认识和理解，通过内心的体验和感受，产生相应的政治情感，并在此基础上产生一定的政治需求和政治目标，形成明确的政治动机，最终形成特定的政治态度。政党成员的政治态度同样会影响政党的执政行为。由上可见，政党文化是影响政党执政行为的重要因素。

（四）执政环境

环境对人或组织的影响是显而易见的。政党作为一个组织，会随着组织环境的变化而发生变化。作为一种特殊的组织，政党首先受到执政环境的容量、易变性和复杂性等三个关键要素的影响。在不同的国家，同一国家的不同发展阶段，由于执政环境不同，政党在执政方式和执政手段上，往往会有显著的不同。政党的执政环境，有时又和执政生态联系在一起。在影响政党执政行为的执政生态中，有两个重要因素：其一是政党所处的社会利益机构；其二是政党的执政基础。政党所处的社会利益结构是在特定的生产关系基础上形成的社会利益结构，政党所处的社会利益结构决定了该执政党的性质和地位。政党执政过程中，其执政基础取决于各种不同的阶级力量和政治力量的发展成熟程度，政党的执政基础直接影响该执政党执政的方式和效果。

（五）政党体制

政党体制也称为政党制度，是现代国家政治制度的重要组成部分。政党体制规定了参与政治的资格、形式、范围等，它对政党执政行为有着重大的影响。从政治运行机制的构成来说，影响和制约政党体制的制度首先有选举制度和监督制度等，特别是一国政体，它会直接影响该国的政党体制。这是因为，国家的政体不同，其规范下的政党在政治生活中的地位和作用，以及作用的方式和程序就会不同。在议会共和政体中，政党体制与议会制紧密相关，政党的主要活动场所在议会，其主要活动方式是竞争议席、控制议席，进而控制国家权力。在总统共和政体中，政党体制不仅与议会相关，而且与总统直接相关，政党不仅要争夺议席，而且要争夺总统职位。在法西斯独裁政体中，只允许一个政党存在和活动，从而形成法西斯一党制，政党成为专制的工具，对社会进行全面控制。

协同治理：大型体育场馆公益性与经营性的共济

郑 娟[*]

【摘 要】 采用文献资料法和逻辑分析法等分析我国大型体育场馆的属性及实现路径，旨在为体育治理提供咨询。分析认为：大型体育场馆具有公益性和经营性，建议从协同治理视角出发，构建政府主导、社会协作、市场运作的协同治理框架，涉及利益协同、主体协同、要素协同、流程协同与激励协同五大部分，相辅相成，共同推动大型体育场馆公益性与经营性的共济。

【关键词】 协同治理；大型体育场馆；公益性；经营性

近年来，伴随我国经济社会的快速发展，一系列体育赛事在各地举办，大众体育需求日益增长，在全国各地相继建成一批包括大型体育场馆在内的体育设施。大型体育场馆大多是应承办大型体育赛事而"生"、投资规模大、建设周期长、维修成本高、回收资金慢，社会资本无力或无意进入，政府成为理所应当的埋单者。截止到2011年，全国体育系统所属大型体育场馆达752个，大都由公共财政投入建设，本应回馈于民，然而，受管理体制和经营水平所限，场馆赛后运营绩效低下、服务水平不强、利用率低，无法有效满足公众异质化需求。本文以协同治理为基础，在大型体育场馆公益性与经营性之间谋求某种平衡，以期有效供给体育公共服务。

---

[*] 郑娟，女，讲师，在读博士，主要研究方向为公共经济与管理。

一 大型体育场馆的属性分析

大型体育场馆一般是指由各级政府和社会力量投资建设、向公众开放、规模较大［《体育建筑设计规范》（JGJ 31—2003）规模规定］的体育场、体育馆等体育建筑。从资产属性上看，包括公共体育场馆和私人体育场馆等。由于我国大型体育场馆长期以来都是由政府公共财政投资，民间资本进入较少，大多属公共体育场馆。

作为发展体育事业和体育产业的基础载体，对我国大型体育场馆的属性认识，学界具有一定争议。李明（2003）认为，公共体育场馆是一种"国有资产"，资产的经济性质是经营，资产经营的核心目标是效益（或利润）。公共体育场馆所提供的体育服务大多数属私人物品或准公共物品，应该走向市场，实现企业化经营。[①] 张岩（2004）对这一观点直接提出质疑，指出公共体育场馆的资产是非经营性国有资产，提供的物品大多数是公共物品和准公共物品。我国公共体育场馆属体育事业单位，而不是体育企业。[②]

尽管存有两种截然不同的看法，但较多学者则认为我国大型体育场馆具有公益性，但应采取市场经营体制。钟天朗（2006）指出公共体育场馆是非营利性的公共体育设施，具有社会公益性，提供的体育服务属于"非排他性"和"非竞争性"都不充分的准公共产品，但又具有商品属性，应该走向市场，成为独立的经济实体。[③] 陈明（2009）、王进（2008）、刘英等（2009）都认为体育场馆产品属于准公共物品，具有社会公益性和市场经营性双重属性，可由政府和私人部门共同

[①] 李明：《我国公共体育场馆的资产性质及其改革》，《天津体育学院学报》2003年第18卷第2期。
[②] 张岩：《我国公共体育场馆性质辨析》，《体育与科学》2004年第147卷第3期。
[③] 钟天朗：《关于公共体育场馆公益性的若干问题研究》，《中国体育科技》2006年第42卷第5期。

提供。①②③

2011年，国家体育总局局长刘鹏在大型体育场馆运营管理经验交流会上特别提出："大型体育场馆是提供公共体育服务、满足人民体育需求的重要公共产品，其根本属性是公益性。"2013年，国家体育总局发文《关于加强大型体育场馆运营管理改革创新、提高公共服务水平的意见》强调"坚持公益性，促进体育事业与体育产业协调发展、社会效益与经济效益有机统一"的基本原则。

可见，对于大型体育场馆的属性定位，虽存有争议，但基本达成一种共识，即从投资主体和产品属性等角度分析，公益性是其基本属性，提供体育公共服务是大型体育场馆的主要功能。但由于国有资产和准公共物品的特性，经营性也是合理存在，在具体运营管理体制上，可以走向专业化、市场化和社会化。

二　公益性与经营性的相悖与共济

公益性强调公共利益和社会效益，不以赢利为目的。经营性则突出经济效益和利润目标。表面看两者是相悖的、非此即彼的，公益性必然损耗经济效益，追求利润必然侵占公共利益。传统做法上，为体现大型体育场馆的公益性，基本以公共财政作为资金来源，政府作为单一建设和经营主体，向社会免费或低价开放。依据布坎南等人提出的"政府失败论"，由于政府的垄断供给和缺乏追求利润动机等，结果就是政府依托大型体育场馆向社会提供体育公共服务的低效率和差质量，资源浪费闲置和政府寻租频出。近年来，为弥补这种政府失败，相关主管部门采取出租和委托市场主体经营的方式，回收建设和管理成本，而以赢利为最高目标的企业主体在经营大型体育场馆的过程中，过分追求经济利

---

① 陈明：《论体育场馆产品属性与功能》，《体育文化导刊》2009年第1期。
② 王进：《公共体育场馆的属性及其产品供给方式选择——公共经济学视角下的理论分析》，《南京体育学院学报》2008年第22卷第6期。
③ 刘英、刘稀蓉：《大型体育场馆基本属性分析及投融资的启示》，《四川体育科学》2009年第1期。

益，诸如引入大量的非体育项目、提供昂贵的高档体育消费项目、重利用轻维护等，造成大型体育场馆破败严重、公益性丧失。

公共经济学理论认为，准公共物品是指具有有限的非竞争性或有限的非排他性的公共物品，它介于纯公共物品和私人物品之间，对于准公共物品的供给，可以采取政府供给、市场供给或者混合供给等多元供给的制度安排。这意味着为了提高公共物品和公共服务的供给效率，可以打破原有政府垄断供给地位，充分发挥市场优化资源配置的作用。美国学者E. S. 萨瓦斯将公共服务参与主体划分为消费者、生产者、安排者（或提供者）三种角色。他提出，这三种身份可以是同一主体扮演，也可以由政府、市场或社会分别扮演。据此将公共服务的制度安排划分为十种具体形式：政府服务、政府出售、政府间协议、合同承包、特许经营、政府补助、凭单制、自由市场、志愿服务、自我服务。①

在这一理论基础上，可以推定公益性与经营性是能够同舟共济的，大型体育场馆属于准公共物品已毋庸置疑。政府在体育公共服务的供给中应当扮演和落实好安排者的角色，保障大型体育场馆的公益属性。但在生产者角色上可以依靠市场和社会，采取灵活多样的供给方式，以寻求经济效益，最终实现公益性和经营性的统一。

三 体育治理与协同治理逻辑

上文已经从理论基础上论证大型体育场馆实现公益性与经营性共济的可能，但在实践中，依旧是体育管理领域尚未攻克的难题，关键在于缺乏一种切实有效、可行性强的运行机制与模式。

2013年，党中央提出："全面深化改革的总目标是完善和发展中国特色社会主义制度，推进国家治理体系和治理能力现代化。"这一总目标的确立为我国未来全面深化改革指明了方向，也为体育领域的发展提供了基点，体育治理体系的完善和治理能力的现代化是未来我国体育改

---

① ［美］E. S. 萨瓦斯：《民营化与公私部门伙伴关系》，周志忍等译，中国人民大学出版社2002年版。

革与发展的主要任务。大型体育场馆是发展体育事业和产业、提供公共体育服务的基础资源，其发展能力与运营绩效必定是体育治理体系的重点关注领域。那么在现实当中如何操作和实现公益性与经营性的共济？依托体育治理与协同治理机制予以尝试不失为一种创新。

"治理"与"善治"是20世纪70年代在西方公共管理学界新兴的概念，20世纪末在我国学术界流行开来。治理强调的是多中心主体通过合作、协商、联合行动等方式处理共同事务，治理手段上可以有正式的制度，也包括非正式的契约和制度安排。体育治理相比较体育管理而言，在治理目标、治理主体、治理客体、治理手段上都呈现出本质差异。治理目标上强调异质化体育需求的满足和协调；治理主体多元化，表现为政府、市场和体育非营利性组织的多中心合作；治理客体强调群众体育、竞技体育、体育产业等联合均衡发展；治理手段开放化，不仅仅限于政策手段，更要求充分灵活地运用多种治理工具，包括市场化手段、社会化手段以及网络治理、协同治理等治理模式。

协同治理是"协同"与"治理"理论的统合，是治道变革中新的逻辑。协同学即"协调合作之学"，认为整个环境中的各个子系统间以复杂的方式相互作用，通过协同形成一种自组织结构，使整个系统从无序到有序。协同学涉及两个核心概念："自组织"与"序参量"。自组织是指整个系统在子系统的合作下出现的宏观尺度上的新结构，是系统内部自身组织起来，通过各种形式的信息反馈来控制和强化这种结构。序参量是描述系统宏观有序度或宏观模式的参量，它代表着系统的"序"或状态。[①] 协同治理则是指在公共领域中，政府、非营利性组织、企业、公民个人等子系统构成开放的整体系统，各子系统凭借自身的要素优势相互协调、相互合作，形成新的自组织结构，产生子系统所不具备的能力，从而使整个系统在维持高级序参量的基础上实现公共利益的最大化。

协同治理不仅是对治理理论新的发展，也为治理范式提供了可操作性的技术手段；不仅强调多中心主体的合作治理，更强调治理的协同

---

① 张立荣、冷向明：《协同治理与我国公共危机管理模式创新——基于协同理论的视角》，《华中师范大学学报（人文社会科学版）》2008年第47卷第2期。

性。这种协同性的实现需要建立在合作主体要素资源的互补、目标的一致和行为的有序流转上。

四 大型体育场馆协同治理框架设计

大型体育场馆的运营管理作为世界性难题，一直颇受关注。在我国，更是成为制约体育事业发展的突出矛盾，管理层和学术界提出的对策建议层出不穷，但实效不大。笔者认为，原因在于缺乏系统性的构建，相关主体各为其政，场馆建设与运营断层，呈现出管理的碎片化。协同治理的优势就在于系统性和协同性，从机制上实现相关主体与流转程序的一体化，形成合力，克服碎片化管理带来的缺陷，提高大型体育场馆的运营绩效，最终实现公益性与经营性的共济。

大型体育场馆协同治理框架应形成以公益性为导向，政府主导、社会（体育非营利性组织）协作、市场运作的有序运转体系，如图1所示。包含利益协同、主体协同、要素协同、流程协同与激励协同五大部分，相互关联，相互作用，产生治理效能。

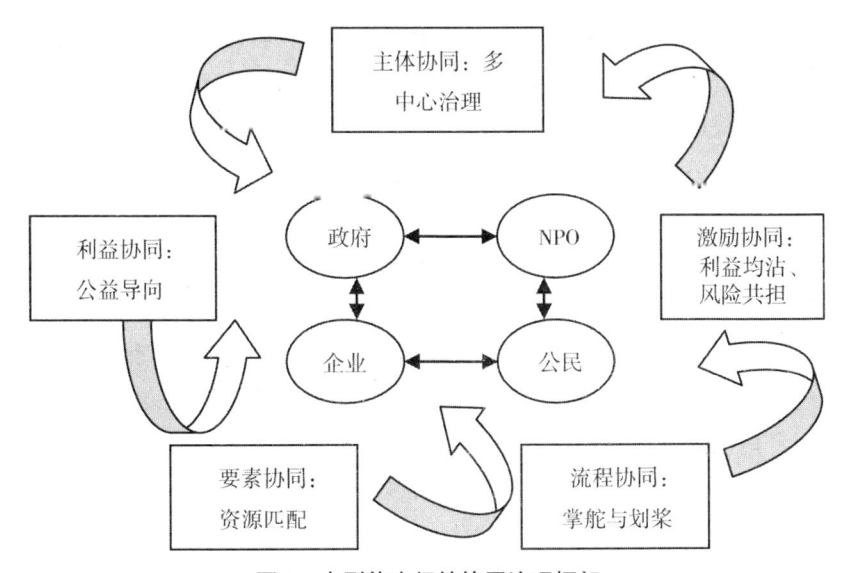

图1 大型体育场馆协同治理框架

（一）利益协同：公益导向

利益一致，多元化主体才有动力朝同一方向努力。大型体育场馆以公益性为基本属性，向社会提供优质高效的公共体育服务是其核心目标。政府以实现公共利益、提供公共服务为自身使命，保障大型体育场馆公益性是其职能所在，政府部门同时要意识到在大型体育场馆公共服务供给过程中，并不一定要充当直接生产者，履行安排者角色向企业和非营利性组织购买公共服务方式同样能实现使命；社会主体尤其是体育非营利性组织以非营利性为组织特征，以为社会大众谋求福祉为目的，但在具体运营手段上，非营利性组织可以采取营利性组织的运作模式，以营利手段实现非营利分配；市场主体虽以赢利为目标，但与公益并不完全冲突，甚至可以相辅相成，公益性的实现可以带动更多的消费资源，继而赢利为公益补充基础资源。协同治理机制的构建首先就需要参与主体达成一种共识，即他们具有一致性的利益，并以此作为高级序参量。

（二）主体协同：多中心治理

协同治理主张多中心治理，政府、非营利性组织、企业和公民个人构成多中心行动体系，共同参与治理过程。并且在这一过程中，不存在绝对的权威，各大主体在自组织的治理结构中，自发地根据特定状态与信息反馈发挥力量，进行调控。多元主体通过角色分工和功能互补，克服自身有限理性和能力的欠缺，形成集体行动，实现利益协同。

政府是公共行政权力的承载者，是公共资源的分配者，寻求公共利益、提供公共服务是价值旨归。政府在多中心协同治理中应扮演"元治理"者角色，以政策权威进行宏观部署、制度安排与规范引导，以保障大型体育场馆公益性的实现和协调可持续的发展。与此同时，政府必须把握住自身角色定位，防止出现"缺位"、"越位"和"错位"。缺位主要涉及安排者角色的缺位，即制度缺位和监管缺位；越位则是指生产者角色的越位，全盘包办大型体育场馆的建设与运营；错位更多指体育行政主管部门之间的职能重叠和多头管理，造成大型体育场馆运营管理混乱。

公民与政府之间的关系实质是一种"委托—代理"关系，是一种

"政治契约",政府应将公民利益放在首位,把满足公共需求作为基本职责。大型体育场馆具有公共性和外部性特征,政府动用公共财政进行资助有其合法性。但值得注意的是,政府仅仅是公民授权的代理者,公民才是大型体育场馆真正的产权拥有者。政府依托大型体育场馆向社会公众提供公共体育服务,本身就是公民与政府之间的一种互动、合作过程。政府需要构建制度化的沟通渠道和参与平台,能够让公众积极参与到场馆的治理过程中。公民也应积极树立公共参与意识,将自身利益诉求通过法定的民主程序和参与渠道予以反馈,与公共服务提供者协商一致。

在我国,体育 NPO 主要包括各类体育社团、非营利性体育俱乐部、体育协会、体育学会、非营利性的体育事业单位、体育类民办非企业单位以及民间体育组织等,在大型体育场馆的协同治理中,它们能凭借独特组织优势促进公益性与经营性的统一。一方面,与政府建立起一种互动合作的关系,促使政府职能转变,做出更多维护和增进公共利益的行为选择;另一方面,专业化能力较强的体育 NPO 甚至可以承担起大型体育场馆的具体运营任务,提高运营绩效。

企业主体以赢利为目的,充分运用各种生产要素,提供商品和服务,是市场经济活动的主要参与者。大型体育场馆的建设、运营与管理都应有企业的积极参与,通过市场机制实现资源、资金、人才、技术的优化配置。

(三)要素协同:资源匹配

协同治理实现善治的物质基础在于各主体所拥有的资源要素匹配互补,协调一致。在大型体育场馆的协同治理中,政府应予以制度安排和资金支持,提高政策能力,从财政、税费、投融资、服务标准等治理政策层面上既保证大型体育场馆的公益性,又能让多主体之间职能分明、界限清楚、灵活运营。体育非营利性组织发端于公民社会,具有自治性和志愿性,能以志愿形式提供体育公共服务,也可以利用社会资本和信任关系为大型体育场馆提供社会支持和消费基础。营利性体育企业具有专业优势与技术优势,能承载起大型体育场馆的具体运营,并为此贡献资金、技术与人才。公民是大型体育场馆的服务对象,也是治理主体,公民参与是重要的资源要素，通过利益诉求和偏好表达，使运营主体能更准确地了解服务需求，在进行公益性开放时，公民更应履行自治的义务。

（四）流程协同：掌舵与划桨

流程是一系列创造价值的活动的组合，这些活动的执行主体和顺序有着严格的要求，活动的内容、方式、责任等也有明确的安排和界定。大型体育场馆的业务流程主要包括规划、论证、审批、建设、运营、维护、监管等活动，流程协同要求在这些环节明确活动主体，并以契约形式确定各主体的活动内容、方式及责任，使不同环节在不同主体之间顺利流转。在整个流程运作过程中，政府都应起到"元治理者"的作用，控制和协调好大型体育场馆的公益导向和关键问题。

规划环节由政府进行顶层设计，根据当地经济社会发展水平、人口状况、环境条件和体育发展需要，合理规划体育场馆建设类型、规模和数量，场馆的具体选址、设计则可以通过招投标形式聘请专业团队根据赛事需要、赛后运营等要求综合规划。初始方案出台后，应由政府牵头，组织相关领域专家、公众代表和运营单位，对选址、规模、功能和运营等进行科学论证，而后由审批部门依照经济适用的原则严格审批。在投融资上，政府要予以公共财政上的扶持，并通过政策安排和市场手段积极鼓励民间资本的加入，灵活运用合同承包、特许经营、政府补助、凭单制、志愿服务、自我服务等形式实现政府与企业、体育非营利性组织和公民在建设、运营、维护环节的合作。政府需要提高合同管理能力和监管能力保证合同契约的正当合理合法及有序执行；其余主体尽可能发挥自身优势，充分挖掘大型体育场馆的发展潜能，目标上坚持公益性，手段上讲究经营性。

（五）激励协同：利益均沾、风险共担

激励产生动力，预期利益的满足程度会影响多中心主体的治理动力和积极性。大型体育场馆公益性和经营性的共济有利于提升政府公信力和促进体育事业与产业的突破发展、增强体育非营利性组织的社会资本和公众认同度、扩大企业的赢利空间以及满足公众体育需求，利益均

沾、风险共担是多主体在协同治理中风雨同舟的原动力。激励标准需要建立在绩效测评的基础上，大型体育场馆的治理绩效必须通过专业评估和社会评估得出相对科学准确的结果，而后根据各大主体在绩效贡献中的份额予以激励，政府应承担主要的风险责任，激励形式可采取正向利润分配、名誉奖励和负向的强制退出等。

此协同治理框架的设计在实践中，必须结合中国国情和大型体育场馆的具体情况权宜操作，政府职能转变不到位、体育非营利性组织发育不全、企业竞争能力不足、公众参与度不高、流转机制衔接不力都会影响治理效能。大型体育场馆协同治理模式的实现本身也是体育治理体系和治理能力奔向现代化进程中一场系统化的变革。

微博问政与公民参与[*]

余 芝 聂平平[**]

【摘 要】 2009年，新浪在中国推出微博客测试版，使得该年被定为"中国微博客元年"，并标志着中国进入一个新时代——微博客时代。在2010年全国"两会"上，委员们通过微博了解民意、收集民意并与民众进行实时互动，开启了我国"政务微博元年"的新时代。自那以后，微博问政就成为中国公民政治参与的有效途径。但是，由于网络的特性和我国正处于转型时期的特殊性，微博问政背景下的公民参与还存在非理性的特征，具体包括：（1）微博问政主体存在的问题——基本素质和实际操作能力。（2）微博问政载体存在的问题——机制和制度的缺失。（3）微博问政客体存在的问题——问政内容受政策限制、问政结果有效性不足等问题。为了规范和引导公民理性参与微博问政，笔者拟从微博问政的参与主体、客体和载体三方面出发，提出相应的对策和建议。

【关键词】 微博；微博问政；公民参与；思想导引

随着互联网应用技术的不断发展，越来越多的普通民众成为网民，并且网民们已经开始通过虚拟的互联网世界来表达他们对现实世界的看

---

[*] 本文为中国博士后科学基金（2012M510681）、江西省高校思想政治教育专项课题（江西省教育厅〔2013〕54号）和江西师范大学红色资源开发与教育研究中心招标课题（JD1434）的阶段性成果。

[**] 余芝，女，江西师范大学政法学院研究生。聂平平，男，江西师范大学政法学院教授，廉政文化研究中心研究员，主要研究方向为地方政府治理。

法和诉求。2006年在国外出现并于2009年正式进入中国互联网的微型博客Twitter（微博的简称），由于其所具有的即时性、互动性、裂变式、碎片化、黏合性的特点，使得越来越多的用户在表达他们的利益诉求时首先会选择微博这一平台。因此，政府、媒体和学术界也开始了对微博的研究，这使得微博客逐渐成为中国最流行的网络工具，我国社会开启了一个前所未有的"微博问政"时代。[①]

一 微博、微博问政与公民参与

微博，即微型博客（MicroBlog）的简称，是一个以140字左右的文字更新信息，并即时实现共享的平台。微博具有即时性、互动性、裂变性、碎片化的特点，并且具有自身特殊的功能：（1）打破信息垄断，减少信息不对称。一方面，人人都是参与者，在微博上享有平等的参与权；另一方面，人人皆有"麦克风"，在微博上享有平等的言论自由权。（2）打破主体垄断，让草根发声。微博的自下而上的传播方式，打破了科层制结构下自上而下的话语传播模式，草根网友可以通过自己的努力"织围脖"，形成像社会精英一样的数量庞大的"粉丝团"，进而传播自己的观点，扩大自己的影响。（3）突破传统的监督方式，有利于反腐倡廉。在微博时代，监督不再局限于此，官员的一举一动、一言一行，都将有可能暴露在阳光下，任何一位官员的任何贪赃枉法行为都有可能在不经意间被传到微博上，进而受到相关部门的追究以及得到法律的惩处。（4）促进公共意识的觉醒，推动公民参与。在微博时代，流行这样一句口头禅："关注就是力量，转发就是行动，围观改变中国。"人们对公共事件进行关注，首先意味着不再对政治冷漠，践行了公民的政治权利。

我们在谈论微博问政之前，首先谈论的常常是网络问政。换句话说，微博问政的发展得益于网络问政的发展。因此，微博问政的概念更

[①] 邓莉：《"微博问政"研究——以新浪微博为例》，硕士学位论文，四川外语学院，2012年，第6页。

多的是依赖于网络问政这个概念的。网络问政，即在以网络为支撑的虚拟空间中，公民和政府官员、公共决策机构就事关公共利益的政策议题展开公开、自由和平等的交流互动，并将网络民意引入公共决策体系的动态过程。[①] 简单比较两者，一方面，微博问政和网络问政都是公民通过网络参政议政、参与公共事务管理的活动，而微博作为网络问政的新载体，作为中国民主信息化的又一创新，以草根性、即时性、融合性等突出优势，为我国网络问政模式开创了崭新的局面。[②] 另一方面，由于二者所处的时代不一样，基于不一样的媒体工具，前者是通过新兴的"微博"来问政，微博是基于自媒体时代的产物，网络问政则是基于新媒体时代的产物。前面已经提到，由于微博具有传播速度更快、交互性更强、受众面更广的特点，它所产生的核裂变式的效应是传统的网络问政所无法企及也无可比拟的，因此，微博问政也就应运而生。

通过比较不同学者对微博问政的定义，笔者认为，对微博问政进行界定时，主要涉及问政的主体、载体和客体三方面。主体既包括政府官员或公共机构（即官方），也包括普通网民（即民间）；载体则是微博平台，本文的客体则主要是从广义范畴上来定义的，广义范畴的微博问政指政府官员或公共机构、公民利用微博这一自媒体时代的产物参与和管理国家事务的活动。

公民参与即公众参与，是指党和政府广泛组织和动员广大人民群众，通过一定的程序和各种渠道，积极参与公共政策的制定、执行、监督和评估，依法管理国家和社会事务，管理经济和文化事业，理性参与社会管理和公共服务，合理表达利益诉求，维护自身合法权益，促进社会公平正义，推动民主政治发展，实现自我管理、自我服务和自我发展的过程。[③] 公民参与在中国的兴起大约是20世纪90年代，进入21世纪以来，公民参与在我国逐渐呈现出蓬勃发展的态势。从研究公民参与的

---

① 张虎：《公民参与视角下的微博问政问题研究》，硕士学位论文，华中师范大学，2012年，第5页。
② 徐弋加、周雅、杨守伟、彭斯璐、祝腾辉：《微博问政若干问题的研究综述》，《特别关注》2012年。
③ 罗俊懿、胡海龙：《扩大公民参与，推进社会管理创新》，《中共山西省委党校学报》2013年第2期。

三个指标来看，公民参与的兴起表现在：第一，参与主体的多元化。公民参与的主体从仅仅限于人大代表、政协委员和专家学者等精英群体发展到各个社会阶层的广大市民有都有参与政府决策过程的机会。第二，参与方式的多样化。除传统的信访、听证会等参与渠道外，具有中国特色的公民参与方式得以创造和推行。例如，浙江温岭的民主论坛，南京的城市公共论坛，杭州市的政府公开决定等。随着经济和科学技术的不断推进，网络参与逐渐成为公民参与的新形式，以"微博"为代表的新媒体快速发展。① 参与方式的多样化使得公民参与越来越充分，民主得到发展。第三，参与领域的广泛化。公民参与的领域涉及政府管理的多个层面，包括立法、环境保护、公共预算、城市规划、城市管理、绩效评估、公共服务、社区治理等。如厦门 PX 项目事件。

公民参与在我国的迅速发展，引起了学术界的广泛研究。综合学术界的研究得出，我国当前的公民参与具有以下三个特征：第一，政府主导性。虽然由公民自己主动发起的公民参与活动也有不少，可是从整体上看，我国目前公民参与的实践绝大部分还是政府主导的。这种主导性体现在但不限于政府的主动推动，更多的是体现在假设政府对公民的参与不做出积极回应，公民就参与不到政府决策中去。第二，公民维权性。我国公民参与过程中表现出维权的特征，学者们有很多的论述，以至于有学者认为这正是公民参与的"中国特色"。② 一些定量研究发现，公民参与的维权性一方面表现在对低级政治感兴趣而对高级政治漠不关心，③ 另一方面还体现为参与过程中合作精神的缺失。④ 第三，媒体驱动性。在中国，由于非政府组织没有得到充分的重视和发展，因此，对公民参与起主要推进作用的事实上还是广大的社会媒体。媒体通过传统和网络手段对某一热点话题或公共事件进行报道，进而受到各界人士的关注，推动了事件的发展并有可能改变针对本事件原有的议程安排，媒体也因此成为人们表达利益诉求的首选平台。

---

① 郭小聪、代凯：《近十年国内公民参与的研究述评》，《学术研究》2013 年第 6 期。
② 杨光斌：《公民参与和当下中国的治道变革》，《社会科学研究》2009 年第 1 期。
③ 王丽萍、方然：《参与还是不参与：中国公民政治参与的社会心理分析——基于一项调查的考察与分析》，《政治学研究》2010 年第 2 期。
④ 陈福平：《强市场中的"弱参与"》，《社会学研究》2009 年第 3 期。

二 微博问政背景下的公民参与

(一) 微博问政背景下公民参与的优越性

微博问政背景下的公民参与，与传统的政治参与方式相比，具有更鲜明的特点，突出了微博时代下公民参与呈现出的新特性，具体表现在以下四个方面。

1. 参与方式的柔性化

公民参与途径的柔性化，是指公民参与形式的非制度化。传统的公民参与主要是通过游行、示威、宣传、检举、听证、上访等制度化的途径，如全国"两会"，往往造成公民参与成本高且不能直接参与，公民的利益诉求不能直接全面地表达；上访等途径则往往造成参与效果不佳，甚至给公民的人身财产安全造成重大危害和损失。公民通过微博问政，只需在网上以强大的舆论施加政治影响，其方式方便快捷，效果也会事半功倍。

2. 参与身份的平等化

微博问政背景下公民参与身份的平等化主要体现在两个方面：一是在微博上享有平等的使用权，即人人皆是参与者。微博问政是以微博为载体的，而微博的突出特点是受众面广、注册门槛低，网民只需在腾讯、搜狐、新浪、网易四大主要微博中任选一个进行注册，并关注和收听他们所感兴趣的政务微博，就可以在网上进行微博问政，注册过程中没有任何身份、年龄、种族、性别、收入、文化等的限制，这就体现了微博问政主体使用微博的平等权。二是在微博上享有平等的言论自由权，即人人皆有"麦克风"。微博问政背景下的公民除了享有平等的参与权之外，还享有平等的言论自由权，只要是微博用户都可以按照自己的意见自由地就事关他们公共利益的社会事件发表观点和看法。

3. 参与内容的直接化

微博问政背景下公民参与内容的直接化，主要表现在以下两个方面：一方面，微博问政的议题十分全面。不论是传统的话题还是现代的议题，人们都可以讨论，比如传统的看病贵、看病难、教育问题和现今的房价高、微博反腐议题等,这在很大程度上打破了传统科层制结构下信息自上而下传播的形式,使人们能够以更加积极主动的姿态参与进来。尤其是现代多媒体的产生和发展,让人们在讨论某一话题时能够有声有色、有图有真"相",调动人们的各种感官积极参与进来。议题广、参与渠道多、参与方式多样化,充分保障了微博问政过程中人们的参与积极性。另一方面,由于微博的"关注"和"被关注"功能,使公民能够直接抵达自己所需的信息,即当某一政治议题被博主参与发布后其众多粉丝均可即时接收该信息,再通过粉丝转发,该信息将对外传播开去,在很短的时间就可以四处复制、蔓延开来,迅速形成广泛的传播效果造成极大的公共舆论。①

4. 参与过程的双向化

微博问政背景下公民参与过程的双向化,包含两个层面的意思:首先是公民通过微博平台自由平等地表达自己的利益诉求,其次是相关部门、机构或者负责人对公民利益诉求的回应。微博平台使得我们在使用微博时可以看到自己关注者发布的内容及网友们对其内容的评论,在微博问政过程中,作为政务微博的开设者的政府部门和官员发表的言论及对公民的回复都可以呈现在公民面前;同时,参与微博问政的公民的所有言论和评论也都会呈现在其他网友视野范围内。因此,微博问政背景下的公民参与要求政务微博的开设者们能够掌握"黄金法则",及时回应公民的诉求,同时通过政务微博了解民意,"打捞沉没的声音";公民在参政议政过程中也要对自己的言行负责,正确行使权利,积极履行义务。

(二) 微博问政背景下公民参与存在的问题

微博问政背景下公民参与效果的好坏,至少要考虑这两个指标:一是公民参政问政的积极性,即他们是否会主动通过微博表达他们的利益诉求;二是他们表达的利益诉求能否及时得到政府的有效回应。微博问政背景下公民参与存在的问题主要表现在以下几个方面。

---

① 陈黎:《微博问政视野下公民政治参与权的发展与挑战》,《赤峰学院学报》2012年第11期。

1. 有效性不足

有效性不足主要体现在：第一，公民参与微博问政的有效信息不多。《魔鬼经济学》的作者史蒂芬·列维特指出：在微博中，有价值的信息占到的比例仅为4%左右[①]，这就说明在微博问政中，公民参与提供的信息很大一部分都不是有价值的，需要政府相关人员对其进行仔细筛选，这就会相应地造成政府部门行政成本的扩张，也是对政府工作人员辨别信息真假、应急应变能力的挑战。第二，公民参与微博问政的话语权不足。虽然在微博问政背景下的公民参与主体身份是平等的，人人都有参与权，人人都有"麦克风"，可以畅所欲言；可是在现实微博运作过程中，就话语权而言，仍然存在着弱势群体和强势群体。目前微博的话语权主要还是掌握在意见领袖手中，草根话语权存在假象，只有当公共议题被意见领袖关注之后，才能上升为公共表达，并进而引起公共舆论的关注，最后才有可能受到关注。第三，公民参与微博问政的效果不佳。如"郭美美丑闻"曝光之后，不论民众在微博上讨论得多么火热，多么强烈地要求红十字会能够公开详细账目，建议相关部门整顿慈善组织，清理腐败分子；也不论现实中红十字会的捐款如何一落千丈，至今还没看到红十字会的任何整改行动以及相关部门的清查行动。

2. 无序化问题

这一问题产生的原因主要可以从以下几方面分析：一是微博谣言的存在导致的无序化。根据中国青年报社会调查中心最新在线调查显示，88.2%的受访者有微博，但相信微博上所传信息的人只占38.5%。50.5%的人对微博上的信息持审慎态度，认为其可信度一般。评论人士王俊秀撰文说："'微谣言'若畅通无阻，短期来看，会影响公众对具体事件的判断，长期来看，会削弱公众对微博或互联网的信任度。"[②]这说明在微博上谣言的传播杀伤力不小，并且更严重的不利影响是会在很大程度上导致人们不信任微博。在公民参与微博问政的过程中，由于我国尚未形成明确的法律条文和制度规范，给微博谣言的存在提供了土

[①] 胡泳、胡尧熙：《微博客：一场互联网革命的先兆》（http://www.21.com.net/newsinfo.aSp.id=6493&Cid：10352033）。

[②] 王俊秀：《69.3%受访者承诺转发微博会先审慎判断》，《中国青年报》2013年1月15日。

壤。在谣言的恶性影响和传播下，一些本来可以小事化了的事情可能会产生核裂变。如果相关管理部门不及时进行妥当的处理，就极有可能使事件的发展脱离人们的掌控范围，引起社会冲突。二是"坏消息综合征"导致的无序化。美国尼尔森公司一项查报告显示，约有 62% 的中国网民表示，他们更愿意分享关于产品的负面评论，而全球网民的这一比例则为 41%。① 换句话说，我国网民或多或少地具备"坏消息综合征"的特征，即在转发信息的时候，更喜欢分享那些不具有正能量的信息。因为微博的终端可以轻而易举地用手机完成，人们在微博问政时，经常会不对事件的来龙去脉做一个理性的分析，而只是凭一腔热血或者单纯的个人喜好，对别人原创的或转发的微博信息进行转发和评论，这时候即使他们自己都不一定相信他们所转发的微博信息，甚至他们压根儿就不知道事实到底是怎么样的，但就是觉得这条微博符合他们现在的情绪表达，就转了，这种单纯的情绪的宣泄就会在一定程度上直接地导致微博问政下公民参与的无序化。三是公民参与微博问政的分散化导致的无序化。传统的抗争，多要有发起人、组织者。这也给政府处理这类事件提供了便利，即一般情况下只要通过控制和瓦解这些领导者，便可以轻易化解一次群体性事件，也就是所谓的"枪打出头鸟"。但社会媒体上引发的参与绝大多数都是高度分散化的。如 2011 年埃及穆巴拉克运动就清晰地显露出这一特点，至今人们也没有找到是哪个人呼吁大家走向解放广场的，而当成千上万的抗议者坚持数月并最终逼迫穆巴拉克退位之后，人们也很难识别出这漫长的过程中，谁是组织者。② 当没有"出头鸟"可打的时候，政府面对的是众声喧哗，"法难责众"，这就会导致公众参与的无序化。

3. 回应性差

微博问政背景下的公民参与过程虽然是双向互动的，但是这种互动并没有得到很好的回应，存在着回应性差的问题。我国目前的政府回应性差问题主要表现在回应速度慢、回应效率低、回应态度欠佳、回应方式不灵活等方面。这就需要我们建立回应问责制，加大决策透明度，提

---

① 《调查称中国民众偏好分享负面评论》（http://news.163.com/10/0804/07/6D7P84LD00014AED.html）。
② 欧阳斌：《微博与中国政治参与的变化》，《中国研究》2013 年第 2 期。

升回应力；建立网络舆情监控体系，规范微博管理，引导微博反腐舆论，强化对微博反腐舆情回应的有效性；建立网络新闻发言人制度，及时有效通过官方渠道澄清和更新微博谣言，创新政府回应渠道，有效提高回应的技术含量，提升工作人员的责任意识和整体水平。

三 微博问政背景下的公民理性参与和思想导引

《中共中央关于制定国民经济和社会发展第十个五年计划的建议》提出："扩大公民有序的政治参与，引导人民群众依法管理自己的事情。"这表明，如何扩大公民有序的政治参与是21世纪初叶中国政治发展面临的重大课题。互联网络的出现则为中国人民扩大政治参与提供了一个较好的平台。[1]

（一）公民非理性参与的表现

与以往任何其他时代以及其他参与方式所不同的是，微博问政背景下的公民非理性参与的表现有：(1) "毁"得快，"好"得慢。微博负面舆论远比正面舆论影响力大。微博短、灵、快的特点，加上丰富的接入方式，很快被底层民众应用于"围观"社会事件。由于网民的娱乐和旁观心态，使得网络舆论中的正面信息并不能引起关注。相反，但凡负面信息，尤其是有关官方或名人的负面消息则极容易"爆棚"。[2] (2) 网络民意的异化。异化即脱离了原本最真实的意思表示。表现在公民参与微博问政的过程中，往往在微博平台上体现出来的是一种被"异化"了的网络民意，是被有心之人利用了之后以民意的口号传达他们自己的歪门邪道。而他们之所以能够达到他们的目的，最根本的原因在于微博问政的参与者往往是受情绪的影响，在表达意见时经常容易受误导，尤其是受那些专业的网络推手的误导。这些专门从事异化民意的营利性组织，在组织的运转过程中，唯利是图，抓住了网民的盲从心

---

[1] 陈戈寒：《试论中国网络政治参与》，《湖北行政学院学报》2008年第4期。
[2] 傅雪蓓：《微博问政：自媒体时代我国民主政治改革的新动力》，《现代传播》2013年第3期。

理，不顾国家的法律法规和社会的道德规范，只为自己的私人利益，通过虚假信息和微博谣言来达到自己的目的，给网络空间的管理带来很大的不便。(3) 通过网络暴力实现"网络多数人暴政"。张雷教授认为："网民在实现了个人言论自由的最大化的同时，其言论也经常自觉或不自觉地侵害他人的自由表达权利，当某一个涉及网民个人的议题在网络上被充分发酵、扩散后，遍布全国乃至全世界的网民共同关注同一个议题，他们在瞬间结成了虚拟的意见团体，通过网络言论对该网民进行攻击、施加网络舆论压力，最后迫使该网民做出屈服性的回应。"[①] 这就是"网络多数人暴政"。一些网民打着维护道德的旗号，在网上号召大多数人响应，形成压倒性的多数，然后通过舆论谴责、批评、谩骂、公布隐私等方式对少数网民施压，给少数网民带来极大伤害。如姜岩的死亡博客事件。

（二）引导公民理性参与微博问政

要引导公民理性参与微博问政，首先必须明确以下两个事实：其一，在网络中，没有任何人居于最高或中心的地位，在网络中只有许多节点，在那里个人和群体为了各自不同的目标而交互行动；[②] 其二，矛盾是对立统一的，公民参与微博问政既能产生正面作用也会带来负面影响，二者相辅相成，相互依存，我们不能将它们割裂开来，试图通过改革或完善只保留其积极作用而消除其负面影响，否则就是对客观规律的无视，最后只会导致公民参与微博问政这种形式的名存实亡。因此，我们在提出引导公民理性参与微博问政的建议时，必须立足于这两点，笔者拟从公民参与微博问政的主体、客体和载体三个方面出发，提出一些合理化建议。

1. 主体方面

首先，提升公民的基本素质，实现民间自律。净化微博问政参与环境，人人有责。作为微博问政的参与主体，我们应该意识到自己应承担的社会责任，并且努力营造良好的微博参政议政环境。要做到这一点，

[①] 张雷：《论网络多数人暴政与政府的治理责任》，第三届 21 世纪的公共管理：机遇与挑战国际学术会议，2008 年。

[②] 刘文富：《网络政治——网络社会与国家治理》，商务印书馆 2002 年版。

最首要的就是提升我们的基本素质。提升基本素质的一个重要举措就是宣传教育。我们应该大力进行宣传教育，重点强调通过微博理性参与的重要性，并且将理性参与和非理性参与的优缺点做一个形象直观的对比，进而提高公民理性参与的意识，增强他们自觉抵制非理性参与、拒绝非理性言论的能力，做一个合格的微博问政参与者。尤其要注意的是，提升公民在突发的社会群体性事件中的应对能力，不仅能够做到自律，对接收到的信息明辨是非，还能做到"律他"，对他人的不负责任的转发和评论进行制止和纠正。只有通过尽可能多的宣传教育才能促使公民意识到创造一个健康、有序、理性的微博问政参与环境的重要性并促使他们自觉地承担这一责任。

其次，要提高政府工作人员的职业素养，注重专业的政务微博客管理人才的培养。一方面政府工作人员是政务微博的开创者，职业赋予他们天然的领导和引领公民理性参与的责任，这是责任性要求的体现；另一方面政府工作人员还是政务微博的管理运营者，这是技术性要求的体现。角色的多样性和身份的多重性对政府工作人员参与微博问政提出了更高的要求。因此，一方面，政府工作人员应该自觉承担责任，重视微博问政背景下的公民参与，积极地与网民进行互动，了解民意，听取民意；发挥政府的权威作用，在突发群体性事件发生时，第一时间发布权威的官方信息，防止微博谣言的产生，净化微博问政的参与环境；同时，作为领导者和引领者，应该"为人师表"，注重自身在网络上的言语和行为规范，树立良好的形象。另一方面，作为政务微博的管理运营者，还应该学习一些运营政务微博的技巧，比如怎样更及时地在群体性事件发生后应对舆情以制止谣言的散播，怎样更好地将政务微博展现给民众等，这些都是一些技术层面的要求，需要在以后的微博问政生涯中不断地积累经验，并且通过不断的培训和学习交流才能做得更好。

再次，注重培养人们的参政议政意识，形成参与型政治文化。参与型政治文化中，公民与政府间的关系是互相影响、互相参与的互动关系，一方面公民尊重政府的权威，执行政府基于法律制度的决策；另一方面，公民具有政治认知与政治参与的能力，主动通过各种途径对政府的政治事务或者决策发表意见看法、表达利益诉求，并积极主动地参与到这些政治事务或决策中去。所以，这是一种"理性—积极"的政治文化。① 要形成这种参与型的政治文化，需要国家和公民的共同努力，一方面，国家需要加大对社会主义核心价值体系的宣传，规范和引导公民有序、理性地参与到国家的政治、经济、社会、文化事务的管理中来，鼓励和提倡公民积极地参政议政，提高公民的参政热情；另一方面，公民在接收大量的网络信息时，需要提高警惕，仔细辨别信息的真伪，通过独立思考和客观分析，形成对公共事件的正确认识，理性、有序地参与到微博问政中来，做一个合格的微博问政者和参与主体。

2. 客体方面

首先，从经济层面考虑，经济基础决定上层建筑，因此，发展经济还是首位的。经济的发展状况如何，将直接决定中国今后集体抗争行动的总体性质和走向，要引导公民理性参与微博问政，经济发展是前提和保障。

其次，从政治层面考虑，主要应体现社会的公平正义。一方面，通过协调经济发展和发展教育，缩小东、中、西部差距和城乡差距，扩大中西部和农村地区的网络覆盖率，提升他们使用网络的能力和水平，宣传和推广微博的使用，使微博成为他们参与问政的有效工具之一；另一方面，社会的公平正义既包括实体公正也包括程序公正，两者都很重要，但是程序公正才是长治久安之道。所谓程序公正就是建立程序政治，用选票、用程序合法性把政府和政体分开，而不是针对"谁闹我给谁多"的公正。②

再次，从法律制度层面考虑，应加强立法建设，理性的微博问政参与离不开健全的法制，应该不断完善跟公民参与微博问政的有关法律体系的建设。在制定相关的法律制度时，我们应该明确这两点：一方面，在公民自由问题上，宪法规定中华人民共和国公民享有言论自由的权利，这种自由当然也包括在微博上正确发表自己的意见和看法，对政府工作人员的不当行为进行批评、检举、监督和举报的权利。因此，制定相关法律制度时必须首先确保公民的言论自由权，维护公民的政治权利，保障其正常的政治参与权。另一方面，在公民理性参与问题上，对

---

① 朱坤：《公民网络政治参与问题及治理策略研究》，硕士学位论文，中国海洋大学，2009年。

② 赵鼎新：《微博已经改变了中国》，《时代周报》2011年第1期。

于公民的微博问政参与言论自由权必须加以规范和引导，使网民的言论自由能够遵守法律相关规章制度的同时也不侵犯他人的自由和权利以及公共利益。

3. 载体方面

公民参与微博问政的载体，即指从微博平台出发，提出如何规范和引导公民理性参与微博问政的建议。微博平台在网站行业自律过程中，可以通过设立自律委员会以及官方辟谣来清除不良信息，净化微博问政的环境。具体来说，主要可从以下几方面出发。

第一，设立微博自律委员会。一方面，设立微博自律委员会对通过微博平台进行互动的社会公共话题进行监督，并核实其信息的真伪，及时公告网民。如果有网民对某条信息进行质疑或者有证据证明举报者举报的属于虚假信息，相关工作人员应该及时核实信息并对确认属假的信息举报者提供奖励。另一方面，自律专员还应该时时关注网上动态，分模块对各自区域负责，对网上存在的危害国家安全、淫秽色情、赌博暴力等有害信息、谣言和虚假信息等不良内容行为进行监督举报。[①]

第二，开设官方微博辟谣账号。一方面，微博上的谣言应该得到及时制止和更正，工作人员通过官方微博辟谣账号在谣言产生的第一时间通过官方新闻进行阻止，以防止裂变式传播。这就需要微博辟谣工作人员要及时发现虚假信息、向广大网友公布辟谣结果、配合相关部门惩罚发布谣言者等。一般而言，惩罚方式包括取消认证、取消用户 ID、停止发言功能、停止被关注功能、对该用户进行删帖等。另一方面，广大网友也可以在发现微博谣言后，第一时间联系官方微博辟谣账号的工作人员，向其举报此条谣言，及时协助工作人员删除不实信息。

总之，"微博时代"的到来是不可逆转的，微博问政也是大势所趋。在微博问政过程中，既有可能是有利于人们的言论，也有可能是谣言。本文主要研究的就是在微博问政的背景下，联系我国正处于社会转型时期的国情，思考如何通过思想引导，来实现公民理性参与问政的目的。既要保障公民的参与权和参与热情，同时也要规范微博空间，让人们能够合理合法有序地参与微博问政。

---

① 佟力强：《微博发展研究报告》，人民出版社 2012 年版，第 71 页。

经济全球化背景下的国家意识形态安全

邱平香[*]

【摘　要】 意识形态是国家安全的重要组成部分，是关系到国家政权巩固、经济建设成败、社会文化安全和社会稳定的重要问题。随着经济全球化进程的加速推进，以美国为首的西方国家通过操控非政府组织并培育和支持其利益代言人、运用网络媒体和借助国际文化的交流与合作来宣传其价值观等三种方式对我国进行意识形态渗透。中国应充分发挥社会主义核心价值观的引领和整合作用、推动当代中国马克思主义的大众化、切实解决国内矛盾、加强传统文化的传承与创新、组织专人针对国外学者的错误观点进行反驳这五点来加强我国意识形态安全的建设。

【关键词】 经济全球化；意识形态安全；马克思主义；社会主义意识形态

在世界经济日益全球化的时代潮流下，各国日益联系成一个密切的整体。很多国家在经济全球化的浪潮中获得了较快的发展，但对于参与其中的国家尤其是发展中国家来说，经济全球化也是一把"双刃剑"，它既给发展中国家追赶发达国家提供了历史性机遇，也给发展中国家经济和社会的发展带来了难以规避的风险、冲击和挑战。尤其是对于作为发展中的社会主义的国家——中国来说，由于其"起步晚，底子薄"，对相关的国际惯例以及"游戏规则"缺乏一定的适应性和应变能力；

---

[*] 邱平香，女，江西师范大学政法学院研究生。

又因为社会制度的不同,再加上当前的国际政治体系中的强权政治和文化霸权的存在,进而促使我国的意识形态安全问题比其他国家显得更为突出。因此,分析意识形态安全的重要性,揭示西方意识形态的渗透方式和了解其危害,探索加强我国意识形态安全建设的途径,具有重要的现实意义。

一 意识形态安全的重要性

意识形态是与一定社会的政治和经济相联系的观点、观念和概念的总和。其主要包括政治法律思想、道德观念、宗教、哲学以及其他的社会科学的意识,是与经济基础相对应的作为上层建筑的思想观念体系。政治理念和政治信仰是意识形态的核心,意识形态集中反映了一定社会阶级的利益和要求,也是国家利益的重要组成部分。具体来说,意识形态安全关系到国家政治、经济、文化和社会各个层面。

第一,意识形态安全关系到国家政权的巩固。国家意识形态体现了一个民族或一种社会制度和政权存在的思想基础、共同理想、价值观念和精神支柱。摧毁一个国家的意识形态,其实也就是意味着摧垮了一个国家或者民族所共同认同的精神纽带,即是意味着推翻了一个政党的政权。因此,意识形态安全在一个国家的政治安全中占据着十分重要的地位,是维系国家利益的安全屏障。

第二,意识形态安全关系到社会主义经济建设成败。经济基础决定上层建筑,一定的经济基础和社会的生产力水平决定了一定的社会意识形态;反之,社会意识形态也会反作用于经济基础。正确的意识形态在一定程度上有利于促进经济的发展;错误的意识形态对社会经济发展则起着阻碍和破坏的作用。当前,我国走的是中国特色社会主义市场经济的道路,实践证明这也是一条适合我国经济发展的正确道路。在当前经济全球化的今天,资本主义的市场经济等思想也随同涌入。在此情形下,要保持社会主义市场经济建设的方向和性质,就必须保证我国的意识形态的安全。

第三,意识形态安全关系到社会主义文化安全。意识形态在总体上制约和规范着文化的表现形式，同时，文化也是意识形态的载体。"在社会主义意识形态的指导下，形成了面向广大人民群众的崇尚民主、公平、和谐的社会主义文化。"① 保证了社会主义意识形态的安全不受威胁，就能保证社会主义文化的安全地位，保证中国文化的社会主义性质。

第四，意识形态安全关系到社会稳定。意识形态会形成一定的政治认同感，能使社会价值观、政治观趋于稳定和成熟，从而利于整个社会的稳定与发展。此外，意识形态也有利于形成强大的民族凝聚力，起到价值导向、精神支柱和社会的整合作用等。因此，意识形态对于维护社会的稳定具有重要的作用。

二 西方国家对我国进行意识形态渗透的方式

自从苏东剧变后，以美国为首的西方国家看到了和平演变和意识形态渗透的威力，强化了对我国的意识形态攻势。正如美国政治学家亨廷顿说的："对一个传统社会的稳定构成威胁的，并非来自外国军队的入侵，而是来自观念的入侵，印刷品比军队和坦克推进的更快、更深。"② 为此，他们采取各种各样的意识形态渗透的措施来加强对我国不断"分化"和"西化"，以此让我国人民特别是青年学生全面照搬和接受西方资本主义的价值观，进而产生"信仰危机"，破坏我国人民对我国政府及制度的认同感，减弱中华民族的凝聚力，最终达到颠覆社会主义中国，搞垮共产党的政权，铲除马克思主义意识形态，让资本主义一统天下的目的。在新的历史条件下，西方敌对势力对我国意识形态的渗透主要有以下几个方式。

第一，操纵非政府组织并培育和扶持其利益代言人。在冷战期间和冷战后，号称以民主为理念的美国就一直采用非政府组织的形式来推广

---

① 莫岳云、周云、张青红：《西方的渗透与我国意识形态安全建设》，《华南理工大学学报》2009年第3期。
② [美]塞缪尔·P.亨廷顿：《变化社会中的政治秩序》，王冠华、刘为等译，生活·读书·新知三联书店1989年版。

美式民主，向世界渗透其影响。当前最有名的非政府组织主要有：美国国家民主基金会（国家民主捐赠基金会，NED）、国际共和研究所、爱因斯坦研究会、索罗斯基金会（开放社会研究会）、自由之家等。这些非政府组织打着所谓的"基金会"、"研究会"这些极具迷惑性的名义，却在背地里暗中导演了一系列的"颜色革命"，譬如格鲁吉亚的"玫瑰革命"、乌克兰的"橙色革命"、吉尔吉斯斯坦的"郁金香革命"等。委内瑞拉总统查韦斯就曾多次直接指责"NED是美国政府干预委内瑞拉的一种武器"。这些非政府组织自称是非党派、非政府机构，但却大多依靠美国国会的大量拨款生存。据汪安佑的研究就表明：NED在2006年接受国会拨款7404万美元，2007年拨款约5000万美元，2008财年NED则提出了8000万美元的拨款申请。国际共和研究所、爱因斯坦研究所和自由之家也都无一例外地依靠政府资助和接受捐款来生存。至于它们所从事的活动正如NED创始人之一艾伦温斯坦所说的，"我们今天做的许多事情，就是25年前中情局偷偷摸摸做过的事情"。它们的活动主要是以"非政府组织"的形式在世界推进美式民主，对各国反政府派给予经济等方面的援助和支持，借此拉拢一国的反政府人员和持不同政见者，煽动他们的不满情绪，从而培植亲美派。譬如我国的"疆独"组织头目热比娅2006年在美国对《当今时代》杂志就曾这么说过："当时我身无分文，在美国国家民主基金会的慷慨资助下，才得以在华盛顿设立了一个办事处，并在全球范围内开展活动。对民主基金会的支持，我极其感激。"之后在2009年，热比娅就煽动制造了乌鲁木齐的"7·5"事件，与此同时，她在世界各地的窜访活动也受到了更多的关注。西方这种操纵非政府组织的形式来干涉我国内政，培植和扶持其利益代言人，给我国的意识形态安全带来巨大的威胁。

第二，充分运用网络媒体来传播其价值观。"经济全球化的时代，网络和现代传播系统不单纯是一个简单的信息通道，更是一条思想文化传播途径，它所传播的内容隐含着其价值标准和意识形态色彩，因而具有超强的意识形态塑造能力。"[①] 西方国家大多通过网络、报刊、卫星

[①] 谢雪屏：《全球化背景下的国家意识形态安全》，《吉林师范大学学报》2009年第2期。

电视等传媒，轻而易举地把其价值观念、生活方式甚至意识形态传播到世界各地，进而引发其他国家对其"美式民主"等的认同。比如"美国之音"就是美国向全世界兜售"自由"和"民主"的重要途径，其中文部就是其对外部门中最大的一个。此外，美国也注重利用好莱坞电影、流行音乐等文化的传播，以传递美国价值，增加对全球的吸引力。此前，杜鲁门政府就建立了一个由国务院运作的"信息媒介保障"计划，即是美国政府将好莱坞在外国赚取的软外汇兑换成硬通货。但是要求好莱坞电影制片厂必须是以积极的方式描写美国的生活和价值观，否则就没有货币兑换的资格。实质上，这就是美国政府在资助和引导好莱坞电影对外传播其价值观。还有就是利用互联网和广播电台进行传教，境外的十几个电台包括亚洲之声、美国远东电台、美国家庭教会电台、环球宗教广播电台等向我国进行空中布道，其中具有代表性的远东福音广播电台就是每天用英语、普通话甚至粤语广播10小时。拿他们的话来说就是要："用基督占领中国，打开中国的福音大门。"近年来，我们也明显地感觉到基督教在我国的发展速度之迅速，范围之广阔。值得注意的是，这种信息的传播大多是单向的传播，主要是从发达国家流向发展中国家。当我们国家的人民全面接受了这些西方的价值观念、生活方式以及宗教观念，实际上也就是在意识上接受了它们所承载的意识形态观念，久而久之就会削弱我国人民对我国社会主义意识形态的认同感，削弱我国人民的民族凝聚力。

第三，运用国际教育文化的交流合作与援助进行意识形态的渗透。在这点上，其主要有高等教育的跨国交流、富布莱特项目等活动，这些活动的确是促进了国际学术交流，但同时我们也应该认识到通过这些国际交流活动，西方的价值观和意识形态也得到了渗透，甚至培养了一些亲美势力。"为了培养具有西方政治思想的西方利益代理人，一些西方政治家就曾提出要着眼于'在中国培养一批有实力的中间阶层'与'社会精英'。"[①] 因此，美国同时也利用之前我们讲到过的非政府组织中的基金会等做掩护，以合作交流、资助研究等项目的名义，利用我国

---

① 谢雪屏：《全球化背景下的国家意识形态安全》，《吉林师范学校学报》2009年第2期。

社会精英来对中国的问题进行研究，从而获得某种不为人知的利益。同时，美国也对我国驻外人员、留学生、知识分子宣传其所谓的"自由平等"和人权观念，夸大我国的社会矛盾等问题，以期达到其意识形态渗透的目的。

在经济全球化趋势下，以美国为首的西方的意识形态的渗透给我国的意识形态安全带来了前所未有的挑战与威胁。在其意识形态渗透的攻势下，不少人对西方文化产生了亲近感和认同感，甚至有的还动摇了对中华民族的自尊心、自尊感和认同感。与此同时，也有一些人开始信仰西方的自由主义价值观，片面地否定中国共产党领导的人民民主专政，主张实行西方的议会制，实行三权分立等。而被众多专家学者认为是"颜色革命"的香港的"占中"事件，"占中"者要求实行所谓的"普选"制，也许就是一个例证，同时也对我国急需加强意识形态安全的建设敲响了警钟。

三　加强我国意识形态安全建设

面对以美国为首的意识形态的渗透，我国必须引起高度重视，必须要把意识形态安全建设提高到国家安全的战略地位上来认识；同时，必须加强我国意识形态安全建设，构建意识形态安全防范体系。

第一，要充分发挥社会主义核心价值观的引领和整合作用。随着经济全球化趋势的加强，不同的价值观念和意识形态之间的碰撞、交融和冲突比历史上的任何时期都更加激烈。一方面经济全球化带来了经济成分多样化、利益主体多样化、社会思想意识的多样化，这是当代中国社会日益进步的反映，有利于思想的解放、理论的创新和文化的繁荣。但另一方面，处在转型时期的社会主义中国，同时也是社会矛盾凸显期，尤其是当今的官员腐败、生态环境恶化、食品安全等矛盾凸显。在此社会形势下，我国一些人出现了一种矛盾心态，一方面对国家快速发展和生活不断改善感到满意，另一方面对社会上出现的许多现象和问题也感到困惑、矛盾。不得不正视的是，我国人民的心理正是处于茫然期，如果不及时对我国民众用正确的价值观念进行引导，我国的意识形态安全恐怕将面临巨大的威胁。如今党的十八大提出，倡导富强、民主、文明、和谐，倡导自由、平等、公正、法治，倡导爱国、敬业、诚信、友善，积极培育和践行社会主义核心价值观。社会主义核心价值观是社会主义核心价值体系的内核，体现了社会主义核心价值体系的根本性质和基本特征，反映了社会主义核心价值体系的丰富内涵和实践要求，是社会主义核心价值体系是高度凝练和集中表达。其的提出无疑有利于增强人民的民族凝聚力，给正处于思想茫然期和空洞期的人民以清晰的导引，从而坚定地拥护中国共产党的领导，坚持社会主义道路。此外，在国家层面上的"文明"、"和谐"的提法，也将在世界范围内得到世界人民的尊重与认同，进而增强我国的对外吸引力。

第二，推动当代中国马克思主义的大众化，保持马克思主义在我国意识形态领域的主体地位，是我国意识形态安全的核心。"要坚持马克思主义对社会主义意识形态的指导地位，通过示范、宣传、教育和社会舆论等各种途径和形式，通过意识形态的内容、方法、手段等的创新，逐步将其深入人心，并成为人们长期的自觉遵守的内在信条和日常生活行为准则[①]"。马克思主义只有被人民大众所理解、所掌握，才能够在推动历史进步中发挥应有的作用。所以，必须对我国人民进行教育、启发和引导，在人民中传播中国化的马克思主义，推广中国的特色社会主义理论，实现当代中国马克思主义的大众化，提高人民群众对社会主义核心价值体系的认同感。只有这样，才能有效地维护我国的意识形态安全建设。

第三，切实解决国内矛盾，增强民族认同感和向心力。处于转型关键期的中国，社会矛盾面临着前所未有的尖锐局面。正如人们所说的"资本主义花了几百年解决的社会矛盾在中国则二三十年都表现出来了"，由此可见当前社会矛盾之尖锐。尤其是近年来，腐败问题、贫富差距问题、失业问题等愈演愈烈，对此我国的有些人民怨声载道，给人民也造成了不公正感，降低和削弱人民对我国政府的政治认同。在此情况下，社会矛盾和社会问题倘若处理不当，就会引发社会冲突，从而导

[①] 莫岳云、周云、张青红：《西方的渗透与我国意识形态安全建设》，《华南理工大学学报》2009年第6期。

致社会不稳和政治动荡。为此，党和政府必须竭尽全力地解决广大人民最关注、最突出和最需要的现实问题，以此来获得民众对我国政府的拥戴。对此，随着众多"大老虎"的落马，也可看出我国政府也切实着力于解决人民最现实的社会问题的决心。只有这样，才能够增强我国人民对社会主义意识形态的认同感，我国的意识形态安全才能够得到有效的巩固。

第四，加强传统文化的传承与创新。"中国优秀传统文化是中华民族的精髓，是中华民族的精神纽带，因此加强传统文化的传承与创新体系建设，对于凝聚民族精神、发展社会主义先进文化，抵御外来文化的侵袭与渗透，维护国家意识形态安全无疑具有重大的理论和实践意义。"①众所周知，教育是加强中国优秀传统文化的传承的最有效的方式之一。因此，要营造传承中国优秀传统文化的良好氛围，在教育课程内容的设置上，可以适当增加传统文化知识的比重，设置国画、书法和传统工艺等课程；同时，在传承中华民族优秀传统文化的进程中，也要注意尽可能地选择与我国当前社会主义主流意识形态具有相同性质和同一价值倾向的传统文化，进而提高我国人民的传统文化知识和民族文化素养，增强对中华民族优秀文化的认同感。另外，在中国优秀传统文化的创新上，特别注意在经济全球化时代潮流下，要积极开展对外文化交流。利用在外国开设孔子学院的形式，在满足世界各国人民学习汉语的需要的同时，也注重传播中国的优秀传统文化，促进世界各国对我国的了解与认同。此外，也应该从我国现实需要出发，对外来文化择善而从之，既能吸收借鉴一切有利于我国文化发展的优秀成果，又能在此基础上进行文化创新，这对维护我国意识形态安全具有巨大的促进作用。

第五，组织专人针对国外学者的错误观点进行反驳。目前，很多国外的政治经济界的精英学者对我国的社会的各种制度及出现的各种问题进行批判，甚至有意将问题加以扩大化，进而在舆论上造成世界性的压力。其实，他们实质上是在代替国家发声。比如，在中国刚有所发展时，国外就有学者提出所谓的"中国威胁论"；而当中国在一心一意搞

---

① 肖薇薇：《全球化时代背景下我国意识形态安全问题及战略选择》，《华中师范大学研究生学报》2013年第6期。汪安佑：《国家软实力论》，中国社会科学出版社2010年版。刘艳：《文化软实力：社会主义意识形态的战略论证》，《南阳师范学院学报》2013年第2期。

建设的时候，西方的一些学者又提出所谓的"中国责任论"；之后又提出什么"中国危害美国论"、"中国殖民论"等。此番利用学者来发声的做法，具有两大好处：一是欺骗性，以专家学者的名义发表言论，让人们认为这是科学的结论；二是政府无责任，因为是以学者的名义，即使他国政府有意见，政府名义上也可将责任转嫁给学者。面对外国学者的这些指责，我国也完全可以"以其人之道还治其人之身"。因此，我国一方面也需要聘请一批学者专门有针对性地应对国外某些学者的妄加指责，另一方面也要有期刊、报纸专门发表中国学者的文章，最好是外文文章，由中国学者与西方学者进行辩论。由此，在双方争辩的进程中，不断地巩固我国的意识形态安全的建设。

随着改革开放的深入，我们必须认识到，随着经济全球化的发展，将必然对我国的人民的思想状态带来巨大的冲击，进而对我国的意识形态安全带来严重的威胁。因此，我国必须把巩固和发展社会主义意识形态的任务长期不懈地坚持下去，以适应时代发展的需要，为改革开放的深入和社会主义现代化建设的进行提供思想上和政治上的保证。

中国道路与全球视野下的国家治理

民主化悖论
——世界政治新生态与中国道路*

张树华 景向辉等

【摘 要】 30多年来中国经济的迅速发展、稳定的政局和治理能力使其政治影响力不断提升，成为全球和地区秩序塑造中的重要一极。本文认为：在东西方权力格局变动之际，应该基于中国发展的经济和政治经验，树立自主意识，挖掘和彰显中国的政治发展力和政治竞争力，推动和引导民主研究和国际政治议程的转向。

【关键词】 民主化；悖论；政治新生态；中国道路

2008年以来，世界金融危机凸显了西方国家现有政治经济制度的深刻矛盾，暴露了西方社会的种种缺陷。危机之后出现的政治对抗、金钱政治、决策不畅等政治颓势使得西方制度的政治能力和民主成色大打折扣。相比之下，30多年来中国经济的迅速发展、稳定的政局和治理能力使其政治影响力不断提升，成为全球和地区秩序塑造中的重要一极。在东西方权力格局变动之际，应该基于中国发展的经济和政治经验，树立自主意识，挖掘和彰显中国的政治发展力和政治竞争力，推动和引导民主研究和国际政治议程的转向。

---

* 本项目名称为"民主迷局与发展悖论——冷战后民主化的经验与教训"。课题组主要成员：张树华，男，中国社科院信息情报研究院院长，研究员，主要研究方向为民主化问题；景向辉，男，中国社科院信息情报研究副研究员，主要研究方向为民主化问题。其他成员为：张莉、赵卫涛、冯钺、陈海莹、徐海燕，最终项目成果在2014年底由中国社会科学出版社出版。

一　政治西方的颓势

伴随着2013年的到来，世界历史出现了一个重要的转折点。2013年1月13日德国《世界报》刊发文章指出，到2013年，西方发达国家的经济总量将首次降至世界经济总量的一半。而在此之前的近两三百年间，由少数欧美国家组成的西方世界一直雄霸全球。德国的《文学和社会的批评》杂志2013年第1期也推出了题为"西方黄金时代已去"的文章。文章作者写道，历史上西方世界是相对于亚洲、中东和非洲等地的概念，不仅是一种发达经济和生活的象征，也代表着一种政治和经济模式。在冷战时，西方又是共产主义的对立面。自第一次工业革命以来，西方逐渐占据世界主导地位。到19世纪中叶，西方已经成为国际上的统治者。近两百年是西方大跃进的时代，无论在经济、文化，还是政治、科学方面，西方都是领先者。但2013年前后，世界再次返回正常状态：只占世界人口15%左右的西方，将重新把权力交给约占世界人口85%的新兴国家和发展中国家。文章提出，西方如何在全球化的今天找到新的位置，是一个新的问题。

西方世界在全球格局中位置的升降是一个标志性的历史性事件，这是近两三百年来从未有过的大变局，许多西方国家为此而陷入了"集体性的哀伤"。实际上，2008年爆发的国际金融危机不仅引爆了西方世界积聚多年的"金融泡沫"，同时也戳破了西方世界的民主"神话"和政治"泡沫"。这场突如其来的金融危机深刻地暴露了资本主义的政治弊病。[1]

2013年5月，美国普林斯顿大学政治系主任诺兰·麦卡提（Nolan McCarty）、佐治亚大学政治系教授基斯·普尔（Keith T. Poole）和纽约大学政治学教授霍华德·罗森塔尔（Howard Rosenthal）合作撰写了

---

[1] [美]保罗·克鲁格曼：《美国怎么了——一个自由主义者的良知》，刘波译，中信出版社2008年版，第4页以及该书第7章、第8章。

一部新书，题目为《政治泡沫：金融危机与美国民主的失败》。[1] 三位学者在书中提出，每个经济危机的背后都深藏着一个"政治泡沫"：政治偏见会助长不利于经济稳定的市场行为，而这种由信仰、制度及利益构成的偏见会不断增大市场的风险。他们认为，正如金融泡沫是由错误的信念、市场缺陷等一系列因素导致一样，"政治泡沫"也是由僵化的意识形态、迟钝而低效的政府机构及特殊利益要求综合所致。

20年前，柏林墙倒塌，宣告了冷战结束，预示着以美国为首的西方世界取得了政治、军事和思想等方面的全面胜利。随即便有日裔美籍学者福山先后发表言论，宣告"人类历史至此终结"，国际上意识形态的争论自此盖棺论定，西方自由民主制度将一统世界。西方社会主流意见认定，评价一个国家政局的好坏，就是看这个国家是否有符合西方标准的民主制度。然而，随着美国对外"推销民主"战略的受挫，"颜色革命"泛起的民主泡沫一个个破灭，一些新兴"民主国家"治理陷入混乱，人们开始对民主问题以及以西方自由民主模式为标准观察衡量世界的思维模式进行反思。与此同时，中国经济社会一直保持独立稳步发展，政治发展也取得了长足进步。西方某些学者指出，美国的民主与资本主义同时出现的经验，作为一种反常现象，也许不太适合世界其他地方。

二　西式民主一元论式微

冷战结束20多年来，"民主"一直是国际政治中的热门话题，也吸引着中国学术界的关注与热议。然而，民主问题对于国内思想理论界既熟悉又模糊，既明确又混乱。在西方，凭借对"民主"话语的垄断，西方战略家将其包装成全人类"普世价值"和全球性政治标准。"民主"被西方政治理论家提炼成政治制度的唯一真谛，将"民主"演变成一种政治宗教，变成西方对外政治输出的"政治圣经和基本软件"，

---

[1] Nolan McCarty, Keith T. Poole and Howard Rosenthal, *Political Bubbles: Financial Crises and the Failure of American Democracy*, Princeton: Princeton University Press, 2013.

成为西方通过"软实力"影响他国的"利器"。

金融危机之后出现的政治对抗、金钱政治、决策不畅等政治颓势使得西方制度的政治能力和民主成色大打折扣。2012 年 4 月 22 日,美国著名专栏评论家托马斯·弗里德曼在美国《纽约时报》刊发了题为"打倒一切"的文章指出,诸多因素导致美国整个政治体制陷入瘫痪,其政治分歧变得比以往任何时候都更为恶劣。他引用美国政治哲学家弗朗西斯·福山的观点说明,美国从一个民主政体变成了一个"否决政体"。[1] 哈佛大学教授、历史学家尼尔·弗格森在《大退化》一书中也提出,西方社会赖以运转的制度构架存在严重问题,过去 500 多年在西方一直奏效的东西现在运转得不那么顺畅了,西方需要对社会赖以运转的制度构架提出深层次的质疑。[2] 哥伦比亚大学的诺贝尔经济学奖得主约瑟夫·斯蒂格利茨(Joseph Stiglitz)认为,20 世纪 90 年代初以来最大的变化之一就是人们认识到了民主的复杂性和局限性。哈佛大学商学院经济学家布鲁斯·斯科特(Bruce R. Scott)也指出,那种认定"只要有一部宪法,举办选举,然后就有民主"的想法"愚不可及"。[3]

几十年来,在塑造西方民主理论霸权和民主政治魔方中,西方民主理论家功不可没。在西方话语霸权的影响下,一些非西方国家的激进派也推波助澜,深得西方民主激进主义的训导。民主被泛国际化、被普遍化、被神圣化、被宗教化、被教条化、被工具化、被功利化、被标签化、被碎片化。为配合西方政要输出民主,西方政治谋士将民主碎片化、模块化、程式化。西式民主成了绝对的、唯一的标准或准则。[4] 然而,随着西方世界经济陷入危机,西方世界的政治凸显颓势,长期以来西式民主一元论逐渐式微。如何认识和破解民主激进主义的束缚?什么

---

[1] Thomas L. Friedman, "Down with Everything", *New York Time*, April 22, 2012, http://www.nytimes.com/2012/04/22/opinion/sunday/friedman-down-with-everything.html.

[2] Niall Ferguson, *The Great Degeneration: How Institutions Decay and Economies Die*, New York: The Penguin Press, 2013.

[3] Patricia Cohen, "An Unexpected Odd Couple: Free Markets and Freedom", *New York Time*, June 14, 2007, http://www.nytimes.com/2007/06/14/world/14democracy.html?_r=0.

[4] 参见张树华《冷战后西方民主与民主化研究:理论困境与现实悖论》,《红旗文稿》2011 年第 11 期;张树华《民主的国际化:理论迷思与现实悖论》,《国外社会科学》2011 年第 4 期。

是民主？民主的本质是什么？如何发展和实现民主？如何避免"劣质民主"、防止"民主赤字"？什么是正确的民主发展观？世界各国政治发展与民主化的前景如何？西方某些国家强行推销的"民主化"暗含哪些危险？提出哪些思想挑战？这些都需要我们以马克思主义的立场、方法结合中国的实践经验来分析、来回答。

三　中国道路的政治内涵与密码

近年来，国内外关于"中国模式"的话题越来越热。但细心观察，在热议"中国奇迹"的背后，西方研究者宁愿多讲"中国模式的经济成就"，也不谈或者有意回避"经济成绩"的政治因素或政治优势。国际上一些中国问题专家甚至不惜精力，试图从亚洲中国文化传统等领域寻找中国成功的历史密码，避而不见中国特色社会主义的政治现实和中国共产党的执政理念。西方学界习惯了以西方政治标准评价中国问题，或偷梁换柱，或盲人摸象，这样不可避免地出现"误读"或"误判"。"一叶障目，不见泰山"，以西方政治模式和政治价值框架观察和解释当代中国问题，不仅很难全面理解中国模式"政治内涵"，同时也不可能找到中国成功的"政治密码"。更有甚者，部分西方主流媒体囿于"意识形态偏见"或固有的"冷战对立"思维，不愿看到中国的发展和进步，经常假借"中国政治话题"干脆否认中国模式的前景，断言"中国发展"无外乎是"市场列宁主义"、"权威专制政治"、"独裁重商主义"，未来没有前途。他们认定，不民主、不自由的中国社会必然"崩溃"，不民主的中国发展模式是对西方世界的挑战和威胁。

30多年以来中国的顺利发展是世界历史进程中的重要现象。在当今复杂多变的国际背景下，"中国奇迹"越发彰显出其深远的国际影响和思想价值。20年前，东西方阵营之间的"冷战"结束后，有着13亿多人口的中华民族在中国共产党的正确领导下，没有重蹈苏共败亡的覆辙，避免了苏联式崩溃和俄罗斯衰退的悲惨命运。不仅实现了经济高速发展，经济总量跻身世界第二，而且成功使得6亿多人口脱贫。特别是在世界性的金融危机爆发后，西方社会经济制度和社会治理模式或碰壁或搁浅，国际上不少国家面临着不稳定和不确定的未来。与此不同，中国的应对和表现尤为突出。30多年来，中国经济为世界经济发展提供着强大的动力，中国稳定的政局和政治治理形式影响着世界格局，丰富着世界政治面貌，中国发展的价值取向和经验原则丰富了人类发展的内涵和理念，必将为世界文明图画留下浓墨重彩的一页。

与西方国家一些学者继续局限于"民主—专制"、"西方—非西方"的两极对立思维模式不同，中国发展采取科学性的发展方式，沿着协调性的发展轨道，秉承着包容性价值理念，为当今国际社会提供了非凡的答案。中国发展改变着世界，中国发展丰富着世界。借助于发展价值的多元性、发展进程的包容性、发展理念的科学性，中国拒绝了国际上盛行的那些思想偏见和政治短视。中国政治发展显示着强劲的政治竞争力和政治发展力，展示着良好的发展前景。

曾经把中国模式概括为"北京共识"的美国学者雷默在他最近出版的《不可思议的时代》中文版序中写道："中国遇到的挑战，从规模来看，从复杂的程度来看，都是人类历史上从未经历过的。改革的本性是会产生出从未见过的新问题。这就需要一种新的创新，一种超越'中国特色'的创新。所谓'后中国特色'，是指中国将不再把国外的东西拿来，然后增加一些'中国特色'。中国创造出来的将是完全崭新、自主的创新。"《当中国统治世界》一书作者、英国学者马丁·雅克说："很多人仍旧认为，只存在一种现代性模式，那就是西方的现代性模式。"一些西方有识之士断言，今天，西方的学术界已经不能再用简单化的政治套话和二元对立的方法来讨论中国的发展特别是政治发展问题了。

实际上，中国在处理改革、发展、稳定的关系上确实有不少可圈可点之处。中国注重立足本国国情，以人为本，注重民生，较好地处理了社会民主、个人自由、国家稳定和政治效率的关系，为经济快速增长提供了良好的政治保障，积极探索出一条符合大多数人利益的政治路线。中国的发展很好地体现了发展目的的人民性、发展价值的包容性和发展方式的兼容性。在当今错综复杂的国际形势下，中国的政治发展模式日益彰显出独特的理论价值。中国特色社会主义理论体系是中国化的马克思主义，是中国特色社会主义建设实践的理论结晶。邓小平同志在晚年说了一句很深刻、很有分量的话："社会主义市场经济的优越性在哪里？就在四个坚持。"①邓小平这里所说的，这就是中国特有的政治优势，也是中国成功的政治密码。

四　中国政治发展：民主、秩序、效率

政治发展是在一个社会在一定历史文化条件下政治制度与经济体制等相互作用而产生的社会政治结果。政治发展进程包含着两方面的含义：政治发展、进步或政治倒退、衰败。通常讲，政治发展是永无止境的，只不过在不同的社会和不同的历史阶段，政治发展有着不同的含义和要求。政治民主和政治效能等是政治发展的动因，也是政治发展的重要内容，而政治稳定和政治秩序则是政治民主与政治效能的前提条件，同样是政治发展的重要因素与价值。民主、效率、秩序、稳定等之间的关系应是均衡的、协调的。这些价值共同构成政治发展的全部内容，成为政治发展的价值追求。

政治发展是一定时期、一定社会政治进程中民主、效率与秩序三组要素的协调发展或最佳组合。政治发展包含三组相互依赖、相互作用的变量和价值追求：民主（公平、权利、自由）、秩序（稳定、法治）、效率（效能、责任、廉洁）。民主、秩序和效率三组之间是内在的对立统一关系。科学的政治发展观的本质含义是民主、秩序、效率三组价值要素的协调进步、相比增长和共同发展。因此，政治改革和政治发展的任务就是准确把握上述三组价值和要素的"平衡点"，协调统一，因势而动。

当代中国的政治发展表现出发展的全面性、协调性和包容性。中国的政治发展冲破了西方固有的"民主—专制"单一化思维定式和双重标准，破除了"民主激进主义"和"民主原教旨主义"的干扰。"科学政治发展观"拒绝对"民主、自由、人权"等抽象化、简单化的议论，

---

①　冷溶：《科学发展观的政治意义》，载王一程、黄平《中俄政治改革与发展》，新华出版社2006年版，第3页。

有效驾驭了"民主化"进程，超越了西式狭隘的"民主、自由"说教。其发展的实践使得政治发展的概念更加丰富、更加广泛。中国的政治实践视野开阔，使得中国的思想者得以在政治发展的宽广平台上探讨民主化和政治改革的方向和着力点。以全面、务实的政治发展方略提高政治发展力，以持续、稳定的政治战略提高中国在国际上的政治竞争力和政治影响力，实现政治稳定、政治秩序、政治绩效、政治能力、政治动员、政治廉洁等指标的包容性增长。

另外，从外部关系上看，科学的政治发展观要求政治发展的进程及其表现应当有利于经济发展和文化进步与社会和谐。提倡政治发展的"包容性"绝不意味着拒绝一般意义上的民主。适合中国国情的政治发展模式应当是以全面政治发展的理念带动民主的进步，通过政治发展解决社会问题，为经济提供政治保障。科学的政治发展观强调政治发展与经济发展、文化发展、社会发展及人的发展的平衡，强调政治发展应当有利于经济发展、有利于社会公平和正义、有利于人与自然的和谐以及有利于世界和平、和谐与进步。

中国经济发展所取得的巨大成就，极大地增强了中国人民对政治发展道路的信心，同时也提高了中国道路对世界特别是发展中国家的吸引力，大大丰富了中国道路的政治内涵。

五　中国政治发展的思想价值与国际意义

民主是政治发展进程的组成部分，有其自身的逻辑和成长条件。邓小平同志曾殷切告诫"一定要向人民和青年着重讲清楚民主问题"[①]。在当今复杂的国际政治环境下，中国学术界从思想和认识上有必要澄清笼罩在民主问题上的迷雾，破除不切实际的"自由、民主"神话，树立正确的民主价值观和科学的民主发展观，积极探索符合自身发展特点的政治发展和民主道路。

---

① 《邓小平文选》第 2 卷，人民出版社 1994 年版，第 168 页。

（一）强调发展民主的民族性和主权性

民主是内生的，具有很强的国民性和主权性。世界各国情况和文化的多样性，决定了民主发展道路的多元性和形式的多样性。因地制宜的民主形式才富有生命力，外部强加的民主模式往往只能是华而不实的"自由外衣"。民主不能强力输出，完全照搬他国的民主模式是有害的。民主建设必须立足本国的历史，必须与国情与本国文化相结合。各国的政治发展道路只能根据本国的经济文化状况、传统、民族、宗教、风俗来确定，而不应将一国的模式强行推销给他国。冷战后大量国际案例表明，鼓吹"民主万能论"、"民主速成论"、"民主不战论"、"民主和平论"、"民主同盟"、"自由之弧"、"民主至上论"、"民主救世说"、"西方民主普世说"等说教站不住脚。

（二）强调发展民主的历史性和具体性

人类政治发展史表明，民主化是一个长期、复杂的发展过程，民主必须是因地制宜的，要符合社会政治进程和经济社会发展程度。民主应是具体的，单一的民主化并不是一剂包治百病的救世良方。民主的发展，不能只凭人们的良好愿望，脱离国情盲目发展；更不能脱离民主赖以存在的实践基础，照搬别国模式。民主政治建设，最根本的是要正确处理好民主与生产力发展之间的相互关系，与经济文化的发展水平相适应，有步骤、有秩序地进行。

（三）强调民主的成长性和阶段性

民主有其成长的现实阶段性，民主发展既要有长远的发展战略，又要有近期阶段性目标。民主政治建设是一个不断完善和发展的长期过程，不能急于求成，也不可能一蹴而就。民主有一个从不完善到逐步完善的发展过程。民主发展是有条件的，要受政治、经济、文化、历史传统、公民素质和人民政治生活的习惯等制约，不能脱离社会的现实基础和客观条件。民主化进程应与经济、社会发展同步。列宁说过，民主的发展要有一定的"度"，要掌握好一定的"火候"，一定要为生产建设服务，民主的发展超过了限度，则会走向反面。实践表明，忽视民主成长性和阶段性的政治激进主义往往不会带来民主，反而造成政局动荡不宁。苏东国家的"政治休克疗法"带来的只会是国家警惕、民族分裂和政治衰败。

（四）强调民主与政治发展的差异性和关联性

几百年来，人类社会的民主进程充满了艰辛和曲折。包括英、美、法等国在内的几百年的发达资本主义国家民主制度虽相对完善，但也存在着难以克服的矛盾，打上了深深的"资本自由和金钱民主"的阶级烙印。民主是有阶级和差异的。另外，政治发展是有序的，是一个统筹发展的系统工程，民主发展也有其成长的顺序和维度。应当正确处理政治民主、政治秩序和政治效率三者的关系。加强秩序、国家权威与维护民主、保障自由并行不悖。法治、秩序、经济发展与发展民主同等重要，不可偏废。

（五）强调国际关系民主化，促进人类文明进步与全世界各民族的共同发展

国际政治中恃强凌弱、肆意干涉他国内政或垄断国际事务是当代霸权主义和强权政治表现，已经成为实现国际关系民主化的主要障碍。宣扬"文明冲突论"、"新干涉主义"、"人权高于主权"、"新有限主权论"、"民主使命论"、"新民主殖民主义"、"新民主和平论"等都是对国际关系民主化的挑战，不仅无益于世界民主进程，而且给世界和谐带来严重威胁。动辄以"民主、自由"画线，甚至打造"民主同盟"，是在唤起新冷战。打着民主旗号，不惜诉诸武力，对他国进行"民主改造"，是在破坏国际关系民主化，目的只能是妄图缔造新的"超级强权帝国"。

每个国家和民族的历史传统、文化积淀、基本国情不同，其发展道路必然有着自己的特色。"我们主张各国与各国人民应该共同享受尊严，要坚持国家不分大小、强弱、贫富一律平等，尊重各国人民自主选择发展道路的权利，反对干涉别国内政，维护国际的公平正义。鞋子合不合脚自己穿着才知道，一个国家的发展道路合不合适，只有这个国家

的人民才最有发言权。"[①]

六 发布中国版的世界政治评价报告，提高国际话语权

与经济社会领域流行排行和评价一样，国际上一些国家或非政府组织热衷于全球范围内的政治评价或排行。由于西方大国主导着话语权，这类政治评价排行多是反映西式"民主、自由"的政治价值观，中国等发展中国家常常面临着"被排名、被贬低"的尴尬。针对国际政治评价领域"西强我弱"的局面，十分有必要结合中国特色社会主义取得的巨大发展成就，突出政治发展的综合性和全面性，研究发布中国版的"世界政治发展（力）评价报告"。

（一）西方评价指标体系不能真实反映世界政治发展面貌

国际上各类评价指标、指数及排行名目不断增多、花样不断翻新，但当前国际政治测评领域呈现出的，仍然是一种西方唱"独角戏"和广大发展中国家持续性"失语"的扭曲状态。这种以西方国家价值观体系和政治现实为依据的评价体系，必然无法真实反映世界政治发展面貌。这些排行榜往往显示了西方对中国等发展中国家固有的"傲慢与偏见"。可见，现有的西方评价指标体系无论从评价指标的选取，还是从发布机构的属性，以全其发布背后的动机等方面分析，无不带有浓厚的西方思想传统甚至是政治背景。

（二）西方"排行榜外交"的实质是企图垄断世界政治的话语权

当今世界，思想政治领域的较量与斗争日趋白热化。在西方各类政治排行所谓"客观"、"中立"的表象背后，折射出的是日益激烈的国际话语权较量以及更深层次的政治斗争。目前，国际政治领域的排行至少呈现出以下三大特征：一是有着强烈的意识形态属性和战略意图；二

[①] 习近平：《顺应时代前进潮流 促进世界和平发展》，2013年3月23日在莫斯科国际关系学院的演讲，新华社2013年3月23日莫斯科电。

是多以西方政治模式为样本,借用选举、多党竞争等民主、自由、人权为指标来评判;三是西方世界掌握了评价标准制定权和话语权,多由非政府组织、媒体和大学、研究机构一起发布。这实际上是西方世界打着学术研究和客观评价的幌子,利用"民主、自由、人权"等片面性指标对世界各国进行政治排名,借以塑造自己道德上"高尚"和政治上的"优越",贬低、影响甚至操纵他国政治。借助上述政治评价和排行榜,西方大国混淆国际舆论,推行所谓"排行榜外交",打着"民主和人权"的幌子,借机向非西方国家搞"民主人权输出",最终实现其的地缘政治利益和远期的战略意图。

简而言之,政治评估与政治排行,是继"大棒外交"、"胡萝卜外交"以及利用全球媒体推销"普世价值"的"扩音器外交"之后,以美国为首的西方国家掀起的又一轮的所谓"软实力较量"。政治排行榜是反映话语权的较量,已经成为国际争夺软实力和政治影响力的重要战场。

(三) 评估世界政治需要"中国标准"

为全面展现东西方国家的政治特色和优势,争夺国际政治话语权,展示中国的软实力和政治竞争力,迫切需要通过全面、客观与科学的比较研究和数据分析,对全世界各国政治发展的历史和现状进行科学的考察与评估,并在此基础上研究制定出富含中国特色并兼具国际解释能力的、强调综合性政治发展力和竞争力的、定性与定量相结合的"世界政治发展(力)评价和测量体系"。

目前,国际上恰恰缺少类似的对世界各国政治进行全面性和综合性评价的指标体系。这种局面不仅为某些西方大国继续垄断世界政治的话语权和干涉他国内政提供了便利,也不利于广大发展中国家坚持走适合本国国情的政治发展道路的信心与努力。为此,我国有必要整合相关研究力量和资源,收集和处理相关数据,结合国际已有的评价指标体系,研究制定并定期发布中国版的《各国政治发展力指数(National Level of Political Development 或 National Political Development Index)("NLPD"或"NPDI"、"PDI")评估报告》,以进一步扩大我国社会科学的创新力和影响力。研究和及时发布中国版"国际政治发展力评价排名",将有利于冲破现有西方垄断政治话语的格局,有利于增强我国在国际思想政治和政治传播领域的话语权,提高中国学术的"思想力和影响力",占领世界学术理论和政治评估与舆论传播的制高点。

树立道路自信，突破话语瓶颈
——关于中国道路及其话语权的思考

赵卫涛[*]

【摘　要】 在我国"硬实力"不断增强的同时，以国际话语权为代表的软实力的发展却呈现出相对滞后的倾向。在全球化与多极化空前发展的今天，国际竞争在一定程度上已经从以往的"硬实力"对抗走向了国际话语权之争。而在当今国际话语体系"西强中弱"这一基本格局没有发生根本转变的背景下，如何提升我国的国际话语权以求在日益激烈的国际竞争中更好地维护和实现本国的国家利益，已经成为摆在我国面前亟待解决的一项重大战略任务。文章认为：应该清醒地看到"中国道路"所面临的一系列亟待解决的问题与挑战，积极借鉴世界各国有益的发展经验，在中国与世界的和谐共荣与人类和平与发展的伟大事业中实现"中国话语"的最终崛起。

【关键词】 中国道路；道路自信；话语权

自冷战结束以来，中国作为世界上最大的社会主义国家，不仅没有走向某些西方学者所预言的"历史的终结"，反而通过不断深化和推进自身的改革开放，走上了一条适合中国国情的发展道路。进入新世纪以后，中国综合国力的快速增强也向世人昭示着中国的崛起与强大已是大势所趋。然而，在我国硬实力不断增强的同时，以国际话语权为代表的软实力的发展却呈现出相对滞后的倾向。在国际舞台上，体现中国30

---

[*] 赵卫涛，男，《国外社会科学》编辑，中国社会科学院研究生院政治学系博士研究生。

多年来所走过的和平发展道路的"中国声音"、"中国道路"等中国话语，屡屡被甚嚣尘上的"中国威胁论"所笼罩。在全球化与多极化空前发展的今天，国际竞争在一定程度上已经从以往的"硬实力"对抗走向了国际话语权之争。而在当今国际话语体系"西强中弱"这一基本格局没有发生根本转变的背景下，如何提升我国的国际话语权以求在日益激烈的国际竞争中更好地维护和实现本国的国家利益，已经成为摆在我国面前亟待解决的一项重大战略任务。

一　国际话语权的概念及其实质

在现代汉语中，"话语"（discourse）意指说出来或写出来的语言。同时，话语也是在人与人之间的互动中呈现而出，因而还有其特定的社会性。20世纪70年代，法国思想家福柯进一步深化了对话语社会属性的认知，将话语同其相应的社会权力紧密结合在了一起。福柯认为："在每个社会，话语的制造是同时受一定数量程序的控制、选择、组织和重新分配的，这些程序的作用在于消除话语的力量和危险，控制其偶发事件，避开其沉重而可怕的物质性。"[1] 因此，"话语并非仅是斗争或控制系统的记录，亦存在为了话语及用话语而进行的斗争，因而话语乃是必须控制的力量"[2]。

此外，话语权中的"权"可以有两种解释，即权利（right）和权力（power）。前者侧重将话语加以表达的权利，后者则强调通过话语的表达来改变其他行为主体的思想与行动。既然话语与其相应的社会权力（power）紧密相连，那么话语权在此更多的就体现为一种权力而非权利。在国际社会中，主权国家无疑是国际话语权最为核心的行为主体。而在全球化和信息化程度日益发展的今天，一个主权国家在国际社会中实现其话语表达的权利已经几乎不存在障碍。因此，国际话语权问题的关键与实质实际上就转化为话语"权力"（power）的表达与实现的

---

[1] ［法］米歇尔·福柯：《话语的秩序》，肖涛译，载许宝强、袁伟选编《语言与翻译的政治》，中央编译出版社2001年版。

[2] 许宝强、袁伟选编：《语言与翻译的政治》，中央编译出版社2001年版，第3页。

问题。

在当今的国际社会中，以经济和军事实力为代表的综合国力的较量虽然仍占据重要地位，但以国际话语权为重要内容的软实力之争已经日趋成为当今国际竞争的主战场。在凭借经济、政治甚至是军事等传统的硬实力手段维护和发展自身国家利益的同时，通过发表本国对国际事务的看法与主张，通过主导或参与国际事务中议题的设置、标准和规则的制定等做法正日趋成为当今世界各国实现自身国家利益和拓展国际影响力的重要方向。当然，国际话语权作为一种权力（power），其必要条件就是必须具备可置信性与可实现性，即该国的上述做法必须能够在国际社会中得到大多数国家的认可与推行。因此，从实质上讲，国际话语权是与一国的硬实力与软实力都密切相关的一种综合能力。一方面，一国的硬实力是该国能否拥有国际话语权的实力基础，将本国话语在国际社会加以表达仅仅是一种权利而非权力；另一方面，受历史、文化、国际格局等复杂因素的影响，一国的硬实力也并不一定能够转化为真正的国际话语权。

二 中国国际话语权的历史与现状分析

国际话语权作为一种介乎硬实力与软实力之间的综合实力，它的发展与演变往往受到一国及其所处的国际社会的历史、文化与现实等诸多因素的影响。因此，要拓展与提升我国的国际话语权，就必须首先对我国国际话语权建设所面临的历史与现状有一个清醒的认识。

（一）中国国际话语权建设面临的基本历史格局

历史地看，在世界近代化进程主要由西方主导的背景之下，国际话语权从其形成伊始就带有鲜明的西方主导色彩，"西强中弱"也就不可避免地成为中国国际话语权建设面临的基本历史格局。作为一种全球性事物，国际话语权是伴随着国际社会的形成而产生的，国际社会的形成则有赖于生产力发展和科技进步所促成的全球一体化。在"地理大发现"之前，全世界被彼此孤立地划分为数个文明区域。其中，作为东亚文明中心的中国，其整体实力虽然长期领先于欧洲文明，但相对封闭的地理环境与特殊的政治文化却最终导致了其在近代的长期落后和遭受西方侵略的命运。500多年前，始自欧洲的"地理大发现"，在加速世界各文明之间相互交往的同时，逐渐确立起了西方在全世界的主导地位。伴随着文艺复兴、启蒙运动、工业革命等一系列重大社会变革，西方世界在崛起为全世界主导力量的同时，还将其自身的政治、经济、文化、社会等诸方面的价值观念与发展模式通过各种途径输向全世界。甚至从某种程度上讲，西方化已经成了近代化的同义语和代名词。

在西方向全世界扩展其影响力的同时，中国却依旧沉浸在"天朝上国"的迷梦之中。在中国的封建统治阶级看来，西方世界是有别于中华文明的"化外之国"，是野蛮与落后的象征。在这种傲慢自大心态的影响下，选择闭关锁国的中国也失去了与西方主导的近代文明交流与借鉴的历史机遇。因此，在世界进入近代史阶段后，中国并没有在国际话语权方面有任何的觉醒意识，西方世界在国际社会形成伊始就掌握了国际话语权的主导地位。

1840年鸦片战争的爆发，标志着中国步入了屈辱的近代化进程之中。西方列强或通过坚船利炮，或通过经济、文化侵略等手段，将中国强行纳入西方资本主义主导的近代国际体系。在融入近代国际体系的痛苦历程中，无数仁人志士与革命先行者，在唤起民族觉醒与开展救亡图存运动的过程中，开始注意到确立本国在国际社会中独立话语权的重要性。但是，对于民族独立这一首要目标都尚未完成的近代中国而言，拥有并拓展本国的国际话语权则变得更加遥不可及。

1949年新中国的成立，标志着中国开始真正作为国际社会中的一支独立力量登上国际舞台。在以意识形态和社会制度为划分标准的"两极"格局中，中国不论是作为社会主义阵营的一员，还是后来作为国际社会一支相对独立的政治力量，都以其独立、革命与进步的言行，在国际社会确立了自己的话语影响力。但是，囿于"革命与战争"时代的影响，中国并未融入西方所主导的资本主义体系，也未能构建起一套足以与西方相匹敌的成熟的话语体系。而与此同时，在国际格局变迁与本国社会变革的推动下，中国自身的国际定位与话语选择也不得不面临新一轮的调整与重构。

（二）新时期提升中国国际话语权的现实瓶颈

启动于 20 世纪 70 年代末的改革开放，是中国步入社会主义新时期的标志。从国际视角来看，改革开放是中国自主选择的一个逐步融入国际"新"体系的过程，这一"新"体系的重要标志就是经济全球化。冷战结束后，中国融入这一体系的速度进一步加快。然而，不容忽视的一点是，全球化的真正主导者和最大受益者仍然是以欧美为代表的西方资本主义力量。在选择融入全球一体化的过程中，中国虽然在经济、社会、文化等多方面取得了举世瞩目的成就，但就国际话语权而言，中国却日益面临着过度依赖"西方话语"的现实困境。

伴随着改革开放的不断推进，"市场经济"、"现代化"、"法治"等大量的"西方话语"被引进并应用到了中国社会的诸多领域。在这一背景下，我国虽然对上述话语进行了一系列中国化的改造和运用，但伴随这一过程所产生的对"西方话语"的过度依赖问题也在日益凸显。一方面，中国在吸纳和运用大量"西方话语"的过程中，不可避免地会产生一定程度的"路径依赖"，从而导致自主话语权的弱化乃至缺失；另一方面，"西方话语"的大量涌入，客观上也对中国自身的话语创新与话语权建设产生了严重的不良影响。当然，上述现状的出现，与我国长期专注于发展经济等硬实力建设有着很大的关联性。但是，对"西方话语"一味遵循单纯的"采用+改造"模式的做法也是造成这种现状的不可忽视的原因之一。

实际上，在西方主导的话语体系中，"现代化"、"自由"、"民主"甚至是"市场经济"等话语，背后均被赋予了极深的意识形态意蕴。在西方话语霸权的影响下，现代化被等同于"西化"，民主被视为简单的"一人一票"，而市场则几乎成了"全盘私有化"的代名词。中国特色社会主义道路是马克思主义基本原理与中国具体国情相结合的产物，是中国共产党人在总结社会主义建设道路与经验基础之上的伟大创举。因此，在这一伟大进程中，中国理应摆脱"西方话语"的束缚，创建属于自身的话语体系，并在国际社会中树立"中国话语"应有的影响力，不断提升中国的国际话语权。

三 冷战后国际政治发展呼唤"新"格局与"新"标准

与经济领域流行排行和评价一样,进入新世纪以来,西方一些研究机构或非政府组织相继推出各种与政治社会发展相关的指数或排行。然而,在国际政治话语权长期被少数西方大国把持的背景下,各种西方评价指标体系大行其道,以中国为代表的广大发展中国家不得不面临屡屡"被排名"的尴尬。针对国际政治评价领域乱象丛生的局面,我们有必要秉承全面、客观和包容的基本立场,并结合改革开放以来中国的政治发展现实,适时提出中国版的"国际政治发展力"评价指标体系。

(一)西方评价指标体系不能真实反映世界政治发展面貌

自二战结束以来,国际上针对各国政治发展状况进行评估的研究与实践活动已悄然兴起。20世纪50年代,随着科学行为主义方法在美国政治学界的兴起,以经验研究和量化研究为主的实证研究方法开始在政治科学界广泛流行,一些西方学者也开始尝试对影响民主发展的各种因素展开量化研究。时至今日,这种研究方法仍然是以美国为代表的西方政治学研究领域的主要潮流之一。在它的直接影响下,西方一系列相关的评价指标、指数和排行榜等相继产生,如"世界各国自由度"调查报告、"民主指数"、"全球和平指数"、"全球幸福指数"、"失败国家排名"等。

各类评价指标、指数及排行名目不断增多、花样不断翻新,但当前国际政治测评领域呈现出的,仍然是一种西方唱"独角戏"和广大发展中国家持续性"失语"的扭曲状态。这种以西方国家价值观体系和政治现实为依据的评价体系,必然无法真实反映世界政治发展面貌。例如,澳大利亚"经济与和平研究所"2014年6月公布了一份2013年度"全球和平指数"排行榜,在接受调查的全球162个国家和地区中,日本排名第6,再次成为"亚洲最和平国家"。与此同时,中国的排名则不断"下滑",仅位居101位。无独有偶,9月9日,美国哥伦比亚大学"地球研究所"公布了一份针对全世界156个国家和地区的"全球幸福指数"报告，中国排名第 93 位。毫无疑问，上述两份排行榜都无一例外地显示了西方对中国固有的"傲慢与偏见"。同时可见，在西方占据绝对垄断地位的国际政治评价指标体系中，广大发展中国家只能接受不断"被排名"的尴尬局面。即使不少新兴经济体国家在政治社会发展领域取得了一系列重大成就，也会被选择性地忽略，甚至是被西方既有的评价体系贴上"异类"的标签。事实上，近些年来这种片面的评价体系暴露出的弊端已经日趋严重。在不少发展中国家，针对西方评价体系的强烈质疑和不满正变得更加明显化和尖锐化。总之，长期以来，在国际政治的现实中，这种一厢情愿式的评价体系既缺乏全面而广泛的承认，也难以获得持久且有效的全球影响力。

与此同时，西方现有评价指标体系自身所具有的片面性和非科学性缺陷也使其难以对广大发展中国家进行全面、客观和公正的评价。与经济层面相对客观的评价指标体系不同，现有的西方评价指标体系无论从评价指标的选取，还是从发布机构的属性，以至于其发布背后的动机等方面分析，无不带有浓厚的西方思想传统甚至是政治背景。以英国《经济学人》旗下"经济学人情报社"发布的"民主指数"为例，它以选举进程和多元化、公民自由、政府运作、政治参与、政治文化等五个方面为考察维度，在全世界 167 个国家和地区的受访者中展开问卷调查，最终以 0—10 分的民主指数来对这些国家和地区现实的民主状况进行量化测评。根据这一指数，中国内地 2012 年的综合得分为 3.00，排名第 142 位，创该指数 2006 年首次发布时的 2.97 之后的"新低"，这无疑是对改革开放 30 多年来中国政治发展取得重大进步的选择性失明。实际上，无论是强调选举进程和多元化，还是突出公民自由、政治参与等因素，这些指标无一不是以西方的价值观为理论预设。可想而知，以上述设定的变量来考察非西方国家，其结果必然难以反映各国真实的政治发展状况。

（二）西方"排行榜外交"的实质是企图垄断世界政治的话语霸权

当今世界，思想政治领域的较量与斗争日趋白热化。在西方各类政治排行所谓"客观"、"中立"的表象背后，折射出的是日益激烈的国际话语权较量以及更深层次的政治斗争。目前，国际政治领域的排行至少呈现出以下两大特征：一是具有强烈的意识形态属性；二是西方世界掌握了标准制定权和话语权。在西方世界"一家独大"的背景下，它们利用"民主、自由、人权"等单一指标对各国进行政治排名，大力推行所谓"排行榜外交"，打着"政治排行"的幌子，不遗余力地向非西方国家搞"民主人权输出"。它们最终目的是实现其各自的国家现实利益和远期的战略意图。

从本质上讲，当前由西方主导的各类政治排名所反映的，正是欧美等西方发达国家根深蒂固的话语霸权和强权政治逻辑。长期以来，一些西方国家习惯于以自己的民主框架来衡量和谈论别国的政治制度或政治进程，把持民主的定义和标准，随意给他国打上"民主"或"独裁"的标签。它们笃信民主的普适性和通用性，忽视民主的多样性、现实性和发展的阶段性。它们利用"民主、自由、人权、腐败"等单一和线性指标对各国进行政治排名，占据政治和道义的制高点，动辄对别国指手画脚、干涉他国内政。简而言之，这是继"大棒外交"、"胡萝卜外交"以及利用全球媒体推销"普世价值"的"扩音器外交"之后，以美国为首的西方国家掀起的新一轮的所谓"排行榜外交"。这种排行榜在扩大美国等西方媒体影响力方面也许十分有效，但其对广大发展中国家却产生了十分消极的政治影响。

回顾冷战后国际民主化发展的经验与教训，笔者发现了一个残酷却也颇具讽刺意味的事实，那就是，在西方国家借助各类排行榜大搞"民主推销"的影响下，全世界整体的和平、民主和幸福程度非但没有显著提高，反而出现了大范围的"民主衰退"、"政治衰朽"和"国家失败"等现象。以"阿拉伯之春"浪潮中的利比亚和埃及为例，伴随着民主化程序的强行植入和启动，持续性的社会动荡和一幕幕血腥的暴力"清场"在给这些国家的人民带来巨大伤痛的同时，也给国际社会带来了强烈震撼乃至反思。它告诉我们，民主是一个成长的过程，民主的发展程度与其所处的历史阶段密切相关。无视本国历史文化传统和社会现实，盲目地引进和推行西式自由民主模式的结果，只能是给国家和人民带来意想不到的深重灾难。实际上，除了西亚北非地区，近年来包括苏联、东欧以及拉美和非洲等国家在内，人为移植西方民主模式很少能够给这些地区带来真正的民主、自由、平等和幸福。

由上可见，现有的政治评价体系不仅不能全面、客观地反映当代世界政治现实的复杂性和矛盾性，反而常常成为西方对外干涉的借口。这既引发了持续不断的国际政治摩擦甚至对抗，也无益于世界各国在政治领域开展理性的对话和相互借鉴。因此，一方面，为全面展现东西方国家的政治特色和优势，争夺国际政治话语权，展示中国的软实力和竞争力；另一方面，也为了能够在全面、客观与包容的前提下，对全世界各国政治发展的历史和现实状况进行科学的考察与评估，我国迫切需要制定富含中国特色并兼具世界范围内解释能力的，强调政治发展力和竞争力的，定性与定量相结合的"国际政治发展力评价和测量体系"。

（三）评估世界政治需要"中国标准"

改革开放30多年来，我国在社会主义民主政治的建设和发展方面取得了举世瞩目的成就与进步，同时也积累了大量正反两方面的经验，这些都为我们提出具备中国特色和标准的政治评价体系提供了坚实的理论和实践基础。长期以来，我们党总结发展社会主义民主正反两方面经验，成功开辟和坚持了中国特色社会主义政治发展道路，为实现最广泛的人民民主确立了正确方向。我国在改革开放30多年历程中积累并展现出的"政治发展力"和"政治思想力"，理应成为制定新的政治发展评价标准时的重要参考。

在立足中国政治发展经验的同时，我们还应以"政治发展力"和"政治竞争力"等指标为核心，确保新的政治发展评价体系具备更加广泛的代表性和更强的理论适应性。世界上不存在唯一的、绝对的、普适的政治制度和民主模式，也没有任何一条能够放之四海而皆准的政治发展道路。因此，也不可能有哪一项或哪几项指标是衡量一个国家政治发展绝对正确的评价标准。必须在广泛吸收和借鉴人类政治文明一切有益成果的基础上，实现各项评价指标间普遍性与特殊性的有机统一，从而最终在纷繁复杂的指标中求得"最大公约数"。与西方国家推出的诸如"民主—独裁"、"自由度、透明度"等单一性指标相比，我国研究和制定的国际政治发展评价体系应具有广泛性、综合性、包容性等特点。中国版的政治发展评价体系应注重考察政治进程的"发展性、稳定性和功能性"，以"全面的、科学的政治发展"为目标，重在比较和分析世界各国的"政治发展力"和"政治竞争力"状况，通过对各国政治的"主权性、民主性、稳定性、制度性、有效性、廉洁性"等参数进行主客观测量，展现出一个时期里世界各国人民在政治大舞台上的发展和进步。

四 "中国道路"：提升中国国际话语权的突破口

进入新世纪以来，随着全球新兴经济体的不断崛起，传统的以欧美为主导的世界格局正加速向多极化方向演变。尤其是全球金融危机的爆发，在促使全世界对以美国为代表的经济发展模式进行深刻反思的同时，也使"中国道路"成为后危机时代世界各国瞩目的焦点之一。

（一）"中国道路"：从经济模式到政治话题

从概念的来源上看，"中国道路"与近些年来关于"中国模式"的讨论有着密切的联系。一般认为，"中国模式"这一概念发端于原美国《时代》周刊高级编辑乔舒亚·库珀·雷默于2004年5月提出并在海内外引发强烈反响的"北京共识"。在此基础之上，中国学者进一步将其归纳概括为"中国模式"、"中国经验"或"中国道路"等概念。笔者认为，"中国模式"等类似概念的提出，首先是基于中国改革开放30多年来经济平稳高速发展这一基本事实。因此，其最早主要是对中国经济发展模式的经验总结。随着中国成功抵御金融危机的冲击并在经济总量上跃居世界第二位，中国基于自身国情所选择的发展道路才真正跨越经济领域，成为国际社会热议的政治话题。

相较于"中国模式"，笔者认为，"中国道路"更适宜作为对中国30多年来发展道路的总体概括。一方面，"中国模式"这一概念本身在学术界仍处于讨论阶段，并没有最终成型，动辄以"模式"自居尚缺乏充分的理论依据；另一方面，目前中国在经济、政治、社会等诸方面的政策在很大程度上还停留在摸索和初步经验的层面上，且伴随着经济的快速增长，贫富差距扩大、法制不健全、生态环境恶化和资源浪费等一系列问题也尚未最终得到解决。因此,"中国道路"虽已取得了举世瞩目的成就,但其最终能否上升为一种模式,尚有待时间的检验。

(二) 和平发展:"中国道路"的世界意义

改革开放 30 多年来,中国以经济建设为中心,借助全球化的时代潮流,在不挑战既有国际体系的前提下,走出了一条以"对内求发展、求和谐,对外求合作、求和平"为总体目标的"中国道路"。[①] 笔者认为,"和平发展"既是"中国道路"的核心内涵,也是"中国道路"对全世界的贡献,具有深远而重大的世界意义。向全世界昭示中国和平发展的决心与行动,对于拓展与提升中国的国际话语权无疑具有重要的作用。

首先,中国和平发展道路的包容性特征为中国更好地融入当今国际体系,提升和拓展自身国际话语权提供了最为有利的外部环境。从国际视野来看,"中国道路"是一条保持与现行国际体系相协调的"包容性崛起"道路。"经济全球化和科技革命为更多国家提供了通过经济发展和互利合作实现振兴的历史条件,越来越多发展中国家走上快速发展的道路。"[②] 这一"包容性崛起"道路既是中国发展壮大自身的必由之路,也是中国以理性和务实的态度增强自身国际话语权的必然选择。

其次,强调和平发展的"中国道路"创造了大国崛起的新途径,打破了"国强必霸"的传统模式。不论是吸取了历史上霸权兴衰的历史教训,还是出于对中国自身历史传统与内外格局现状的思考,和平发展都是中国新时期发展壮大的必然选择。通过向国际社会阐扬"中国道路"和平发展的核心诉求,不仅可以有力地回击个别西方势力对中国的无端指责,而且也有利于中国树立有别于西方强权逻辑的新形象,提升中国在国际社会中的话语权。

最后,作为世界上最大的发展中国家,"中国道路"为广大发展中国家的发展壮大提供了重要的道路启示。在当今国际社会,"南北差

[①] 国务院新闻办公室:《中国的和平发展》白皮书第二部分"中国和平发展的总体目标",2011 年 9 月。

[②] 国务院新闻办公室:《中国的和平发展》白皮书第五部分"中国和平发展的世界意义",2011 年 9 月。

距"仍在不断扩大,广大发展中国家渴求通过发展自身来摆脱贫困走向富强。对于这些发展中国家而言,"中国道路"意味着在传统的西方模式(主要是美国模式)之外,出现了一条新的可资借鉴的发展道路,这为中国在占世界人口绝大多数的发展中国家中赢得话语权提供了有力支撑。

(三)和谐共荣:实现"中国道路"中"中国特色"与"普适性"的有机统一

在当今国际社会价值理念与发展道路日趋多元化的大背景下,我们还应该清醒地看到,"中国道路"作为中国自身发展经验的阶段性总结,从本质上并未脱离经济全球化的时代背景与人类文明发展进步的一般规律。因此,要做到"中国道路"中"中国特色"与"普适性"的有机统一,实现阐扬"中国道路"与提升中国国际话语权之间的良性互动,还必须坚持以下基本原则。

一是必须始终立足于坚持中国特色社会主义道路的"中国特色"本质。党的十八大报告指出:"回首近代以来中国波澜壮阔的历史,展望中华民族充满希望的未来,我们得出一个坚定的结论:全面建成小康社会,加快推进社会主义现代化,实现中华民族伟大复兴,必须坚定不移走中国特色社会主义道路。"回顾改革开放以来中国国际话语权建设的总体历程,笔者发现,唯有立足自身的创新与发展,坚持"中国道路",树立道路自信,才能真正在国际社会中唱响"中国话语",树立"中国话语"的权威性。

二是必须进一步增强"中国道路"中的"普世性"特征,这既是国际话语权建设自身规律的内在要求,也是中国国际话语权建设的当务之急。作为一种能够对其他国际主体言行施以影响和改变的特殊权力,国际话语权必然要求具备一定的普世性。一味地强调"中国特色",不仅无助于提升"中国道路"的国际影响力,还会加深外部世界对"中国道路"的疑虑甚至误解。

三是必须以更加开放的胸怀与态度,将"中国道路"与人类文明的优秀成果相结合,实现和谐与共荣。一方面,要坚定地树立道路自信,以"中国道路"的不断发展壮大作为提升国际话语权的坚强依托;另一方面,我们也应该清醒地看到"中国道路"所面临的一系列亟待解决的问题与挑战,积极借鉴世界各国有益的发展经验,在中国与世界的和谐共荣与人类和平与发展的伟大事业中实现"中国话语"的最终崛起。

坚定马克思主义信仰与拒斥虚无主义

——读张维为的《中国震撼》

彭隆辉　刘尚明*

【摘　要】 按照施特劳斯的理解，虚无主义是对文明本身的拒斥，因而抵御虚无主义无疑是反其道而行之，是对文明的倡导与建立。张维为的著作《中国震撼》从"文明型国家"的视角来观察中国的崛起，可以说从事实的描述上拒斥了施特劳斯所理解的虚无主义，表现在实践理性精神带来了文明的复兴；和而不同的理念促进了和平的发展；兼容并包的学习精神带来了文明的繁荣。作为"文明型国家"的中国坚定马克思主义信仰，实践理性与理论理性相统一，道德与科学相统一，传统与现代相结合，走自己的道路，在现代化的过程中不断发展。

【关键词】 文明；文明型国家；虚无主义；马克思主义信仰

张维为的著作《中国震撼——一个"文明型国家"的崛起》[1]中提到的"文明型国家"，为我们分析中国和世界提供了一个全新的视角，也给世界国家的发展提供了一种新的方向。从施特劳斯的视角看，张维为的著作为我们拒斥虚无主义开辟了新视野和揭示了一个不可争辩的事实。这个新视野是"文明型国家"，一个不可争辩的事实是一个"文明型国家"的崛起。施特劳斯从文明的视角观察虚无主义，张维为

---

* 彭隆辉，男，江西师范大学政法学院院长，教授，主要研究方向为马克思主义中国化。刘尚明，男，华南理工大学副教授，主要研究方向为马克思主义中国化。

[1] 张维为：《中国震撼——一个"文明型国家"的崛起》，上海人民出版社2011年版。

以亲历100多个国家的经历,结合中国实情,提出了"文明型国家"的概念,反思中国崛起的深层次内涵,为中国今后的发展指明了方向,对虚无主义进行了有力的事实拒斥。

那么,"文明型国家"在何种意义上拒斥了虚无主义?施特劳斯认为:"虚无主义是对文明本身的拒斥。"[①] 因此,抵御虚无主义无疑是反其道而行之,不是对文明的拒斥,而是对文明的倡导与建立,拥有对自己文明化的自豪。文明是什么?施特劳斯从三个方面进行了规定:文明是一种理性文化,文明的基础是自然,文明与学习分不开。一个"文明型国家"对虚无主义的拒斥也表现在三方面,即实践理性的精神、和而不同的理念、兼容并包的学习精神。一个"文明型国家"的崛起是坚定马克思主义信仰的结果。

一 拒斥之一:实践理性精神带来了文明的复兴

施特劳斯区分了文化与文明。文化被打上了人性的烙印,人性可以区分感性和理性,文化相应地分为感性文化和理性文化,文明则是一种理性文化,因此并非所有的文化都可以称为文明。施特劳斯指出:"文明是有意识的理性文化。"[②] 这意味着文明与野蛮不同,文明是一种向着崇高的倡导,人类可以有生命或生存着,但不一定文明。文明是要让人教化养成某种人,将人教化成公民而非奴隶,教化成热爱和平而非战争之人,教化成城邦的而非乡村的居民,教化成彬彬有礼而非粗野凶暴之人。有如社会主义核心价值观倡导富强、民主、文明、和谐;倡导自由、平等、公正、法治;倡导爱国、敬业、诚信、友善。而文化却没有这样的规定,一个人可以有文化,但未必是文明的。野蛮人也可以有文化,可以生产消费、唱歌跳舞,可以有精心修饰的衣服武器,也许还会讲故事,但却无法被文明化。

在施特劳斯看来,人类理性有两种能动的方式:一是调节人的行

---

① 刘小枫编:《施特劳斯与古典政治哲学》,上海三联书店2002年版,第751页。
② 同上书,第754页。

为，这是实践理性，在此基础上产生了人类的道德，它可以理解为正当、高尚行为的规则；二是理解人所能理解的东西，这是理论理性，在此基础上产生了人类的科学，它是理解宇宙与人的尝试。如果此论断正确，那么在此意义上，中国文明更多的是实践理性，而西方文明更多的是理论理性。中国走向现代化的过程更多是学习西方理论理性即科学的过程，但从未失去自己的实践理性。中国的实践理性力求通过自己的"做"和"实践"来"格物"，来独立评判现有的各种观念。张维为认为："中国模式的基本思路是回归实践理性，回归中国人慎思明辨、兼收并蓄，和谐中道、综合创新的传统。"① 道德与科学是文明的支柱，两者缺一不可。施特劳斯认为："无道德的科学会沦为犬儒主义，这样也就摧毁了科学努力自身的根基；无科学的道德则沦为迷信，从而往往成为狂热的野蛮。"② 道德为善，科学求真，真和善都是文明的原则。施特劳斯有意把"艺术"置于文明的定义之外。艺术是感性文化，但却称不上文明。

  作为"文明型国家"的中国，坚持实践理性与理论理性相统一、道德与科学相统一，传统与现代相结合，文明没有断裂，现代没有放弃，在现代化崛起中走自己的发展道路。在张维为看来，"文明型国家"是一种特别类型的国家，是一个把"民族国家"和"文明国家"长处融为一体的国家。③ "民族国家"指的是一些具有共同特性（如语言、宗教或生活方式等）的人民组成的国家。在西方政治话语里，"民族国家"已成了"现代国家"的代名词。法国、德国、日本和英国等国都相继成为"民族国家"，中国从20世纪初亦开始了自己的"民族国家"建设的艰难历程。但在不少西方人的眼里，中国是有着数千年历史的文明国家，有着自己独特的文明，这是障碍和包袱，要转变为"民族国家"却面临种种困难。然而，通过长达百年的不懈努力，中国已经建成了强大的现代国家，形成了空前统一的政府、市场、经济、教

---

  ① 张维为：《中国震撼——一个"文明型国家"的崛起》，上海人民出版社2011年版，第117页。
  ② 刘小枫编：《施特劳斯与古典政治哲学》，上海三联书店2002年版，第752—753页。
  ③ 张维为：《中国震撼——一个"文明型国家"的崛起》，上海人民出版社2011年版，第64页。

育、国防、外交、金融、货币、税收体系。但是，中国的发展和一般国家的发展不一样，它的"文明国家"的许多传统并未随着现代国家的建立而消失。恰恰相反，它们被保留了下来，而且在现代国家的载体中得到了更好的发挥。正如英国学者马丁·雅克在《当中国统治世界》一书中指出的那样："世界上有许多种文明，比如西方文明，但中国是唯一的文明国家。中国人视国家为监护者、管理者和文明的化身，其职责是保护统一。中国国家的合法性深藏于中国的历史中。这完全不同于西方人眼里的国家。"[1] 在张维为看来，"文明型国家"与"文明国家"是有区别的，前者融"文明"与"（现代）国家"为一体，而后者中的"文明"和"（现代）国家"则常常是一个矛盾体。

施特劳斯不赞同把虚无主义等同于"一切传统精神标准的解体"。[2] 拒斥虚无主义不是要全部回到一切传统精神当中去，用亚里士多德的话来说，我们追求的是善好者，而非所承继者。因而对虚无主义的拒斥，简单的保守主义是很危险的，需要传统与现代的结合。施特劳斯很赞赏英国人，他们在设想现代理想时从未与传统彻底决裂，这种决裂在欧洲大陆却影响深远。

古埃及文明、古两河流域文明、古印度文明、古希腊文明，在走向现代的进程中，文明都有所断裂，没有完成现代国家的转型，而中国作为"文明型国家"却没有和文明断裂。"文明型国家"具有超强的历史和文化底蕴，沿着自己特有的轨迹发展，不需要别人的认可也可以独立存在和发展。张维为从历史、文化、语言、政治、社会、经济方面的独特性进行了论证，这其中的每一点都包含了传统"文明"和"（现代）国家"的融合。五千年绵延不断的历史使中国在人类知识的所有领域几乎都形成了自己的知识体系和实践传统。"与时俱进"观念源于数千年前《周易》中的"与时偕行"。"和谐社会"的概念源于《周易》里的"太和"概念。"摸着石头过河"、"船到桥头自然直"、"敢为天下先"等都是数千年文明智慧的积累。中国人坚持实践理性的哲学传统，坚持管用的原则。中国文化崇尚"天人合一"和整体主义。中国文化

---

[1] 张维为：《中国震撼——一个"文明型国家"的崛起》，上海人民出版社2011年版，第63页。

[2] 刘小枫编：《施特劳斯与古典政治哲学》，上海三联书店2002年版，第756页。

中，儒、道、释互补，儒、法、墨共存，表现出多元一体的思想格局。中国文化"和而不同"，具有海纳百川的文化包容性，可以融多样为一体。中国使用的是历史悠久、生生不息的汉语，保持了汉语，就保持了文化的根。中国人的文化和信仰就蕴藏在中国的文字中。"一个中国人，只要学会了中文，能够听说读写，能够使用一二百个成语，中国文化的基本元素往往就融化在他的血液中了，他就学会了许多做人做事的道理，如与人为善、自食其力、勤俭持家、好学不倦、自强不息、同舟共济等。"[1] 在漫长的历史中，中国人也形成了自己独特的政治文化观。中国人目光比较远大，思维方式更注重整体效果。"文明型国家"是"百国之和"，中国政权的合法性来源于历史合法性，其最大特点是"选贤任能"的政治传统和"民心向背"的治国理念。这是中国在数千年历史的绝大部分时间内都远远领先西方的关键所在，是中华民族政治智慧的体现，也是今天中国模式超越西方模式的核心竞争力之一。中国社会的最大特点是以家庭为基础及其衍生出来的一整套关系和生活方式，西方社会是以个人为基础而形成的整套关系和生活方式。长达数千年的中国家庭伦理还衍生出了"舍己为家"和"保家卫国"这种"家国同构"的社会传统。"修身、齐家、治国、平天下"的信念又把个人追求与社会追求统一了起来：由个人而家庭，由家庭而社会，由社会而国家，由国家而天下。在中国现代国家形成过程的百年中，这种价值观又转化为强烈的民族认同感和国家凝聚力。中国传统意义上的经济学，严格讲不是"市场经济学"，而是"人本经济学"，是"经世济民"，把经济与国计民生联系在一起，与治国安邦联系在一起，经济发展是为了百姓福祉，不是资本利润第一。

张维为指出："一个五千年延绵不断的文明本身就是人类历史上一份最伟大的物质和非物质文化遗产，我们对此首先要心怀敬意。……它今天所展现出来的一切，绝对不是'先进'与'落后'、'民主'和'专制'、'高人权'和'低人权'这些过分简约甚至简陋的概念可以概括的。……我们切忌简单地拿西方所谓的现代性的标准来随意否定自

---

[1] 张维为：《中国震撼——一个"文明型国家"的崛起》，上海人民出版社2011年版，第71页。

己的文明。"① 总之,"'文明型国家'既是一个国家,又是'百国之和'。作为一个国家,它有世界上最难得的民族凝聚力和宏观整合力,作为'百国之和',它有世界上最罕见的内部差异性和复杂性,但作为一个历史延绵不断的统一国家,这些差异最终又能'和而不同'地共存,良性互动,相得益彰,造福国人,惠及世界"②。这是一个"文明型国家"崛起的真正意义。

二 拒斥之二:和而不同的理念促进了和平发展

作为"文明型国家"的崛起,中国崛起的最大特点是和平。张维为指出,中国在崛起的过程中,对外没有发动战争,对内保持了安定团结,这是人类历史上的一处非同寻常的奇迹。"在实事求是指导下的中国崛起是和平的崛起,没有像欧洲崛起那样给世界带来战争。"③ 回顾世界历史,以欧美工业革命迅速发展的19世纪中后期为例,西方崛起的过程几乎就是一部动荡与战争的历史,西方崛起的"第一桶金"无疑是血和火带来的。1840年英国发动了对中国的鸦片战争。1846—1848年的美国与墨西哥战争,使美国获得了包括加利福尼亚州在内的大片土地和丰富的资源。1858年法国侵占了印度支那,并于1865年实现了对印度支那的控制。1861年美国爆发了南北战争,力图摆脱对英国的依赖,后来1867年开始了对印第安人的大规模杀戮。

马克思则在资本原始积累意义上来描述这一过程。他满怀深情地说:"资本来到世间,从头到脚,每个毛孔都滴着血和肮脏的东西。"④ 所谓资本的原始积累,就是生产者与生产资料相分离,货币资本迅速集中于少数人手中的历史过程。资本的原始积累主要通过两个途径进行的:一是用暴力手段剥夺农民的土地;二是用暴力手段掠夺货币财富。

---

① 张维为:《中国震撼——一个"文明型国家"的崛起》,上海人民出版社2011年版,第78页。
② 同上书,第79页。
③ 同上书,第127页。
④ 《马克思恩格斯全集》第44卷,人民出版社2001年版,第871页。

但不管采取何种方式,暴力是其共同特征。使用暴力却是野蛮的标志。有人借此认为,共产主义革命是无产阶级暴力革命,那么共产主义革命是虚无主义。施特劳斯坚定认为:"无法说共产主义是虚无主义运动。"对于虚无主义而言,本质区别是从意向上来说,而不是从结果上来说。"如果共产主义革命是虚无主义的,这是就其结果而非意向而言。"① 共产主义革命从结果来看是会毁灭一些东西,但其意向是要实现全人类的解放,要实现每个人的自由而全面的发展,无产阶级暴力革命是其途径。就此而言,共产主义革命不是虚无主义运动。纳粹不仅从结果来判断,更重要的从意向来判断都是虚无主义的。在施特劳斯看来,德国虚无主义出于武德、军事德性缘故而拒斥文明本身的原则。战争是宗毁灭性的事业。施特劳斯意味深长地谈道:"如果战争被看成比和平更高贵,如果战争而不是和平被看成那目的,一切实践图谋的目的不啻就是毁灭。"② 中国人则不同,践行"和谐中道"与"和而不同"的理念,硬是靠自己的智慧,苦干乃至牺牲,闯出了自己的发展道路和模式,开辟了中国实现现代化的广阔前景。

和平是文明的特点之一,和平的文明有其自身的基础。施特劳斯认为:"文明有一个自然基础,这是它被发现而非创造的,它依赖于这个基础,对这个基础它只有十分有限的影响。"③ 由此可见,文明这个自然基础,是要人去发现它,而不去创造它。作为文明支柱的道德有一个自然基础,人们要去发现它,而不是去创造它;作为文明支柱的科学也有一个自然基础,人们要去发现它,而不是去创造它。现代性的人们更多的是去创造而非发现。"这里所谓'自然'指的是某物或某类物的特征、外观和活动方式。同时也指某物或某类物不是由神或人创造的。"④ 自然生成,而非人工做成。自然不能被自然所认识,自然必须被发现。在施特劳斯看来,在发现自然之前,人们知道每一物或每类物都有其"方式"或"习惯"——"固有的活动"形式。火、狗、女人、疯子、

---

① 刘小枫编:《施特劳斯与古典政治哲学》,上海三联书店2002年版,第756页。
② 同上书,第759页。
③ 同上书,第754页。
④ [美]列奥·施特劳斯等主编:《政治哲学史》,李天然等译,河北人民出版社1993年版,绪论第2页。

人都有各自的方式或习惯：火燃烧，狗吠叫、摇尾，女人排卵，疯子胡言乱语，人会说话，不同部落的人也都有各自的方式或习惯。由于自然的发现，自然与约定俗成之间的区别就引起人们的讨论并成为注意的焦点。人会说话这是自然的，而某一特殊的部落说某种特殊的语言则是由于约定俗成，这个区别意味着自然先于约定。对施特劳斯来说，现代虚无主义的核心是否定古代意义上的"自然正当"与"超越理性"，即否定价值、真理与意义的自然基础，将价值、真理与意义的基础确定为变幻不定的人为"历史"；也否定可以超越任何历史偏见以确认自然正当的理性，将理性理解成历史的产物并确认为"工具理性"，从而使韦伯所谓的"诸神之争"的价值冲突无法得到解决，也导致了好坏是非判断的不确定与虚无，它的时髦样式是自由主义。因此，在列奥·施特劳斯看来，克服虚无主义的唯一道路就是发现自然，回到对"自然正当"与"超越理性"的朴素信赖，即回到对"天理"与"良知"的朴素信赖。

作为"文明型国家"的中国，其文明的基础至少包括两部分：一是超大型的人口规模；二是超广阔的疆域国土。整个西方的人口占世界人口的14%，中国人口占世界人口的20%，受过教育和培训的人民是"文明型国家"的最大财富，这么巨大的人口所产生的规模效应，世界上无人可比。"中国发展模式的一个特点就是：学习+创新+巨大人口产生的规模效应+影响中国和世界。"① 中国的旅游、手机、互联网、高速铁路等行业的迅速发展，都体现了这种规模效应。辽阔的疆土使中国获得了绝大多数国家难以比拟的地缘优势及地缘辐射力和战略纵深。由于可以在超大规模的国土内进行战略布局，我们今天可以实现"西气东输"、高铁"四纵四横"等人类历史上罕见的现代化工程，实现资源的优势支配，产业升级可以在中国自己内部进行大规模的产业梯度转移。

在施特劳斯看来，文明的主体是作为人的人。"如果虚无主义是对文明本身的原则的拒斥，如果文明的基础是认可这样一个事实：文明的

---

① 张维为：《中国震撼——一个"文明型国家"的崛起》，上海人民出版社2011年版，第65页。

主体是作为人的人，严格地说，凡根据种族、民族或者文化来解释科学与道德的，都是虚无主义。"① 因而，文明的自然基础蕴含了文明是需要善于学习的，是需要对不同种族、民族或文化学习，使人成为人。

三 拒斥之三：兼容并包的学习精神带来了文明的繁荣

在施特劳斯看来，"文明与学习分不开，与向其他人（只要这人能教我们有价值的东西）学习的欲望分不开"②。对科学或哲学的民族主义来说，由于他们拒斥了文明本身，因而无法真正从他们的民族或文化之外的人学到任何有价值的东西。在施特劳斯看来，希腊人与野蛮人的分别就是所谓学习的意愿，只要有可以学习的东西，希腊人也不介意向野蛮人学习；而野蛮人则相反，他们相信他们所有的问题都被他祖先的传统解决了，或者可以在此基础上得到解决，因而不愿意学习，也没有向其他民族学习的欲望。当然，有时候，一个民族在对某类现象的理解上的确较其他民族更为擅长，这是科学或道德的偶然命运。因此，"对文明的定义来说，因此对虚无主义的定义也一样，起决定作用的并不是科学或道德的偶然命运，而是它们的本质意向"③。对于文明与不文明来说，起决定作用的并非拥有何种文明，而是有无学习的欲望。这里的关键不是学习的结果而言，而是有无学习的意向。

在张维为看来，中华文明善于学习，长于综合创新。"我们愿意学习别人的一切长处，但我们不放弃自己的优势。中华文明是一个主体文明，不是一个次生文明。日本作为一种次生文明在吸收西方文明的时候也能保持自己的许多历史传承，更何况中国呢？"④ 中华民族是一个热爱学习的民族，因为我们有"三人行必有我师"的千年古训。孔子从不承认自己是圣人，但却毫不谦虚地说自己好学。子曰："十室之邑，

---

① 刘小枫编：《施特劳斯与古典政治哲学》，上海三联书店2002年版，第754—755页。
② 同上书，第755页。
③ 同上。
④ 张维为：《中国震撼——一个"文明型国家"的崛起》，上海人民出版社2011年版，第68页。

必有忠信如丘者焉，不如丘之好学也。"① 其意思是即使只有十户人家的小村子，也一定有像我这样讲忠信的人，只是不如我那样好学罢了。孔子很看重其学生颜回，其中一个重要原因是他好学。《论语·雍也》当中这样记载：哀公问："弟子孰为好学？"孔子对曰："有颜回者好学，不迁怒，不贰过，不幸短命死矣。今也则亡，未闻好学者也。"我们有悬梁刺股、程门立雪、囊萤夜读等无数传说典故。在中国过去30多年的发展中，我们学习西方的市场经济、"数字管理"、私营企业的活力、"法制优势"、个人自由和权利的理念等推动经济、社会和人的发展。学习过程的基本思路是"以我为主，整合创新"。

在历史的某些阶段我们闭关自守，导致了国家的落后和衰败。但从1978年开始，中国走上了全方位改革开放之路。邓小平对于中国的发展讲了三条意见：不照搬西方，不照搬其他社会主义国家，也不放弃自己的优势。在这"三不"的基础上大胆探索体制创新，大胆学习和借鉴别人的长处，同时也发挥自己的优势，逐步形成了自己的发展模式。开放、互动、交流极大地丰富了中华文明，也向世界传播了中华文明。中国全方位的对外开放战略独具特色。邓小平在南方考察时提出，社会主义要赢得与资本主义相比较的优势，就必须大胆吸收和借鉴人类社会创造的一切文明成果，吸收和借鉴当今世界各国包括资本主义发达国家的一切反映现代社会化生产规律的先进经营方式、管理方法。邓小平这个论断，正是作为"文明型国家"学习的应有态度。

现在中国正在建立学习型社会、创新型国家。上至中央政治局的定期学习制度，下至无数职员忙着给自己"充电"，都展示了中国人好学不倦的学习精神。难能可贵的是，在学习过程中没有失去自我，而是用自己的眼光来判断，博采众长、兼收并蓄、推陈出新。"作为一个'文明型国家'，我们的文化基因太强了，你不想要中国特色，也会有中国特色，关键是我们不要用中国特色拒绝学习别人好的东西，而是要用中国特色来吸收别人好的东西。"② 由于"文明型国家"的特性，我们治

---

① 《论语·公冶长篇》。
② 张维为：《中国震撼——一个"文明型国家"的崛起》，上海人民出版社2011年版，第244页。

理自己的国家绝不能套用西方的观念，我们中国人能采取拿来主义，用中国人的眼光来取舍，任何时候都不要失去自我，不要失去自己的优势。张维为指出："我们要做的不是削足适履，诋毁中医或中国模式以适应西方的理论，而是应该以中国人的成功实践为出发点，去修正西方的理论，去形成自己的理论。"[1] 刘森林区分了阶级论意义上的"虚无主义"和文明论意义上的"虚无主义"，并呼吁"立足于中华文明的复兴来建构一种中国化的新形而上学"[2]。这是中国未来发展的应有方向，是中国走向现代化过程中避免虚无主义的重要立场。

四 一个"文明型国家"的崛起是坚定马克思主义信仰的结果

中国以西方不认可的模式迅速崛起，这已是事实，那么中国的崛起是一种什么性质的崛起呢？以至于给世界带来了相当的震撼。对于此问题，有两种不同的观点：一种观点认为中国的崛起是按照西方市场经济理论进行了改革，带来了经济总量的提高、中产阶层人数的增多的普通国家的崛起；另一种观点认为中国崛起是坚持了自己的发展道路，既坚持自己优势又博采众长，实现了一种对西方模式的超越，也实现了一个五千年文明与现代国家重叠的"文明型国家"的崛起。张维为持后一种观点："中国的崛起不是一个普通国家的崛起，而是一个五千年连绵不断的伟大文明的复兴，是一个人类历史上闻所未闻超大规模的'文明型国家'的崛起。"[3] 中国的崛起是一个"文明型国家"的崛起，这是包含了五千年文明与现代国家重叠的崛起，经过共产党执政60多年，特别是改革开放30多年，中国的发展基本上形成了传统性与现代性结合，"五种文明"即物质文明、精神文明、政治文明、社会文明和生态文明相统一的中国特色社会主义的新型文明。为什么能够如此？其原因

---

[1] 张维为：《中国震撼——一个"文明型国家"的崛起》，上海人民出版社2011年版，第68页。
[2] 刘森林：《物与无：物化逻辑与虚无主义》，江苏人民出版社2013年版，第335页。
[3] 张维为：《中国震撼——一个"文明型国家"的崛起》，上海人民出版社2011年版，第1页。

是中国的现代化发展坚持了自己的发展道路，坚定信仰马克思主义，在发展问题上坚持了科学的发展观，辩证的否定观，传统与现代的结合，古今中外相结合，文明没有断裂，现代没有放弃，海纳百川，兼容并包，推陈出新。

一个"文明型国家"对虚无主义的三个拒斥表现恰恰是坚定马克思主义信仰的结果。坚定马克思主义信仰最根本的是坚持马克思主义的基本立场、观点和方法，大力推进马克思主义中国化、时代化、大众化。马克思主义的鲜明立场是始终站在人民大众的立场，坚持以人为本，坚持人民群众是历史的创造者和文明成果的享有者，中国现代化的发展的出发点和立足点都是人民群众。张维为的概括是"民生为大"。马克思主义的基本观点是马克思主义关于自然、人类社会和思维规律的科学认识，包括关于马克思主义哲学的基本观点，关于马克思主义政治经济学的基本观点，关于科学社会主义的基本观点。马克思主义的方法是指导我们正确认识和改造世界的根本思想方法和工作方法，关键是辩证唯物主义和历史唯物主义的思想方法和工作方法。张维为的概括是中国人的整体思维和辩证思维能力比较强。由于这种整体观，中国人能够把个人价值追求、社会价值追求和国家价值追求统一起来，这正是积极培育和践行社会主义核心价值观的前提理念。马克思主义中国化，就是把马克思主义基本原理同中国具体实践相结合，同革命实践、建设实践、改革实践相结合，形成具有中国特色、中国风格、中国气派的马克思主义。马克思主义时代化，就是把马克思主义基本原理同时代特征结合起来，坚持与时俱进，使之能够顺应时代发展、体现时代精神。马克思主义大众化，就是把马克思主义科学理论同人民群众的实践活动结合起来，更好地为人民大众所接受和应用。科学理论只有大众化，才能成为人民群众认识世界、改造世界的有力武器。

领导干部应增强"政治定力"

——学习习近平总书记重要论述

周利生　王水兴[*]

【摘　要】"政治定力"是党的执政能力的重要组成部分，也是政治信仰力的表现。本文认为，领导干部保持"政治定力"就是要求领导干部具备良好的马克思主义理论素养，领导干部有了"政治定力"就可能具备处变不惊的政治冷静和驾驭复杂局面的执政能力，从而在革命和建设实践中经受考验，成为人民群众的主心骨。人民要依赖有组织的政党来实现对国家的组织和管理，从一定意义上讲，党的高级领导干部对马克思主义是否具备高度的政治觉悟和政治忠诚，是关乎党和国家事业兴衰成败的关键。

【关键词】政治定力；领导干部；政治觉悟

"政治定力"是个新话语。党的十八大以来，习近平总书记多次提出领导干部要增强"政治定力"。联系当代中国全面深化改革和现代化建设的大背景，学习习总书记系列讲话精神，我们认识到总书记提出的"政治定力"思想有着深刻的内涵和广阔的背景。领会总书记关于增强"政治定力"的重要思想，对于提高各级领导干部的执政能力、领导水平和党性修养，增强全党全社会对中国特色社会主义道路自信、理论自信和制度自信，具有重要的理论和实践意义。

---

[*] 周利生，男，江西师范大学政法学院党委书记，教授，博士生导师，主要研究方向为马克思主义中国化。王水兴，男，讲师，江西师范大学2014级博士研究生。

一 习近平总书记提出的政治定力思想内涵

"政治定力"是在"定力"这个词的基础上增加"政治"限定词形成的。"定力"源自佛教用语,佛教讲戒、定、慧。定力,是修养要达到的一种境界,就是要做到坐怀不乱,处变不惊,临危不惧。① 在总书记的讲话语境中,"定力"是指人在动态环境中稳定的心态、稳定的行为、干好既定本职工作的能力。政治,主要指政治立场、政治信仰、政治制度和政治观点。江泽民同志强调过,领导干部要"讲政治",就是讲政治方向、政治立场和政治信仰。他指出:"我们的高级干部,一定要讲政治。我们搞现代化建设,中心任务是发展经济,但是必须有政治保证,不讲政治、不讲政治纪律不行。"② "我们讲的政治是马克思主义政治,是建设有中国特色的社会主义政治。"③ 胡锦涛同志也强调指出:"全党同志特别是各级领导干部要讲政治、顾大局、讲团结、守纪律。"④ 习近平总书记的"政治定力"思想,是对江泽民、胡锦涛"讲政治"思想的继承和发展。学习习近平总书记系列讲话精神,笔者认为,领导干部"政治定力"思想内涵有三个层次。

(一)对马克思主义、中国特色社会主义的坚定信仰,是领导干部政治定力的核心含义

习近平总书记多次强调理想信念的"总开关"作用,领导干部政治定力根本上源于对崇高的共产主义理想信念的追求。他强调:"我们必须始终保持对马克思主义的坚定信仰、对共产主义和中国特色社会主义的坚定信念,按照马克思主义政治家的标准严格要求自己,始终把人

---

① 孙业礼:《学习习近平系列讲话中的新概念、新韬略:担当 定力 规矩》,《党的文献》2014年第2期。
② 《江泽民文选》第1卷,人民出版社2006年版,第457页。
③ 同上书,第516页。
④ 《十六大以来重要文献选编》中,中央文献出版社2006年版,第320页。

民放在心中最高位置,把为党和人民事业贡献力量作为自己的最高追求,为坚持和发展中国特色社会主义不懈奋斗,以此来开阔胸襟和眼界,以此来增强政治定力和政治敏锐性,以此来提高抵御各种风险和经受住各种考验的能力。"① 在谈到怎样检验一个人理想信念是否坚定时,习近平总书记说:"那就主要看干部是否能在重大政治考验面前有政治定力,是否能树立牢固的宗旨意识,是否能对工作极端负责,是否能做到吃苦在前、享受在后,是否能在急难险重任务面前勇挑重担,是否能经得起权力、金钱、美色的诱惑。"② 共产党人的根本信仰是共产主义,共产主义代表着人类社会历史发展的方向,代表着最广大人民的根本利益。有了共产主义的坚定信仰,领导干部就会形成坚强的意志和坚决的态度,就会形成科学的人生观、价值观、权力观、利益观、政绩观。坚定的理想信仰是领导干部政治定力的核心。

(二) 对各种非马克思主义和反马克思主义社会思潮的鉴别力、抵抗力,是领导干部政治定力的重要内容

中国共产党的历史表明,党领导中国革命、建设和改革开放的过程,也是同党内外各种错误思想斗争的过程,非马克思主义和反马克思主义曾给我们党的事业带来损失和挫折。毛泽东思想、邓小平理论、"三个代表"重要思想、科学发展观等马克思主义中国化理论成果形成和发展的过程,也是我们党正确认识马克思主义,辨别非马克思主义、假马克思主义的过程。领导干部,尤其是高级领导干部是否具有政治定力,是能否鉴别、抵御来自党内外的形形色色的非马克思主义和反马克思主义思想的关键。在全面深化改革的新的历史时期,我们在意识形态领域面临的挑战会更加严峻,宪政主义、保守主义、历史虚无主义、极端民族主义、民主社会主义、市场社会主义、新自由主义、新儒学主义等,各种社会思潮都在寻找生存空间。习近平总书记指出:"在我们的

---

① 习近平:《紧紧围绕坚持和发展中国特色社会主义 学习宣传贯彻党的十八大精神》,《人民日报》2012年11月19日。
② 习近平:《在全国组织工作会议上的讲话》(2013年6月28日),《党建研究》2013年第8期。

干部队伍中,也有对共产主义心存怀疑","有的是非观念淡薄、原则性不强、正义感退化,糊里糊涂当官,浑浑噩噩过日子","有的在涉及党的领导和中国特色社会主义道路原则性问题的政治挑衅面前态度暧昧、消极躲避、不敢亮剑,甚至故意模糊立场、耍滑头,等等"①。总书记所批评的这些现象,正是对一些领导干部缺乏政治定力的形象描述。在意识形态领域坚持马克思主义指导地位,牢牢掌握党在意识形态领域的主导权,领导干部就要对马克思主义具有高度自信,要敢于以"亮剑"精神对待各种错误思潮。

(三)坚定不移地贯彻党的路线、方针和政策的执行力是领导干部政治定力的基础

邓小平同志强调:"基本路线要管一百年,动摇不得。"② 胡锦涛同志在纪念十一届三中全会召开30周年大会上号召全党"不动摇、不懈怠、不折腾"。习近平总书记强调:"改革开放是一项长期的、艰巨的、繁重的事业,必须一代又一代人接力干下去。"③ 这些论述体现了我们党对基本路线一以贯之的思想。领导干部增强政治定力,最基本的要求是能够切实执行党的路线、方针、政策。党的十八大以来,全党范围内扎实开展群众路线教育,切实反对"四风"问题,根本上就是要回归领导干部的本色,就要求领导干部真正为民、务实清廉。在实际工作中,能否切实遵守党的"八项规定",切实反对"四风",把十八大以来党中央制定和部署的全面深化改革的各项改革措施落实到具体的工作中,就是衡量领导干部是否具备政治定力的基本标准。领导干部要切实树立科学的政绩观,坚持真抓实干,坚决反对各种"政绩工程"、"面子工程"。只要各项决策和举措科学和有效,就应锲而不舍加以落实,一任接一任地干下去,实现社会主义现代化和民族复兴的伟大蓝图才会变成现实。

---

① 习近平:《在全国组织工作会议上的讲话》(2013年6月28日),《党建研究》2013年第8期,第6页。

② 《邓小平文选》第3卷,人民出版社1993年版,第371页。

③ 习近平:《以更大的政治勇气和智慧推进改革开放》,《人民日报》2013年1月2日。

二 习近平总书记提出领导干部增强政治定力的背景

我们党成立90多年，执政60多年，领导改革开放30多年，成就举世公认。但是，党内外、国内外，总存在一些对我们党的指导思想、现有政治体制的非议。在全面深化改革的新时期，一些非马克思主义和反马克思主义思潮也会随着改革的深入而趋于活跃。大体上，可以从两个方面归纳习近平总书记"政治定力"思想的背景。

（一）从国内方面看，"左"和右的思想干扰需要领导干部增强政治定力

改革开放前的20多年，我们现代化建设和社会主义事业在取得历史进步的同时，一度存在着"左"的思想严重干扰，乃至出现"文化大革命"长时间的动荡和内耗，贻误了国家发展的机遇。从思想认识上讲，这和我们党对八大做出的正确的决议缺乏政治定力不无关系。表现在领导干部队伍中，就是受当时国内外的社会思潮的影响，对马克思主义逐步教条化，思想逐渐僵化。改革开放后，我们重新确立了实事求是、解放思想的思想路线，实现了党的中心工作的拨乱反正。但是，紧接着又存在着资产阶级自由化思潮的干扰，以致发生"八九政治风波"，险些葬送社会主义现代化和改革开放事业。可以肯定，随着改革的深入，社会生产方式、人们生活方式日趋多元，各种社会思潮也相互激荡，竞相迸发。意识形态领域的消极影响日趋明显，导致一些领导干部经济主义至上，共产主义理想信念淡薄，丧失政治信仰和政治定力。

十八届三中全会以来，中国改革进入到全面、系统和关键的新阶段。全面深化改革根本上是要实现国家治理体系和治理能力的现代化。改革愈深入，愈会触动党内外的一些既得利益者，愈加引起腐败分子高度紧张，一些人会千方百计地削弱马克思主义、削弱中国特色社会主义的主导地位。利用互联网等新媒体平台，各种"左"和右的思潮在国内意识形态领域都积极角力。尤其是在腐败蔓延、群体性事件频发、社

会公平正义急需维护、道德领域出现失范等棘手问题时，各种动摇党的指导思想、政治体制和党的基本路线的"方案"、"策略"就会出笼。"宪政论"、"西化论"、"后发优势论"、"质疑论"本质上都是企图动摇、削弱马克思主义在意识形态领域的主导地位。在这个大背景下，各级领导干部，尤其是高级干部增强对马克思主义的信仰，对中国特色社会主义的理论自信、道路自信和制度自信就异常重要。

（二）从国际方面看，国与国间的竞争越来越表现为价值观念和制度模式的较量，需要领导干部增强政治定力

在2012年中央经济工作会议上习近平总书记指出："从历史上看，新兴大国出现必然带来国际格局调整，必然遭到守成大国遏制。这也是我国在今后较长时期内将面临的重大挑战。我们要充分认识这种战略变化的客观必然性，把握好大国关系演变的特点，保持战略清醒和战略定力。"战略定力，"就是要有长远的战略眼光，要稳得住。咬定青山不放松，不能为一时的利益，一时的情绪，或者一时的注意力改变初衷，改变目标和方向"①。战略定力是政治定力的高层表现。伴随着中国改革开放和社会主义市场经济体制的发展，西方"和平演变"的形式也在不断变化。利用互联网霸权地位，一些西方发达国家主导国际话语权，"中国崩溃论"、"中国威胁论"轮番上演，或"唱衰"中国或"捧杀"中国。

苏联解体后，国际上出现"历史终结论"、"马克思主义过时论"、"马克思主义水土不服论"等思潮。利用自由、人权等所谓"普世价值"，西方大国又提出"人权高于主权"、"互联网自由"等霸权主义理论，妄图削弱我主流价值体系，在国际舆论上加大对我施加影响和压力，消解党在意识形态领域的主导权，分化群众。上述态势的发展根本上源于"一球两制"格局下国家利益和两种制度的矛盾。反映在党内，就是党的领导干部，尤其是一些高级领导干部中出现"多面人"、"裸官"现象，这些人口头上、公开场合保持马克思主义坚定形象，私底下对马

---

① 孙业礼：《学习习近平系列讲话中的新概念、新韬略：担当 定力 规矩》，《党的文献》2014年第2期。

克思主义调侃、戏谑、蔑视，对主流和正面价值观冷嘲热讽，开口就是美国、西欧。在这样的国际国内舆论背景中，习近平总书记向领导干部提出增强政治定力思想，是做好新形势下党的干部队伍工作和意识形态工作，推动全面深化改革，坚持和发展中国特色社会主义的当然选择。

三 领导干部增强政治定力的重要意义

领导干部保持和增强政治定力，无论对改革开放和现代化建设事业的不断发展以及党的自身建设发展，还是对领导干部自身成长，都具有非常重要的理论和实践意义。

（一）领导干部增强政治定力是确保党在改革开放和现代化建设中始终成为人民群众主心骨的内在要求

"政治路线确定后，干部就是决定因素。"① 自党成立以来，就具有高度的历史使命感和强烈的忧患意识。毛泽东同志把党的建设喻作"伟大工程"，邓小平同志深刻指出"办好中国的事情关键在党"，江泽民称之为"新的伟大工程"，胡锦涛同志认为"思想理论建设是党的建设的根本"。把中国共产党建设成为中国人民革命和建设事业的主心骨是我们党的建设理论一以贯之的思想。党要成为领导人民革命和建设的主心骨，党的领导干部就必须具备高度的"政治定力"，对党的理论、方针、政策高度忠诚，没有这种"政治定力"，就会出现指导思想的摇摆，革命和建设目标的偏离，最终会给改革带来损失和失败。

"政治定力"是党的执政能力的重要组成部分，也是政治信仰力的表现。领导干部保持"政治定力"就是要求领导干部具备良好的马克思主义理论素养，领导干部有了"政治定力"就可能具备处变不惊的政治冷静和驾驭复杂局面的执政能力，从而在革命和建设实践中经受考验，成为人民群众的主心骨。国际共产主义运动的历史，尤其是苏联解体、东欧剧变和我们党领导改革开放的历史经验说明，离开马克思主义

---

① 《毛泽东选集》第2卷，人民出版社1991年版，第526页。

的指导，领导干部失去共产主义理想信念，无产阶级革命事业就会迷失方向，改革就会变成改向，乃至走向失败。这一点，对高级领导干部要求更应该突出。党和国家的权力属于人民，但是，人民要依赖有组织的政党来实现对国家的组织和管理。从一定意义上讲，党的高级领导干部对马克思主义是否具备高度的政治觉悟和政治忠诚，是关乎党和国家事业兴衰成败的关键。

苏联解体、东欧剧变的历史还启示我们，无产阶级政党在革命和建设取得成功的时候，也是面临来自党内外、国内外非议和刁难最多最激烈的时候，革命和建设事业取得成功不一定就意味着党的执政地位和党的理论得到巩固和认同。当代中国的改革处于关键时期，一方面，各种社会矛盾短时间内叠加出现，社会阶层固化、利益固化成为一些人迟滞深化改革的根源。另一方面，改革成为时代强音，但是改革需要有底线，有边界，有定力。为什么改革？为谁改革？怎样改革？全党要立场坚定，旗帜鲜明，必须凝聚共识，把思想统一到中央的部署中来。领导干部越是在改革关键时刻，越要保持和增强"政治定力"，不能犯方向性错误，唯此才能始终肩负起带领人民不断推进中国特色社会主义事业的神圣使命。

（二）领导干部增强政治定力是确保党的各项改革举措贯彻落实到位的基本保证

马克思指出："一步实际运动比一打纲领更重要。"① 领导干部不但要领导和组织人民制定革命和建设的纲领，关键还要把人民的意志落实到实际工作中。实际工作表明，一些领导干部存在着"说一套，做一套"、"会上一套，会下一套"的状态，对待改革路线和方针阳奉阴违，凡是触动自身利益的改革措施就念"拖字诀"，或打折走样执行。缺乏对中国特色社会主义的道路自信、理论自信、制度自信在实践工作中就表现为改革措施执行不坚决，从而影响党和国家的大政方针的贯彻落实。近些年"上有政策，下有对策"盛行，关键在于领导干部没有政治定力，缺乏大局意识，丧失信念。

---

① 《马克思恩格斯文集》第 3 卷，人民出版社 2009 年版，第 426 页。

"空谈误国，实干兴邦"是古今中外治国理政的一个重要经验。习近平总书记指出："反对空谈、强调实干、注重落实，是我们党的一个优良传统。……全心全意为人民服务是党的根本宗旨，党的各项工作都必须坚持以最广大人民的根本利益为出发点和落脚点。从这个意义上讲，是否抓落实直接反映着领导干部的宗旨意识和党性。"① 领导干部在抓落实的过程中党的理论、党的纲领才能变成改造现实的物质力量。正如习近平总书记强调："在贯彻落实上，要防止徒陈空文、等待观望、急功近利，必须有时不我待的紧迫意识和夙夜在公的责任意识抓实、再抓实。"② 不去落实，空谈理想信念本质上是缺乏政治定力的表现。

　　保持和不断增强政治定力，是领导干部落实改革举措过程中保持意志力和忍耐力的需要。改革开放的过程就是不断克服困难和矛盾，解决问题和挑战的过程。没有政治定力，缺乏必要的信仰、意志和忍耐，就会在实际工作中好高骛远、急功近利、避重就轻，追求形式和外表。领导干部具备政治定力，才能在落实改革方针路线过程中创造出经得起实践、人民和历史检验的业绩。

（三）增强政治定力是领导干部抵御各种错误思潮和干扰的强大力量所在

　　习近平总书记强调："一个国家选择什么样的治理体系，是由这个国家的历史传承、文化传统、经济社会发展水平决定的，是由这个国家的人民决定的。我国今天的国家治理体系，是在我国历史传承、文化传统、经济社会发展的基础上长期发展、渐进改进、内生性演化的结果。我国国家治理体系需要改进和完善，但怎么改、怎么完善，我们要有主张、有定力。"③ 马克思主义理论和无产阶级政党的事业一开始，就面临着各种各样的非马克思主义理论和反马克思主义思潮的影响和干扰。

---

① 《习近平在中央党校春季学期开学典礼上强调　领导干部要狠抓落实善抓落实》，《人民日报》2011年3月2日。

② 习近平：《坚定制度自信不是要固步自封》（2014年2月17日），《理论学习》2014年第3期。

③ 同上。

"无论对党还是对党的干部来说,理论上成熟都是政治上成熟的基础。"① 对马克思主义的坚守和自信是理论成熟的重要表现,也是领导干部政治定力的根本力量源泉。在全面深化改革开放新的历史时期,意识形态领域出现的各种错误社会思潮,本质上都是要使中国走西方的资本主义道路。面对这些思潮,领导干部的政治定力体现在对中国历史传承、文化传统的自信力上,体现在清醒的政治鉴别能力上。领导干部增强政治定力,才能始终保持政治敏锐和政治警觉,才能抵御各种错误思潮和干扰。

四 领导干部如何始终不断增强政治定力

领导干部的政治定力不是天生的,具备政治定力也不一定就能长久地保持住。马克思主义是颠扑不破的真理。但是,真理不会自动被人掌握,更不会自动变成改造主观世界和客观世界的物质力量。领导干部始终保持和不断增强政治定力,主要可以从以下三个方面加以努力。

(一)树立终身学习理念,发扬勤于学习、善于学习的优良传统,打牢政治定力的理论基础

习近平总书记指出:"领导干部学习不学习不仅仅是自己的事情,本领大小也不仅仅是自己的事情,而是关乎党和国家事业发展的大事情。……如果我们不努力提高各方的知识素养,不自觉学习各种科学文化知识,不主动加快知识更新、优化知识结构、拓宽眼界和视野,那就难以增强本领,也就没有办法赢得主动、赢得优势、赢得未来。因此,全党同志特别是各级领导干部都要有加强学习的紧迫感。"② 他还强调:"领导干部特别是高级干部要把系统掌握马克思主义基本理论作为看家本领,老老实实、原原本本学习马克思列宁主义、毛泽东思想特别是邓

---

① 《十四大以来重要文献选编》下,人民出版社1999年版,第1960页。
② 习近平:《在中央党校建校80周年庆祝大会暨2013年春季学期开学典礼上的讲话》,《人民日报》2013年3月3日。

小平理论、'三个代表'重要思想、科学发展观。……新干部、年轻干部尤其要抓好理论学习,通过坚持不懈学习,学会运用马克思主义立场、观点、方法观察和解决问题,坚定理想信念。"① 马克思主义是发展的科学,与时俱进是马克思主义最鲜明的品质,领导干部只有不断结合实践,通过持续学习才能体会和理解马克思主义的要义。只有真正学懂和掌握马克思主义的基本立场、方法和观点,才能形成对马克思主义信仰和价值的追求。要学会辩证看待成绩和问题,辩证看待主流和支流,辩证看待当今资本主义和社会主义,辩证看待当代中国改革开放的积极成就和消极因素,才能打牢政治定力的思想理论基础。正如习近平总书记指出的:"党的各级领导干部特别是高级干部,要原原本本学习和研读经典著作,努力把马克思主义哲学作为自己的看家本领,坚定理想信念,坚持正确政治方向,提高战略思维能力、综合决策能力、驾驭全局能力,团结带领人民不断书写改革开放历史新篇章。"②

(二) 树立马克思主义实践观,践行群众观点和群众路线,从群众中汲取智慧和力量,筑牢政治定力的实践基础

习近平总书记强调:"好干部不会自然而然产生。……干部要深入基层、深入实际、深入群众,在改革发展的主战场、维护稳定的第一线、服务群众的最前沿砥砺品质、提高本领。"③ 在西柏坡,总书记号召,领导干部要从现在做起,雷厉风行,说到做到,带头坚持"两个务必",把谦虚谨慎、艰苦奋斗、实事求是、一心为民的要求落实到履行职责的各个环节。在兰考,总书记号召领导干部要特别学习弘扬焦裕禄同志"心中装着全体人民,唯独没有自己"的公仆精神。领导干部的政治定力不是通过会议、文件和讲话形成的,关键要看领导干部的实践表现。苏共的瓦解很大一部分原因在于党内高级领导干部,尤其是一

---

① 习近平:《胸怀大局 把握大势 着眼大事 努力把宣传思想工作做得更好》,《人民日报》2013年8月21日。
② 习近平:《推动全党学习和掌握历史唯物主义 更好认识规律 更加能动地推进工作》,《人民日报》2013年12月5日。
③ 习近平:《在全国组织工作会议上的讲话》(2013年6月28日),《党建研究》2013年第8期。

些主管意识形态工作的高级干部，在改革遇到困难的严峻时刻，公然背弃党和人民的利益，成为可耻的马克思主义的叛徒。领导干部要深入社会实践，努力模范践行社会主义核心价值观，在复杂和艰险的实践环境中培养和锤炼政治定力。党和人民群众要通过实践检验党的领导干部是否真正具有马克思主义的品质和信仰。党的组织路线必须切实贯彻实践原则，切实防止野心家、投机分子和空谈家混入党内。各级领导干部要切实树立马克思主义群众观和实践观，密切联系群众，通过实践提高自身的理论联系实际能力、群众工作能力、驾驭复杂局面的能力，不断提高对马克思主义理论、观点和方法的运用能力，在改革和建设的火热实践中不断增强对马克思主义理论和中国特色社会主义理论体系的信仰和自信。

（三）树立全球视野，通过比较增强对马克思主义的信仰，对中国特色社会主义的道路自信、理论自信、制度自信

马克思指出："人来到世间，既没有带着镜子，也不像费希特派的哲学家那样，说什么我就是我，所以人起初是以别人来反映自己的。名叫彼得的人把自己当做人，只是由于他把名叫保罗的人看做是和自己相同的。"[①] 全球化是当今时代最为鲜明的特征之一。全球范围内各种社会思潮和治国理政观念相互激荡，令人眼花缭乱。多元多变的时代既给我们带来新思想、新观念，也增加了我们自我迷失的风险和挑战。但是也给我们通过比较各种社会思潮增强我们对马克思主义的信仰，对我们的道路、理论和制度的自信打开更广阔的视野。领导干部在全球视域中，更能鉴别和领悟到马克思主义和中国特色社会主义的真理光辉。

列宁早就指出："一切民族都将走向社会主义，这是不可避免的，但是一切民族的走法却不会完全一样。"[②] 当今人类社会发展的"一球两制"格局总体上将长期存在。社会主义和资本主义作为两种意识形态的斗争不可避免地将长期存在。西方和平演变的战略图谋和实际动作从未放弃和停止。但是，发端于2008年的国际金融危机和资本主义经

---

① 《马克思恩格斯文集》第5卷，人民出版社2009年版，第67页。
② 《列宁专题文集·论社会主义》，人民出版社2009年版，第398页。

济危机发展态势预示，当今人类社会正面临着一场重大变革，国际共产主义运动和世界范围内的社会主义运动正孕育着新的历史发展机遇和发展前景。马克思主义对人类社会发展的基本规律、对资本主义的本质的认识仍然是正确的。我们有理由相信，随着人类社会的发展，作为科学的思想体系——马克思主义会愈加彰显出真理作用。领导干部要树立全球视野，站在人类历史发展的全局和长远高度看待我们今天选择的道路、理论和制度。2013年1月5日，习近平总书记在新进中央委员会的委员、候补委员学习贯彻党的十八大精神研讨班开班式上强调："一个国家实行什么样的主义，关键看这个主义能否解决这个国家面临的历史性课题。历史和现实都告诉我们，只有社会主义才能救中国，只有中国特色社会主义才能发展中国，这是历史的结论、人民的选择。"领导干部是党和人民的领导者和组织者，是中国特色社会主义事业的领导者和组织者，在各自岗位上发挥着举足轻重的作用。领导干部"树立世界眼光"、"自觉坚持国际化视野"，在统筹谋划国内国际两个发展大局中始终保持和不断增强政治定力，是党和人民的需要，是中国改革开放和现代化建设始终沿着社会主义方向发展的需要。

中国发展与变化中的全球治理秩序[*]

邱显平　周志鹏[**]

【摘　要】 随着全球化的加深和世界秩序的变化，全球治理是全球化时代的重要合作方式。中国的发展对全球治理的影响也越来越大。面对全球治理变化的新的形势和特点，中国要积极参与全球治理，并结合当今全球治理的新的形势，创新参与全球治理的新路径和方式，实现"全球共同发展治理"。

【关键词】 全球治理；变化特点；中国发展

随着全球化的加深和世界秩序的变化，全球治理是全球化时代的重要合作方式。面对当今出现的一系列的全球性问题，特别是2008年爆发的全球金融危机引发的全球经济危机，以及面对全球贫困、气候问题、埃博拉病毒爆发等公共卫生安全和ISIS等恐怖主义威胁等全球性公共问题，都需要通过全球治理这样一个方式来加以解决。特别是随着中国的发展崛起，美中力量的此消彼长，中国的发展对全球治理的影响也越来越大。中国的发展和崛起将在全球治理中扮演越来越重要的角色。中共十八大提出"加强同世界各国交流合作，推动全球治理机制变革"和"坚持权利和义务相平衡，积极参与全球经济治理"。[①] 当前

---

[*] 江西省社会科学"十二五"规划项目"科学发展与国外主要发展模式比较和创新"（12KS20）阶段成果。

[**] 邱显平，男，江西师范大学政法学院教授，主要研究方向为国际政治和当代社会主义。周志鹏，男，江西师范大学2013级国际政治硕士研究生。

[①] 胡锦涛：《坚定不移沿着中国特色社会主义道路前进　为全面建成小康社会而奋斗——在中国共产党第十八次全国代表大会上的报告》，载《中国共产党第十八次全国代表大会文件汇编》，人民出版社2012年版，第4、44页。

要紧紧结合全球治理出现的新的特点，积极参与全球治理的新的机制的变革，为中国的发展和实现中华民族伟大复兴的中国梦提供更加良好的发展外部环境和强大的动力。

一 全球治理体系的形成及其特点

当前的全球治理体系主要是全球各种参与力量和权力结构之间的对比关系。冷战结束以后两极格局的解体，国际体系和全球治理体系开始形成。1992年全球治理委员会成立以来，国际社会在全球治理的理论与实践方面进行了一系列的探索和实践，主要包括全球的经济治理、全球气候和环境治理、全球发展治理、全球安全治理、全球社会治理等多方面有了长足的进展。但是，仍然有诸多的全球问题需要全球治理来应对，特别是2008年从美国华尔街引发的全球金融危机，以及当前ISIS和埃博拉病毒肆虐等全球问题，表明冷战以后形成的以美国单极为主导的全球治理体系已经难以应对越来越复杂的全球问题。同时，以中国、印度和东盟等国家和地区经济的不断发展，参与全球治理的影响力也不断扩大，参与全球事务的增多，新兴国家和地区要求与西方国家共同享有权力、治理全球问题的要求越来越迫切。当前全球治理体系开始出现了一系列的深刻变化及其特点，突出体现在以美国为主导的单级全球治理体系向多元治理体系转化。

全球治理这个概念自从产生以来，被国际政治和诸多领域广泛使用，但是没有一个比较统一的定义。1992年由卡尔松等28位国际知名人发起成立了"全球治理委员会"。在1995年联合国成立50周年之际，该委员会发布了名为《天涯成比邻》（*Commission on Global Governance*）的报告。报告阐明了"全球治理"的概念和价值，将"全球治理"同全球安全、经济全球化、改革联合国和加强全世界法治的关系相结合。全球治理委员会把全球治理界定为：全球治理是各种公共的或私人的个人和机构管理全球共向事务的诸多方式的总和。① 包括我国学者在内的很多学者对其进行了不同的界定。著名学者安东尼·麦克格鲁认为全球治理就是各国政府组织、非政府组织以及个人，通过制定和维持管理世界的制度、规则、规范以及非正式制度、规则和规范，共同管理世界事务，增进人类的共同利益。中国学者俞可平认为："所谓全球治理，指的是通过具有约束力的国际规则（regimes）解决全球性的冲突、生态、人权、移民、毒品、走私、传染病等问题，以维持正常的国际政治经济秩序。"② 戴维·赫尔德认为："全球治理不仅意味着正式的制度和组织——国家机构、政府间合作等制定（或不制定）和维持管理世界秩序的规则和规范，而且意味着所有的其他组织和压力团体——从多国公司、跨国社会运动到众多的非政府组织，都追求对跨国规则和权威体系产生影响的目标和对象。"③

冷战结束后，随着苏联的解体，美国在全球治理中处于一种主导的地位。美国在全球问题的处理中以一种"全球领导"的身份自居，甚至常常被冠以"全球帝国"、"全球霸权"，或者以一种中性称呼"全球国家"（global nation）。④ 这些称呼反映的是冷战后形成的是美国强权下的全球治理本质，布热津斯基将其描述为"全球支配地位"（global domination）或者"全球领导地位"（global leadership）。他在《大抉择：全球支配地位或者全球领导地位》（*The Choice: Global Domination or Global Leadership*）中指出大多数国家提供的主权安全已经不可靠了，"主权安全终结"了。美国"作为全球第一也是唯一的强权"，在全球安全、经济和全球秩序中是唯一的保障者、中心和设计者。

长期以来，美国的全球治理战略显然是其全球战略的有机组成部分，因此服从并服务于美国全球战略的需要。冷战结束后至今，美国全球战略的核心目标是维持其在国际体系中的主导地位，巩固和扩充霸权

---

① Commission on Global Governance, *Our Global Neighborhood*, Oxford: Oxford University Press, 1995.
② 俞可平：《全球治理的兴起》，《学习时报》2002年1月28日第5版。
③ ［英］戴维·赫尔德：《全球大变革》，社会科学文献出版社2001年版，第70页。
④ Strobe Talbot, *The Great Experiment: The Story Ancient Empires, Modern States, and the Quest for a Global Nation*, Simon and Schuster, 2008.

基础，塑造美国治下的国际秩序，以便为美国的国家利益服务。这一核心目标同样适用于美国的全球治理战略。美国的全球治理战略首先是维护美国的战略利益，特别是维护美国经济和贸易的利益，以及对美国战略利益有重要影响地区的政治和社会稳定。总的来看，冷战结束以后形成的全球治理的规制和秩序大多由西方国家主导建立起来的，全球治理中都带有其鲜明的战略意图和价值观。在全球经济秩序中，许多发达国家打着投资、贸易自由化的口号，把一些能耗高、污染重的企业转移到发展中国家，要求发展中国家降低环境标准向其出口大量的原材料和初级产品，践踏发展中国家特别是落后国家的环境主权。冷战结束以后形成了以美国为首的西方发达国家掌握着全球治理的目的、结构和优先权等。相反，大多数的发展中国家，特别是一些落后的国家面临着日益被边缘化的危险。因此，全球治理中面临要改变的核心问题是如何增强全球治理的民主性和代表性的问题，在全球治理体系的各个层面上增强发展中国家，特别是新兴国家全球治理的管理、协调、服务和治理能力的增长。

二　当今全球治理体系的转型和变化

全球治理体系的转型主要是指国际治理体系中各种主要力量对比和权力结构的变化。国际治理体系的转型已经讲了多年，最早是用来分析冷战结束后两极格局的解体，国际体系从两极争霸演变为美国一超地位和中、日、欧、俄诸强的成形。特别是 2008 年国际金融危机以后，随着美国超强地位的相对削弱和以中国等金砖国家为代表的新兴国家积极参与到全球治理中来，全球治理秩序开始发生深刻的变化。美国当前的财务状况难以维持原有的国际秩序。特别是 2008 年国际金融危机爆发以后，美国政府的财务上限已经超过 17.5 万亿美元，美国政府推行的财务减支涉及包括军事、外交等在内的各个部门的开支，美国外交和对外援助等各个方面也将受到财政减支计划的影响。

从全球治理概念来看，全球治理所强调的是多元主体共同参与、协商，形成有序、自治的、非正式制度化的管理机制。因此，全球治理结构是一个多主体的网络化协商行动的过程，包括多元主体，合作协商的运行机制，解决全球发展和人类安全面临的共同问题的问题指向，确立维护正义、平等、生命的尊严和自由以及提倡爱心和正直的公民道德的价值趋向等四个基本要素。全球治理结构的第一个基本要素是治理主体的多元化。治理主体指的是制定和实施全球规则的行为者或组织机构。传统的国际关系理论所强调的是主权国家在国际关系中的主体地位，以及建立在主权国家基础上的各种国际组织。全球治理结构强调的是多主体的共同参与，其中包括主权国家的政府部门及国家的政府当局、国际层面的正式国际组织，在这些国际关系中的传统主体以外，还包括各种各样非政府的国际性组织、国际层面上的各种公民组织，以及在国家层面上各种非政府组织、私人企业、跨国公司、各种非政府的团体。关于全球治理中的多元主体，有些学者强调应包括全球个人精英，其中有政治精英、商业精英和知识精英三大类个体精英。所谓政治精英是指一些大国的政要、重要国际组织的首脑和西方发达国家的政治精英；所谓商业精英是指跨国公司的高级管理阶层以及重要经济机构的主要决策人；所谓知识精英是指各个专业领域的知识权威，特别是信息专业的精英。关于多元主体在全球治理中的作用和地位，目前理论界并没有统一的看法。有些学者认为，国际关系是建立在主权国家间的国际合作和协调机制，尽管全球化已经削弱了传统的国家主权，但是主权国家政府仍将是全球治理的主角。另一些学者则强调国际组织在全球治理中的主导地位，这些学者认为，全球化的发展需要建立一个超越主权国家政府的全球政府，像国民政府在国内行使主权职能一样，世界政府将在全球范围内行使主权职能。

2008年全球金融危机后国际经济政治利益结构和力量结构出现深刻变化，全球治理体系正在进入一个新阶段，而中国和发展中的新兴大国越来越被要求在全球治理中承担更大的责任。2008年是全球治理获得重要发展和变化的一年。其主要变化集中在四个领域：一是金融领域。针对金融危机后国际金融秩序和国际货币体系改革的方案不断推出，各大国之间展开新一轮主导权之争。二是气候和能源领域。发达国家之间、发达与发展中国家之间对"后京都时代"的减排义务和责任者展开激烈交锋。三是安全领域。包括传统安全领域如核裁军和核不扩散问题，以及非传统安全领域如打击海盗、防止甲型流感等。四是贸易领域。发达国家经济衰退导致贸易保护主义倾向有所滋长，世界贸易体系规则与相关国家的国内保护立法之间的冲突较为明显。这四个领域的变化交织在一起，使全球治理的内涵和外延都出现前所未有的拓展。[①]

全球治理体系的历史性变化，为大国力量重新组合以及新兴大国参与全球治理提供了重要前提。中国参与全球治理，一方面有利于中国坚持和平发展道路，另一方面有利于推进构建"和谐世界"。中国需要进一步界定全球治理的总体框架和发展趋势。2009年7月9日，八国集团同发展中国家领导人对话会议在意大利拉奎拉举行，国务委员戴秉国代表国家主席胡锦涛出席对话会议。中国利用G8+5的机会，首次公开提出中方关于全球治理的四点意见：治理目标是推动经济全球化朝着均衡、普惠、共赢方向发展；治理主体是应该由世界各国共同参与；治理方式是需要各国通过协商合作共同解决经济全球化面临的各种难题；治理机制是需要合适的机制安排。[②] 这是中国首次公开提出本国关于全球治理的细则，标志着中国对全球治理的新进程加大了力度。2010年又将是"全球治理"向深度和广度发展的一年。虽然金融危机后全球治理结构变化的总体方向没有改变，但是对国际金融改革的呼声不断加大，以人民币为代表的新型货币在国际市场上影响力越来越大。同时，新兴大国的投票权比重有所增加，虽然美国的否决权未受动摇，但是国际社会的"取代美元"的呼声越来越大，"美元帝国"世界货币地位也将受到严峻挑战。

全球新兴大国，如"金砖国家"，在积极探索全球治理机制化的新的途径，要在国际秩序的话语权获得更多的发言权，至少要保持其既得利益结构不受到重大冲击。新兴经济体特别是金砖国家群体性崛起，国际治理体系转型才有了新的质的变化。可以说，自冷战结束以来，2008年国际金融危机之前的国际体系转型尽管意义也非常重大，但并不具有根本性。因为西方的绝对主导地位并未受到挑战；相反，美国的一超地位还得到某种程度的确认与强化。2008年国际金融危机以后，西方主

---

① 黄仁伟：《全球治理与中国的地位和作用》，《国际展望》2010年第3期。
② 参见《中国首次公开提出中方关于全球治理细则》，2009年7月11日，振华军事网。

导的国际体系与国际秩序发生了结构性变动，美国的超强霸主地位受到挑战。美国当前的财务状况难以维持原有的国际秩序。美国政府的财务赤字剧增导致的财务减支，涉及包括军事、外交等在内的各个部门的开支，美国外交和对外援助等各个方面也将受到财政减支计划的影响。这是真正意义上的国际体系的转型，标志着一个多极化时代的开始。做出这种论断的依据是经济实际的比重以汇率计算，已从1992年的83.6%下降至2012年的61.9%，而非西方世界在同期则从16.4%提升到38.1%。如果按购买力平价计算，发达国家的经济总量占世界经济总量的比重从同期64%下降至49.8%；而非西方国家则从36%上升至50.2%，历史性地在经济总量上超过了西方世界。[①]

总之，从当前全球治理体系力的消长，根据国际货币基金组织的数据，发达国家的经济总量占世界经济总量的变化可以看出，以中国为代表的新兴国家在全球经济治理中的实力已经显著的增强，在今后全球治理和实现全球可持续的增长中将发挥巨大的作用。

三　全球治理秩序变化中的中国角色和策略

（一）中国参与全球治理的角色定位

伴随着全球化的深入发展和人类相互依存的日益加强，全球治理的重要性愈来愈为人们所认同，它既是当代国际关系的主题，也成为一个国家对外战略的重要向度与内容。中共十八大第一次把"加强同世界各国交流合作，推动全球治理机制变革"和"坚持权利和义务相平衡，积极参与全球经济治理"作为我国对外战略的重要指导原则与任务提出，从而表明了对全球治理的高度重视。面对全球治理的兴起和新的形势，中国必然要做出自身的思考和应对，探讨自身参与全球治理的新定位和作用。

在当今变化的全球治理体系中，中国应该扮演一个什么样的角色是全球都很关注的一个问题。究竟是现有国际治理秩序的维护者、革命

[①] http://www.qstheory.cn/zl/bkjx/201312/t20131211_301416.htm.

者，还是积极参与者和修正者？中国改革开放以来，积极参与到全球治理中来，30多年发展的成就表明中国也是全球化的受益者，这也是中国采取了全面的改革发展策略取得的成果。同时，也成为全球经济发展的重要推动力。中国作为日益崛起的发展中大国，应强化创造性参与全球治理的能力，并且在全球治理中成为真正意义上的国际规则制定者。制定规则的能力则是国家在全球治理领域中"软实力"的主要组成部分。要在全球治理中发挥自身的积极作用，必须参与到现有的国际体系中来，并且随着自身实力的增强，通过制定更加合理的规则发挥自己的作用，并在不断参与全球治理的过程中确立基本的参与原则以及自身角色的准确定位与转变。随着中国参与全球治理的能力的日益增强，范围明显扩大，中国在全球治理中的作用也会明显增强。特别是中国在海外利益增多，已经成为世界第一大的贸易大国，每年出境公民人数已从改革开放前年均不到1万人增加到近8000万人，国内境外旅游人数已每年突破5000万人次，海外务工人员一年也近100万人，中国石油对外依存度已超过60%，这些都从客观上要求中国通过积极参与全球治理，来有效维护自身的利益。同时，中国目前已是GDP总量居世界第二的新兴大国，关注全球公共事务，参与全球治理不仅要维护自身利益，还要维护和推进人类共同利益，这是大国的责任与义务。因此，可以说没有中国的参与及合作，全球性问题的解决已经变得无从谈起，中国在全球应对金融危机和气候变化中所扮演的重要角色已经充分说明了这一点。中国作为日益崛起的发展中大国，应强化不断参与全球治理的过程，推动全球治理朝着更加民主、公平和高效的方向推进。中国努力推进全球治理发展的过程，不只是中国自身发展的需要，也是对国际治理的需要。中国在2008年金融危机以后积极参与到二十国集团（G20）这一全球治理的新的组织形式中来，中国、印度和巴西等国的集体亮相和发声，使世界全球治理舞台上终于出现了前所未有的新气象。中国自参加这一组织以来一直是G20机制的建设者和推动者。在发达国家和发展中国家之间，既扮演桥梁作用弥合分歧，同时又促进全球治理的制度创新。对推动国际治理从危机应对到长效治理的转型过程中发挥着重大的作用。

显然，中国在全球治理中的角色也渐渐成长起来，在处理国际公共事务时，越来越朝着管理者、领导者的角色迈进，这是一个必然而正常的成长。

（二）中国发挥在全球治理中作用的策略

中国是国际社会中负责任的大国，作为国际社会里的重要一员，作为全球治理成果的受益者，理所应当要为今后全球治理的发展承担更多的责任和义务。特别是 20 世纪 90 年代以来，中国实行社会主义市场经济与国际经济接轨，中国的经济保持了 20 多年的接近年均 10% 的增长，现在中国已经成为世界的第二大经济体，与外部世界的各方面的联系日益密切，中国对全球治理的参与越来越深。中国在今后全球治理中是要承担一个积极参与者的角色，面对中国在全球治理中的国际责任和分工，可以采取以下的相应策略。

第一，积极探索多种形式的全方位的多边合作制度是实施全球治理的基本形式与有效机制。

在全球治理中，中国可以利用中国资金的优势，特别是在推动区域经济一体化上做出自己的贡献。当前，中国已经开始通过扩大投资与建设"一路一带"、设立亚洲基础设施投资银行和建立亚太自贸区，引领和推动亚洲经济发展。中国改革开放的红利惠及亚太其他国家。为此，中国提出了加强全方位基础设施与互联互通建设，提升相关国家的经济发展和民生水平；加速推进亚太自贸区建设等具体落实措施，实现合作共赢。这是中国以经济贸易自由化，扩大与亚太地区的利益汇合点，促进地区的繁荣与发展。德意志银行副总裁威悉曾针对中国更加积极地参加到全球治理，提出了七大建议：（1）小国要在新参加的组织中发挥更强大的领导作用。例如，布雷顿森林体系组织、地区发展银行组织、世贸组织、东盟"10+1"和"10+3"、亚太经合组织、亚欧会议等。（2）中国参与全球治理要坚持两大原则，即世界的相互依赖性、把中国经济政策方向的双边争论加以多边化，既要加入世界上最强大的经济体的组织，又要保持新兴市场的领导地位。（3）中国加入七国集团或八国集团的战略。（4）在二十国集团更进一步发挥影响力，在新兴市场中进一步发挥强大的领导作用。（5）积极参与四国关于货币和汇率的讨论。（6）中国应大力支持 IMF 的国际监控体系。（7）中国应该继续加强在亚欧会议中的领导作用。① 这些建议对中国创新全球治理的形式和机制有着积极的参考价值。

第二，随着中国越来越积极参与到全球治理中，必须不断增强发言权。

在过去的 20 多年时间里，中国日益融入国际社会，已经成为全球化世界中的最重要组成部分之一。近年来，中国积极在全球层面和跨国层面通过对话、协商、合作，与国际社会一同应对全球问题，在遏制全球气候变暖、防治艾滋病、打击恐怖主义、防范金融危机等方面做出了重要贡献。中国还积极在地区性国际组织和国际政治热点问题上发挥作用，在中国推动下，上海合作组织进入了安全和经贸、科技、文化、教育、能源、交通、环保及其他领域的有效合作，共同致力于维护和保障地区的和平、安全与稳定，建立民主、公正、合理的国际政治经济新秩序。中国与东盟举行"10+3"对话成果显著；在反对恐怖主义和解决朝鲜半岛核问题上发挥了建设作用。另外，中国同多个国际非政府组织不断发展友好往来，致力于人道主义援助和弱势群体救助，促进了人类健康、和平、经济进步和可持续发展。中国在不断融入和参与国际社会、国际治理体系的过程中，向全世界逐渐展现了自己的形象。

同时，中国在参与全球治理的进程中要争取更多的发言权。中国要利用各种国际会议的场合，参与到主导全球治理的各种规则中来。2014年 APEC 峰会是中国第一次在经济上主导亚太规则的会议。中国不但将这次会议变成了展现自己国家发展成果与战略的舞台，还把中国的国家战略深深地融入会议之中，并最终形成 APEC 成员的共识，引领未来亚太发展方向，是中国外交重要的里程碑，是中国第一次真正主导世界经济游戏规则的会议。这也是中美两个大国在世界经济游戏规则主导中的一次重要易位，从本次会议起，中国的战略、政策的影响不再局限于国内和地区，而是成为全球性的引导甚至局部的主导。中国不再是规则的顺应者，而成为亚太地区发展规则的制定者，实现以地缘经济改变亚太

---

① 《中国参与全球治理的七大建议》，《国际经济评论》2006 年第 7 期。

地缘政治的目标。①

第三，中国要根据自身实力和发展的需要，为国际社会提供更多的公共产品，不断增强自身的影响力。

随着中国的发展，国际社会对中国能否提供更多的公共产品也提出了更高的呼声和期盼。从中国改革开放以来，特别是在国际维和、环境保护、防治埃博拉病毒和国际反贫困等领域开展了大量的跨国合作，提供了大批的资金、技术，卓有成效地推动了全球治理，可以说为全球性问题的解决和实现全球治理提供和积累了大量的经验。中国为世界提供国际公共产品会随着中国的发展和综合国力的增长而不断增加。包括参与国际组织的建设、援助非洲国家抗击埃博拉病毒、国际反海盗、用于国际难民救助、用于联合国的维持和平行动，这些都体现了中国对全球治理的责任和担当。中国在过去的 20 多年积极参与全球治理，在全球化的进程中中国通过自身的改革开放取得了巨大的发展，也是全球化的受益者之一，曾经是全球治理的积极参与者和学习者，但绝不是简单的"搭便车"。中国国家主席习近平在 2014 年对蒙古国的访问中在蒙古国国家大呼拉尔发表演讲时说：欢迎大家搭乘中国发展的列车，搭快车也好，搭便车也好，我们都欢迎。可以看出，中国想要增强自己在全球治理中的软实力，就必须提供与自身发展实力和要求相应的公共产品，需要表明自己是为了更广泛的利益。

随着中国的发展，在全球治理中提供的公共产品也发生着越来越明显的变化。习近平总书记在 2013 年分别提出建设"新丝绸之路经济带"和"21 世纪海上丝绸之路"的战略构想，强调相关各国要打造互利共赢的"利益共同体"和共同发展繁荣的"命运共同体"。这是中国通过为国际社会提供基础设施投资等方面的公共产品新的尝试。10 月"亚洲基础设施投资银行"在北京成立，这是中国为加快亚洲基础设施建设，搭建地区性基础设施建设融资平台，加强区域经济一体化，向国际社会提供的又一公共产品。中国在保证提供国内基本公共服务的基础上再参与全球公共产品供给，并且鼓励个人、团体与企业参与全球公共产品的供给，以弥补由政府承担全球性公共产品提供能力的不足。

---

① http://www.zaobao.com/forum/views/opinion/story20141120-414165.

总的来看，随着国际治理体系的新的变化和中国的发展能力的增强，中国应该更加积极主动参与全球治理的事务，在国际治理中提高自己的发言权和地位，最终在解决国际事务的同时维护我国自身的利益。通过参与到国际治理中来，并积极承担与自身国力相应的义务和责任，最终推动和实现"全球共同发展治理"。

浅论中国复兴

李才义　周　威[*]

【摘　要】"中国崛起"是当前国内外谈论最多的话题之一，然而这个概念本身存在问题，它是20世纪90年代西方学者提出来的，不符合中国历史与现实，充当了"中国威胁论"的理论依据，对中国的复兴大业构成了巨大的危害与挑战。自20世纪初开始，中国走上了复兴之路，一路走来，历经坎坷。在西方主导的国际经济与政治秩序下，外部势力对中国施加了最大而持久的压力，尽管一贫如洗，但却是在最干净的原始积累的情况下进行这场复兴之业，中国铸成了现代人类历史上最伟大的事业。

【关键词】中国；复兴；崛起

"中国崛起"成为当下最流行的词语。无论中外人士，也无论学者与精英还是普通老百姓，在谈到当前中国的发展时都说中国在"崛起"。然而，在中共中央和国务院的文献里，却没有出现一次"中国崛起"的提法，所见的都是中国复兴的记录。如胡锦涛总书记在党的十七大的报告中提了七次"中华民族的伟大复兴"。习近平主席提到的中国梦，也是实现中华民族的伟大复兴。那么，"中国崛起"与中国复兴是否可以等同而言呢？笔者认为不仅不可等同，而且差异极大，并对中国当前与未来的发展影响深远。

---

[*] 李才义，男，江西师范大学政法学院副教授，主要研究方向为国际政治。周威，男，江西师范大学国际关系专业2014级硕士研究生。

一　中国复兴而非崛起

　　崛起，在现代汉语词典中解释为"（山峰等）突起"，引申为兴起。在国际政治领域里目前没有一种规范的提法，笔者认为国际政治中的崛起是指一个小国、弱国或者穷国在比较短的时间内首次成为具有世界影响力的大国、强国或者富国。它含有"突然"、"迅速"和"第一次"的意义。这个时间可以指几十年，或者一两百年，因为对于人类历史来说，一两百年是相对短暂的。英国、美国和日本等国就是崛起的显著例子。英国在经历了资本主义发展后从英伦三岛迅速成为日不落帝国；美国自建国到现在也不过200多年的历史，却从一个只拥有13个州的国家发展为世界上唯一的超级大国；日本在明治维新之前在亚洲一直没有重要的影响力，经过100多年的发展后成为世界第二经济大国。中国与这些国家的情况完全不一样，中国长期以来在亚洲保持重要的影响力，虽然限于交通条件与全球化没有完全形成等客观原因，当时中国不具备世界影响力，但这丝毫不影响它成为当时历史条件下的大国，并对世界的发展带来了重要影响。如果要说"中国崛起"，那么早在唐宋元明清时中国就崛起了，甚至在秦汉时中国就已崛起了。因此，说现在的中国在崛起，显然不符合中国的历史与现状。

　　什么是复兴呢？复兴是指恢复往日的辉煌。对中国来说，就是要在政治、经济、文化与外交等方面达到相当的高度。它包含两个方面的含义：一是从纵的时间方面来说，指达到中国历史的巅峰期，这个巅峰期指历史上从秦汉到明清某个朝代的巅峰水平，因为历史的客观条件不一样，因此无法确定具体的某个时期，只是一种大概的高度；二是从横的空间来说，指达到国际上超一流国家的实力，在当前则是达到美国的实力水平，与美国在同一等级的规模上。这种赶上美国的程度可能超过美国，也可能与美国还有一定的差距，但差距不大，而是在同一水平同一档次上。毛泽东提出的"赶英超美"就是此类表达方式。

　　目前没有统一的标准来衡量中国复兴的目标，但笔者认为以下三个目标是基本的。

第一,中国实现国家统一、领土完整和主权完整。台湾地区与大陆的统一,钓鱼岛的回归,中国内部的事务不容任何国家指手画脚,这才是强国的基本目标。

第二,中国的经济要达到世界一流水准。具体说来就是从总量上要达到甚至超过美国的规模,进而在人均国民收入方面达到中等发达国家以上的水平。当前是先以总量目标为宜。"两个百年"目标准确地表达了复兴的目标之一。

第三,中国将在周边国家建立强大的影响力,域外国家无法利用中国邻国对中国进行威胁与恐吓。

二 中国崛起概念的提出与危害

"中国崛起"这个概念的提出并得到广泛使用是在20世纪90年代。冷战刚结束的时候,苏联解体与国际共产主义运动陷入低潮,"中国崩溃论"在西方国际社会中很有市场。然而,中国不仅没有崩溃,反而继续坚持改革开放,经济保持持续快速发展,这引起了国际社会的思考与担忧。1993年春,国际货币基金组织根据购买力平价的计算方法,认为中国已经是世界第三大经济实体。同年,美国《纽约时报》驻北京记者纪思道(Nicholas D. Kristof)在《外交》刊物上发表《中国的崛起》,认为中国的崛起可能是下个世纪世界最重要的趋势,如果中国继续维持经济增长奇迹,那么它所带来的军事、经济和政治力量的调整将成为未来国际关系中最重要——也许是最危险——的任务。[①] 从此,国际社会使用中国"崛起"的频率越来越高,也为国际上的"中国威胁论"提供了重要的理论支撑。

事实上,"中国崛起"的提法对中国的发展带来了极大的危害。它使中国处于受遏制与被防范的被动地位,不利于中国发挥其国际影响力。近代几百年来的世界霸主更替,严格上说来是西方国家的霸主更替,后起的霸主都与曾经的霸主发生过冲突、对抗与战争,即使是美国

[①] Nicholas D. Kristof, "The Rise of China", *Foreign Affairs*, Nov/Dec 1993, p. 74.

与英国的霸主更替也经历了残酷的第二次世界大战。苏联与美国的霸主之争虽然没有引发世界大战，但冷战的那种紧张气氛也足以令人窒息与胆战心惊。而且，在大国崛起之时，还伴随着对外扩张，于是大国崛起过程的危险性与防范措施也就成为国际政治理论中的重点研究课题。根据这种理论，中国在21世纪的"崛起"，也必将与美国发生冲突甚至战争。况且，中国与美国的霸权之争还是不同文明之间的霸主之争，这是过去几个世纪以来世界没有出现过的新现象。此外，西方国家还认为中国是个"独裁"、"专制"的国家，这更加重了他们对中国的提防。于是各种版本的"中国威胁论"层出不穷。为了化解国际社会对中国发展的担忧，中国就有学者提出了"和平崛起"，认为中国在"崛起"的过程中或者"崛起"后仍然会走和平道路。但这种说法无法令人信服，西方政界、学者与民众等坚持认为中国不会成为历史过程中的例外。于是后来中国就不再说"和平崛起"了，而是改成了"和平发展"。中国的被动表述其危害性由此可见。

其实，崛起的国家与复兴的国家对国际社会带来的风险与危害具有天壤之别。崛起的国家在其崛起的过程中充满着极大的不确定性，而复兴的国家在其复兴过程中则具有相对的确定性，并且在世界的预料之中。崛起的国家没有成长的经验，人们也不知它要崛起到何种程度，在其崛起的过程中充满着诸多的不确定性，往往在其权力得到加强的时候奉行对外扩张与侵略政策，其领土或者势力范围几何级成倍地增加，因而其国际行为往往易引发与他国的对抗与冲突。例如，英国崛起前没有人会想到它将崛起成为一个"日不落帝国"；美国的崛起就更是没有人会预料到它将成为超级大国，就连美国人自己也无法预料到，否则美国也就不用在其建国后较长时期奉行孤立主义的政策。历史上的古罗马帝国、阿拉伯帝国与蒙古帝国的崛起，都具有同样的不确定性。而复兴是指一个本来在历史上就曾经强大的国家因为某些原因而衰弱下去，之后经过努力进取又逐渐恢复了强国的实力。世界对这样的国家复兴是有预感的，拿破仑早在19世纪初把中国比作一头睡狮，认为中国一旦惊醒，世界会为之震动。这样的国家拥有强国大国的经验与历史，在其恢复强国大国的过程中会不断地吸取历史经验教训，因而相对更具有针对性，也更易展示其坚韧的一面，其国际行为也就更具有相对的确定性。这种国家的领土与势力范围不会呈现出倍数增加，为了复兴大业经常会在对外关系交往中保持克制，即使存在争端也会尽力使用对话与和平的手段予以解决。从历史上看，过去几个世纪的霸主之争是典型的暴发户之间的争夺，而不是一个有着悠久历史且成熟国家的行为。从欧洲各列强、日本和美国等国崛起的历史与中国20世纪以来复兴历史的比较中，任何持有客观立场的人都会一目了然发现谁更具有扩张性、侵略性与野蛮性。

"中国崛起"与"中国复兴"反映了两种不同文化、不同历史发展进程。中华文明是世界上唯一没有中断的文明，中国的历史具有很强的延续性。这种历史延续性表现为不同朝代的兴衰更替，这种兴衰更替极其符合自然之道。中国历史本质上是各民族融合的历史，就连以少数民族占统治地位的元朝与清朝都传承与发展着中华文明。他们以强大中国为己任，以传承中华文明为重托，这种情况从人类的历史长河来看，反映着几千年中国一直强大的过程，因而中国在后来不再存在崛起的情况。而世界其他国家特别是欧洲国家的历史完全不同，欧洲的历史是跳跃式的发展。从古希腊到古罗马帝国，再到欧洲黑暗的中世纪，直到近现代的资本主义欧洲，它们之间没有多少延续性，更多的是历史的割裂，而且在欧洲历史上再也没有一个国家能够达到古罗马帝国那样强大的程度，因而它们也就谈不上复兴，而是表现在个别国家的崛起。

"中国崛起"与"中国复兴"还表现在对话语权的争夺上。西方国家利用其占优势的舆论媒体不断地反复炒作"中国崛起"，之后再以"没有一个后起的国家会成为历史的例外而不与曾经的霸主发生冲突与战争"为借口，对中国正当维护国家利益的行为说三道四，约束中国的合法权益，挑拨中国与其他国家的关系，并要求中国遵守西方主导的国际秩序，甚至煽动他们国家的人民敌视中国，延缓或阻挠中国的复兴。从中可以看出，不是一切都该与国际接轨，至少在表达中国当前的发展状况时需要认真思考。

三　中国复兴的进程

中国复兴经历了漫长的一个多世纪，而且现在仍在征途之上。自

1901年《辛丑条约》签订以来，中国跌入了历史的最低谷。中国是带着深深的耻辱迈入20世纪的，自此开始了复兴历程。经过努力进取，昂首走出了20世纪。

四 中国复兴经历的几个重要标志性事件

第一个标志是第一次世界大战。中国参加了战争，作为战胜国，多年来积压在中国人民心中的郁闷和彷徨一扫而去，从政府到民众都对未来充满着无限的憧憬，期望结束丧权辱国的历史，真正开始中华民族的复兴。令中国感到遗憾的是，巴黎和会是强权分赃的会议，居然把德国侵占的山东半岛主权转让给日本。然而，令西方列强没有想到的是，中国代表拒绝在巴黎和约上签字，不承认巴黎和约。这是中国近代史上第一次抛弃了"始争终让"的外交惯例，拉开了中华民族复兴的大幕。在之后的华盛顿会议上，中国基本上收回了山东主权，日本答应将胶州德国租借地交还中国，但中国也为此付出了代价，通过国库券的方式赎回了胶济铁路及一切附属财产等。[①] 战后建立的国际联盟及凡尔赛—华盛顿体系未能阻止日本对中国的侵略，甚至引发了中华民族的全面危机，但巴黎和会却是中国近代史上兴衰轮回的止跌点，具有不可磨灭的意义。

第二个标志是第二次世界大战。这次战争以反法西斯一方获得胜利，建立了雅尔塔格局。在这次重大的格局变动中，中国收益颇丰，获得了三项收益，并深深影响着中国未来的国际地位。第一，中国取得了民族独立。在战胜日本侵略者之后，中国终于自近代以来彻底把侵略者赶出了中国，真正实现了民族独立。中国再也不是帝国主义的半殖民地了。第二，中国废除了近代以来帝国主义强加给中国的大多数不平等条约。实际上，在1929年中国就开始收回了关税自主权；1943年，中国经过与美国和英国的谈判，废除了片面领事裁判权、治外法权，收回了

[①] 王绳祖主编：《国际关系史（1918—1929）》第4卷，世界知识出版社1995年版，第128—132页。

外国在中国的租界等。同时也迫使美国于1943年废除了自1882年以来歧视在美华工的《排华法》。除了香港之外，中国与美英两国的不平等条约基本上废除了。德国、日本、意大利等国与中国的不平等条约也随后废除了。只是沙俄与中国的不平等条约未能得到彻底废除，留下了一个遗憾。第三，中国在维护国际安全的新国际组织联合国中获得了安理会常任理事国的席位，标志着中国成为世界四大警察之一，尽管中国是四国中最弱的一个。这个席位后来对于中国的国际影响力的提高和中国自身利益的维护起了至关重要的作用。令人遗憾的是，在收复台湾的同时，美国、苏联与英国背着中国出卖了中国的蒙古。未能完全废除不平等条约与蒙古的丢失表明，尽管中国在走向复兴，但复兴之路异常坎坷。

第三个标志性事件是中华人民共和国的成立。新中国的成立意味着中国结束了近半个世纪的政权分裂状态，除台湾地区外，整个大陆得到了统一，战争得以结束，人民可以安居乐业，经济与社会等各方面工作得以重建。在中国历史上，政权分裂往往伴随着社会动荡、经济衰退、民生凋敝、外部势力入侵、国家安全受到严重威胁。要让国家走向复兴，必须建立一个强大的中央政权，新中国应运而生。

第四个标志性事件是冷战结束。从1989年到1991年，冷战以东欧剧变、德国统一和苏联解体而宣告结束，世界由两极格局进入了美国主导的单极世界。美国因冷战胜利而得意忘形，把矛头指向了中国，打着维护人权的旗号，利用取得冷战胜利的余威和共产主义运动的低潮，对中国实施了联合制裁，企图迫使中国更改社会制度和发展道路。冷战的结束使中美关系的两个战略基础都受到破坏。苏联的解体使美国不再需要中国，而中国的改革开放的发展方向又不被美国认同。美国对中国的施压与制裁深深地伤害了中国人民的情感。邓小平在1989年10月31日会见美国前总统尼克松时谈道："中国没有做任何一件对不起美国的事。"他请尼克松转告当时的总统布什："结束过去，美国应该采取主动，也只能由美国采取主动。美国是可以采取一些主动行动的，中国不可能主动。因为强的是美国，弱的是中国，受害的是中国。"[①] 内忧外

[①] 《结束严峻的中美关系要由美国采取主动》，载《邓小平文选》第3卷，人民出版社1993年版，第331—332页。

患使中国在冷战结束初期处于极其不利的地位。中国当时"冷静观察"、"稳住阵脚"、"沉着应对",[①] 在国内坚定了实行改革开放政策不动摇的决心,对外则实行"韬光养晦,有所作为"的战略,顶住了西方霸权的压力,不仅捍卫了中国共产党领导的社会主义政权,而且实现了经济的高速增长。90年代是中国改革开放走向深化的关键时期,中国毅然决然地实行社会主义市场经济,坚定了走有中国特色社会主义道路,政治稳定,经济高速发展。世界五百强企业唯恐来不及分享中国改革开放带来的经济高速增长的一杯羹,纷纷到中国来投资办厂,一时间中国成了世界工厂。冷战结束后到现在,中国经济高速增长,社会稳定,国际地位与影响力大为增加,对世界的和平与稳定做出了有益的贡献。冷战结束是20世纪的又一次重大国际格局变动,中国在开始不利的情况下,最终取得了非常巨大的成就,使国家的复兴大业又向前迈进了一大步,昂首跨入了21世纪。

五　中国复兴是人类历史上最伟大的事业

自中国走上复兴之路以来,就如履薄冰,艰难坎坷与希望自信并存。在一个人口如此众多、帝国主义强权如此欺凌、中西方文化碰撞如此激烈的国家,要想完成复兴大业,必须拥有特别的毅力、坚韧、和善与不畏强权的高贵品德和深厚的历史底蕴,走出与众不同的道路。这是人类历史上最伟大的事业,它之所以伟大,从以下三个方面可以体现出来。

第一,中国复兴事业的原始积累是所有大国中最干净的。

近代以来西方大国的崛起如美国、英国、俄罗斯与日本等,都伴随着对外扩张与侵略,它们进行的原始积累都充满着血腥与暴力,是肮脏的。资本主义在英国诞生,是该制度的不幸,使资本主义制度天生残疾、不健康。资本主义是外向型经济,它是化石文明,需要能源、矿

[①] 《改革开放政策稳定,中国大有希望》,载《邓小平文选》第3卷,人民出版社1993年版,第321页。

藏、市场，而这些英国都不具备，因此，英国向外扩张与掠夺就成为必然，建立拥有广大殖民地的日不落帝国、对中国发动鸦片战争都是英国血腥与肮脏的原始积累的一部分。日本的好战有很大一部分是因为该国缺乏足够的资源，其生存压力比较大，所以它近代以来的强国地位是在损人利己的基础上实现的。美国的扩张从欧洲人踏上美洲大陆开始就没有停止过，直到现在美国还在进行扩张。

与那些传统强权大国的发展不同，中国是个农业传统大国，农业是向内求的内向型经济，它不需要向外掠夺与侵略，因此培养了中国内向型的以和为贵的文明，不寻求对外扩张与侵略。中国近代的落伍与历史上的兴衰更替有关，而当这种兴衰更替与西方强权霸道相结合的时候，就形成了近代中国遭受外来欺凌的时代。当新中国结束国内纷争、摆脱帝国主义压迫以后，中国面临的是一贫如洗的境地，要发展就要重新进行原始积累。中国没有走帝国主义的老路，不仅因为时代不同，更因为中国内在的文化因素。中国是通过向内求而进行的原始积累，这就是工农业剪刀差，通过农业发展后补贴工业，优先发展工业，按照农轻重的原则进行国家经济建设。不通过向外扩张而进行原始积累，并能达到世界经济第二的高度，这在世界现代史上是绝无仅有的。

第二，中国是在西方国家制定的国际经济与政治秩序下进行复兴大业的。

早在第一次世界大战结束时，巴黎和会上美国、英国和法国为了成立国际联盟，牺牲了中国利益，把山东主权转让给日本。中国虽然也加入了国际联盟，但国际联盟未能阻止日本对中国的侵略。第二次世界大战结束后，世界格局变成了美苏争霸。美国取代了英国成为世界霸主，进行了制度创新，政治上创建了联合国，经济上创建了国际货币基金组织、世界银行与世界贸易组织等三大机构。西方国家在这些政治与经济机构中拥有绝对的优势，美国还通过国际货币基金组织把美元与黄金相挂钩，建立了美元霸权。中国等发展中国家处于劣势地位，在这样的情况下进行复兴大业是极其艰难的。以国际货币基金组织的投票权为例，为了巩固作为国际主导和储备货币的地位，服务于美帝国主义在全球贯彻华盛顿制定的"西方目标"，作为188个会员国中唯一拥有否决权的国家，美国国会固执地拒绝批准关于重新分配投票权的提议，中国在国际货币基金组织中的投票权直到 2010 年达成的新的改革方案中才达到世界第三。而在 2006 年之前，虽然中国的 GDP 总额已跃居世界第四位，是比利时和荷兰 GDP 总和的两倍，但比利时和荷兰两国的投票权却是中国的 1.5 倍。

当今政治与经济的话语权都由西方国家垄断，中国为此付出了巨大代价。改革开放是中国寻求国家复兴的发展途径，然而要改革开放，就必须进行市场经济化改革，西方国家为此设立了诸多门槛，也有许多我们曾经没有过的规则需要去适应。为了恢复关贸总协定、加入世界贸易组织，中国与美国进行了长达 16 年的谈判。在知识产权方面，中国从来没有知识产权的概念，然而美国在 1991 年开始以知识产权为借口对中国进行施压，迫使中国为对外开放支付更多的成本。中国的法律也为此进行了相应的修改。美国等国还经常对中国对外贸易设置各种壁垒，以反倾销反补贴罪名对中国产品进行"双反"调查，实行贸易保护主义。

需要强调的是，中国是在不挑战西方主导的国际政治与经济秩序下进行复兴大业的，这需要我们付出额外的代价，但也表现了中国强大的适应能力与智慧。

第三，外部势力对中国复兴的压力是所有大国中最大最多的。

中国复兴从来不是一帆风顺的，它所经历的压力是其他大国难以想象的。在中国的衰落过程中，帝国主义列强大大小小都侵略过中国。而在复兴过程中，日本发动了全面对华战争，中断了中国现代化建设。中华人民共和国政权建立后，美国先后两次联合其盟友对中国进行了制裁。中苏关系破裂后，苏联又给中国施加了强大压力。

在美国的压力下，中国是联合国安理会常任理事国中唯一没有实现国家统一的国家，唯一还有他国敢于向其领土之内销售武器的大国。西方国家利用西藏、新疆、台湾和香港等地出现的问题不断干预中国内政，以人权为幌子干预中国的生存权与发展权。美国重返亚太战略或者亚太再平衡战略实质是要遏制中国的发展。中国之所以在这样的压力与环境下还能走向复兴，其原因是中国具有深厚的历史文化底蕴与强大力量，像宇宙中的太阳一样能够发光发热，经久不息。当中国未来实现了"两个百年"目标时，它将从那星光暗淡的日子中走出，迎来的是星光灿烂的时刻。

英国的政治传统与公民教育[*]

樊 丽 聂平平[**]

【摘 要】 英国的政治传统就颇具有其民族的性格，保守主义和激进主义这一对看似矛盾的主义却又交织在一起。正是英国的保守与激进的相互牵绊才使得英国社会呈现渐进发展的特质，尤其是君主立宪制的确立。英国的政治发展道路必然会受此影响带有渐进性特质，而英国公民教育的发展也必然深受影响。可见，英国政治传统和公民教育息息相关。

【关键词】 英国；公民教育；政治传统

公民教育并不是自古就有的，是伴随现代民主国家的出现和兴盛才渐渐潜滋暗长起来的。尽管英国很早便确立了资本主义制度，并且在工业革命的影响下迅猛发展起来。可是在英国自由主义政治传统等因素的作用下，政府不插手公民教育的管理，致使英国公民教育一直位于一种自发生长的状态，以致英国公民教育常常与宗教交织在一起，无法形成一种科学系统。因此，在英国政治与经济飞速发展的时候，其公民教育却以一种迟缓的速度发展着。

---

[*] 本文为江西省高校思想政治教育专项课题（江西省教育厅〔2013〕54号）和江西省"十二五"社科规划重点项目（10SH01）的阶段性成果。

[**] 樊丽，女，江西师范大学政法学院研究生。聂平平，男，江西师范大学政法学院教授，博士生导师，主要研究方向为地方政府治理。

一 英国公民教育发展历程

18世纪后半叶，英国的公民教育渐渐有了开端，普里斯特利发表《关于公民及其自主生活的自由教育》一文。但是由于他和当时英国社会普遍都认为课程设置的权力应当掌握在学校手中而不是国家，而学校又忽视公民教育，因此公民教育在此后的百年中并没有实质性的发展。1870年缘于有了学校董事会和教师赞同公民教育的发展，为了顺应这一发展出版了一些教材，如《英国宪法和政府》、《公民文摘》，从此公民教育有了真正的开端。

随后还经历了民间团体倡导阶段。20世纪30年代由于法西斯纳粹主义等极权主义的威胁，志愿者们成立了公民教育委员会，提倡施行学校公民教育。1949年，英国发行了首个有关公民教育的官方刊物，即《公民在成长》。随后便经历了政府认可推行阶段。在这段时期内由纳菲尔德基金会赞助、科瑞克等人提倡的政治教育计划在推行过程中得到了政府的援助与认可。1997年英国工党发表了《卓越学校》，表达出政府加强学校中的公民教育与政治教育的决意，于是建立了以科瑞克为首的学校公民教育与民主教育顾问小组，为英国公民教育的建设给予具有可行性的意见。1998年该顾问小组的《科瑞克报告》发表。从2002年8月起，政府吸取报告中的一些可行意见，将中小学公民教育这一课程正式列入法律条文，成为一门必修课。

就公民教育的发展历程来说它越来越得到人们的重视，在经历了一个潜滋暗长逐渐萌芽的状态后，形成个人发起到国家认可推行的过程。英国公民教育经过了近百年的时间才开始得到政府的干预，这个演变过程是逐渐而又缓慢的。

二 英国两种主流政治思想的影响

（一）自由主义导致英国公民教育发展的迟缓

自由主义思想是一种对生活、对社会以及对世界的看法，萌芽于文艺复兴时期和宗教改革，最终在 17 世纪的英国成型。几百年来自由主义在英国的方方面面都起着重要的作用，英国公民教育的发展也必然处于它的影响之下。

人们对公民文化有正面态度才能使公民教育成功施行。然而自由主义思潮的作用，英国的民众对政治并不关心。公民教育与政治却息息相关，这也就使得公民教育被大众所忽视。自由主义思想能够容许各种不同的生活方式与价值观的存在，并且它期望政治与社会制度的构想是由全体社会成员参与的。可见自由主义对于公民资格的界定是宽松不积极的。只要社会成员能够满足法律规范，诸如国籍、年龄等这些条件，那么无论他是否拥有财产，他都具有公民资格，即使他不参与政治事务他也仍然是一个合格的公民。

这种公民观显然是消极的，这对英国许多公民尤其是年轻人产生消极的影响，致使他们对政治的冷漠，也许只有在全国大选时才会关心一下政治。一直以来英国的政治领域都不太重视公民这个概念，它被定义为"外来的"和"令人不安的"。这样环境下公民对于政治显然是不会积极的，他们必然更注重自己的生活。正是由于这种对政治的淡漠，对政治参与的不积极也是不可避免的，就更不用说与政治息息相关的公民教育了，也是必然被忽视的。

因为传统自由主义思想的作用，英国在很长一段时期都坚持放任教育自由发展。而这一消极的态度也致使英国国民教育制度到 1870 年才得以确立起来。公民教育则更是被放任发展。在很长一段时期内英国公民教育是由个人和非政府组织自愿发起的，政府坚持让其自我发展。所以那段时期，实行公民教育与否可以由地方教育部甚至是学校自行决定，这使得公民教育在很长一段时期都处于一种无足轻重的状态，这可能是致使英国公民教育发展迟滞的最直接的缘故。

自由主义者普遍认为，政府应该对各式各样的主张和思想秉持着中立的态度，不应该传播某一个党派的政治思想。这一消极的态度使得公民教育陷入难发展的困境。究其原因，是公民教育与政治教育之间总是有着千丝万缕的联系，而在政治教育过程中，难免会有灌输党派思想的嫌疑。这导致教师们对此都很惶恐，担心被挑出课堂上的疑似违规之处。这也就使重要内容之一是政治教育的公民教育成为学校以及教师的棘手之物。这种态度也就导致了公民教育在当时的不受欢迎以致使其没有得到应有的发展。

(二) 保守主义与公民教育发展的渐进性

英国保守主义并不如名字那样的纯粹的保守，它支持必要范围内的变革，但是对待变革要谨慎。可见保守主义当中其实包含了一些自由思想，这使得保守主义具有一定的适应性，可以在必要的时候为了适应新形势的发展进行一定的变革。不过保守主义相对自由主义来说还是没有那么开放的，保守主义下的改革还是以遵循传统为主的，在传统中找寻适当的因素进行变革。

17世纪的"光荣革命"使英国选择了君主立宪制，议会在政治体制中的地位越来越重要。究其原因，应该是由于英国人爱遵循传统的保守主义的影响，当然除此之外自由主义也产生了重要的作用。

君主是英国传统政治体制的重要组成部分，其现代化转变的过程深受保守主义政治思想的影响，是以君主制没有从英国的政治舞台上退出历史，尽管已经失去了过去那种至高无上的权力。"光荣革命"后逐渐建立起民主制度国家。但是由于资产阶级和封建势力的妥协，这样的民主并不是完全意义上的，因为它还是留有大量的封建习俗，如世袭君主制和贵族院等。

1. 公民与臣民

英国王室作为最古老的王室存在了数百年时间。尽管经历了"光荣革命"，王室并没有从此退出历史的舞台而是被作为一种符号保留了下来。虽然王室现在早已没有了实权，但是却仍旧享受着各种特权，他们不需要缴税并过着奢华的生活。尽管现今的王室只是作为一种象征存在并不具有实权，但是它仍在国家生活中起着重要的作用。最常见的表现便是即使到现在，英国的一切重要法令都还是用女王的名义发布，英国政府被称为女王陛下的政府，所有的大臣们也必然是为女王陛下而工作的，所有让人敬重的东西都特许加上"皇家"二字，如皇家海军、皇家空军、皇家邮政，等等。①

---

① 陈鸿莹：《英国公民教育实施效果的制约因素》，《外国教育研究》2008年第12期。

英国人至今都非常尊重王室，他们从心底里认为自己要忠于女王陛下，却不是现代社会的公民。然而在现代国家中这种过去的臣民意识和现代的公民观念之间必然是矛盾的。臣民也就表示着存在一种等级贵贱的次序，也就会产生人们对政治参与的不积极，因为他们没有参与的权利，政治是上等社会的游戏。与臣民不同的公民则不应该只会被动服从，而应该是具有主动意识的独立个体。由此可见，臣民强调的是对君主的忠诚与顺从，这却是与公民本质相矛盾的。公民教育将培育平等意识作为一个重要内容。然而，君主与皇室的存在却真实地反映着社会的不平等，这样的不平等与公民教育的目标却是相悖的，这必将导致学生产生困惑与不解，这也就为公民教育带来了阻碍，也使得教育的实效性大打折扣。

2. 贵族传统的保留

由于资产阶级革命是一种相互妥协的产物，导致革命的不彻底，于是贵族的势力得以保留下来。正是这一保留使英国成为仍旧有等级区分的国家，不同阶级的人在社会各方面差距都非常大。教育作为社会文化领域的一部分自然也受到这种等级划分的影响，这便是双轨制。英国同时存在着精英教育与大众教育两种模式，而这正是贵族传统带来的影响。

英国的精英是有着高贵出身的上流社会的成员，拥有卓越的能力。所以，精英教育只有那些为数不多有着所谓能够接受的，这就是教育的等级性。《1944年教育法》甚至规定中等教育的"三轨制"，也就是由三种学校组成，第一种是文法中学，第二种为技术中学，第三种是现代中学。[①] 文法中学也就是传统的中学，是为进入大学做准备的学校；技术中学是训练一些经过挑选的年轻人进入企业工作；现代中学则是提供人人所需的普通教育。所以，一般阶层的孩子们大都进入现代中学。此外，有着高质量与高学费的公学也分担一些中等教育。文法学校和公学起初的招收对象都是社会低等阶级子弟，之后却渐渐成为上层阶级子弟的学校。这样的规定使英国的等级分层更为明显。为了改善这一现象，20世纪60年代中一种综合型的中学出现了，这种中学将上述三种中学

---

① 吴华清：《教育平等与英国教育发展》，《浙江教育学院学报》2003年第1期。

综合在一起。它发展非常迅速，渐渐取代了现代中学的位置，但这仍然无法改变学校的等级性。

在英国不只是初等教育有等级性，高等教育也出现了相同的问题。英国的大学相对来说还是比较多元的，有诸如世界著名的牛津、剑桥等古典大学，还有一些近代大学和技术大学等。世界知名的这些古典大学一直是英国最好的大学，但是它们所招收的学生大多都是所有中等学校毕业生中最优秀的，不过相应的是这些学生的出身也通常都是很好的。这使得英国教育出现双轨制特质，一轨是针对上流阶级的，一轨是针对平民的。这样的教育体制等级化必然也会对公民教育产生不利之处。

三 英国两大政党的影响

（一）保守党对公民教育的影响

1979 年到 1997 年保守党执政，撒切尔夫人之所以从上台伊始就采取一系列激进的社会改革是为了提高经济增长速度并改进严重的通货膨胀问题，这被称为撒切尔主义。尽管她对政治和经济等领域都进行了一系列改革，但是这些仍旧是在秉持保守主义的基本原则的基础上进行的，所有改革都维持着现有的基本制度，反对变革。劳顿（Denis Lawton）教授认为，所谓"撒切尔主义"是指撒切尔夫人上台后在保守党内部出现的一股占统治地位的"新右派"势力的意识形态，是当代西方新保守主义与新自由主义的"混血儿"[1]。她鼓励大家成为积极公民，主张个人要积极地承担个人的责任，改变过去凡事都由政府去做的情形。保守党对教育的改革以《1988 年教育改革法》的出台为记号，该法案提出了一些改革，公民教育赫然位列其中，不过只是跨学科的形式。

尽管她在经济上推行自由，可是在文化上仍是崇尚权威的。她执政时期弘扬传统道德和高贵文化的重要性，并且特别主张将这种高贵文化

---

[1] 易红郡、赵红亚：《"撒切尔主义"对当代英国教育改革的影响》，《外国教育研究》2001 年第 10 期。

传于精英。因为这些精英都是有着高贵出身和杰出才能经过精挑细选的。因此，在教育领域宣扬精英主义教育。然而这种宣扬也就意味着认可对社会等级划分。此外这种在政治上的保守也导致公民并没有多少空间能够参政议政。这样的公民观培养出来的公民显然是不会积极参与政治的，他们也没有什么机会。由此可见，政治教育在这个时期是不被推崇的，甚至是刻意隐藏的，平民没有机会接触政治教育。公民教育因为这种保守性思想最终只是跨学科形式，由学校决定其是否开设。同时，由于学校课程安排的满当，以及来自全国统一考试的压力，很少有学校愿意挤出如此宝贵的时间去进行公民教育。以上种种都表明保守党执政时期的公民教育是一种消极的教育，实施效果必然也是不好的。

（二）工党对公民教育的影响

英国工党作为一个社会民主党派在教育领域提倡平等、公正。英国工党在竞选中失利18年后，终于在1997年再次上台执政。布莱尔为了适应新环境与新现实提出了"第三条道路"，也就是在资本主义和社会主义之间寻找一条新路径。"第三条道路"强调社会公平的价值观，并且认为教育是实现公正的重要途径。"第三条道路"相比起"撒切尔主义"注重精英教育来说，更加注意那些弱势地位的学校以及学生，正如所谓的补短那样，期望帮助这些弱势群体提高整体水准。在政治上，"第三条道路"则提倡公民积极参与，同时新工党也强调社会包容与团结合作。[①]

工党呼吁大家要关注他人的需要与意见，不要只关注自己私人领域。同时工党也提倡公民应该对国家负责，布莱尔多次提到大家都应自觉感受到是社会的一员，培养公民的独立意识以及权利和义务之间的平衡。工党也提倡积极参与社区活动，以此为社区为国家贡献自己的力量。除此之外，工党还提倡公正、民主与共享，这与保守党倡导的私有化不同。公民教育是工党思想最好的表现形式，是实现工党理想社会的有效途径。所以在工党执政时期非常重视公民教育。

---

① 马忠虎：《"第三条道路"对当前英国教育改革的影响》，《比较教育研究》2001年第7期。

四 英国公民教育存在的问题及其现实启示

（一）英国公民教育存在的问题

尽管将公民教育列为法定修习科目后，英国公民教育得到了较大的发展，但在实施过程中仍旧存在一些问题。

1. 实际教育中仍旧存在的不平等现象

想要能够使公民教育实施效果良好，教育平等必然是首要原则。然而，在英国传统上，教育一直都采用双轨制，一轨是为上层社会设立的，另一轨则是为平民而设的。这样不平等的教育必然是无法取得良好效果的，公民教育要彻底消除这样的等级划分，英国社会的这种不平等削弱了公民教育的根本目的。虽然英国政府长期以来都努力往民主和大众的方向来发展教育，但是英国是一个注重传统不激进的民族，它不可能会完全背弃传统而采用一个全新的模式，所以必然会存在种种不同的教育模式。那么各种为不同阶层设立的学校也必然会存在，于是来自不同阶级的孩子进入相应的学校里学习。所以英国过去以及现在的教育制度都是不平等的，而这却和公民教育中强调的平等自由精神是相悖的。可见，英国现行的教育制度本身就没有平等的公民权，这显然会影响学生对于"公平、社会正义、民主"的理解。①

2. 公民教育是否应具有政治性

政治教育是公民教育课程的一个重要方面，并且最初的公民教育其实也是从政治教育发展来的。那么在现代社会这样多元化的环境下，政治多元化、价值也多元化，这使得公民教育的实施变得复杂，这样一个多元化的社会是不是要展开政治教育，如果要又该如何展开是一个备受争议的问题。对于存在保守主义思想的英国来说，这个问题很早的时候就有争议，一些政治家是反对在学校进行政治学习的，他们认为这是一个不适宜学校来进行教育的课程，如同性教育一样，都应该由家庭来完成。当然这样的见解最终还是被政府采纳了。1996 年的教育法就曾经

---

① 唐克军：《西方国家公民教育的价值取向》，《外国教育研究》2005 年第 6 期。

禁止在任何学科的教学中宣扬某一党派的政治观点。而现今新的国家课程文件强调公民教育要与政治生活结合起来进行教学，那么公民教育应当如何对待这些实际生活中的政治问题就非常困难。这在教育实施过程中极容易就有提倡某一党派政治观点的嫌疑，使得公民教育的实施变得非常困难。

3. 教师培养是公民教育的关键

教师是关键因素，可以确保公民教育的顺利进行，然而由于公民教育并不是学校古就有之的科目，并且又一直受到社会和学校的忽视，这些都导致公民教育教师的缺乏。并且即使有公民教育的教师，接受过专业培训的也不多，公民教育并没有很深的专业背景和学术探究，并且现今社会的形式主义也普遍存在，教师在讲授公民教育内容时也担心万一没有控制好这个度很容易就会被指责为灌输政治观点，所以在面对一些政治问题时往往都是避而不谈。这一系列的问题都不利于公民教育的实施。

（二）英国公民教育的现实启示

1. 公民教育须与本国政治传统相适应

每个国家的政治传统都由于各自政治、经济和文化等发展背景的不同而不同。英国的政治传统就颇具有其民族的性格，保守主义和激进主义这一对看似矛盾的主义却又交织在一起。正是英国的保守与激进的相互牵绊才使得英国社会呈现渐进发展的特质，尤其是君主立宪制的确立。英国人想要突破封建王权的集中限制却又还是想要遵循传统，于是君主立宪便诞生了。受此影响，英国的政治发展道路必然也是带有渐进性的，更不用说英国公民教育的发展了。这说明英国政治传统和公民教育息息相关，也就说明公民教育的实施必须和本国的政治传统相适应，否则就会由于与政治传统不相容而导致公民教育无法成功施行。当英国经济发展到一定高度时，社会政治也需要相应的发展提高，这时候就需要改善过去公民政治参与低的情况，而能解决这个问题的就是公民教育。可见，政治与公民教育之间其实关系紧密，公民教育的发展还是要注重与政治的相容性。

2. 注重公民意识的培养

现代许多国家的公民教育核心都是公民意识教育，要使公民对自己国家政治和法律生活中地位有所认识，以及培养对所属国家和特定社群的情感认同，并且对自身公民角色了解，知道自己所承担的责任及所享有的权利。综观英国公民教育，可以发现它非常重视公民意识教育，英国现行学校公民教育内容的一个重要方面就是有关社会意识和公民意识以及个人义务责任的培养。

3. 弘扬优秀民族传统文化

英国的社会具有开放性和多元化的特征。同时由于全球化的发展，英国公民教育顺应全球化的发展培养世界公民，但是也没有忘记要保持本民族文化传统。教师们就经常在课堂教学中向学生宣扬要维护大家共同的权益；政府也经常在一些公众场合对本国的社会价值和政治制度进行简单的传播教育。正是由于这些潜移默化的感染教育，使英国的青少年对国家文化传统产生情谊，从而从心底里油然生出对国家和民族的自豪以及归属感，这也就达到了英国公民教育的目的。

五 结语

纵观公民教育的发展历程可以看出，英国的公民教育具有渐进性的特质。这种渐进性，并不是由于单独受到某一方面影响形成的，而是由于社会中多种因素的作用。

从环境方面来看，大不列颠是一个四面环海由多个岛屿组成的国家，主要居住地地面平坦并且有着非常适合农业和畜牧业发展的温暖而又潮湿的气候。而相对独立舒适的自然条件对英国国民的稳健、宽容、不过激的性格有很大的影响。这样独立的岛国条件也使得英国人在政治上非常具有特色。这样独立的生活条件、适合耕作和牧业的土地条件也使得他们很满足现有的生活条件，不容易产生极端的想法，比较能够理性思考，并且非常重视传统。除此之外，他们也比较善于发现自己的特色并且保持下来。

从历史上看，诺曼征服是个分界，从那以后再也没有出现什么外来的入侵者阻碍甚至扭转英国的社会发展。尽管在 17 世纪曾经发生过内战，但是之后也再没有发生革命。这些都对英国政治上的恋旧守成有深刻的影响。

"五位一体"总体布局的形成、意义及实现路径*

严文波**

【摘　要】 总体布局问题是发展中国特色社会主义事业的一个重大问题，它直接关系着中国特色社会主义事业的发展方向和兴衰成败。党的十八大报告将生态文明建设与经济建设、政治建设、文化建设、社会建设置于同一层面，提出建设中国特色社会主义的"五位一体"总体布局思想。这一重要战略思想是几代中国共产党人在探索发展中国特色社会主义的历史进程中逐渐形成的，它的形成有着其重大的理论与现实意义。如何推动"五位"走向"一体"，是当前和今后相当长时期内必须面对和解决的重大课题。

【关键词】 五位一体；总体布局；意义；实现路径

党的十八大报告明确指出："全面落实经济建设、政治建设、文化建设、社会建设、生态文明建设五位一体总体布局，促进现代化建设各方面相协调，促进生产关系与生产力、上层建筑与经济基础相协调，不断开拓生产发展、生活富裕、生态良好的文明发展道路。"[①] 这充分表明，以胡锦涛为主要代表的中国共产党人站在时代发展和战略全局的高

---

* 本文系江西省社会科学"十二五"规划项目"改革开放以来中国共产党发展思想的内在逻辑研究"（14KS06）的阶段性成果。

** 严文波，男，江西师范大学政法学院讲师，法学博士，主要研究方向为当代中国社会发展理论。

① 胡锦涛：《坚定不移沿着中国特色社会主义道路前进　为全面建成小康社会而奋斗》，人民出版社2012年版，第9页。

度,从当代中国社会发展的阶段性特征出发,对推进中国特色社会主义事业做出了"五位一体"发展总体布局的顶层设计。因此,深入研究和准确把握"五位一体"总体布局的由来及意义,进一步明晰"五位"走向"一体"的实现路径,对于全面推进中国特色社会主义伟大事业无疑具有重要意义。

一 "五位一体"总体布局的形成

党的十一届三中全会以来,中国特色社会主义事业总体布局经历了从"两个文明"(物质文明建设、精神文明建设)一起抓到经济建设、政治建设、文化建设"三位一体",到经济建设、政治建设、文化建设、社会建设"四位一体",再到现在的经济建设、政治建设、文化建设、社会建设、生态文明建设"五位一体"的发展历程。在对怎样布局发展中国特色社会主义事业这个问题上,中国共产党人经历了一个初步探索、逐步深化和趋于完善的演进历程。

(一)"两个文明"

党的十一届三中全会以后,党中央果断做出了把党和国家的工作中心转移到经济建设上来,实行改革开放的历史性决策。在这一正确决策的引导下,在经济建设领域我们很快就取得了举世瞩目的辉煌成就。但与此同时,在精神生活领域却凸显出越来越多的问题和矛盾——封建迷信思想的重新抬头、社会基本道德准则的缺失、西方不良思潮的肆虐泛滥、各类违法犯罪行为的层出不穷,等等。在这种背景下,以邓小平为主要代表的中国共产党人首次明确提出了"建设高度的社会主义精神文明"的科学命题,形成了"两个文明"协调发展的现代化建设布局新思路,并且提出要正确处理好物质文明和精神文明两者之间的关系。此后,党的十二大报告第一次对"两个文明"的科学内涵做出了明确界定,指出物质文明建设是基础和前提,精神文明建设对物质文明建设能起到积极的推动作用,并能保证物质文明建设的正确发展方向。虽然"总体布局"这种提法在当时党的文件中还没有正式写明,但"两个文明"一起抓的发展理念实际上是作为重要的战略布局方针提出来的。这一发展理念的提出，是我们党在新的历史时期坚持和发展中国特色社会主义的重要理论成果，标志着我们党对中国特色社会主义建设事业总体布局的初步探索。

(二)"三位一体"

1984年10月，党的十二届三中全会通过的《中共中央关于经济体制改革的决定》又对我国现代化建设的目标和任务进行了新的概括。《决定》指出："在中国共产党领导下，全国人民艰苦奋斗，建立了独立的比较完整的工业体系和国民经济体系，取得了旧中国根本不可能取得的巨大成就，为我们建设富强、民主、文明的现代化的社会主义国家奠定了必不可少的物质基础。"[①] 在这里，党中央首次提出了现代化建设的三大发展目标，即富强、民主、文明，其意义十分重大。富强、民主、文明是对建设中国特色社会主义事业的目标定位，如果将这一目标定位置于发展布局的角度来看，其相对应的就是经济建设、政治建设、文化建设。在此思想基础上，在1986年党的十二届六中全会通过的《中共中央关于社会主义精神文明建设指导方针的决议》中，进一步将我国现代化建设的总体布局明确表述为："以经济建设为中心，坚定不移地进行经济体制改革，坚定不移地进行政治体制改革，坚定不移地加强精神文明建设，并且使这几个方面互相配合，互相促进。"[②] 在这里，"三位一体"建设中国特色社会主义事业的发展图景更为清晰明确。此后，这种"三位一体"总体布局的表述形式一直延续到党的十六大。

(三)"四位一体"

党的十六大以来，以胡锦涛为主要代表的中国共产党人从新世纪新阶段全面推进我国经济社会全面协调可持续发展的高度出发，对发展布局问题进行了新的思考和探索。党的十六届四中全会通过的《中共中央关于加强党的执政能力建设的决定》，提出了构建社会主义和谐社会

---

① 《十二大以来重要文献选编》(中)，人民出版社1986年版，第561页。
② 《十二大以来重要文献选编》(下)，人民出版社1988年版，第1173—1174页。

这一重大战略任务，明确了社会建设在社会主义现代化建设中的重要战略地位。2005年2月，胡锦涛在省部级主要领导干部提高构建社会主义和谐社会能力专题研讨班上鲜明指出："随着我国经济社会的不断发展，中国特色社会主义事业总体布局，更加明确地由社会主义经济建设、政治建设、文化建设三位一体发展成为社会主义经济建设、政治建设、文化建设、社会建设四位一体。"① 在上述一系列思想的基础上，党的十七大报告进一步深刻阐述了"四位一体"总体布局思想的科学内涵，报告中指出："建设社会主义市场经济、社会主义民主政治、社会主义先进文化、社会主义和谐社会，建设富强民主文明和谐的社会主义现代化国家。""坚持中国特色社会主义经济建设、政治建设、文化建设、社会建设的基本目标和基本政策构成的基本纲领。"② 此外，党的十七大报告还对经济建设、政治建设、文化建设、社会建设的内容做了具体安排和部署，并把"四位一体"总体布局思想的内容写入党章，这也标志着"四位一体"的总体布局思想得以正式确定。

（四）"五位一体"

实践没有止境，认识没有止境，因而理论创新也没有止境。在深入贯彻落实科学发展观的过程中，我们党对中国特色社会主义规律的认识也在不断深化和提高，针对经济快速增长中能源、资源、生态环境代价过大，生态建设与经济发展不相协调的严峻现实，以胡锦涛为主要代表的中国共产党人敏锐地意识到生态文明建设对发展中国特色社会主义事业的重要意义。党的十七大报告提出，要加强能源资源节约和生态环境保护，将生态文明建设作为实现全面建设小康社会的奋斗目标。党的十七届五中全会进一步强调指出，要加快转变经济发展方式，着力建设资源节约型、环境友好型社会，努力提升生态文明建设水平。2012年7月23日，胡锦涛在省部级主要领导干部专题研讨班开班式上的讲话中，首次提出要把生态文明建设的理念、目标、方针等深刻融入和全面贯穿

---

① 胡锦涛：《在省部级主要领导干部提高构建社会主义和谐社会能力专题研讨班上的讲话》，《人民日报》2005年6月27日。
② 胡锦涛：《高举中国特色社会主义伟大旗帜　为夺取全面建设小康社会新胜利而奋斗——在中国共产党第十七次全国代表大会上的报告》，《人民日报》2007年10月25日。

到我国现代化建设的方方面面，这已经蕴含着"五位一体"总体布局思想的初步形成。在上述一系列思想的基础上，党的十八大报告明确提出要把生态文明建设置于中国特色社会主义事业总体布局的战略新高度，提出把努力建设"美丽中国"、着力推进绿色发展、实现中华民族永续发展作为未来生态文明建设的宏伟战略目标，这标志着"五位一体"总体布局思想的正式确立。

二 "五位一体"总体布局的意义

"五位一体"总体布局的确立，是中国特色社会主义实践不断发展的结果，标志着我国社会主义现代化建设进入新的历史阶段。它的确立进一步丰富了马克思的社会有机体理论，进一步适应了中国特色社会主义现代化建设事业不断发展的新要求，进一步表明了我们党对中国特色社会主义建设规律的认识达到了新的境界。

第一，进一步丰富了马克思的社会有机体理论。马克思认为，社会作为一个由各种要素和关系相互影响、相互作用所构成的联系和发展着的有机整体，这就要求我们在考察社会问题时，要有一种整体性、系统性思维。"谁用政治经济学的范畴构筑某种思想体系的大厦，谁就是把社会体系的各个环节割裂开来，就是把社会的各个环节变成同等数量的依次出现的单个社会。其实，单凭运动、顺序和时间的唯一逻辑公式怎能向我们说明一切关系在其中同时存在而又互相依存的社会机体呢？"[①]"五位一体"总体布局思想正是秉承一种全面性、整体性的思维路径，把中国特色社会主义事业当作一项系统工程来进行结构性的剖析，是对社会有机体各个组成要素相互作用机制的不断再认识。"五位一体"总体布局思想的确立，正是当代中国共产党人对社会有机体各个组成部分认识的不断深化，进一步丰富了马克思的社会有机体理论。

第二，进一步适应了中国特色社会主义现代化建设事业不断发展的新要求。党的十一届三中全会以来，中国特色社会主义事业总体布局的

---

① 《马克思恩格斯选集》第2卷，人民出版社1995年版，第143页。

内容与结构从单一化逐步走向丰富化，是我们党对现代化建设事业结构体系认识不断深化和拓展的结果。随着社会主义现代化建设事业的不断向前推进，在战略布局这个问题上，只有通过系统化、多元化的整合模式，并有效构筑和协调系统内部各个子系统之间的相互联系，才能使得中国特色社会主义建设事业得到持续、健康、稳定、快速的发展，才能确保社会主义现代化建设事业沿着中国特色社会主义道路不断推向前进。"五位一体"总体布局思想的提出，进一步适应了不断发展的中国特色社会主义现代化建设事业对社会有机体内部各个子系统整合模式、整合能力提出的新的更高要求。随着中国特色社会主义事业的不断推向前进，必然还将继续丰富和深化总体布局战略思想的理论内涵。

第三，进一步表明了我们党对中国特色社会主义建设规律的认识达到了新的境界。总体布局思想从"两个文明"不断拓展到"五位一体"，反映了我们党对人与自然、经济社会与生态关系认识的不断深化。中国特色社会主义是全面发展、全面进步的社会主义，我们所谋求的发展是以经济建设为中心，经济、政治、文化、社会、生态相协调的发展，五者相辅相成，贯穿于中国特色社会主义发展实践的各个方面。党的十八大报告强调将生态文明建设摆在更加突出的战略地位和战略高度，强调要努力建设"美丽中国"，实现中华民族永续发展，并将生态文明建设看作社会主义建设的内在要求和社会主义的本质特征，使中国特色社会主义事业的顶层设计更为完善与科学，丰富了中国特色社会主义的理论内涵，充分体现了我们党对中国特色社会主义发展战略的深刻认识和全面把握，进一步深化了对中国特色社会主义建设规律的认识。

三 "五位一体"总体布局的实现路径

布局是战略指向，也是发展路径。"五位一体"总体布局思想的确立，充分反映了中国特色社会主义社会全面发展的本质属性和根本要求，集中体现了当代中国共产党人对马克思主义社会发展理论的丰富和发展，同时也对发展的可持续性、全面性、协调性提出了新的更高的要求。在建设中国特色社会主义的过程中，如何推动"五位"走向"一体",是当前和今后相当长时期内必须面对和解决的重大课题。

第一,坚持科学发展是推动"五位"走向"一体"的本质要求。"五位一体"既是科学发展的内在要求,也是科学发展的本质内涵。要推动"五位"走向"一体",就必须要始终坚持以科学发展观为指导。科学发展观是我们党对社会主义发展理论的一次科学总结和提炼,它源自中国特色社会主义的伟大实践,又指导和引领着这一伟大实践。以经济建设为中心,推动经济社会不断向前发展,是深入贯彻落实科学发展观的第一要义;以人为本,把人的生存和自由全面发展作为最高价值目标是深入贯彻落实科学发展观的核心立场;全面协调可持续,促进经济发展和人口、资源、环境、社会相协调是深入贯彻落实科学发展观的基本要求;统筹兼顾,统筹自然资源的可持续利用和社会的永续发展,是深入贯彻落实科学发展观的根本方法。因此,只有通过坚持科学发展,才能增强"五位"的协调性和有机统一性,使"五位"相互作用、相互影响、相互促进,从而真正融合为一个有机统一的整体,最终实现"五位"的协调发展、和谐共生。

第二,明晰辩证关系是推动"五位"走向"一体"的基本前提。在"五位一体"总体布局思想中,"经济建设是根本,政治建设是保障,文化建设是灵魂,社会建设是条件,生态文明建设是基础,这五个方面是相互影响的"。[①] 经济建设为中国特色社会主义事业提供丰富的物质生活基础,政治建设为中国特色社会主义事业提供强有力的政治保障,文化建设为中国特色社会主义事业提供精神动力和智力支持,社会建设为中国特色社会主义事业提供和谐稳定的社会环境,生态文明建设为中国特色社会主义事业提供社会可持续发展的重要载体。因此,全面推进中国特色社会主义事业,就必须要充分明晰这五大建设的内在辩证关系,五大建设互为条件、相互影响,缺一不可。五大建设的联系是双向的,是相互影响的,不是单向度的,是一个相互联系、相互促进、相互作用、相辅相成的有机整体,作为这一整体有机组成部分的五大建设各自发挥着重要作用。只有从思想上明晰"五位"的内在辩证关系,

---

① 辛向阳:《论中国特色社会主义事业"五位一体"总体布局》,《北京日报》2012年8月6日。

才能在现实实践活动中自觉推动"五位"走向"一体"。

第三,建立规范完备的制度体系是推动"五位"走向"一体"的重要保障。推动"五位"走向"一体",必须要不失时机推进重要领域的体制机制改革,增强体制机制改革的系统性和协同性。必须要坚决摒除一切妨碍"五位一体"的思想观念和体制机制弊端,构建一套科学合理、规范完备的制度体系,使各方面体制机制更加科学、更为定型,使制度保障更加有力、更为坚实。只有从制度上对推动"五位一体"做出合理规范,形成强有力的外部约束机制,才能在实践活动中避免单兵突进。如果缺乏科学化的制度保障和强有力的约束机制,"五位"就难以在实践活动中走向"一体"。例如,就生态文明建设而言,应紧紧围绕建设"美丽中国"这一目标深化生态文明体制机制改革,加强重点领域的立法,科学合理地修改和制定有关生态环境保护的法律法规,建立体现生态文明要求的目标体系、考评办法、奖惩机制,建立健全责、权、利相对应的规范有序的生态补偿运行机制,形成生态文明建设的长效机制,以制度保障中华民族永续发展。

第四,提高党的领导水平和执政水平是推动"五位"走向"一体"的根本保证。在庆祝中国共产党成立90周年大会上,胡锦涛总书记曾强调指出:"回顾90年中国的发展进步,可以得出一个基本结论:办好中国的事情,关键在党。"[①] 同样,在推动"五位"走向"一体"的进程中,要充分发挥党在中国特色社会主义事业中的领导核心作用,不断提高党领导科学发展的能力和水平,全党要确立科学发展的思想观念、决策思路和制度措施,要进一步更新发展理念、创新发展思路、转变发展方式。比如,全党同志尤其是各级领导干部要适应"五位一体"总体布局的发展思路,坚定不移地按照科学发展观要求领导发展,努力提高制定有利于科学发展的方针政策的能力,提高统筹协调的能力。要按照"五位一体"总体布局的要求,正确认识和科学把握社会主义现代化建设事业各个组成部分的内在关系,把经济、政治、文化、社会和生态文明五个方面作为统一的任务来部署,作为统一的目标来落实;要

---

① 胡锦涛:《在庆祝中国共产党成立90周年大会上的讲话》,《人民日报》2011年7月2日。

进一步确立系统思维、协调思维、和谐思维,在建设中国特色社会主义事业的过程中更加注重发展的全面性、协调性、可持续性,把"五位一体"的发展理念贯彻到社会发展的各个方面,体现到实际工作的各个环节。

核心价值：群众路线与专业社会工作[*]

查明辉[**]

【摘　要】 群众路线蕴含着大公无私、全心全意为人民服务、真正的尊重、能力、先进等核心价值。构建中国专业社会工作的核心价值必须符合三个条件：要基于社会工作的基本价值、涵盖中国的社会主义核心价值体系、不亚于我国实际社会工作的核心价值，因而最好的选择莫过于群众路线的核心价值。以群众路线的核心价值构建中国专业社会工作的核心价值，不仅是制定中国专业社会工作职业伦理的前提，有利于培养高素质的社会工作人才，也是中华优秀文化遗产在专业社会工作中的运用，更是对世界社会工作发展的重要贡献。

【关键词】 社会工作；群众路线；核心价值

2013年，党的十八届三中全会提出，推进国家治理体系和治理能力现代化。社会工作是现代国家治理体系的重要组成部分。中国社会工作专业化的一项基础性工作是构建社会工作的核心价值。价值不仅决定着社会工作的性质、目标和意义，而且决定着社会工作的方法和技巧、社会工作者和案主的关系、社会工作的实践领域和伦理原则以及机构和

---

[*] 2014年度江西省高校省级教改课题（JXJG-14-2-7）、江西师大校级教改课题《社会政策与法规》教学内容改革与探索研究；江西省高校人文社会科学研究项目"新型城镇化背景下城镇盗窃问题与社会工作介入研究"（SH1410）；江西省社会科学研究"十二五"（2014年）规划项目"习近平改革思想研究"（14KS18）。

[**] 查明辉，男，江西师范大学政法学院副教授、硕士生导师，主要研究方向为社会工作与社会政策。

社会工作者的关系等。① 敬业、接纳、自决、个别化和尊敬人等具普适性的专业价值，② 固然应纳入中国社会工作的专业价值范畴，2013年初民政部公布的《社会工作者职业道德指引》也部分体现了这些价值，但是，假如中国专业社会工作的核心价值不能体现中国五千年的优秀文化传统，尤其是不能体现我们党的优良传统，不能不说是个极大的缺憾。

群众路线是以毛泽东为代表的中国共产党人在领导理论和领导方法上的一个伟大创造，是毛泽东思想的一个核心内容和活的灵魂，是实现党的思想路线、政治路线和组织路线的根本工作路线，是党的优良传统和政治优势。③ 2013年由习近平总书记号召、席卷全国的群众路线教育实践活动，也足见群众路线仍然具有极其旺盛的生命力。不过，目前还未见到有关群众路线与专业社会工作之间关系的研究，本文拟论述群众路线的核心价值的内容，进而探讨以群众路线的核心价值构建中国专业社会工作核心价值的必要性及意义。

一 群众路线的核心价值

群众路线是基于科学正确的世界观而构建的理论，它主要蕴含着以下核心价值。

（一）大公无私

这是群众路线所体现出来的首要的核心价值。基于对大公无私的价值认同，群众路线要求共产党人不谋自己的私利，只为人民群众谋利益。毛泽东多次指出，共产党人应当大公无私，"不论遇着何事，总是以群众的利益为考虑问题的出发点"④；"共产党人的一切言论行动，必

---

① 王思斌：《社会工作概论》，高等教育出版社1999年版，第41页。
② 同上书，第53—55页。
③ 于云志、许翠华：《论毛泽东对群众路线的独创性贡献》，《毛泽东思想研究》1993年第1期。
④ 《毛泽东文集》第3卷，人民出版社1996年版，第47页。

须以合乎最广大人民群众的最大利益,为最广大人民群众所拥护为最高标准"①。大公无私之所以能被共产党人认同,是因共产党是一个以消灭私有制、解放全人类为己任、有着坚定的共产主义信仰的群体,其建立的社会主义国家实行生产资料公有制,这种新型的生产关系决定了共产党人能够尊崇大公无私的价值,像雷锋、焦裕禄、蒋筑英、时传祥等一大批模范的涌现即是明证。群众路线所体现出来的大公无私的核心价值渗透于群众路线的方方面面,是群众路线核心价值的元价值。

(二) 全心全意为人民服务

这是群众路线所宣传的第二个核心价值。它包含了服务的对象、内容、地位、态度等诸多方面:服务的对象是广大人民群众,而非少数人;服务的内容与地位,"为群众服务,这就是处处要想到群众,群众打算,把群众的利益放在第一位"②;"全心全意地为人民服务,一刻也不脱离群众;一切从人民的利益出发,而不是从个人或小集团的利益出发;向人民负责和向党的领导机关负责的一致性;这些就是我们的出发点"③;服务的态度,"就是要全心全意为人民服务,不要半心半意或者三分之二的心三分之二的意为人民服务"④。全心全意为人民服务与大公无私的价值是一致的,大公无私是前提,只有如此,才会全心全意为人民服务;全心全意为人民服务则是大公无私的充分体现。

(三) 真正的尊重

这是群众路线所倡导的第三个核心价值。真正的尊重充分体现在:(1) 尊重群众的首创精神,保护群众的积极性。毛泽东指出:"群众有伟大的创造力,中国人民中间,实在有成千成万的'诸葛亮',每个乡村,每个市镇,都有那里的'诸葛亮',我们应该走到群众中间去,向群众学习,把他们的经验综合起来,成为更好的有条理的道理和办法,然后再告诉群众(宣传),并号召群众实行起来,解决群众的问题,使

---

① 《毛泽东选集》(一卷本),人民出版社1967年版,第997页。
② 毛泽东:《经济问题与财政问题》,新华书店晋察冀分店1942年版,第185页。
③ 《毛泽东选集》(一卷本),人民出版社1967年版,第995—996页。
④ 《毛泽东文集》第7卷,人民出版社1999年版,第285页。

群众得到解放和幸福。"① "在检查工作的时候,我们对广大干部和积极分子不要泼冷水,而要帮助他们。向广大干部和积极分子泼冷水是不对的。但是发现了错误,一定要改正。"② (2) 尊重人民群众的价值观。这是尊重人的一种极其重要的表现。毛泽东指出,菩萨是农民立起来的,到了一定时期农民会用他们自己的双手丢开这些菩萨,无须旁人过早地代庖丢菩萨。③ (3) 尊重群众的需要与意愿。毛泽东指出,"要联系群众,就要按照群众的需要和自愿。一切为群众的工作都要从群众的需要出发,而不是从任何良好的个人愿望出发。有许多时候,群众在客观上虽然有了某种改革的需要,但在他们的主观上还没有这种觉悟,群众还没有决心,还不愿实行改革,我们就要耐心地等待。直到经过我们的工作,群众的多数有了觉悟,有了决心,自愿实行改革,才去实行这种改革,否则就会脱离群众。凡是需要群众参加的工作,如果没有群众的自觉和自愿,就会流于徒有形式而失败"④。(4) 注意倾听人民群众的意见。毛泽东指出:"如果党的领导者真正是为广大人民群众的利益而工作,如果他们在这方面的努力是诚心诚意的,那末他们听取群众意见的机会是非常多的,我们十分注意倾听人民的意见。我们通过村、乡镇、区、县的群众大会,也就是我们区域内任何地方的群众大会,通过党员同各阶层人士的交谈,通过各种会议、报纸和群众的来电来信等等一切能听到人民呼声的渠道,总是能发现群众的真正的意见。"⑤ (5) 虚心对待群众。毛泽东指出:"虚心向群众学习,先做群众的学生,后做群众的先生,共产党员在民众运动中,应该是民众的朋友,而不是民众的上司,是诲人不倦的教师,而不是官僚主义的政客。"⑥ "我现在还痛感有周密研究中国事情和国际事情的必要,这是和我自己对于中国事情和国际事情依然还只是一知半解这种事实相关联的,并非说我是什么都懂得了,只是人家不懂得。和全党同志共同一起向群众学习,

---

① 《毛泽东选集》(一卷本),人民出版社1967年版,第887页。
② 《毛泽东文集》第7卷,人民出版社1999年版,第218—219页。
③ 《毛泽东选集》(一卷本),人民出版社1967年版,第33页。
④ 同上书,第913—914页。
⑤ 《毛泽东文集》第3卷,人民出版社1996年版,第189页。
⑥ 《毛泽东选集》(一卷本),人民出版社1967年版,第488页。

继续当一个小学生，这就是我的志愿。"① 此外，真正尊重人民群众还表现为反对命令主义。毛泽东多次论述："在一切工作中，命令主义是错误的，因为它超过群众的觉悟程度，违反了群众的自愿原则，害了急性病。我们的同志不要以为自己了解了的东西，广大群众也和自己一样都了解了。群众是否已经了解并且是否愿意行动起来，要到群众中去考察才会知道。如果我们这样做，就可以避免命令主义。"②

（四）能力，即服务人民的能力

这是群众路线所推崇的第四个核心价值。群众路线主要从以下方面获得能力：（1）直接依靠广大人民群众。毛泽东指出，依靠民众则一切困难能够克服，任何强敌能够战胜，离开民众则将一事无成；③ 一切依靠最广大群众力量去解决问题，放手将解决问题的责任交给各分区，交给广大群众。④（2）放手发动群众，把群众组织起来。毛泽东指出，每一个共产党员，必须学会组织群众的劳动。知识分子出身的党员，也必须学会；只要有决心，半年一年工夫就可以学好的，他们可以帮助群众组织生产，帮助群众总结经验。⑤ 如果要把几十年来的革命做一个总结，那就是全国人民没有充分地动员起来，并且反动派总是反对和摧残这种动员。而要打倒帝国主义和封建主义，只有把占全国人口90%的工农大众动员起来，组织起来，才有可能。⑥（3）同人民群众保持密切联系。毛泽东指出，"二十四年的经验告诉我们，凡属正确的任务、政策和工作作风，都是和当时当地的群众要求相适合，都是联系群众的；凡属错误的任务、政策和工作作风，都是和当时当地的群众要求不相适合，都是脱离群众的。教条主义、经验主义、命令主义、尾巴主义、宗派主义、官僚主义、骄傲自大的工作态度等项弊病之所以一定不好，一定要不得，如果什么人有了这类弊病一定要改正，就是因为它们脱离群

---

① 《毛泽东选集》（一卷本），人民出版社1967年版，第749页。
② 同上书，第996页。
③ 《毛泽东军事文集》第2卷，人民出版社1993年版，第381页。
④ 《毛泽东文集》第3卷，人民出版社1996年版，第280—281页。
⑤ 《毛泽东选集》（一卷本），人民出版社1967年版，第886页。
⑥ 同上书，第528—529页。

众";①"所谓正确处理人民内部矛盾问题，就是我党从来经常说的走群众路线的问题。共产党员要善于同群众商量办事，任何时候也不要离开群众。党群关系好比鱼水关系。如果党群关系搞不好，社会主义制度就不可能建成；社会主义制度建成了，也不可能巩固"。② 总之，群众路线主要基于集体的视角，倡导共产党人培养最大最有效的服务人民的能力，而非仅靠少数人。

（五）先进

这是群众路线所蕴含的第五个核心价值，即要求共产党人在各方面都要力争先进，不断进步，成为全社会的标杆，体现在：（1）目标的先进性，从1921年共产党成立时确立的目标来看，她当年即要动员占全国人口90%的工农大众，推翻"三座大山"，彻底改变中国社会状况，建立社会主义及共产主义，实现全体中国人的自由平等。（2）历史观的先进性，深刻地认识到人民群众的力量。中国共产党诞生之前的先进分子都没有深刻认识到人民群众的作用，而毛泽东认为，"群众是真正的英雄，而我们却是幼稚可笑的，包括我。往往是下级水平高于上级，群众高于领导，领导不及普通劳动者，因为他们脱离群众，没有实践经验"；③"力量的来源就是人民群众。不反映人民群众的要求，哪一个人也不行。要在人民群众那里学得知识，制定政策，然后再去教育人民群众。所以要当先生，就得先当学生，没有一个教师不是先当过学生的。而且就是当了教师之后，也还要向人民群众学习，了解自己学生的情况"。④（3）手段的先进性。从群众路线采取的手段来看，它采用发动、组织最广泛的人民群众的方式，去实现革命与建设的目标，而其他群体不采用这种手段。（4）思想的先进性，反对尾巴主义。共产党人既虚心向人民群众学习，也立志于领导人民群众，因而不断追求先进，反对落后。毛泽东指出："在一切工作中，尾巴主义也是错误的，因为它落后于群众的觉悟程度，违反了领导群众前进一步的原则，害了慢性

---

① 《毛泽东选集》（一卷本），人民出版社1967年版，第996页。
② 《建国以来毛泽东文稿》第6册，中央文献出版社1998年版，第547页。
③ 《建国以来毛泽东文稿》第13册，中央文献出版社1998年版，第489页。
④ 《毛泽东文集》第8卷，人民出版社1999年版，第324页。

病。我们的同志不要以为自己还不了解的东西，群众也一概不了解。许多时候，广大群众跑到我们的前头去了，迫切地需要前进一步了，我们的同志不能做广大群众的领导者，却反映了一部分落后分子的意见，并且将这种落后分子的意见误认为广大群众的意见，做了落后分子的尾巴。"① （5）能正确认识和把握事物发展的"度"。毛泽东指出："我们反对革命队伍中的顽固派，他们的思想不能随变化了的客观情况而前进，在历史上表现为右倾机会主义。……我们也反对'左'翼空谈主义。他们的思想超过客观过程的一定发展阶段，有些把幻想看作真理，有些则把仅在将来有现实可能性的理想，勉强地放在现时来做，离开了当前大多数人的实践，离开了当前的现实性，在行动上表现为冒险主义"；② "当着群众还不觉悟的时候，我们要进攻，那是冒险主义。群众不愿干的事，我们硬要领导他们去干，其结果必然失败。当着群众要求前进的时候，我们不前进，那是右倾机会主义"。③ 群众路线的"先进"价值后来为江泽民同志的"三个代表"重要思想所继承与发扬。

最后，应当指出的是，这些贯穿于群众路线的核心价值并非仅停留在理论层面，以毛泽东为代表的共产党人是这些核心价值的卓越践行者，否则，不可能取得现代中国革命与建设的伟大成就。

二 以群众路线构建专业社会工作的核心价值的必要性

西方专业意义上的社会工作自 1986 年引入中国即面临专业化问题。社会工作专业化能否成功实现需要一些条件。美国社会学家格林伍德认为，专业必须具备五大特征：一是系统的理论；二是权威地位；三是社团的约束力；四是职业伦理；五是专业文化。④ 因此，社会工作在中国能否实现专业化除了其他条件之外，必须具备成熟的职业伦理，而职业

---

① 《毛泽东选集》（一卷本），人民出版社 1967 年版，第 996—997 页。
② 同上书，第 271—272 页。
③ 同上书，第 1215 页。
④ ［美］O. 威廉姆·法利等：《社会工作概论》，隋玉杰等译，中国人民大学出版社 2005 年第 9 版，第 368 页。

伦理是由社会工作的核心价值决定的。那么，应当选择什么核心价值来构建中国专业社会工作核心价值呢？中国专业社会工作的核心价值至少必须具备以下条件。

第一，要基于社会工作的基本价值。社会工作是一种以价值为基础的专业[①]，即使离开西方社会工作的土壤，在中国，选择中国社会工作的核心价值也应立足于社会工作的基本价值。比起其他许多国家来说，美国社会工作被认为是社会工作教育与实务的专业样板，[②] 因而其社会工作的核心价值比较典型地反映出社会工作的基本价值。美国社会工作者协会伦理守则确立的美国社会工作的核心价值包括：（1）服务。它要求社会工作者最首要的目标就是帮助有需要的人们，并致力于社会问题的解决。（2）社会公正。它要求社会工作者挑战社会的不公正。（3）个人的尊严与价值。它要求社会工作者尊重个人与生俱来的尊严与价值。（4）人际关系的重要性。它要求社会工作者应认识到人际关系的核心重要性。（5）正直。它要求社会工作者以值得信任的方式行事，社会工作者要始终清醒地意识到专业的使命、价值、伦理原则和伦理标准，并且行为中的伦理标准与原则是一致的。社会工作者以真诚和负责的行为，去促进其所属组织实践符合伦理的实务工作。（6）能力。它要求社会工作者在自己专业能力的范围内执行业务，并提升自己的专业技能。因此，作为主要引自美国的中国专业社会工作，其核心价值的建构最起码应当基于社会工作的这些核心价值。

第二，符合中国的社会主义核心价值体系。中国是社会主义国家，社会主义有根本不同于资本主义的核心价值体系。党的十六届六中全会明确把马克思主义指导思想概括为社会主义核心价值体系基本内容的一个重要方面，其中也包括了马克思主义中国化的第一个理论成果并且集中体现社会主义核心价值的毛泽东思想。因此，作为一项政府主导的社会福利事业——中国专业社会工作，它的核心价值必须符合社会主义核心价值体系，符合毛泽东思想的核心价值。

[①] Levy, Charles S.：《社会工作伦理》，张隆顺译，台北："国立"编译馆1982年版，第189页。
[②] Nazneen S. Mayadas, Thomas D. Watts, and Doreen Elliott, *International Handbook on Social Work Theory and Practice*, London: Greenwood Press, 1997, p. 9.

第三，不亚于实际社会工作的核心价值。目前，中国两类社会工作并存，一类是以民政部门为代表所从事的实际社会工作，另一类是高等学校中作为专业而存在专业社会工作。① 自新中国成立以来，民政部门一直担负了我国公共服务的主要任务。作为中国共产党领导的国家机构的一部分，实际社会工作部门历来倡导践行群众路线，倡导前述群众路线的核心价值。相比之下，专业社会工作产生较晚，自产生即面临合法性问题，即民政工作有没有必要把一些工作让渡给专业社会工作呢？尤其是直到目前为止，实际社会工作这一整套运作系统不但基本没有失效，而且在很多场合还体现出它独有的优势，如汶川地震救灾。如此看来，专业社会工作又如何比实际社会工作做得更好呢？这是中国专业社会工作要取得合法性的重大课题。因此，专业社会工作要做得比实际社会工作更好，取得合法性，除了其他条件之外，它的核心价值至少不能落后于实际社会工作的核心价值，否则不可能取得更高的社会效益。

综上，既不脱离社会工作的基本价值，也不违背中国的社会主义核心价值体系，还不亚于实际社会工作的核心价值，选择符合这三个条件的核心价值来构建中国专业社会工作的核心价值，最好的莫过于群众路线的核心价值。

三 以群众路线构建专业社会工作的核心价值的意义

以群众路线的核心价值构建中国专业社会工作的核心价值，不仅对推动中国社会工作专业化、职业化、本土化具有极其重要的意义，也是对世界社会工作发展的贡献。

第一，是制定中国专业社会工作职业伦理的前提。目前，中国专业社会工作还没有构建起一整套具有中国特色的、全国性的社会工作职业伦理守则，这既是中国专业社会工作需要进一步发育的表征，也妨碍了中国社会工作专业化、职业化进程。专业社会工作要成为社会大众广泛

---

① 王思斌：《体制转变中社会工作的职业化进程》，《北京科技大学学报（社会科学版）》2006年第1期。

认可的一种职业，必须具有高于其他职业的职业伦理。而以群众路线的核心价值作为中国专业社会工作的核心价值，可有效地指导中国专业社会工作职业伦理的构建，是社会工作专业化、职业化的第一步。

第二，有利于培养高素质的社会工作人才。2006年十六届六中全会提出，要建设宏大的社会工作人才队伍。2010年中央发布的《国家中长期人才发展规划纲要（2010—2020年）》进一步将社会工作专业人才提升为第六支主体人才地位，明确到2015年培养200万社会工作专业人才、到2020年培养300万社会工作专业人才的发展目标。2012年，19个部委和群团组织首次联合发布了《社会工作专业人才队伍建设中长期规划（2011—2020年）》，提出到2015年社会工作专业人才总量增加到50万人，到2020年社会工作专业人才总量增加到145万人。社会工作人才培养的首要工作是必须进行价值教育。目前，社会工作人才流失严重[①]，原因固然多出，但社会工作价值教育环节薄弱，一些社会工作毕业生专业价值缺失也是一个重要原因。然而，目前我国还没有构建起一套适合中国的专业社会工作的核心价值，这成为中国专业社会工作价值教育的巨大障碍。如果以群众路线的核心价值来构建，则恰好可以填补这一缺憾，廓清价值教育的障碍。中国专业社会工作者内化群众路线的核心价值则非常利于培养出高素质的社会工作人才。

第三，是中华优秀文化遗产在专业社会工作中的运用，更是对世界社会工作发展的重要贡献。专业社会工作发源于西方，社会工作的价值体系的来源之一是西方宗教理念和工业文明，但社会工作专业伦理并非在中国缺乏生存根基。无须重复，中华民族五千年的优秀文化极具现代价值，实际上，几十年的社会主义革命和建设，工业化、城市化、现代化的翻天覆地变化，使中国已有现代社会的专业社会工作生长的深厚土壤。中国专业社会工作得以生长的深厚土壤突出体现在中国革命和建设实践的理论结晶——毛泽东思想上。毛泽东思想是东西文化交融的科学体系，是当代中国最优秀的精神财富，对中国革命和建设发挥了不可替代的、举足轻重的作用。作为毛泽东思想的重要组成部分的群众路线，

[①] 毛明华、陈赟畅：《从社工人才大量流失看社会工作发展》，《社会工作》2007年第8期下半月。

它的核心价值是毛泽东思想的最优秀组成部分。以之构建中国专业社会工作的核心价值，超越了西方社会工作的核心价值，不仅是世界社会工作核心价值的最新发展，也是当今世界社会工作的最高层次的核心价值，充分体现出中国社会工作对世界社会工作的重要贡献：（1）尽管西方社会工作提倡利他主义价值，要求社会工作者正直；而以群众路线的核心价值构建的社会工作则把利他主义价值提高到大公无私的最高层次。（2）西方社会工作提倡服务于案主，而以群众路线的核心价值构建的社会工作则明确提出，全心全意为人民服务，这就大大拓展了服务的广度与深度。（3）西方社会工作提倡社会工作者提高能力以更好地服务于案主，并且也认识到人际关系的重要性，但通常基于个人、小团体的视角，往往没有达到依靠集体力量去解决问题的高度；而以群众路线的核心价值构建的社会工作则更加强调依靠组织、动员广大人民群众的方式去解决问题。显然，后者解决问题的能力更强。（4）西方社会工作强调社会工作者要追求社会公正，乃至有些时候社会工作者被扣上"社会主义"的帽子而受到排斥[①]；而以群众路线的核心价值构建的社会工作要求社会工作者不断追求先进，以挑战社会不公作为常态使命。（5）西方社会工作强调人的尊严与价值，但它对人的尊重是有限的；而以群众路线的核心价值构建的社会工作者利于做到真正尊重人民群众。

总之，以群众路线的核心价值构建中国专业社会工作的核心价值，无论是对中国的，还是对世界的社会工作，都具有重要意义。在实务领域切实践行，将会成为中国专业社会工作发展的里程碑，进而推动我国全面深化改革的伟大事业。

[①] 王思斌：《社会工作概论》，高等教育出版社1999年版，第49页。

社会主义核心价值观：实现中华民族伟大复兴中国梦的重要软实力[*]

罗奇清　王　员[**]

【摘　要】 社会主义核心价值观的基本内容是马克思主义中国化的最新理论成果，既继承了中国传统文化的精华，又吸收了世界文明的先进成果，是科学社会主义思想之灵魂。中国梦承载着中华民族伟大复兴的理想，是引领人民建设美好家园、幸福生活的共同目标。实现中华民族伟大复兴的中国梦，就是要实现国家富强、民族振兴、人民幸福，这与"三个倡导"的社会主义核心价值观具有高度耦合性，也决定了社会主义核心价值观作为一种软实力，在实现"中国梦"的过程中发挥着重要作用。

【关键词】 社会主义核心价值观；中国梦；文化认同

党的十八大报告指出："社会主义的核心价值体系是兴国之魂，决定着中国特色社会主义发展方向。要深入开展社会主义核心价值体系学习教育，用社会主义核心价值体系引领社会思潮、凝聚社会共识。"并从国家、社会、公民三个层面，提出了"富强、民主、文明、和谐；自由、平等、公正、法治；爱国、敬业、诚信、友善"的24字的社会

---

[*] 本文系江西省社科规划重点项目"马克思主义大众化进程中的文化认同研究"（13KS01）、江西省教育科学规划重点课题"'中国梦'融入大学生思想政治教育的实践策略研究"（赣教规办字〔2013〕4号）与江西师范大学2013年度青年成长基金项目"健全权力运行制约和监督机制问题研究"的阶段性成果。

[**] 罗奇清，男，江西师范大学政法学院博士研究生。王员，男，江西师范大学政法学院副院长、教授、廉政文化研究中心研究员，主要研究方向为马克思主义。

主义核心价值观的基本内容。2012年11月末，新一届中央政治局常委参观《复兴之路》展览，习近平首次就"中国梦"展开阐述。2013年3月17日，新当选的国家主席习近平发表讲话，号召人们为实现"中国梦"而努力奋斗，并对实现"中国梦"进行了全面阐述。本文在分析社会主义核心价值观是一种文化软实力的基础上，探讨社会主义核心价值观在实现中华民族伟大复兴中国梦中的作用。

一 社会主义核心价值观普及化过程体现了文化软实力价值

社会主义核心价值观与日常生活密切相关，与文化高度融合，区别于传统的意识形态教育的说教，已经从理论层面、制度层面深化到价值层面，已经从真理性认识深化到真理性认识与价值性认识相统一的层面。[1] 因此，十八大提出的社会主义核心价值观不仅是马克思主义中国化的最新成果，也是马克思主义大众化的重要体现。其在马克思主义中国化过程中的通俗化、民族化、生活化展现了文化软实力的价值。

（一）社会主义核心价值观实现了马克思主义的通俗化

"三个倡导"高度概括了社会主义核心价值观的基本内容，明确了国家的价值目标、社会的价值取向和公民的价值准则，是社会主义核心价值体系的集中表达，反映了现阶段全国各族人民在价值观上的最大公约数，内容通俗易懂，容易为全体中国人民所理解和掌握。不管是富强、民主、文明、和谐，还是自由、平等、公正、法治，乃至爱国、敬业、诚信、友善，既深刻体现了共产党执政规律、社会主义建设规律、人类社会发展规律，又符合我们的民族思维模式、知识结构、价值观念、审美情趣。思想深刻又浅显明白，读起来朗朗上口，易诵易记，使人倍感亲切，便于传播，对于巩固马克思主义在意识形态领域的指导地位、巩固全党全国人民团结奋斗的共同思想基础，具有重要的现实意义

---

[1] 戴木才：《科学揭示中国特色社会主义核心价值观的四个维度》（上），《南昌航空大学学报》2011年第3期。

和深远的历史意义。

（二）社会主义核心价值观实现了马克思主义的民族化

"三个倡导"根植于中国民族文化的深厚基础，体现了马克思主义的基本立场、观点和方法，对马克思主义进行了民族化的改造和更新，实现了中国传统文化与马克思主义本质上的一致性和相容性。如和谐既是中华民族传统文化精神的精髓，和合、天人合一、和衷共济、以和为贵、和气生财、政通人和、协和万邦等，是古代中国人追求人与社会、人与自然和谐统一的理想与目标；[1]也符合马克思关于"人类同自然的和解以及人类本身的和解"的观点。同时社会主义核心价值观的主要内容采用了民族的语言、民族的形式、民族的风格，把对马克思主义的理论信仰与对中华民族的文化认同融为一体。[2]不仅尊重了中国传统的思维习惯，在加强对中国传统文化认同的基础上，还增加了马克思主义的民族特色。

（三）社会主义核心价值观实现了马克思主义的生活化

理论只要彻底，就一定能说服人。理论要能说服人，就必须实现生活化。"儒家思想能够在宋明时期得以普及的主要原因，就是将教化的思想内容植根于普通百姓的'生活世界'或'日常生活世界'之中，以至于化民成俗，从而取得了大众化的实际效果。"[3]富强、民主、文明、和谐是国家层面的奋斗目标，但也与每个人的生活息息相关。习近平在论述中国梦时就谈到，国家好，我们每个人就会好。自由、平等、公正、法治作为社会层面的价值取向，更是关系到每个人的日常生活。如果没有自由、平等、公正、法治，那么社会将无法实现权利公平、机会公平、规则公平，每个人都能通过自己的努力获得应有的权益就将成为一句空话。爱国、敬业、诚信、友善作为公民的价值准则，更是与每

---

[1] 戴木才：《论"富强、民主、文明、和谐"》，《马克思主义研究》2010年第5期。
[2] 李宝艳：《推进马克思主义大众化 巩固马克思主义指导地位》，《海南大学学报》2011年第4期。
[3] 杨威：《高校马克思主义大众化研究报告·宋明时期儒家思想普及经验之借鉴》，光明日报出版社2009年版，第200页。

个人的日常生活息息相关。因此，"三个倡导"使用了人民群众耳熟能详的语言，把马克思主义生活化，让马克思主义"渗透到群众的意识中去，渗透到他们的习惯中去，渗透到他们的生活常规中去"[①]。

二 社会主义核心价值观的基本内容体现了文化软实力价值

"三个倡导"根植于中国特色社会主义实践，既体现了科学社会主义的基本原理，又借鉴和发展了中西方价值观的合理因素，汲取了中国传统文化与世界文明的优秀因子，具有鲜明的历史进步性，在马克思主义的文化认同上取得重要进展。这在民主、和谐、自由、公正等价值共识上充分体现了出来。

民主，顾名思义，就是人民当家做主。在西方，民主一词最早见于古希腊希罗多德《历史》一书，是由"人民"和"统治"两词构成，指人民的统治或权力。后来，资产阶级启蒙思想家将古希腊的民主含义加以发展。比如，卢梭认为，民主就是把权力"置于普遍意志的最高指导之下"。现代西方思想家们对民主的内涵做了进一步扩充，比如哈贝马斯重视和强调程序民主等。虽然资产阶级的民主思想较之以往有很大进步，但根本上仍是少数人或一部分人的民主。在我国，民主一词最早见于《尚书》："天惟时求民主，乃大降显休命于成汤"，"简代夏作民主"，意为作民之主。孟子的"民为贵，社稷次之，君为轻"就是这种思想的集中体现。马克思认为，民主是一种国家形态和基本制度，"在民主制中，国家制度本身就是一个规定，即人民的自我规定"，而"国家制度无论如何只是人民存在的环节"[②]。毛泽东认为要以"民主"为手段跳出历史周期律，邓小平提出没有民主就没有社会主义，江泽民明确提出"党内民主是党的生命"，胡锦涛指出："人民民主是社会主义的生命"，习近平指出延安历史周期律谈话仍是警示。这说明，民主已为我们党高度重视，是执政手段，是重要的价值尺度。不唯西方所独

---

① 《列宁全集》，人民出版社 1986 年版。
② 《马克思恩格斯全集》第 1 卷，人民出版社 1960 年版，第 281 页。

有，在我国传统文化中也可以找到渊源。

和谐是界定人与人、人与自然之间的合理关系的概念，是我国的文化传统，在西方思想界也传播已久。党的十八大报告提出，社会和谐是中国特色社会主义的本质属性。在我国，和谐观念早在《周易》中就出现过。《周易》中有"保合大和"的说法；老子强调"合异以为同"；孔子主张"致中和"，"礼之用，和为贵"，"君子和而不同"；还有"政通人和"、"家和万事兴"等。在西方，"和谐"概念源于古希腊哲学，指事物之间最佳的结合，如赫拉克利特认为"自然是由联合对立物造成的最初的和谐"。"和谐"被引用于社会领域是自苏格拉底开始。柏拉图认为"公正即和谐"。傅立叶提出"和谐制度"与"和谐社会"。马克思在批判地继承前人思想的基础上，对和谐社会进行了一系列重要论述。马克思指出，和谐是包括社会主义历史阶段在内的共产主义社会的本质特征，标志着通过消灭阶级而实现的人与人、人与自然之间的一种高度协调统一的社会状态和社会境界。同时，人类社会是一个从低级到高级的发展进程，消除资本主义不和谐的弊端，建立平等、互助、协调的和谐社会，是历史发展的必然。而未来的和谐社会则是一个全面协调统一的社会，是人与人、人与社会、人与自然的和谐统一。[1] 今天，我们倡导和谐应当准确把握这一原则，深入推进社会建设和生态建设和谐发展。

自由是一种免于恐惧、免于奴役、免于伤害和满足自身欲望、实现自我价值的舒适和谐的心理状态。在社会主义核心价值观的基本内容中，自由是党代会报告中第一次提出来的概念，也是最为敏感的一个词语。在我国，《论语》中的"从心所欲，不逾矩"是儒家对自由的理解。老子的"为无为"、庄子的"逍遥游"，则深刻表达了道家对自由的感悟。在西方，法国大革命时期，资产阶级提出了"自由、平等、博爱"的革命口号，作为反封建反神学的思想武器，影响十分深远。一定意义上，自由成为西方社会的重要标志。但在资本主义社会，自由只是资产阶级等少数人的自由，无产阶级并没有多少自由，他们除了自

---

[1] 中共中央党校中国特色社会主义理论体系研究中心：《社会主义核心价值观的历史进步意义》，《求是》2014年第3期。

由地出卖自己的劳动力，没有任何自由。因此，西方资产阶级所标榜的"自由"具有极大的欺骗性和虚伪性。马克思、恩格斯在对其进行批判的基础上，把自由与"人类解放"联系起来，不仅将其作为个人发展的尺度，而且作为共产主义社会最重要的本质特征。[①] 可见，自由作为一种价值共识，不仅为社会主义所倡导，也为东西方所认可。

公正即公平正义，是中国特色社会主义的内在要求。中国传统文化中蕴含着很多关于公正的思想。《礼记》提到了"大道之行也，天下为公"的"大同"世界。孔子提出："政者，正也。子帅以正，孰敢不正？"庄子也说："公而不当，易而无私。"西方思想家对公正也有很多论述。柏拉图明确提出"正义就是平等"。卢梭提出，公正就是公意，公意永远是公正的，而且永远以公共利益为依归。罗尔斯认为，正义是社会制度的首要价值。马克思主义经典作家在批判地继承上述思想的基础上，用历史唯物主义和辩证唯物主义来分析公正问题，真正把公正的内涵揭示出来。在他们看来，只有共产主义制度才能真正体现公正，是公正的真正实现。

其他如爱国、敬业、诚信、友善等个人层面的价值准则，包含了社会公德、职业道德、家庭美德、个人品德等方面，既继承了中国古代的价值观如"仁、义、礼、智、信"等内容，也吸收了世界文明的优秀成果如市场经济必须讲诚信等，较好地实现了文化认同。

三 社会主义核心价值观与"中国梦"在价值取向上高度一致

实现中华民族伟大复兴的中国梦，就是要实现国家富强、民族振兴、人民幸福。与此相对应，社会主义核心价值观也有三个层面，即国家层面的"富强、民主、文明、和谐"，社会层面的"自由、平等、公正、法治"，个人层面的"爱国、敬业、诚信、友善"。这种高度的耦合性，决定了社会主义核心价值观在实现"中国梦"的过程中将发挥

[①] 中共中央党校中国特色社会主义理论体系研究中心：《社会主义核心价值观的历史进步意义》，《求是》2014年第3期。

重要的软实力作用。

实现两个百年梦想,实现中华民族伟大复兴的中国梦,从国家这个层次来看,就是要实现社会主义核心价值观所倡导的"富强、民主、文明、和谐"。经过30多年的改革开放,我国已经超越日本成为第二大经济体。按照目前的发展速度,我们不是能知晓是否能够及何时超越美国成为第一大经济体。但是我们必须冷静地看到我们的人均GDP的世界排名还是比较靠后,投入产出比也不协调,城乡差距、区域差距非常大,等等。总而言之,我们现在经济体量比较大,但是经济质量还不够好,整体实力还不够强。所以必须用社会主义核心价值观武装人民的头脑,调动人民的积极性,促使我国早日全面建成小康社会,实现国强民富。

从社会层面来讲,我们要实现的"中国梦"的社会目标就是要破除思想的束缚、革除体制的弊端,迈入平等、公正的社会,让社会成员在社会主义法治的框架下,自由地享受权利公平、机会公平、规则公平,从而促进社会财富的充分涌流。这与社会主义核心价值观在社会层面倡导的"自由、平等、公正、法治"高度吻合。

从个体层面来看,社会主义核心价值观倡导"爱国、敬业、诚信、友善"。爱国是一个公民应有的道德,也是中华民族的优良传统。公民爱国,实际上就是爱自己国家的人民,捍卫公民自己的根本利益。敬业就是人们在工作及学习中,严格遵守职业道德的工作学习态度。社会成员忠于职守的敬业精神,既是个人幸福生活的保障,也是社会经济发展的保障。诚信是一个道德范畴,是公民的第二个"身份证",是日常行为的诚实和正式交流的信用的合称。即待人处事真诚、老实、讲信誉,言必信、行必果,一诺千金。诚信是社会主义市场经济的基石,也是社会合作的道德基础。友善是处理人际关系的基本准则,公民基本道德规范。待人是否友善是一个人文明素养的重要体现,也是一个社会文明的标志。这也是"中国梦"的社会成员所应拥有的一种良好道德素养。

总之,不管是国家层面、社会层面还是个人层面,社会主义核心价值观对于实现中国梦都具有重大意义。因此,要实现中华民族伟大复兴,在不断发展生产力、提高经济实力与水平的同时,必须注意发挥社会主义核心价值观软实力的作用,以凝聚全国人民的智慧与力量,形成向实现"中国梦"不断迈进的强大动力。

四 实现中华民族伟大复兴的"中国梦"必须发挥社会主义核心价值观文化软实力作用

由于社会主义核心价值观对于实现中华民族伟大复兴"中国梦"具有重要作用，我们党高度重视在全社会培育和弘扬社会主义核心价值观，并注意与传统文化有效融合，发挥文化软实力作用。习近平在中共中央政治局第十三次集体学习时强调，培育和弘扬社会主义核心价值观必须立足中华优秀传统文化。之后他在山东考察调研时指出，培育和践行社会主义核心价值观，一定要以优秀传统文化为根基，结合"三个倡导"的基本内容，讲清楚中华文化的历史渊源、发展脉络、基本走向，讲清楚中华文化的独特创造、价值理念、鲜明特色，增强我们的文化自信、价值观自信。中共中央政治局常委刘云山2014年在《求是》上刊文指出："培育和践行社会主义核心价值观，就要从中华优秀传统文化中充分汲取思想道德营养，结合时代要求加以延伸阐发，既使中华民族最基本的文化基因与当代文化相适应、与现代社会相协调，又让社会主义核心价值体系之树深深植根于中华优秀传统文化沃土。"这些都表明，培育和践行社会主义核心价值观必须增强文化认同，注重文化软实力的作用。

（一）培育和践行社会主义核心价值观，需注重文化认同的内容

社会主义核心价值观是兴国之魂，培育和践行社会主义核心价值观是实现中华民族伟大复兴"中国梦"的铸魂工程。《关于培育和践行社会主义核心价值观的意见》提出"富强、民主、文明、和谐；自由、平等、公正、法治；爱国、敬业、诚信、友善"这24个字是社会主义核心价值观的基本内容，为培育和践行社会主义核心价值观提供了基本遵循。实现社会主义核心价值观的文化认同，必须在"三个倡导"的内容基础上，进一步立足于现时代，把中国传统文化中维系中华民族自强不息、团结统一的优良思想、宏大抱负、不辱使命的责任感提炼进核心价值观中。另外要根据中国人的思维习惯、心理特点、表达要求，充

分吸收西方社会的优秀文明成果，并使之简短、洗练，增强核心价值观内容的文化认同。

（二）培育和践行社会主义核心价值观，需注重文化认同的传播途径

习近平总书记曾指出，要利用各种时机和场合，形成有利于培育和弘扬社会主义核心价值观的生活情景和社会氛围，使核心价值观的影响像空气一样无所不在、无时不有。因此，培育和践行社会主义核心价值观，除了要加强自上而下的宣传和舆论引导，发挥传统媒体优势，扩大公众对社会主义核心价值观的知晓率，还应拓展社会主义核心价值观传播途径。据统计，截至2013年，我国"微博"用户数近3亿，"微信"用户数已超过5亿。"微博"、"微信"已成为大部分中国人交往的新途径，也成为人们文化交流的新途径。由于其具有快捷性、广泛性、便利性等特点，正不断地为越来越多的人所喜爱。这表明，谁抢占了这块阵地，谁就下了先手棋，谁就抢得了先机。因此，我们必须立足网络"微时代"到来的新形势，积极推进核心价值观培育与微技术的高度融合，不断拓展社会主义核心价值观传播的新途径，增强社会主义核心价值观传播的效果。

（三）培育和践行社会主义核心价值观，需注重文化认同的传播方式

社会主义核心价值观要在中国土壤上扎根生长、开花结果，得到广大人民的认同，必须讲究文化认同的传播方式。传统的传播方式主要采取自上而下的灌输教育，这虽然有利于党和政府发出主流声音，加强意识形态控制，但在经济体制、社会结构、利益格局的大调整、大变革，人们的价值观念呈现多元、多样、多变的复杂的情况下，传统的自上而下的灌输方式显然无法满足形势的需要。为此，必须采用"润物细无声"的方式，用群众喜闻乐见的语言、生动感人的日常生活事例、"接地气"的叙述表达，将社会主义核心价值观讲好讲活，尽量扩大人们的认知认同。比如清明节期间中央电视台关于"墓志铭"的报道、对普通老百姓"你幸福吗"的提问，就是很好的社会主义核心价值观的传播方式。同时，还要充分发挥文艺作品以文化人、以情感人的作用，引导鼓励文艺工作者多创作集思想性、艺术性于一身的精品力作，使社会主义核心价值观的基本内容成为作品隐含的思想，以增强社会主义核心价值观的渗透力。

社会主义核心价值观既继承中国优秀文化传统，又顺应当今时代发展要求；既反映社会主义本质属性，又吸收人类文明优秀成果，是马克思主义中国化、大众化的最新成果，这表明中国在道路自信、理论自信与制度自信基础上开始形成价值自觉。培育和践行社会主义核心价值观，有利于社会和谐稳定与国家长治久安，对促进实现"两个百年"的奋斗目标，实现中华民族伟大复兴的"中国梦"具有重要的价值引领和精神凝聚作用，是一种重要的文化软实力。这就要求我们不断加强社会主义核心价值观的文化认同，巩固全党全国各族人民团结奋斗的共同思想基础，凝聚起实现中华民族伟大复兴的中国力量。

公平正义与国家治理

社会稳定中的"资源诅咒"破解
——基于利益分享框架的个案研究*

曾 明**

【摘 要】 资源丰裕地区更容易发生社会冲突，如群体性事件，这一由于自然资源禀赋的差异而引发的社会稳定事件可以称为社会稳定中的资源诅咒。通过对内蒙古 W 矿区的实地调研发现，并不是所有的资源丰裕地区都存在类似的资源诅咒，W 矿区地广人稀的自然条件、雄厚的地方财力、利润优厚的大型国企以及政府的维稳考核压力，使得它可以通过利益的分享机制，让矿区居民也充分享受到资源丰裕带来的经济和社会收益，破解了此类资源诅咒。本文的发现表明，让全体中国人分享改革开放的成果，即做到利益的分享对成为维护社会公平正义、保障社会和谐有重要的实践价值。

【关键词】 维稳压力；资源诅咒；社会稳定；利益分享

一 问题的提出

在社会科学领域中，经济学家很早就注意到自然资源对经济发展的影响。早期理论认为，自然资源作为物质生产活动的必要投入品，成为经济赖以发展的重要物质基础，是经济发展的一个重要条件，然而从世

---

* 本文系 2013 年国家社会科学基金项目"财政转移支付均等化与社会稳定中的'资源诅咒'现象研究"（13BGL120）。2012 香港特区大学教育资助委员会研资局优配研究基金（GRF）"资源、发展和治理：资源诅咒的中国经验评估"（456712）。

** 曾明，男，南开大学政治学博士，主要研究方向为公共管理。

界经济发展的历程和现状来看,丰裕的自然资源未必会促进经济发展,有时甚至会成为经济发展的障碍,这一现象被称为"资源诅咒"。对资源诅咒的研究已经拓展到了政治和社会的层面,除了经济发展缓慢以外,丰富的自然资源也被认为会造成政治制度上的弊病和腐败以及社会冲突频发,甚至会带来战争。自奥蒂(Auty,1990、1993、1998、2001)在研究产矿国经济发展问题时第一次提出了"资源的诅咒"(Resource Curse)的概念后,经济学界对此现象的研究兴趣有增无减。萨克斯和沃纳(1995、1997、2001)利用 95 个发展中国家样本,对"资源诅咒"这一假说进行实证检验。他们的研究发现,自然资源禀赋与经济增长之间有着显著的负相关性,资源型产品(农产品、矿产品和燃料)出口占 GNP 中的比重每提高 16%,经济增长速度将下降 1%。此后很多学者关注这一结果产生的原因,即高尔法松(Gylfason,2001)提出的"资源诅咒"的传导机制。常见的传导机制包括:荷兰病、资源寻租和腐败、轻视人力资本投资、可持续发展能力衰退等。自然资源诅咒理论近年来也受到国内学者的关注,对此所做的研究也大多集中在经济学界有关经济增长中的资源诅咒的研究(胡援成、肖德勇,2007)及其产生机制(徐康宁、邵军,2006;张景华,2008;李栋华、王霄,2010)。基于它的传导机制,如果将这一研究延伸到社会稳定领域,也存在着社会稳定中的"资源诅咒"的现象。现有研究发现,资源丰裕会产生对资源控制的暴力竞争(Collier and Hoeffler,1998;Bannon and Collier,2003;Englebert and Ron,2004),引发社会冲突(Klare,2000;Switzer,2001)。在对策建议方面,埃里卡和波利·琼斯·隆(Erika Weinthal and Pauline Jones Luong,2006)提出可以通过制度建设更有效地约束政府权力,改善发展中国家的政府回应性水平来避免经济增长中的资源诅咒现象。从中国经验来看,近年来,有关资源开采引发的环境群体性事件也时有发生,因环境问题引发的集体抗争进入一个凸显期(童志峰,2008)。有些环境抗争性事件的发生,与当地丰裕的自然资源状况有关。如引发 2008 年"瓮安事件"的深层次原因就与当地磷矿资源丰裕有关(刘子富,2009;Zhan,2013)。2012 年发生在贵州雷山县的村民押解镇干部游街事件,也是因为村民担心当地矿山开采会破坏环境而引发。[①] 有媒体的调查发现，中国矿产开发业有黑社会化倾向，在矿产资源的争夺中容易引发暴力事件。[②] 于建嵘（2004）、吴毅（2007）、闫健（2009）、曾明与夏毓璘（2013）等关注到了资源禀赋与社会稳定间的联系。

然而从现实情况来看，并不是所有资源丰裕的地区都会产生因资源禀赋而引发的社会不稳定。比如在内蒙古自治区，近年来煤炭资源的开发利用使得内蒙古成为中国经济增长最快的地区，其GDP增长率曾连续九年居全国第一，并且在2012年成为全国六个人均GDP超过1万亿美元的省份之一，也是唯一的西部省区，[③] 可以说煤炭、稀土等自然资源的开采利用功不可没。[④] 但这些年见诸报端和网络的有关内蒙古矿区发生社会不稳定事件的信息相比云南、山西、陕西等地却显得非常少。[⑤] 笔者的实地调研也发现，位于内蒙古自治区的Y县W矿区尽管拥有丰富的矿产资源，也正在大规模利用这些资源，但近些年却很少发生群体性事件。由此产生的一个有意思的问题是：为什么有些资源丰裕地区不会发生社会稳定中的资源诅咒现象呢？本文将以西部的W矿区为个案，提出利益分享的解释框架，并试图回答这一问题。

2012年8月，笔者和课题组成员到W矿区同当地的国土局干部、乡镇干部、村民、矿务局、财政局等领导做了深入的访谈，并获得大量的一手资料，本文的主要数据都来自这次实地调研结果。[⑥]

西部省某矿区在W镇境内（后文称W矿区），W镇总面积726平方公里，建成区面积12平方公里，辖16个行政村，108个村民小组，

---

① 详见黔东洲人民政府新闻通报《雷山县永乐镇开屯村发生一起群体性事件》（http://news.qq.com/a/20120320/000714.htm）。

② 《我国矿产开发业黑社会化：暴力流血事件频出》，《瞭望》（news.sina.com.cn/c/sd/2011-02-27/144022022847.shtml）。

③ 《2012年内蒙古人均GDP首次超过1万美元》，2013年1月23日，中国日报网转发内蒙古新闻网（http://www.chinadaily.com.cn/hqgj/jryw/2013-01-23/content_8109828.html）。

④ 数据见内蒙古自治区统计局发布的《内蒙古自治区2012年国民经济和社会发展统计公报》。

⑤ 当然，媒体报道少有可能与当地的舆论环境和其他因素有关，但总体来看，有关内蒙古的群体性类新闻确实非常少。考虑到其他类似地区新闻不断，我们相信在遵循同类逻辑的中国新闻环境下，当地社会稳定环境相比其他资源大省、边疆省份要平稳得多。

⑥ 本文中相关数据如无特别说明均来自这次调研的结果。

4 个社区。常住总人口 8.6 万人，户籍人口 3 万人。其中农牧业人口 1.7 万人，镇区人口 1.3 万人，流动人口 5.6 万人，蒙古族 1402 人。

W 镇境内矿产资源丰富，煤炭探明储量近百亿吨，且具有低灰、低硫、低磷、高发热量的特质，以"三低一高"饮誉海内外，是神华神东煤炭集团的主采区。全镇共有建成和在建企业 294 家，其中有大型国有独资及股份制企业 24 家。2011 年完成固定资产投资 150 亿元，其中工业投资 100 亿元。每年煤炭开采量近亿吨，是全国有名的煤炭重镇。该镇的主要财政收入来源以煤炭产业或煤加工业为主，矿区及周边村民的主要生产方式和收入来源在煤炭开采前都是以农业或牧业为主。矿区管理方面，各大矿场都是国有独资或合资的大型企业，有的还是大型央企，所在地的乡镇政府与煤炭企业并没有行政上的隶属关系。

到 2011 年底，W 镇的地区生产总值达到 320 亿元，比上年增长 23%；地区产生的税收达到 83.3 亿元，比上年增长 33%；城镇居民人均可支配收入和农牧民人均纯收入分别达到 45000 元和 16500 元。

由于煤矿的大规模开采，W 镇多处出现地陷、断水和空气污染等环境问题，很多农牧民的生产生活受到严重影响，不得不离开家园，搬迁到其他地方。但在 W 矿区进行煤炭开采以来，很少发生大规模的群体性事件，尽管也有些小范围的个人或单个家庭的信访事件，这些事件也与矿区生产或是征地拆迁有关，但基本上农牧民不会直接到矿区去表达自己的利益诉求，而是到地方政府去寻求帮助。

二 利益分享理念下的社会和谐：一个分析框架

社会稳定从政策层面更多的是指社会政治的稳定，中央政府在阐述改革、发展、稳定三者关系时通常的提法是"稳定是改革发展的基本前提，要在社会政治稳定中推进改革和发展"，要"全力维护社会政治稳定"。[①] 2003 年以来，随着中央对维护社会稳定的日益重视，特别是 2004 年 9 月 19 日，中国共产党第十六届中央委员会第四次全体会议上

---

① 王胜俊：《全力维护社会政治稳定》，《党建》2001 年第 6 期。

正式提出了"构建社会主义和谐社会"的概念以来，中国共产党提出将"和谐社会"作为执政的战略任务、"和谐"的理念要成为建设"中国特色的社会主义"过程中的价值取向。在具体落实和谐社会建设的过程中，特别是在具体考核和谐社会建设效果的过程中，关于社会稳定的提法从更多重视政治稳定转向社会稳定，在各级政府部门下发的各类有关社会稳定考核的文件中，很少是以社会政治稳定考核下文的，都是以社会稳定为文件的标准提法，其中尤以越级上访、群访、群体性事件的考核为重点。因此，建设和谐社会的一个重要内容就是要维护社会稳定，而维护社会稳定一个主要的考核指标就是防止群体性事件的发生。

群体性事件是社会冲突的一种扩大化甚至有破坏性的表现形式。从概念上看，群体性事件是一种更具目的性的集体行动，它包括集体性骚乱事件、集体上访或抗争性聚集，它不同于革命、叛乱或暴动（应星，2009）。社会利益的分化使得社会冲突成为人类社会普遍存在的社会现象，一定程度的社会冲突其实是无法避免的（达仁道夫，中译版，2000）。现实生活中由于民众体制内维权成本高昂，大多数人寻求体制外维权（张荆红，2011），出于"闹大才能得到处理"的维权心理，[①]群体性事件作为体制外维权的一种主要表现形式，在一定程度上影响着政治权力运作过程和社会秩序的稳定（李琼，2007）。也正因为如此，中国近些年来频发的社会群体性事件吸引了各个学科的关注，由于学科性质的差异，各学科的关注度有所不同。社会学的研究关注其生发原因和动力机制，法学则重视公民人权与国家法治，政治学将目光聚集在抗争、国家和治理上（孙培军，2011）。面对碎片化的国家治理体系，原子化的利益受损民众由于利益表达机制和议程设定权利的缺失，容易采取极端的方式以求通过"闹大"来吸引外部资源求得问题的解决，进一步加剧了社会冲突，引发群体性事件。[②]

从利益视角来看，利益的表达与博弈是引发群体性事件的根本原因（郭彦森，2011）。在一些非群体性事件的抗争中，利益受损或是利益

[①] 参见黄振辉《表演式抗争：景观、挑战与发生机理——基于珠江三角洲典型案例研究》，《开放时代》2011年第2期。
[②] 参见韩志明《公民抗争行动与治理体系的碎片化——对于闹大现象的描述与解释》，《人文杂志》2012年第3期。

分配不公是一个能够引起广泛关注和同情的"资源"。虽然由于存在集体行动困境和缺乏资源动员中的社会化组织①，中国也大量存在着即使利益受损也不会发生群体性事件的现象，但"利益冲突—集体行动"范式仍是一个广泛用来分析群体性事件的研究范式。中国人通常所说的"佛争一炷香，人争一口气"的"气"其实也是一种非物质化的利益。这一为争一口气而产生的社会不稳定事件也时有发生（应星，2007）。当遭受不公正对待时，弱者往往采取暴力的私力救济，形成了中国传统政治文化中的"暴力的私力救济具有正当性和正义感"的小传统。"赢者全赢，输者全输"的零和博弈思维方式长期以来影响着解决社会政治和社会冲突的机制，制约了冲突双方向制度性妥协的转变（邹谠，1994）。因此当在利益分享过程中民众利益受损或所得非常不对称时，特别是当利益的对方是政府或大型企业等强势群体时，民众很难从中立的第三方获得司法救济或其他救济方式时，群体性事件甚或是暴力冲突就很有可能发生。王国勤（2007）直接提出"在中国社会语境下，基于利益表达的集体行动具有统摄性"的观点，即中国语境下的集体行动基本上都是基于利益的表达。应星（2009）认为群众与管理者之间的利益矛盾是群体性事件发生的背景。周忠伟（2010）对中国2008—2009年群体性事件的分析认为，"群体性事件"的发生是当前"利益博弈使然"。黄治东（2010）也认为："群体性事件是利益分化过程中人民内部不同利益主体之间的利益矛盾在社会转型时期未获有效调控的集中表现。"中国30多年改革开放的成功很大程度上就是对利益关系的调整，让全民分享利益的经济观极大地激发了全民的劳动积极性和创造热情（李炳炎，2008）。

综上可知，利益问题是当前引发社会不稳定的最基本的影响因素。正是由于利益分配的不公，产生了大量的社会矛盾，同时利益分配的不公也容易动摇中国公众心中的公平感受。分配的公正是人们用于评价解决冲突的制度的一个重要维度，中国农民身上存在着普遍而基本的程序公正的公平观（张光等，2010）。程序公正理论认为，"如果人们觉得

---

① 麦卡锡（1973）、蒂利（1978）所代表的美国社会运动的主流范式把集体行动的焦点放在专业组织所能调动的资源总量以及所能利用的政治机会上。

一个结果是通过一个公平的过程产生的，则无论结果如何，他们都更愿意接受"[1]。人民论坛的一项调查也表明，收入分配不公和因权力造成的分配不公是民众认为的最大的不公（人民论坛《千人问卷》调查组，2008）。另外的类似调研也表明，大部分公众认为当前的收入分配欠缺公平性与合理性；对收入及生活机会分配的公平性认知与社会冲突意识之间被证实有着紧密的关联，不公平感越高，群体的社会冲突意识就越强（李路路等，2012）。利益分配的不公是对基本公平与正义感的伤害，这种伤害在某些突发事件面前极有可能引发大量的非直接利益相关者参与到事件当中，从而引发群体性事件。[2] 自然资源丰裕地区在资源的开采和利用中产生了大量的社会财富，这些财富的分配如果不能做到公平，财富过分地集中到企业和政府，而当地居民却要承受资源开采产生的环境污染，便极有可能引发群体性事件。这种社会财富分配不公产生的相对剥夺感觉也是引发社会不稳定的重要心理因素（蔡禾等，2009）。在资源开发过程中，少数人的富裕与矿工、当地居民的相对贫困所引发的相对剥夺感是产生资源丰裕地区社会不稳定的重要因素。另外，国家治理能力的强弱是一个叠加因素，如果一个国家收入大量依赖矿产资源而不是公民的税收，政府就没有必要建立良好的治理结构来服务公众（Fearon and Laitin，2003），当然公众也没有激励和丰富的信息来监督政府提供更好的公共服务，从而影响政府对公民诉求的回应力（Humphreys，2005），使得政府应对危机的能力下降。因而在一些治理能力弱的国家，经常因民众对资源开采中的贫富差距、环境破坏不满爆发社会冲突甚至内战（Klare，2002；Switzer，2001）。反之如果政府把资源丰裕产生的财力用于国家机构和政治组织的建设，资源丰裕也能延续政权和降低内战和反政权抗议的可能性（Smith，2004）。同时，对资源的暴力性掠夺和环境的肆意破坏，也极易引发当地居民的社会抗争，产生群体性事件，从而造成社会的不稳定。

---

[1] Tyler, T. R., "Introduction", In Tom Tyler (ed.), *Procedural Justice*, Vol. I and II, Surrey, UK: Ashgate, 2005: XVI.
[2] 近年来大量有关群体性事件的研究都发现，非利益相关者的参与往往成为事件扩大的一个重要因素，而其背后的因素与当前的利益分配不公积累的社会不满情绪有密切关系。如"瓮安事件"（Zhan，2013）。

因此，从社会治理角度来看，在中国这样一个有着强大的地方政府和严密的维稳网络、完善的维稳体制的国家，那种因为国家能力弱化和机制不健全而产生的治理能力低下导致社会冲突不可控的现象可能不易发生，但是如果不建立起合适的资源利益的分享机制，在资源丰裕地区这种治理能力就会变成空中楼阁，当有突发事件时，爆发社会冲突的可能性仍然存在。因此，如果一个自然资源丰裕的地区从制度和政策上保障了当地居民的合法权益，让他们分享了资源利用所带来的财富收益，尽可能满足他们的利益诉求，这个地区就很有可能减少资源利用所引发的社会不稳定现象，从而破解了资源丰裕地区的"资源诅咒"。

三　W矿区的利益分享实践

基于利益分享的理论框架，我们就能很好地解释为什么在资源丰裕的W矿区，当地农牧民却很少与政府或煤炭企业发生冲突。从笔者的调研来看，产生这一现象的原因很大程度上是地方政府通过一系列的政策安排，让农牧民充分分享了煤炭资源带来的收益。在W矿区，煤炭开采的历史较短，在煤炭企业设立之初，地方政府就与企业达成了各项农牧民补偿方案，尽可能避免企业开工后可能引发的社会稳定问题。主要的利益分享做法如下。

（一）矿区农牧民异地安置，并给较优厚的经济补偿

为避免环境的污染引发矛盾，矿区一方面单独建设运煤道路，与村民的出行道路分开，以免因煤炭运输轧坏道路产生社会矛盾；另一方面煤炭开采后的原煤直接进入储煤罐，以免产生空气污染。同时，还对矿场延伸到的村庄进行整体移民搬迁，以避免因房屋受损等引发社会矛盾。按照《Y县①矿区移民补偿安置办法》，政府将以煤矿或公司为单位，按照"先沉陷区内、后沉陷区外"的原则，首先对采空沉陷区、露天煤矿、灭火工程及井工煤矿未来三年采空范围内住户进行整体搬

---

① W镇所属的县。

迁；其次对井田范围内的其他所有住户两年内逐步进行搬迁。这就避免了在煤矿开工后产生的工农关系紧张引发社会矛盾。而搬迁安置上也有较优厚的待遇。按 Y 县现行标准，矿区搬迁全部异地集中安置，一处在县城城关镇，另两处在 W 镇和相邻的 Z 镇；安置房以农业户口为依据，一户一宅，每户由政府提供一套住房，每人无偿享受 30 平方米，超过面积 10 平方米内的，以成本价算，超出 10 平方米以外的按市场价算。在安置之外，对自行拆迁的，每人一次性奖励 40000 元；过渡期间每人每年补贴 6000 元（每月 500 元）至交房后三个月内。另外，一次性补贴两次搬迁费 4000 元（不能在当时提供安置住房的）。由于搬迁造成农牧民生活方式转变，另暂定五年内给予每人每年 5000 元生活物价补贴。安置点建设方面由政府统一规划，统一建设，七通一平，小区绿化、路灯、自来水等设施都由政府建设好。在 Z 镇笔者看到的安置区里全是崭新整齐的别墅，小区绿化、道路、公共活动设施一应俱全。

在土地补偿方面，对露天煤矿、灭火工程、采空沉陷的土地实行临时征用，一次性予以补偿。因是临时征用，土地所有权仍属村集体所有，并收归村集体统一管理，进行生态恢复后不再进行承包分配。对于已设置采矿权井田范围内的煤矿暂不开采的土地实行租赁转包。转包期至煤矿开采截止日期，一旦煤矿开采后，即转为临时征用补偿，按临时征用补偿标准进行补偿，而不再是租赁转包费。实行这一政策的目的是避免农牧民在得知确定采矿权后会为了要更多的搬迁费或是临时征地补偿费而故意违章建房或种树等，在煤矿开采时造成新的矛盾，也增加企业负担。对于农牧民来说，由于农牧业效益并不是太高，如果自己的土地在未开采时有租赁转包费（转包费实际就是按前一年农牧民的年均纯收入来进行补偿的），在不用自己劳动的情况下就有以前的收入，何乐而不为呢？因此农牧民也比较接受这种租赁方式。按照 2012 年标准，矿区的临时征地补偿为：水浇地 15600 元一亩，下浇地 10400 元一亩；林草地 3000 元一亩，自然草地 2000 元一亩；鱼塘按水面 10000 元一亩；对于地上的青苗补偿，按胸径、树种不同分别给予补偿，胸径 10 厘米以上的果树每棵 800 元，幼苗 4—10 元一棵，其他树种按高度算，补偿从 5 元到 100 元一棵不等；育苗地每亩按 1300 棵树算，超过部分不予补偿；如果是企业建设厂房等的建设用征地，补偿标准要更高，因为这是永久征用。按 2012 年标准,建设征用水浇地为 22800 元一亩,旱地 14000 元一亩,林地 3500 元,草场 3000 元一亩。由于 W 镇地广人稀,大多是草原或林地,每户人家的承包地和草场的面积都比较大,这一补偿使每户农牧民家的收入增加不少。另外,对于那些没有被租赁或临时征用的地如果出现煤矿开采引发塌陷,也要进行补偿,塌陷一次补偿一次,一般按 1040 元一亩林地、800 元一亩自然草地给予补偿。由于这些补偿标准都制定在前,一旦出现塌陷,就按照政策标准进行补偿,这就不易出现群众要通过信访方式来表达诉求争取补偿的事情,也极大地避免了可能引发社会不稳定的情况。那么塌陷认定是如何处理的呢?会不会出现企业不承认,而产生农牧民利益受损的情况呢?Y 县也有一套严格的认定标准。一般在接到村民反映后,由县煤炭局组织安全技术人员和涉及的煤矿企业一起进行检测,大多能目测的就直接目测认定,不能目测的由技术人员检测认定,一般来说很少出现争议。因为"国企都很大,不会做手脚,没有必要隐瞒这些事情,一旦出现事故,相应要承担责任,管理人员也不愿意冒这个风险,因为塌陷补偿是天经地义的事情,我这么多年没有遇到过"。[①]

对于农牧民住房的补贴标准也制定得非常详细、全面。对于住房就充分考虑了各种住房类型,从最贵的砖混平房(该地区农村在以前基本没有楼房)每平方米补贴 720 元到简易房补贴 100—200 元不等;同时对于不同的装修标准也有不同的补偿标准,如水磨石地面每平方米补贴 42 元,玻化砖补贴 70 元;墙面贴了瓷砖的补贴 70 元一平方米,吊顶、暖气、管线等都给予补偿,铁大门每个补贴 800 元。对于畜圈、菜窖、土围墙、机井等都有相应的补贴。

值得一提的是,按 W 镇国土所所长的说法,县里规定这些补偿款都是由财政从企业收上来后,作为非税收入列入财政局非税收入的账户,以非税收入名义将补偿款拨付到村里的对公账户上,然后再下发到村民手里,每个领钱村民都要签字按手印,这样这些补偿款就不用缴纳个人所得税了,这也为村民节省了很大一笔钱。

在这样大规模的临时性征地过程中,会不会出现农牧民不愿意被征

---

① W 镇相关负责人的访谈。

的情况呢？在调研中笔者了解到，由于目前对矿区农牧民补偿利益非常大，而且从事农牧业既辛苦比较收益又不高，农牧民很少有不同意征地的，只是对补偿标准有个别人嫌少想多要点。"这种情况极个别，一般是通过政府做思想工作，或从其他渠道筹资加多一点补贴来化解，所以近年来基本没有出现因这种事而上访的现象。"①

（二）解决社会养老问题

由于矿区农牧民大多不再从事农牧业生产，政府也不鼓励农牧业生产：一是比较效益低；二是对于草场维护和环境保护也不利；三是由于煤矿开采，有些地方也不适宜农业生产。农牧民自己也不愿意从事农业生产，为保障今后的生活，特别是养老问题，当地也采取了不少办法：一是提供失业安置费每人18万元；二是提供养老保险，按照2012年县里全民统筹养老保险规定，按生活水平核算村民的保险费用，每人一次性交纳养老保险16.26万元，其中48600元由个人从失业安置费里交纳，另外的11.4万元由企业交纳，农牧民从60岁起可以每月领取720元（目前标准）养老金。该镇的新型农村牧区合作医疗人均筹资标准由70元提高到350元，报销最高比例由40%提高到80%，封顶线由1万元提高到10万元。该镇所属的Y县所有低保人员、残疾人、零就业家庭人员、少数民族城镇居民和在校（园）学生参加城镇居民医疗保险时，个人承担部分全部由县财政代缴。在教育方面，目前全县全部实行从幼儿园到高中的免费义务教育，对本县户籍考上大学的学生每人一次性奖励3万元。2013年向全县农村牧区所有寄宿学生按照小学每人每学期500元、初中每人每学期625元标准发放了生活补贴。

（三）以矿业为主多种形式解决就业问题

就业作为最大的民生，政府也采取了一些措施进行帮助。由于煤矿工作比较脏和苦，当地年轻人并不愿意到矿上工作，但是有些煤化工企业，如神华集团的煤制油公司，还是吸纳了部分年轻人就业，包括县里物流园区和工业园区也安排了用工指标，解决矿区农牧民就业问题。W

---

① W镇征地补偿站站长和国土所所长都谈到了类似的看法。

镇还通过大学生村官、"三支一扶"等方式解决当地户籍大学生的就业，这些储备大学生人才由县里核发工资，在两年见习期内的月工资是2000多元，转正后能到4000—5000元，与正式人员差别不大。当然如果要有正式编制，还是得经过考公务员或事业单位招录考试的形式。这一方面解决了干部队伍的老化和知识层次低的问题，另一方面也解决了当地子女就业的问题。在当前大学生就业压力大的情况下，在财力较强的地方，政府补贴甚至吸纳当地大学生就业，也不失为一个办法。

更主要的就业解决渠道，当然是村民自己出去找活路。因为搬迁补偿标准较高，每户农牧民都分到了不少的补偿款，有些村民就依靠自己的特长和技术，利用这些资金自谋出路。比如在B村，全村700多劳动力中，500多人自己做生意，有搞养殖业的，还有些购买装载机、挖掘机、翻斗车等，给煤矿运煤拉煤，收入都比以前单纯种地养羊强。另外，村里还成立公司解决就业问题。村上2011年成立了商贸有限责任公司，全公司一共120名职工，采取"支部+公司"的形式，村上组织搬迁农民开展车辆运输、小型工程建设。[①] 主要依托神东公司，负责神东公司采空区和塌陷区的生态恢复。"种树种草，神东公司掏钱，这里都是他们的采区，下面的煤采完了，以后生态恢复也是他们，刚好把本村的人雇上，村民也有收入，村集体也有了收入。"全公司一年能达到120万—130万元利润，实行计件工资制。还成立培训部免费对农牧民进行实用技能培训，如汽车驾驶、挖掘机的驾驶、理发、餐饮服务等。通过多种形式，B村的村民收入明显比以前好了不少，也较好地解决了因征地等带来的失业问题。

在A村，由于本村区域内有一家年产300万吨的大型煤矿，依托这一优势，村里很好地解决了村民的就业问题。该村由4个村民小组组成，共有村民245户、553人，其中少数民族98户、215人。全村有劳动力380人（16岁以上），一部分还是在校生，剩下劳动力转移了240多人，主要从农牧业转到从事三产。在矿区建设初期，村里与镇政府协商，除征地时给予的正常补偿之外，为煤矿所在地的那个村民小组的失地农民规划1.5万平方米的三产用地，每人50平方米，总共建成4550

---

① 2011年以前也做，但没有正式注册，不够规范。

平方米的三产用房。这些三产房由村里统一征地，煤矿出资统一规划，村里负责水电路三通，村民自筹资金建房，2008年建成投入使用，解决了36户90多人的就业。主要从事餐饮、住宿、洗车等行业，客源大多是煤矿工人（煤矿自己不做三产）、运煤的司机等经过当地道路的人。有些是由本村人经营，也有外地人租赁房子经营的。村民如果出租这些三产房，2008年的租金是每50平方米7000元，到2011年租金达到9000元、10000元；自己经营的一年有五六万元收入。

另外，该村还实行"村部+公司"形式，成立商贸公司承担煤矿的煤炭运输任务。公司在村委会的管理下，以合同协议的方式取代原先村委会和企业协商的方式，对村民家的车辆采取公司化管理，确保合理有序进行原煤的运输经营，极大地解决村民之间抢运输生意容易引发矛盾的问题。主要运作模式是村民自购运输车辆，公司负责业务协调和运费财务结算，公司自己没有利润，聘用了四个人做管理人员，对村民无偿服务。目前全村有39辆大型运输车，全部由村民所有，有些车辆还是由村委会担保、村民贷款购买的。因为村委会信用较高。"起初银行要到村里调查，到2010年后半年和2011年，根本不用（调查），信用度高。"村公司在煤矿上有三个车队，负责把煤运到火车站或者洗煤厂，运力不足时允许社会车辆参与，外省市的车都有，但是要交1元/吨的管理费给村公司，用于公司在煤厂的管理人员的工资和其他费用。本村车辆不用交纳管理费。"如果是本村的车辆，就什么费用都不用交给村公司了，什么都不用担心。"[①]

煤矿2011年产量120万吨，运输任务村里占了一半，剩下的也要村委会同意由社会车辆交一定的管理费参与运输完成，村民因此获得的运输收入是1000多万元，去掉成本、折旧、燃料费等，纯收入500多万元。在2010年煤矿销售形势好时，平均每车收入30万元。2011年是25万元，2012年也差不多。[②] 也有村民买装载机的，一年一台收入10多万元。全村因运输产生的人均收入不下5万元。

这种"村部+公司"的模式，减少了社会车辆参与带来的竞争，保

---

① 村支书访谈记录。
② 同上。

障了合理的运费；由公司出面，也不用担心煤矿企业不给钱；同时，还做到了比较好的利益分配公平。通过村委会和公司的力量，对一些特殊人群给予照顾，使得他们也能分享到煤矿带来的收益。按村里的规定，一辆装载机承包一辆大车的装载任务，算三个人的货位，也即是说这装载收益由三个被征地村民分享。村民如果不参与买车，可以由别人购买他的货位，2500元一位，另外还按每吨煤运费0.1元的标准给不买车的农民。大型运输车4人一个货位，也按此方式处理。这样一来，那些不能参加劳动的人或不买车的人，三产出租收益和出让装载机和运煤货位每年能够从中获得12000—13000元的收入。用村支书的话说："买车的也要照顾没车的。所有人都要得到好处，如果只有一部分买车的人发了财，挣大钱，某部分人什么收入都没有，也不行。"村里雇用了四五个本村人做管理人员：调度员和统计员每月3000元工资。两个开票员要24小时在煤矿轮班，拿效益工资，6分/吨，每个人一年拿到70000多元。

  A村集体也有收入，主要是来自社会车辆缴纳的管理费，除了支付管理人员的工资外，还有每年20多万元的收入。这些收入中一部分用于维持村委会的工作运转，2012年村里用这些钱建设了新的办公大楼。另一部分用于村民的贫困救助：一是从2009年开始，村民个人要交的新农合的30元/人·年，由村里代交；二是村里的两位无房户（一个是残疾人，一个是智障人士），由村里花费10多万元建了两间房子，每间110平方米，解决他们的居住问题。这种做法既保证了有车和出工的人的积极性，也保障了不买车和不能劳动的人，尤其是老年人的收入，村里也有收入做些公益事业，做到了很好的利益分享。村民对此都非常满意。"之前有记者来做调查，村民没有一个说不满意的，都满意。"

（四）利益分享的政策分析

  在中国当前的政府决策机制下，尽管公众有着各种利益诉求的表达渠道，但事实上大多情况下不太容易直接影响到地方政府的决策，即使是通过过激的方式如群体性事件或表演式的个人抗争形式，通常也只能迫使政府对政策稍做微调或个体差异化补偿。那Y县和W镇两级政府为什么能够从政策和制度上一揽子地与民分享利益呢？从笔者调研情况来看，主要是因为维稳和经济发展的考核压力、地区特有的地理和财政优势使得县、乡两级都有动力和能力来实现煤炭资源利用的利益分享。

维稳压力是全国任何一个基层地方政府的政绩考核重点，也是他们最重视的重点工作之一，Y县和W镇也不例外。煤炭开采由于环境、土地、农业生产等方面问题，收入分配如果利益不均，往往很容易产生社会矛盾，引发社会冲突。Y县、W镇的主要核心产业和主要财政收入来源都高度依赖煤炭业，在2012年Y县的三次产业结构为1.1∶62.8∶36.1，农业比重已非常低。而且在Y县当年的财政总收入中，来自农业的税收收入为零，公共财政收入主要依赖煤炭工业及其相关的物流业、交通运输业等产业的收入。从政府财政收入增长的角度来说，Y县和W镇政府都愿意发展煤炭业及其相关产业。为保障这一产业能够得到更好的发展，就需要为可能受到影响的农牧民提供安置、补偿、就业安排，包括各种公共服务设施等，把利益分享作为维稳工具以解决做大做强煤炭产业的后顾之忧。

其次，W矿区地广人稀的土地资源优势提供了基础条件。在W矿区包括Y县，人口密度非常小，Y县总面积5600平方公里，辖7个镇138个行政村，户籍人口16.7万，每平方公里仅29.8人；W镇2012年全镇3万户籍人口，总面积达726平方公里，每平方公里仅41人。这一人口密度低的优势为政府异地安置因征地拆迁的农牧民提供了便利，也使得政府和企业能够通过异地安置形式一次性地解决未来企业发展中可能产生的"邻避"纠纷，为企业提供更好的发展环境。

最后一个重要原因是政府财力雄厚，企业规模和产值大，足以承担安置补偿支出。Y县2012年的全年财政总收入183.04亿元，一般预算收入59.32亿元，全年财政总支出67.27亿元；W镇2012年仅税收收入就达到92亿元，有财力提供更好的公共服务来解决农牧民拆迁异地安置和就业问题。另外，对农牧民的补偿安置资金主要来自当地与煤炭相关的企业。这与这些企业的性质和规模有关。W镇矿区的煤炭企业规模都比较大，在现有的26个煤矿中，除一家年产量60万吨的以外，都在300万吨以上，最大的企业煤炭年产量达2000万吨。而且在企业产权性质上，除了一家省属企业、一家年产煤炭300万吨的国有资本和韩国合资的企业外，其他都是中央企业——神华集团的下属企业，这些企业一是实力雄厚，企业的年产值和利润都比较高，有实力来提供煤炭发展基金和其他资金来保障农牧民的征地拆迁安置补偿等费用；二是因为都是国企，对利润的追求没有私企那么强烈，相反他们作为国有企业，本身也有维稳考核的需要，因此在按政策提供补偿资金方面也比较容易到位。目前，这些矿产企业每年按每吨煤 15 元的标准上交县政府的管理费。这些费用全部用于矿区的房屋拆迁、居民安置、社会保障等支出，不足部分由县财政补贴。全矿区一年的煤炭产量能达到 1 亿吨，这样一年政府能够收到的用于补偿安置等的资金就能达到近 15 亿元。虽然近两年煤炭行业不是太景气，这部分收入受到了一些影响，但基本仍能满足在安置和补偿农牧民方面的支出需要。在政府财政和企业出资的带动下，也有利于撬动居民投资，带动第三产业的发展，实现财政资金和公共服务的良性发展。

总之，W 矿区由于自然资源相当丰裕，而且地广人稀，财政实力也很强，它有能力做到如本文所观察到的那样，让当地几乎人人从中受益，并且走向富裕道路。这些分享的利益所需财力甚巨，主要来源于煤炭企业管理费的征收，使得企业可能要应付的与农牧民的工农关系冲突转交给了政府，这对于政府和企业来说是双赢的局面。因为企业如果要应付因生产产生的社会稳定问题，由于企业性质决定他们并没有政府的各种行政管理和执法处置权力，往往力不从心，影响到企业的正常生产经营活动；这些社会稳定问题最终仍要政府出面来调解。然而政府如果要化解这些矛盾，势必要有财力做支撑，如全部依靠政府财政收入来做各类安置补偿也难以为继，现在企业在利润中单独拿出一部分资金作为各种利益补偿支出，就能极大地缓解资金压力，特别是这些资金的使用都能在政府的主持下，以规范性的政策规定，制度性地解决农牧民利益受损的补偿问题，同时还让当地农牧民参与矿上的生产，使得他们能够长期从煤炭生产中获得稳定的收益。煤矿与农牧民形成了稳定的利益分享同盟，极大地缓解了因利益不能分享引发的社会矛盾。

四 结论

早期资源诅咒的研究主要集中在经济增长领域，森格（Singer，

1950）的实证研究发现，在国际贸易中，由于需求的收入弹性不同，以初级产品为主要贸易品的国家出口额会越来越少，从而大量的贸易利益都被工业品出口国所占有。在这之后的有关资源诅咒形成机制的研究中，有些学者发现资源诅咒现象的产生与其说是资源禀赋的差异倒不如说是制度质量的差异。它所带来的寻租和腐败（Sala-i-Martin and Subramanian，2003）甚或政治冲突（Angrist ang Kugler，2008）才是延缓经济增长的主要动力。因此，制度质量是资源丰裕地区能否获得较好经济增长的重要工具性变量。延伸到我们对社会稳定中的资源诅咒的分析，如果一个资源丰裕地区能够有较好的制度质量，对资源的收益能够做到较为公平的分享，因此而引发的社会冲突就会大大减少。

W 矿区所在政府高度依赖煤炭产业作为自己的主要财政收入来源，是典型的资源丰裕地区，但是却呈现出与其他同类地区不同的社会稳定格局。W 矿区所在的 W 镇政府和上级的 Y 县政府在自然资源收益分享上的不同的处理方式是一个非常重要的原因，由于充分考虑到了当地居民的利益诉求，并切实从政策和制度安排上给予保障，因而很少发生社会冲突事件。这一现象对社会治理有很好的启示。在当前全面深化改革的过程中面临着极大的压力，其中首要的就是利益分配格局的调整。本文的发现表明，让全体中国人分享改革开放的成果即做到利益的分享并不是一个简单的政治性口号，而应成为维护社会公平正义、保障社会和谐的重要治国理念并切实地付诸实践。

最后要指出的是，不是所有的自然资源丰裕地区都能像 W 矿区那样，有强大财力足够保障矿区居民分享到煤炭资源丰裕所带来的巨大利益。有些矿区，由于财务和地域所限，既不能做到附近居民的整体搬迁，也无法做到全民补偿，在利益分享方面要难得多。尽管如此，我们也要认识到，在经济发展方面做到利益的分享仍是可能的。W 矿区农牧民所获得的各种补偿收益，虽然相对政府和企业从煤炭中获得的收益来说仍是小头，但相对于过去从事农牧业生产来说，所获收益仍然丰厚，基本上家家因此过上了富裕的生活，因而他们的不公平感要小得多。如果还是与其他地区做法一样，"收益归了企业和国家，坏处全留在了当地"，村民的心理不平衡感要强得多，极易积聚社会不满，当发生突发事件时，就很容易发展成社会冲突。

从这个意义上来说，作为一个理论框架，利益的分享是解决资源丰裕地区因利益分配不均而发生社会不稳定的重要措施。在具体的决策形式上，多走群众路线，积极发挥公民参与的作用，也是非常关键的环节。由于中国地域广大，各地的自然条件、人文环境差异也非常大，W矿区的个案是否有普遍价值，还需要做更多的深入研究。

参考文献：

[1] 郭彦森：《基于利益博弈视角的群体性事件剖析》，《郑州大学学报》2011年第1期。

[2] [英] 拉尔夫·达仁道夫：《现代社会冲突》，林荣远译，中国社会科学出版社2000年版。

[3] 胡援成、肖德勇：《经济发展门槛与自然资源诅咒——省际层面的面板数据研究》，《管理世界》2007年第4期。

[4] 黄治东：《从利益视角认识和应对群体性事件》，《当代世界与社会主义》2010年第1期。

[5] 李炳炎：《利益分享经济观：中国改革30年形成的人本新理念》，《现代经济探讨》2008年第12期。

[6] 李琼：《边界与冲突——以S县某群体性冲突事件为个案》，《东南学术》2007年第5期。

[7] 李路路、唐丽娜、秦广强：《"患不均，更患不公"——转型期的"公平感"与"冲突感"》，《中国人民大学学报》2012年第4期。

[8] 李栋华、王宵：《中国省际经济发展的"资源诅咒"——基于Malmquist和面板数据的分析》，《暨南学报》2010年第1期。

[9] 刘子富：《新群体事件观》，新华出版社2009年版。

[10] 人民论坛《千人问卷》调查组：《民众最不认同何种不公》，《人民论坛》2008年第11（A）期。

[11] 孙培军：《多学科视角下的社会抗争研究》，《太平洋学报》2011年第2期。

[12] 童志峰：《历程与特点：社会转型期下的环境抗争研究》，《甘肃理论学刊》2008年第6期。

[13] 王绍光：《中国财政转移支付的政治逻辑》，《战略与管理》2002年第3期。

[14] 吴毅:《"权力—利益的结构之网"与农民群体性利益的表达困境——对一起石场纠纷案例的分析》,《社会学研究》2007年第5期。

[15] 徐康宁、邵军:《自然禀赋与经济增长:对"资源诅咒"命题的再检验》,《世界经济》2006年第11期。

[16] 于建嵘:《当前农民维权抗争活动的一个解释框架》,《社会学研究》2004年第2期。

[17] 应星:《"气"与中国乡村集体行动的再生产》,《开放时代》2007年第6期。

[18] 应星:《"气场"与群体性事件的发生机制——两个个案的比较》,《社会学研究》2009年第6期。

[19] 张荆红:《维权与维稳的高成本困局对中国维稳现状的审视与建议》,《理论与改革》2011年第3期。

[20] 张景华:《经济增长:自然资源是"福音"还是"诅咒"——基于自然资源作用机制的分析》,《社会科学研究》2008年第6期。

[21] 周忠伟:《2008—2009年中国群体性事件分析》,《中国人民公安大学学报》2010年第3期。

[22] 张光、J. R. 威尔金、于淼:《中国农民的公平观念:基于村委会选举调查的实证研究》,《社会学研究》2010年第1期。

[23] 邹谠:《二十一世纪中国政治:从宏观历史到微观行动的角度看》,香港牛津大学出版社1994年版。

[24] Auty, R. M. , *Resource-Based Industrialization: Sowing the Oil in Eight Developing Countries*, Oxford: Oxford University Press, 1990.

[25] Auty, R. M. , *Sustaining Development in Mineral Economies: The Resource Curse Thesis*, London: Routledge, 1993.

[26] Auty, R. M. , "Industrial Policy Reform in Six Large Newly Industrializing Countries: The Resource Curse Thesis", *World Development*, Vol. 22, No. 1, 1994.

[27] Auty, R. M. , *Resource Abundance and Economic Development: Improving the Performance of Resource-rich Countries*, Helsinki: The United Nations University World Institute for Development Economics Research, 1998.

[28] Auty, R. M. , *Resource Abundance and Economic Development*, Oxford: Oxford University Press, 2001.

[29] Angrist, J. D. and Kugler A. D. , "Rural Windfall or a New Resources Curse? Coca, Income, and Civil Conflict in Colombia", *The Review of Economics and Statistics*, XC, No. 2, 2008.

[30] Bannon, I., and P. Collier, "*Natural Resources and Conflict: What we can do?*", *In Natural Resources and Violent Conflict: Options and Actions*, eds., Washington, D. C.: World Bank, 2003.

[31] Corden, W. M., & Neary, J. P., "Booming Sector and De-industrialisation in a Small Open Economy", *The Economic Journal*, Vol. 92, No. 368, 1982.

[32] Collier, P., Hoeffler, A., "Resource Rents, Governance, and Conflict", *Journal of Conflict Resolution*, Vol. 49, No. 4, 2005.

[33] Fearon, James D., David Laitin, "Ethnicity, Insurgency, and Civil War", *American Political Science Review*, Vol. 97, No. 1, 2003.

[34] Erika Weinthal and Pauline Jones Luong, "An Alternative Solution to Managing Mineral Wealth", *Perspectives on Politics*, Vol. 4, No. 1, 2006.

[35] Gylfason, Thorvaldur, "Nature, Power, and Growth", *Journal of Political Economy*, Vol. 48, No. 5, 2001.

[36] Humphreys, Macartan, "Natural Resources, Conflict, and Conflict Resolution", *Journal of Conflict Resolution*, Vol. 49, No. 4, 2005.

[37] Klare, M., "Resource Competition and World Politics in the 21st Century", *Current History*, Vol. 99, No. 641, 2000.

[38] McCarthy, J., Zald, M., *The Trends of Social Movements in American: Professionalization and Resource Mobilization*, Morristown, PA: General Learning Press, 1973.

[39] Pierre, Englebert., J, Ron, "Congo – Brazzaville's Ambivalent Resource Curse", *Comparative Politics*, Vol. 37, No. 1, 2004.

[40] Prebisch R. "Commercial Policy in the Underdeveloped Countries", *American Economic Review*, Vol. 4, No. 2.

[41] Sachs, J. D., & Warner, A. M., "Natural Resource Abundance and Economic Growth", *National Bureau of Economic Research Working Paper*, No. 5398, 1995.

[42] Smith, Benjamin, "Oil Wealth and Regime Survival in the Developing World, 1960–1999", *American Journal of Political Science*, Vol. 48, No. 2, 2004.

[43] Tilly, C., *From Mobilization to Revolution*, New York: Random House, 1978.

[44] Sala-i-Martin, Xavier and Subramanian, Ar Vind, "*Addressing the Natural Resource Curse: An Illustration from Nigeria*", IMF Working Paper, 2003.

[45] Singer, H., "The Distribution of Gains between Investing and Borrowing Countries", *American Economic Review*, Vol. 40, 1950.

[46] Switzer, J., "Armed Conflict and Natural Resources: The Case of the Minerals Sector", London: Discussion Paper for the Experts Workshop International Institute for Environment and Development, July 11, 2001.

[47] Zhao, X. B., Xing, L. F, S. G., L, X. P., "Resource Abundance and Regional Development in China", *Economics of Transition*, Vol. 16, No. 1, 2008.

[48] Zhan, J. V., "Natural Resources, Local Governance, and Social Instability: A Comparison of Two Counties in China", *The China Quarterly*, Vol. 213, No. 1, 2013.

治理现代化视野中的"强制拆迁"现象的社会学思考

冯小林[*]

【摘 要】 自从中国共产党十八届三中全会提出"推进国家治理体系和治理能力现代化"建设以来，产生并兴起于20世纪90年代的"强制拆迁"的行为及事件仍然在全国多个地方接连不断地发生。从表象来看，"强制拆迁"事件的发生似乎是由于地方政府、官员及民众的法律意识不强所造成的。而事实上，此类事件的频繁发生不仅根源于我国一些结构性的问题和困境，诸如经济发展结构、财政结构、分配结构等问题和困境，更主要根源于治理理念和治理方式的滞后等问题。因此，要避免此类事件的发生，关键不仅在于从化解这些结构性的困境入手，还要着力解决治理理念和方式的转变，方能起到一定的功效。

【关键词】 国家治理；现代化；"强制拆迁"；社会学；思考

2013年11月12日，中国共产党第十八届三中全会通过的《中共中央关于全面深化改革若干重大问题的决定》把"完善和发展中国特色社会主义制度，推进国家治理体系和治理能力现代化"视为"全面深化改革的总目标"。习近平总书记明确指出："国家治理体系和治理能力是一个国家制度和制度执行能力的集中体现。国家治理体系是在党的领导下管理国家的制度体系，包括经济、政治、文化、社会、生态文

---

[*] 冯小林，男，江西师范大学社会学系副教授，硕士生导师，主要研究方向为政治社会学。

明和党的建设等各领域体制机制、法律法规安排，也就是一整套紧密相连、相互协调的国家制度；国家治理能力则是运用国家制度管理社会各方面事务的能力，包括改革发展稳定、内政外交国防、治党治国治军等各个方面。"这一精辟论述不仅为我们正确理解和把握国家治理体系和治理能力这两个概念的内涵提供了科学的依据，而且还为我们在今后的实践中推进治理体系和治理能力现代化建设指明了方向，明确了任务。它显示了我国对改革开放35年来的经验总结，体现了我们党对政治社会发展规律的深刻理解和把握。在十八届三中全会会议精神和习近平总书记讲话精神的鼓舞、号召和指引下，举国开始努力探索"国家治理体系和治理能力现代化"的学术研究和实践活动。然而，与此精神不协调、与社会和谐不相一致的是，产生并兴起于20世纪90年代的"强制拆迁"行为和事件却仍然在全国多个地方接连不断地发生。这一现象引起我们深刻的关注和思考，它与推进国家治理体系和治理能力现代化有无关联和影响？我们如何从国家治理现代化的层面上去制止、减少甚至是预防此类行为和事件的发生？为解答这些疑惑，我们还是先看看"强制拆迁"现象的过去与现在。

一 "强制拆迁"的前世今生

强制拆迁，原本是指出于城市建设或公共基础设施建设的需要，国家和政府有权依照法律征用土地使用权人的土地或房屋所有人的房屋，并给予相应的补偿，在土地使用权人或房屋所有人或者房屋承租人在裁决规定的搬迁期限内未搬迁的，人民政府责成有关部门实施强制拆迁，或者由房屋拆迁主管部门依法申请人民法院强制拆迁。实施强制拆迁之前，拆迁人应当就被拆除房屋的有关事项，向公证机关办理证据保全。依据《中华人民共和国土地管理法》第83条和《中华人民共和国土地管理法实施条例》第45条的规定，土地征用房屋强制拆迁应由有关单位申请人民法院执行。这就意味着只有司法强制拆迁才是合法的。同时，根据最高人民法院的通知要求，各地法院不得以各种理由参与拆迁，法律并未授予行政机关强制拆迁的权力。所以，行政各机关和其他单位、机构和个人无权对他人房屋实施强制拆迁行为。即便实施了强制拆迁行为，也是没有法律依据的，是非法行为。然而，出于土地房屋拆迁所带来的巨额利润的回报诱惑，一些地方政府，甚至包括开发商不顾法律规定，在违背被拆迁对象意愿的情形下，采用各种办法，动用多种力量和实施多种手段，甚至包括实施暴力等手段排除各种抗拒以贯彻其拆迁意志，对被拆迁房屋进行强制拆迁。由于拆迁行为未征得被拆迁人的同意，因而必然引起被拆迁人的强力抵制，这就导致拆迁方与被拆迁人的矛盾，甚至包括冲突、流血和生命事件。若涉及人数众多，还有可能导致群体性冲突、上访事件。

自从我国加大推进城市化建设进程以来，强制拆迁行为和事件的报道就时有起伏，特别是进入20世纪90年代以来，该类事件的发生频率有增无减，由此损害了一部分民众的基本利益，积累了一些社会矛盾，造成上访比例增加。根据有关部门的统计，因强制拆迁导致的上访在所有上访中占据一半以上的比例。进入21世纪以来，针对拆迁中侵害居民利益的突出问题，国家有关部委加强了对房屋拆迁和征地补偿的约束，于2001年11月1日起颁布实施新的《城市房屋拆迁管理条例》，将1991年3月22日国务院公布的旧《城市房屋拆迁管理条例》废止。然而，在此条例实施不久的2004年，就发生了惊动中央的"嘉禾强制拆迁事件"①。为此，国家建设部与中央纪委、监察部建立了专门针对房屋拆迁的工作协调机制、工作通报制和违纪案件移交制，并共同着手起草《城市房屋拆迁违法行为行政处分暂行办法》；全面推行拆迁估价鉴定、行政裁决听证和行政强制拆迁听证制度，从补偿标准和程序上保护被拆迁人的合法权益。中央也多次下文要求各地方政府要尊重民意、按照合法程序来办理相关事务。即便如此，有关强制拆迁的行为和事件仍然在全国一些地方不间断地发生。这些事件在网络和媒体的传播之下，似乎有愈演愈烈之势。直至宜黄强制拆迁导致的自焚事件的发生，再一次激起网民和媒体的特别响应和关注，而引发出"没有强拆，就没有新中国"的全社会大范围的讨论。甚至在党的十八届三中全会召

---

① 罗昌平：《湖南嘉禾县政府：谁影响发展 我影响他一辈子》，《新京报》2004年5月8日。

开之后，强制拆迁行为和事件还在多个地方发生，如2014年8月8日凌晨，某省市某镇一对夫妇在睡梦中被多名陌生人撬门掳走，并被带到墓地控制近四个小时，待夫妻回家后发现，四层小楼已经被拆成废墟；截至8月11日，当地已成立联合调查组，对外通报称媒体报道情况基本属实，但强拆人员身份仍未确定。[①]

此种现象不得不引起我们的深度思考，究竟是什么原因使地方政府和开发商做出诸如强制拆迁的决定和行为？又究竟是什么原因触发房屋拆迁对象采取诸如自残自焚等极端办法来捍卫自己的合法利益？这些现象，都需要我们进行理智思考，而非感情用事所能解决。强制拆迁行为的频繁发生，似乎显示地方政府和官员的法律意识不强，社会民众采用合法途径维护自身合法权益的观念和意识薄弱；但就笔者看来，这只是一种表象，实际上它折射出我国社会发展和社会治理中一些深层次的结构性问题和困境，这些问题和困境不是短期内产生的，而是在较长的社会建设中累积起来的，如果再不引起我们的高度重视，不及时从源头上加以考虑解决，其后果是十分危险的。

二　强制拆迁与政府

从政府层面来看，强制拆迁至少反映了四个问题：

首先，强制拆迁行为折射出地方政府，特别是欠发达地区的地方政府的发展理念和发展模式滞后，也反映了以GDP论英雄的干部考核制度在全国范围内，特别是在欠发达地区的影响仍很深刻，没有真正用科学发展观来指导当地的社会发展建设和治理。在发展成为全国上下一致追求的目标时，怎么发展和如何发展就自然成为各地方政府花费心思殚精竭虑的事情。就沿海发达地区而言，其多年发展所积累的各种优势，包括地理位置、资金、人才、政策等，都已不再是其担心的主要事情，其需要考虑的是如何提升发展的质量，走出一条由外延粗放式发展向内

[①] 刘金辉：《河南被扔墓地夫妇所要求补偿条件系官方标准7倍》，新华网郑州8月12日电。

涵精细化发展的道路。但就广大内陆欠发达地区而言，如何发展、怎么发展着实是需要他们思考的难题，在一个资源、人才、资金、技术相对缺乏又没有地理位置优势的状况下，如何发展本地的经济，特别想在短期内使经济特别是 GDP 迅速增长成为地方政府官员特别是地方领导首先必须思考和面对的难题，也是他们为官一方显示政绩必须直面的问题。在这种情形下，他们唯一的办法就是通过采取置换、转卖、拍卖土地，走发展土地经济的办法来刺激本地经济的发展，来增加本地的 GDP，来增加他们的政绩。所以，拆迁房屋、拆旧城建新城，或征用土地搞新城建设、房地产开发就成为地方政府天天忙碌的事情。在这个过程中，地方政府为了用最少成本来换取他们最大的利益回报，就想方设法在房屋拆迁补偿、土地征用补偿上花费最少的开支，来获取最大的回报。这种做法，自然就会伤害相关民众的基本利益，还会损害大面积的良田。不管怎样，这种通过采取置换、转卖、拍卖土地来实现所谓经济的增长或 GDP 的增长是不合理科学的。说明这种经济增长方式或发展方式还停留在传统经济增长的范围内，这些地方的发展理念和模式还相对滞后，没有真正运用科学发展观和可持续发展理念来指导本地的经济社会建设，也没有带来实质上的经济发展。因此，这种情形从侧面折射出以 GDP 论英雄的干部考核制度在一些地区的影响仍很深刻。

其次，强制拆迁行为折射出地方财政，特别是欠发达地区的财政来源单一，土地财政成为地方特别是欠发达地区的主要经济支柱，没有跳出依靠土地吃饭的发展怪圈，也折射出我国财税体制分配不均衡。如前所述，地方政府特别是欠发达地区的地方政府，在面对本地区资源、资金、技术、人才缺乏的状况下，为寻求本地经济的发展，只好走发展土地经济的模式来刺激本地经济的发展。实际上，他们选择此路径，也与我国的财税体制有关联。众所周知，自从 20 世纪 90 年代我国实行国税与地税分流以来，出现了国家税收很充裕，而地方财税，主要是欠发达地区的地方财税紧张的状况。发达地区由于在改革开放之际抓住了机遇，获得了经济的发展和壮实，其物质财富和资本的积累很充盈，财税收入也很丰裕。这样，就出现了一个不均衡的财税收入状况，中央财政收入充裕，发达地区财政收入也丰裕，而欠发达地区的财政收入贫困的状况。在这种经济实力不强、财税收入不丰裕的情况下还要和发达地区进行发展比拼，其自然处于非常不利的劣势，大量的投资、优秀的人才、先进的技术和资源冲着发达地区的经济实力向其奔去；而欠发达地区欠缺经济实力，吸引不了人才、技术、投资、资源过来，造成要人才没人才、要技术没技术、要资金没资金、要资源没资源，这种地区发展不均衡的结构性困境造成了一个恶性循环，越是发达的地区就越发达，越是落后的地区就越走向衰落。因此，一些欠发达地区的政府官员，要在这一发展困境下来发展本地经济，只有吃土地财政的饭，走一条"土地经济"的道路。强拆也成为他们一个很容易犯的错误。致使一些地方官员产生"全国都在强拆，每一个人都是强拆的受益者，没有强拆就没有中国的城市化"等一些错误的认识。这种认识从其所处的情境来看，具有一定的合理性，不是没有一点儿道理。

再次，强制拆迁行为更折射出地方官员执政理念、治理理念陈旧、官本位意识强烈，而服务观念、公仆意识淡薄。在一些欠发达地区，特别是一些闭塞的内陆地区，由于交通不便，信息的传播不便捷，与外交流沟通不充分，一些地方官员深受中国传统封建政治思想和文化的影响仍十分深刻，很多官员的官本位意识仍很强烈，在他们看来，为官一方，就是这一方的最高统治者，他们脑海里装的是"这是我的地盘，应该由我做主，一切听我安排"，当地老百姓被视为他们的统治对象，因而要求老百姓顺从他们的统治，否则被视为"刁民"。一旦给不听从他们安排的民众贴上这个标签，他们就会采取强暴手段来对付这些民众，来实现他们的意图。而事实上，在这30多年的改革开放中，我国中西部人群为了生计，向东部地区大规模流动，这种人口大流动，一方面增加了这些流动人群的收入；另一个很重要的方面，就是使很多欠发达地区的民众在人口流动中增长了见识，开了眼界，增强了权益意识、民主意识和维权意识。在他们的权益、尊严受到忽视和侵犯的时候，他们不再像过去那样保持沉默，而是走出来主动维护自己的合法权益，特别是当他们祖祖辈辈遗留下来的被视为自己命根子的土地和住房受到侵犯的时候，他们就很难想通，开始情绪化起来，甚至用自己的生命来给予维护。在拆迁中强制拆迁与反强制拆迁的较量自然就出现了。这种较量，实际上就是两种观念的较量，是官本位意识和民主权益意识的较量。实际上，只要地方官员多多与民众沟通交流、平等协商，大部分的民众还是通情达理的，会理解政府的作为。然而，不少地方政府并没有这样做，而是实施相反的举动。因此，强制拆迁行为折射出一些地方官员的服务民众、甘为公仆的观念淡薄，而统治民众、控制民众的意识却十分强烈。

最后，强制拆迁还折射出一些政府部门在我国由计划体制向市场体制转型的过程中早已成为一位独立的经济人，也在谋求一定的经济利益。在整个国家科层制管理的架构下，国家权力和利益的部门化越来越明显，政府成为多重角色的扮演者，既是社会的管理者、治理者，又成为社会的经济人、法人；既成为市场游戏规则的制定者和执行者，又成为市场游戏规则的行动者和遵从者；既是市场比赛的裁判员，又成为市场比赛的运动员。这种多重矛盾身份和角色使得政府部门在市场转型中迷失方向，忘掉自己的基本职责，从而出现与民争利、与社会争权的尴尬局面。

三 强制拆迁与民众

从民众层面来看，强制拆迁折射出我国民众的民主意识、维权意识越来越强烈。如前所述，改革开放促进了中国社会的大流动，也促进了中国与国外社会的广泛交流和接触。在这个过程中，中国社会民众增长了见识，扩大了视野，也增强了民主意识和维权意识。在权益受到侵犯时，他们不再保持沉默，而是主动维护自己的利益。当政府在拆迁他们的房屋或征用他们的土地补偿不到位时，在诉诸法律或申诉无效时，他们也敢于站出来维护自己的根本利益，甚至采用包括自残等极端方式来维护自己的权益。这种维权的极端方式在一定程度上表明广大社会成员申述自己合法权益的渠道不畅通，表达自己利益诉求的机制不健全或不奏效。否则，社会民众会更愿意采取较为理智的办法来维护自己的合法权益，没有必要采取如此极端的办法。

同时，这类事件的发生从根本上来说，反映了我国的社会保障制度不够完善和健全，特别是对广大农村农民的生活、养老、疾病保障欠缺或不够坚实。在广大农村，对于大部分农民来说，土地或房产就是他们的命根子，是他们今后生活、养老、生病的基本保障，一旦他们失去了自己的住房或土地，就等于失去了生活的基本来源，失去了基本的生活、养老保障，在一定程度上可以说是剥夺了他们生存的基本权利，这将意味着他们可能走向要钱没钱、要粮没粮、要房没房的无任何保障的生活。所有一切，包括衣、食、住、行等方面都需要用钱，然而他们本身赚钱的能力极为有限，特别是离开土地或失去房屋时，这种状况将更悲惨。这是他们最担心、最害怕的事情。因此，当拆迁房屋或征用土地补偿不能满足他们的基本生活需求时，就会诉诸极端手段甚至用生命去博取。所以，我们也就不难理解为什么有些农民会采取自焚、自缢等自残方式来维护自己的权益。因为他们这样做，或许还有一丝希望；否则，他们的下场可能会更悲惨。当连生活的基本保障都将失去时，对于他们来说，生活已无意义和价值，还不如一死了之，这就是他们最基本的生活经验和逻辑。

总之，强制拆迁在一定程度上暴露出地方政府的困境，也在一定程度上显示民众的困境。它对于地方政府和民众来说，都是一种难以言喻的隐痛。

四 强制拆迁行为及事件的影响和危害

依仗强势地位强行拆除他人的住房行为，是一种侵害他人物权的行为，是一种滥用职权的严重违法行为，其结果是非常可怕的。这不仅是政府与民争利，还是政府带头不依法办事，必然侵害社会公平，侵害民众的合法权益。近些年来，很多地方的拆迁不仅陷入了一种野蛮拆迁的行径中，还屡屡引发恶性事件。有的被拆迁人以跳楼、自焚等极端方式抵抗；有的以泼洒汽油、点燃煤气罐、投掷石块等方式进行阻挠拆迁；有的聚众围攻、围殴执行人员和冲击地方政府部门，结果酿成群体性事件；还有的拆迁执行人员使用武器不当致人死伤、酿成人命案件等。这些现象虽然不多，但其所造成的社会影响极为恶劣，其教训也极为深刻。这种强制拆迁行为频发，不仅影响社会和谐和安定，也损害了党和政府的形象，造成了政府和人民群众关系紧张，甚至恶化，侵害党的执政根基。

当然，在现实的拆迁中，客观存在一些被拆迁人故意借拆迁机会向政府漫天要价，甚至无理取闹，扰乱社会公共秩序的现象。对于这些行为，也应该依法照章给予处置，不能任其随意行为，以免造成不良的社会影响。

五　治理现代化与"强制拆迁"

诚然，"强制拆迁"行为及事件与社会主义和谐社会的建设相悖，与国家治理现代化也不相一致。因此，要有效制止、减少、避免甚至杜绝"强制拆迁"行为及事件的发生，我们必须树立以治理现代化的理念和思维来对待"强制拆迁"现象。国家治理现代化强调治理和改革的系统性、整体性和协同性。因此，对待"强制拆迁"的行为及事件，也应遵循系统性、整体性和协同性的原则。否则，对此类行为和事件的解决也只能是表面的解决，而不能从根本上解决。

就系统性来讲，我们要清楚，"强制拆迁"行为及事件的发生不是简单的行为和事件，而是涉及国家的经济、政治、文化、社会等方方面面。因此，最为根本的解决办法还是在于加快"发展社会主义市场经济、民主政治、先进文化、和谐社会和生态文明"；调整经济结构，转变经济发展方式，壮大经济实力，加快推进社会主义民主政治的制度化、规范化、程序化，提升全体国民的文化和道德素养，保护生态环境等。

就整体性而言，要避免"强制拆迁"行为及事件的频繁发生，首先要更新发展理念，让地方官员真正落实和践行科学发展观，明白发展是为了人民，为了百姓福祉，为了子孙后代，而不仅仅是为了自己的政绩和乌纱帽，也不是为了一小部分人的利益；实现发展成果更多更公平地惠及全体人民，更好满足人民群众的需求。这就要求广大的政府官员，尽快摈弃官本位思想，尽早树立以民为本、为民服务和为民公仆的信念，反对特权，推动权利公平、机会公平、规则公平的实现，才能获得老百姓的尊重和信任。其次，要改变这一状况，政府部门应尽快从矛盾角色中脱离出来，真正成为社会的管理者、治理者、守护者和服务者。同时，还要改变地区发展的结构性不平衡和国家财税收入分配的不平衡；否则，很多问题无法解决。再次，我们还应创新治理方式和方法，积极推进国家治理体系和治理能力现代化。这就要求我们努力探索治理的新方法、新方式，把"整治、刚性治理"转变为"疏导、柔性治理"，把"命令、指挥"变为"协商、指导"，把"官办、垄断"变为"民营、竞争"，把"监管、强制"变为"服务、利导"。① 同时，注意治理的程序化和科技化。只有这样，才能把"强制拆迁"变为"自愿拆迁"，把"暴力拆迁"变为"和平拆迁"。

就协同性来讲，要治理"强制拆迁"的行为和事件，政府应努力掌握预防化解社会矛盾的主动权，把"源头治理、动态管理、应急处置"② 有机结合起来，完善矛盾冲突排查、预警、化解、处置机制，也要注意发挥基层干部、社会组织和群防群治力量的优势；同时，国家应该尽快建立健全广大公民的正当、合法、有效的利益表达机制和制度，让公民可以通过正当渠道来表达和实现自己的利益，避免诉诸极端手段。此外，还须从生活保障方面着手，尽快建立健全和完善我国社会保障制度，特别是针对广大农民的生活养老保障制度，让人人享有一定的生活保障、养老保障和医疗保障。让大部分农民都明白和放心，即使有一天当他们没有自己的土地或房产时，他们的基本生活也会有保障。这样，类似的事件才有可能会大大减少。

总而言之，我们要树立国家治理现代化的理念和思维来对待"强制拆迁"行为及事件，以系统性、整体性和协同性的战略原则来预防和避免此类行为和事件的发生。

参考文献：

［1］谢立中：《西方社会学名著提要》，江西人民出版社1998年版。
［2］郑杭生主编：《社会学概论新修》，中国人民大学出版社2002年版。

---

① 江必新：《推进国家治理体系和治理能力现代化》，《光明日报》2013年11月15日。
② 同上。

政府治理和公共行动
——阿马蒂亚·森的治理理论研究

王东明[*]

【摘　要】 本文从政府治理的目标与手段、市场机制与政府管理、政府治理与公共行动三方面对阿马蒂亚·森的治理理论进行了概括与总结，并对森的治理理论做了简评。

【关键词】 阿马蒂亚·森；政府治理；公共行动；可行能力

20世纪最后的20余年，西方国家掀起了一波政府改革浪潮，并很快波及了广大发展中国家或地区，引起了各国或地区政界和包括公共管理、政治学、经济学等领域学者的关注与重视，"治理或公共治理的概念正日益受到学界和政界的重视，并成为政府改革的一个目标模式。"[①] 因研究社会选择、福利经济学、贫困、饥荒等问题而获1998年诺贝尔经济学奖的经济学家阿马蒂亚·森在历史地、经验地研究印度、中国等贫困的发展中国家及富裕的发达国家的贫困、饥荒等问题的基础上，也从政府消除贫困、谋求人们实质自由与可行能力发展等方面的问题对政府治理模式做了一番独特的思考与研究。在他看来，政府治理要通过五种工具性自由为手段，以扩展公民的可行能力为目标，正确处理好市场与政府的关系，正确处理好政府治理与公共行动，提高政府治理质量。他认为，尽管许多重大的决定最后必须由当权的政府安排，但它们不同程度上受大众的行动和需求的影响。所以，"政府治理的质量在很大程

---

[*] 王东明，男，江西师范大学讲师，主要研究方向为政治学与公共管理。
[①] 陈振明、薛澜：《中国公共管理理论研究的重点领域和主题》，《中国社会科学》2007年第3期。

度上最终与国内政治的实践和广义的由大众实行的'公共行动'（而不是由政府实行的为大众行动）有关"。① 本文拟从政府治理的目标与手段、政府治理中市场与政府的关系、政府治理与公共行动三方面对森的思考与论述做一概括与总结，并对其做一简评。

一 政府治理的目标与手段

（一）政府治理的目标：扩展公民的可行能力

人类历史发展到20世纪中后期，经济、政治、社会、文化等各方面都取得了巨大成就。如经济快速增长，人们生活水平提高；民主和参与式的治理确定为政治组织的最好模式；人权与政治自由观念得到进一步强化；预期寿命提高；国家间的经贸、文化交流往来密切，等等。但阿马蒂亚·森认为，我们生活的世界仍然存在大规模的剥削、贫困与压迫。不仅有老问题，新问题也不断滋生，如长期的贫困与基本的需要得不到满足，饥荒与饥馑，起码的政治自由与基本的自由权仍然被侵犯，妇女的权益与主体地位被严重忽略，环境恶化与资源枯竭，等等。所以，森主张，国家或政府必须超越诸如只重视国民生产总值的增长或个人收入提高、或工业化或技术进步的旧的传统的狭隘的发展观，代之以新的发展观即以自由看待发展的观点，视发展为扩展公民享有实质自由的过程。

"实质自由包括免受困苦——诸如饥饿、营养不良、可避免的疾病、过早死亡之类——基本可行能力，以及能够识字算数、享受政治参与等等的自由。"② 所以，森是以可行能力为出发点对发展展开探讨的。在森看来，发展可以看作扩展人们享有的真实自由的一个过程。森是在实质意义上来定义自由的——自由就是享受人们有理由珍视的那种生活的可行能力（capability）。也可以这样说：可行能力就是一种自由，是

---

① ［印度］阿马蒂亚·森、让·德雷兹：《印度：经济发展与社会机会》，社会科学文献出版社2006年版，第223页。

② ［印度］阿马蒂亚·森：《以自由看待发展》，中国人民大学出版社2002年版，第30页。

人们能过有价值的生活的实质自由。这样的自由既意味着个人享有的机会和选择的过程，又关涉个人选择的结果。森认为，人的可行能力是发展的最终目的和有效手段，发展可以看作扩展人们享有的真实自由的一个过程。因而，森主张政府治理的目标就是要消除那些限制人们自由也就是可行能力的主要因素，这些因素有：贫困、暴政、经济机会的缺乏、系统化的社会剥夺、忽视公共设施、压迫性的政权的不宽容与过度干预。森认为，尽管当今世界前所未有的丰裕，但有时公民的实质自由或可行能力的缺乏与经济贫困相联系，后者剥夺了人们免受饥饿、获得足够营养、得到对可治疾病的治疗、拥有适当的衣服和住所、享用清洁用水和卫生设备等自由。有时人们的不自由还与缺乏防疫计划、对医疗保健或教育设施的组织安排、有效地维持地区和平与秩序的机构的公共设施与社会关怀密切相关。此外，对自由的侵犯直接来自于权威主义政权对政治的和公民的权利的剥夺，以及对参与社区的社会、政治和经济生活的自由的限制。

所以，森指出，一方面，我们必须认识到各种形式的自由对于解除这些苦难所能发挥的作用；另一方面，我们每个人所拥有的主体性可行能力，不可避免地被我们可能得到的社会的、经济的、政治的机会所规定和限制，也就是说，在个人的主体地位和社会的制度性安排之间有着很强的关联性和互补性。因此，关键就在于如何承认和考量个人可行能力的中心地位和影响这一能力程度和范围的社会因素。森还根据大量的经验资料和实证研究，分析了发展中国家所面临的饥荒、贫困等重大发展问题，并进一步阐明了在实践中行之有效的解决途径。他指出，经济全球化和市场机制的空前扩张有效地提高了人们的生活水平、强化了人们的可行能力；同时，政府和社会在保障人的生存、健康、教育、文化归属等方面具有不可推卸的责任和无可替代的作用。森认为：政府在保障个人的功能性活动、提升个人的可行能力、激发人的主体地位和主体意识方面扮演着积极的角色，起着不可替代的作用。

（二）政府治理的手段：五种工具性自由

在森的发展理论中，可行能力具有首要的建构性（constitutive）作用，即它本身就是发展目标的重要组成部分，而且是核心的发展目标。

也就是说，可行能力本身就是发展可欲的价值，它不需要借助于其他事物或中介来体现其价值。森同时还强调，可行能力在发展中还发挥着手段性的作用，这些工具性的手段对于发展目标的最终实现至关重要。在森关于发展与可行能力的研究中，他阐述了五种最重要的工具性作用[①]。

一是政治自由和公民权利。主要是指人们有多大机会来确定应该由什么人执政，并且按照什么原则来执政；当然也包括人们监督和批评当局，拥有政治表达和出版言论不受审查的自由；能够选择和参加不同政党团体的自由。通过真实意愿的自由表达，治理规则的选择，对执政党派及个人的选择和监督，个人异见的表达和保留，人们按照自己的真实意愿治理日常生活的愿望得到了政治上的有效保证。

二是经济条件。指的是人们各自享有的基于消费、生产或交易目的而使用经济资源的机会和便利性。一个人在经济方面所能具有的权益，将取决于拥有的可资运用的资源和交换条件，它反映在经济资源总量的提升和人与人间的分配之上。特别是在社会发展进程中，对新增利益和必要代价的分配关涉个人发展的先天资源禀赋和选择机会。

三是社会机会。指社会在教育、医疗保健等方面所作的安排，它们直接影响个人有多大的实质自由去选择更好的生活方式。这些社会条件的提供与否不仅直接关系到个人的生活质量，而且还限制着个人参与政治活动的程度和范围，影响着个人从事经济活动的能力。例如，一个不识字的人和一个受过良好教育的人在政治参与和经济交往方面的能力差别是显而易见的。

四是社会透明性保证。就是人们对信息公开、透明的要求。人们希望信息是公开的、明确的，信誉是不可侵犯的，而这样的基础不仅仅是自由市场机制正常运行所必需的，也为人们对公共权力的运行，对腐败的防止提供了工具性的约束和保障。

五是安全性的防护保障。是指提供一个社会安全网，使社会中的弱势群体不至于陷入悲惨的生活境地。森认为，一个经济体系无论运行得多么好，总会有一些人由于物质条件变化而对他们的生活产生不利的影

---

① ［印度］阿马蒂亚·森：《以自由看待发展》，中国人民大学出版社2002年版，第31页。

响,从而陷入贫苦悲惨的境地;所以需要这样一种防护性保障来提供社会安全,以改变个人不幸的悲惨遭遇。在此领域包括一些固定的制度安排,诸如失业救济金和给穷人的收入补助等,以及临时所需的紧急公共救助项目。

森特别强调,防护性的保障措施不仅仅是所谓的"福利国家"的问题,同时也是民主制度的问题。所以,更为重要的是,要在政治上建立一种制度化的渠道能够把民众特别是弱势群体的痛苦反映出来,而且要有政治性的激励机制促使政府去关心和解决民众的痛苦。森以东南亚金融危机为例,指出:"一旦金融危机导致了普遍的经济衰退,民主的保护性力量——如在民主国家防止饥荒中所起的作用那样——就被强烈的怀恋了。正如当经济不断上升时,印度尼西亚的人们可能并不在意民主,可是当一场非共同分担的危机形成时,民主的空白使他们的声音被压抑并毫无效果;在最需要民主的保障性功能时,人们最强烈的感到了对它的需要。"[1] 森指出,这五个方面的基本自由是相互联系、相互促进的。一方面,人们能够得到的经济成就取决于经济机会、政治自由、公民权利、社会保障、基础教育以及社会对于各种权利所提供的制度性保障。另一方面,提供这种机会和选择制度安排又取决于人们如何通过自由地参与社会选择和公共决策来建立这些制度安排。森认为,各种工具性权利、机会、权益具有很强的相互关联性。在政府的治理过程中,"与这些多重相互关联的自由相适应,需要建立并支持多种机构,包括民主体制、法律机制、市场结构、教育和医疗保健设施、传播媒体及其他信息交流机构,等等。这些机构的形式可以是私人创建或公共安排,或者是更加混合型的结构,例如非政府组织及其合作机构"[2]。

为了进一步说明发展与可行能力的关系,特别是澄清那种认为发展先于可行能力(或者说是经济社会发展先于个人自由)的错误观念,森进一步把政府治理的途径区分为两种:一种是社会支持导向型,另一种是增长助推型。[3] 后者以经济社会发展为前提条件,适时推动关涉个

---

[1] [印度]阿马蒂亚·森:《以自由看待发展》,中国人民大学出版社2002年版,第181页。
[2] 同上书,第42—43页。
[3] 同上书,第37页。

人可行能力因素的建设，在发展和可行能力二者的关系上表现为先发展、后建设的逻辑关系。而在另一方面，从各国的发展经验来看，社会支持导向型的发展说明，一个国家可以不必等待富裕起来以后再对关涉人们可行能力的教育、健康保健等基础设施进行投资和建设。即使收入水平很低，仍然可以通过一些社会服务项目来迅速提高生活水平。森举例指出，就像改革开放前的中国，虽然人均国民生产总值落后于绝大多数发展中国家，经济社会的发展程度较低，但是政府在改善和提高人民生活质量上实施了大量积极的公共项目和公共政策；在医疗保健，退休补助、灾害救济等领域都实施了有效的公共开支。所以，尽管当时的中国还较为贫困，但中国的人均可期望寿命、受教育水平在发展中国家里却是名列前茅的，这也成为日后中国经济快速增长的重要原因之一。森强调，贫穷落后的国家不必单一地追求经济增长速度，也不必被动地等待经济发展起来以后再关注社会保障和人们所享有的自由；更为合理的做法是，在发展的各个阶段都应该突出社会安排和政府推动在可行能力建设方面的作用。

二 政府治理中的市场与政府

（一）政府治理的质量在很大程度上取决于国家的性质与政府的性质

政府治理的一个重要方面就是如何处理好政府管理与市场机制之间的关系。是市场多一点还是政府管理多一点，人们各有各的理由与看法。讨论有关市场机制和政府行为的竞争优势方面的文献有很多。在阿马蒂亚·森看来，这两种经济决策形式的比较优势是与语境有关的，泛泛支持"国家"或"市场"的观点是没有意义的。

就国家而言，他指出："政府治理的质量在很大程度上最终与国内政治的实践和广义的由大众实行的'公共行动'（而不是由政府实行的为大众行动）有关。"① 在森看来，他在此谈到的国内政治实践对政府治理具有很重要的作用。他认为，政府能做的和它实际会做的取决于政府的本质，并为此主张区分"国家"和"政府"。他认为，国家在许多方面是个更广泛的概念，它包括政府，包括表决公共规则的立法、规定选举的政治制度、赋予反对党的地位、司法支持的基本政治权利，等等。民主国家使执政的政府难以无视普通大众的需要与价值。他举例说，红色高棉的肮脏统治能维系是因为波尔布特不必面对选举或迎合反对党，正是军人统治的、非民主的国家使得种族灭绝在红色高棉具有政治可行性。所以，森强调，在考察一个国家的情况时，不仅要考问其当政的政府的性质，还要进一步询问国家的性质，执政的政府只是国家的一部分。

就市场而言，森认为，考察市场机制的地位的时候，也要注意其语境。市场类型不同，其地位也不一样。一种情况是，大部分的效率理论或市场机制的有效性与保持竞争性市场的平衡状态有关。稍微违反那些竞争性条件而不必剧烈改变结果，这不是不合理的假设，但是现实的市场却会表现出非常不同的形式。比如，一些垄断经营者使物品供应不足，从而导致短缺和痛苦的大规模的加剧，如此状况经常发生而坐视不管是难以想象的。另一种情况是，由于市场错误判断某种商品短缺的严重程度，结果造成痛苦，甚至混乱——而不是由于人为操纵。森举了个有关1947年孟加拉国饥荒中的例子，在这次饥荒中，当时商人的误导性投机造成粮食价格飙升，随后又急剧下降到上升前的价格。所以，在森看来，无条件"赞同市场"的观点并不比"赞同国家"观点少出问题。

因此，森认为，要比较基于市场的经济决策和基于政府的经济决策就要更清楚地理解市场和政府的性质。但这不是一个非全则无的问题。市场中有许多变量：竞争程度、进入的开放性、实际可操作空间等；政府有多样性，取决于国家的政治体制基础、支撑政治自由的法律体系、政治统治集团的力量、对反对意见和不同意见的处理等。评价基于市场

---

① ［印度］阿马蒂亚·森、让·德雷兹：《印度：经济发展与社会机会》，社会科学文献出版社2006年版，第224页。

的决策和基于政府的政策各自的优点,不能不严格按涉及的市场和政府的具体形式决定。

(二) 市场和政府管理是相互依存的

如上所述,森认为,在处理市场与政府关系的治理中,在评价市场和政府各自的优点时必须注意它们之间完全是相互依存的关系。"市场的整体成就深深地依赖于政治和社会安排。"[1] "特别是市场机制的运作和成功深受与其相随的政府行为性质的影响。"[2] 其原因是:首先,没有法律对契约和特定权利的支持,市场几乎无法运行——虽然有些责任是自动生效的(商业道德在合同式的市场交易的实现中起到重要作用),责任未履行时可以诉诸法律是交换和生产体系顺利运行的重要背景条件。其次,政府在发动和促进与市场相关的经济增长中起主要作用。德国与日本就是成功的例子。最后,即使是正式的市场机制成果理论也暗含着对政府行为的极大依赖。森通过论证认为,所谓的"福利经济学的基本法则"的意义深深依赖于政府行为。公平市场所能达到的平等取决于适当的政府的积极行为。此外,森认为,市场与政府间的相互依存还在另一个方向起作用。如果公民被禁止从事出于自愿的商品交换或生产产品和服务,很难想象政府能获得可以接受的社会协议。包括契约与交易在内的这些行为构成市场机制不可分割的部分,不管这个机制多么原始。经济理论的最新发展表明,市场是实现经济潜力的必需工具,而积极的公共政策在启动工业和提供更广泛的公共教育基础(比如韩国与日本发生的)等方面的长期影响也更容易解释和理解。

总之,森认为,市场机制在一定条件下取得了巨大的成功,这些条件就是,所提供的机会可以被合理地分享。为了使这种情况发生,需要有适当的公共政策(涉及学校教育、医疗保健、土地改革等),来提供基本教育、普及初级医疗设施、使对于某些经济活动(如农业)至关重要的资源(如土地)可资利用。"甚至在极其强烈地需要经济改革来

---

[1] [印度]阿马蒂亚·森:《以自由看待发展》,中国人民大学出版社2002年版,第135页。

[2] [印度]阿马蒂亚·森、让·德雷兹:《印度:经济发展与社会机会》,社会科学文献出版社2006年版,第22页。

允许市场有更大的空间时,这些非市场设施仍然要求细致的坚决的公共行动。"①

(三) 排斥市场的政府干预和辅助市场的政府干预

森认为,上述其讨论的市场与政府的广泛相互依存实际上暗含了政府政策与市场活动之间的关系。就政府干预而言,要特别重视排斥市场与辅助市场的政府干预的区别。

所谓"排斥市场"的政府干预,森指出,在市场无法自由运行甚至根本无法运行的情况下,一项经济安排可能是"非市场"的,这可称为"排斥市场"的安排。所谓"辅助市场"政府干预,森指出,许多国家会做而市场不会做的"非市场"的东西。这些辅助性操作不一定禁止市场和交换,可以称为"辅助市场"的安排。与其他机构一样,市场做某些事,避免做另一些事。市场机制和"非市场"体系之间的确隐藏着不对称。当然,森认为,既有排斥市场又有辅助市场的混合干预体系显然有存在的可能,两种"非市场"安排其含义可以非常不同。森用当前关注的一个特殊领域的实例,即持续困扰现代社会的可怕的饥荒现象,有效地说明该问题的性质。森指出,饥荒既发生在非市场的社会主义经济中,也发生在市场经济体制中,但是在观察市场经济中的饥荒时,我们要问:为什么市场机制无法避免饥荒呢?

森说,任何社会协议的成就和失败包括作为(它做了什么)和不作为(它没做什么)。"失败"可能出于积极目的的结果却是坏事,或出于没有做本应该做的好事。经常有人争论说市场能够而且正在扭曲食物交易。当然不难发现市场被有组织的商人操纵的例子,这类操纵有时增加了与饥荒有关的痛苦和不幸。另外,很难找到证据证明贸易是畸变市场经济中饥荒的根源,在这种情况中,市场机制的明显缺陷在于市场的不作为。比如说,如果有些群体由于干旱或洪水而失去工作,从而丧失了购买力和获得食物的权利,市场不会努力重新创造收入或恢复他们已经失去的对食物的控制。这是不作为的错误,有别于市场积极作为的

---

① [印度] 阿马蒂亚·森:《以自由看待发展》,中国人民大学出版社 2002 年版,第 135 页。

坏事。在这个例子中，补救措施不是寻求"排斥市场"的干预。

没有理由认为饥荒与市场机制有关的所有问题都是"不作为"型的，也就是认为市场没有行动而不是它们积极发挥作用的结果。市场的运作可能恶化某些团体中人们的处境。但即使市场行为会造成问题，也不能通过法律取缔市场来消除饥荒的威胁，也就是不能通过采取任何"排斥市场"的全面干预的行为。

森认为，没有阐明排斥市场的干预和辅助市场的干预之间的区别，造成了一些错误的分析和误解。比如人们一直以为斯密是持完全自由放任反对国家任何干预的观点。但森的研究结果表明这是误解，斯密的观点实际上是拒绝排斥市场的干预体制，而不是辅助市场行为的社会干预。此外，森还通过研究南亚等国家与地区在预防饥荒的经验指出：(1) 政府采取行动为潜在的遭受饥荒者增加收入和购买力；(2) 让私有市场反映这些收入和需求，这两种行为的结合在防止饥荒中十分有效。

森强调，作为与不作为之间的区别对于理解现代经济中市场和非市场机构各自承担的角色很重要。实际上，可以同时达到两种目标：(1) 市场机构更多；(2) 超越市场。在印度，森就认为有关"赞成"或"反对"市场的争论就是混淆了问题性质的结果。总体而言，辅助市场的安排在独立后的印度对消除饥荒起到了相当大的作用。但是，不作为仍然是当前印度经济的一个中心问题——不是指易发饥荒，而是表现出常见的营养不良、普遍的文盲、高发病率和死亡率等形式。这是对人类应该重视的基本自由的否定，而且这些不足在人们参与经济扩展和社会变动的实践中将严重限制人们的机会。为保卫这些自由，把市场功能与政府职能相结合极为关键。在这种情况下，辅助市场的干预将比排斥市场的干预或不干预都更为有效。

三　政府治理与公共行动

如上所述，森倡导一种新的以自由看待发展的发展观，这种发展观要求政府治理的目标在于消除束缚人们实质自由与可行能力的因素。公民可行能力很大程度上由于社会机会的缺乏，因而，政府与社会应该致力于消除那些市场运行中的障碍，以增强社会机会。"这些社会机会的实际可用性需要社会共享的某些基本能力——特别是那些与识字和教育有关的能力（以及与基本健康、社会安全保障、性别平等、土地所有权和地方民主有关的能力）。这些能力的迅速扩展主要依靠公共行动。"① "政府治理的质量在很大程度上最终与国内政治的实践和广义的由大众实行的'公共行动'（而不是由政府实行的为大众行动）有关。"② 那么，森在这里强调的"公共行动"的含义是什么？

（一）公共行动的概念与内涵

森在《以自由看待发展》、《印度：经济发展与社会机会》、《饥饿与公共行动》（中译本译为公共行为）等书里都谈到公共行动的概念、种类、作用与意义等问题。与通常人们使用的方法不同的是，他是在广义上使用这个概念的。在《饥饿与公共行为》一书的前言里，他说："我们所指的公共行为并不仅仅是国家的活动，而且包括人民大众所采取的社会行为——不仅有'合作'的（通过公民合作）还有'对抗'的（通过社会批判和政治对抗）。"③ 在《印度：经济发展与社会机会》一书中，他写道："广义的公共行为能够在经济发展中起中心作用，使全体人民都能获得社会机会"，而"经济类著作中有时把公共行为描绘为政府而不是大众自身的行为"。④ 森认为这样的定义容易严重误导人，因为他把注意力从大众能够影响政府决定的方向引开了。森非常重视大众的行为在公共行动中的重要作用。但是他也强调指出，国家在根除饥荒和消灭持续剥夺中起着主导作用。总之，森认为，公共行动的范围远远不止于国家的作为，还包括公众实施的行为——不仅针对公众所采取的行为。国家行动的性质和效力在缺乏公众警惕或活动的情况下极易恶化。

---

① ［印度］阿马蒂亚·森、让·德雷兹：《印度：经济发展与社会机会》，社会科学文献出版社2006年版，第213页。

② 同上书，第224页。

③ ［印度］让·德雷兹、阿马蒂亚·森：《饥饿与公共行为》，社会科学文献出版社2006年版，第1页。

④ ［印度］阿马蒂亚·森、让·德雷兹：《印度：经济发展与社会机会》，社会科学文献出版社2006年版，第105页。

(二) 公共行动的种类与特征

关于公共行动的种类，森认为，这取决于不同的形势，在不同的形势下需要的政府治理的公共行动种类也不同。如有针对扩展权利与自由的公共行动、解决人们间利益合作与冲突的公共行动、提升人们可行能力与生活水准的公共行动、针对营养不良状态与营养不良的公共行动、针对人生命生活中剥夺与贫困的公共行动、针对社会保障的公共行动，等等。

就人的可行能力而言，森认为，由于能力是个宽泛的概念，但它通常与所谓的"生活水平"有关，是指人们实现有价值的和被赋予价值的"活动和存在"的能力。这些能力可从诸如避免营养不良及相关的发病率和死亡率这类基本能力，扩展至更复杂的社会能力，如参加社区生活或获得自尊。公共行动的目的也就在于此。公共行动的一个关键组成部分就是对他人生活的关注。森强调，如果不承认这一基本的人类动机，那么我们将不可能理解政治党派、生活领袖、新闻记者、救济机构以及民间活动家在抵制饥荒和长期剥夺的公共行动中所起的作用。对人的可行能力的关注要求公共行动在不同的领域有不同的目的与要求。森强调，在这一视角下，治理的公共行动的目的就并不是为每个人提供特定数量的食物。食物摄取与营养获得有很紧密关系，但也与年龄、性别、卫生保健、饮用水等因素相关。所以，关注能力要求政府治理与公共行动必须将关注点从食物支配扩展到其他的影响因素上，森认为这点特别重要。

就社会保障而言，毋庸置疑，在消除饥饿和营养剥夺中存在一个明确的公共利益问题。以有效的方式去勇敢地面对惩戒并困扰着大部分人的灾难，这一挑战不可避免地需要不同形式的公共行动。社会保障的提供不能仅仅依靠市场力量的运作，或政府方面带家长作风的重新举动，或其他一些社会组织，如家庭。从为消除饥荒和地方性饥饿来看，森总结了公共行动以下几个特征。

第一，公共行动必须依据不同行为方式的可行性来定位。这些可行性不仅与导致饥饿和剥夺的偶然因素有关，而且还与相关机构的性质与能力有关。国家的特性与实施国家行为的政府的性质尤其重要。其中产生的问题不仅包括政府的管理能力，还有政治义务和忠诚，以及掌握政权者的权力的基础。第二，公众并非一个同质的统一体，还存在与阶级、所有权、职业以及性别群体、文化相关的种种分歧。第三，针对消除饥饿的国家行为也能采取迥然相异的形式。它不仅仅是食物生产或食物分配。第四，一些公共机制，尤其是市场，常常被认为是国家行为的可选手段。如前所述，森强调，必须充分认识市场与国家行为之间的关系。针对社会保障的公共行动策略中很难不考虑手段的多重性和机制的多样性。一个有效的公共行动方案所包含的内部多样性也相当广泛。第五，公共行动不应与纯粹的国家行为相混淆。各种社会与政治组织通常都参与到行为中，这些行为超出作为原子的每个个体的主动行为，而且公共行动领域确实包括许多国家的活动。与传统社会仅靠家庭与社区援助个体的方式不同，在现代世界中，国家的积极作用不应该被看作取代了这些非政府组织所能做的事。第六，即使就国家行为而言，公众的理解和意识，与为实现公共目标的国家行为的性质、形式和活力，这两者有密切关系。公众的觉悟和意识的问题不仅带有国家制度的特点，还有社会和政治活动的性质。重要的是，我们应该将公众作为一个动因，而不仅仅是个被动的患者来看。

（三）公共行动的影响与作用

在森的治理理论中，治理行动或公共行动主要包括政府行为与大众两方面。各自的作用在森的几部历史与经验研究著作里都有论述。森在《饥饿与公共行为》里总结说："在本书的前面部分，我们有机会讨论了，公共行为在当代世界的成功事例中，发挥的相当广泛且巨大的积极作用。这尤其适用于创造性的公共行为在消除饥荒（见第二部分）以及消灭地方性营养不良和剥夺方面（见第三部分），所做的杰出的、决定性的贡献。"[①] 对于《饥饿与公共行为》一书，森在书的结尾处写道："这是一本有关国家行为在当代世界为消除饥饿能够做什么的书。"[②] 所

---

① ［印度］让·德雷兹、阿马蒂亚·森：《饥饿与公共行为》，社会科学文献出版社2006年版，第265页。

② 同上。

以，如果说该书更多地强调国家在公共行动中的比重，那么《印度：经济发展与社会机会》则更侧重强调大众在公共行动中的作用。

森认为，首先，大众的作用不只是影响或挑战政府的决定，在经济和社会活动的许多领域也有直接的重要性。公众的能动精神确实在许多不同种类的以社区为基础的活动中是非常有益的。对学校教育的监督，包括防止乡村教师大规模的旷课行为（比如在印度很多地方很常见）就是个很好的例子。

其次，大众在减少社会不平等上也能起到重要作用。针对印度的情况，森认为，有许多好的理由去关注印度社会持续的严重不平等现象。要全面地看待不平等，不仅要注意常见的经济不平等，还要注意其他有关的基于性别、种姓、识字和其他特点的社会分裂。在同这些不同形式的不平等作战时，社会运动和集体行动将起着至关重要的作用。

再次，大众的普遍参与，无论是表现为迫使政府采取特定行动的方式还是采取政府行动范围之外的社会变革方式，其结果在很大程度上都取决于有效的针对弱势群体利益的政治组织印度的民主体制为公共行动提供了许多潜在的基础（不仅包括选举程序而且包括新闻媒体、司法体系、农村的村务委员会等），要利用这些机会需要重要的组织工作。弱势群体政治组织的发展程度在印度各地差别非常大。克拉拉邦是有名的早期成功案例，但是其他地方也有值得赞赏的成就。例如，在西孟加拉邦，有效的弱势群体组织在"左翼路线"政党的领导下明显改变了政治力量的平衡，这反过来为取得重要的社会成就，特别是土地改革提供了基础。印度南部和西部的某些邦，近年来弱势群体组织参加政治活动的能力也有显著提高。巩固这些成就（并使它们扩展到那些政府机构和政治进程仍被特权群体主导的邦）是今后的重大挑战之一。①

最后，在印度，在经济发展中邦和大众的作用都很重要。虽然不同的流派倾向于分别强调它们各自的作用，但很难不把二者视为完全相互作用的。正如邦行动的本质很大程度上依靠大众的需求和压力，如果邦通过保证基本的民主自由，确保普遍的教育，保护弱势群体的合法权利

---

① ［印度］阿马蒂亚·森、让·德雷兹：《印度：经济发展与社会机会》，社会科学文献出版社2006年版，第225页。

以及为赤贫者提供某些保障等，尽职帮助公民享有权利，那么大众的行动——合作和反对——将更有效。在这种意义上，邦和公众的行动有很深的互补关系。

当然，森指出，邦和公众行动间的辩证关系使得社会有可能处于如下的恶性循环中：（1）政府对公民需求的冷漠；（2）大众无力挑战这种漠视，正如在北方邦等地方出现的情况那样。但森认为，从积极方面看，这也意味着打破这种恶性循环的努力（例如，基于弱势群体的政治组织，或者基于促进教育的普及）会很有效果，正如克拉拉邦的经验证实的。这就是为什么参加教育普及——邦和公众的行动对其都有帮助——对印度政治的转变如此重要的原因之一。印度文盲和教育落后的众多负面效果之一是他们弱化了大众迫使社会变革和政府尽责的压力。推广基础教育的好处包括公共行动的性质和力量的影响。森最后强调，在为赞成更加重视社会机会在经济发展中的重要性的辩论中，不仅要利用这些机会去创造直接的个人更高收入和更好生活，而且要利用这些自由的社会作用影响政府和整个社会。

综上所述，森的治理理论是在历史地、经验地研究印度、孟加拉、中国等发展中国家及部分发达国家在解决各国贫困、落后、饥荒、教育、医疗、疾病与不平等问题的基础上形成的，并将之纳入其自由理论框架。森强调各国政府在治理过程中要廓清对政府行为与市场机制的含义及其相互间关系，政府与社会要充分关注五种工具性自由及其各种支持性制度体制机制，强调既要注重各级政府行为的主导作用，也要重视大众为主的公共行动的影响与作用，通过协调、整合政府行为、市场机制、公民公共行动等各种治理主体，实现共治，力求达到与实现扩展公民的实质自由与提升公民的可行能力目标。尽管森的经验总结与理论由于侧重于或仅限于印度、孟加拉等发展中的民主国家（中国所涉不多），对于一些权威主义、独裁制与发达国家也有所研究与提及，但不全面也不够深入，故难有普遍意义。而且，其经验总结与治理理论还只限于如何消除贫困、饥荒等领域问题，对于更多的如政府改革、公民社会建设等问题少有论及，不能不说是个遗憾。但这些经验总结与理论主张不仅对治理理论的进一步深入研究有重要的意义，而且对包括我国在内的各国在治理的目标与价值的定位，政府、市场与社会公共行动之间的关系，制度、体制与机制的公共安排，治理的方式、手段与技术的选择等方面推进国家治理体系与治理能力现代化建设也具有重要的启发意义。

马克思主义文化认同与社会治理的文化源泉[*]

王　员　于　波[**]

【摘　要】 马克思主义不仅仅是意识形态，更是一种先进文化。信仰、践行马克思主义不是一个单纯的意识形态灌输过程，更是一种先进文化的耕植与培育过程。本文认为：只有从文化的角度，更多地关注文化认同问题，使马克思主义契合中国文化传统、文化心理、文化行为和文化习惯，进入到人们的文化心理结构，才能为人们提供最深刻的心理认同和文化情感归属，并通过文化认同、文化构建和文化教化，以潜移默化的方式影响人、塑造人，从而使马克思主义得到民众内心深处的心理认同和情感归属，为马克思主义的政治认同提供文化基础。

【关键词】 马克思主义；文化认同；社会治理

马克思主义文化认同是人们基于自身的价值取向在情感情绪、思想文化和价值观念的基础上，对马克思主义这一文化价值观念的选择、接受、认定与完全融入的状态，使马克思主义得到民众内心深处的认同与文化信仰，并外化为自我行为的价值取向。实现马克思主义的文化认同，对创新社会治理具有重要的文化价值。

---

[*] 本文系江西省社科规划重点项目"马克思主义大众化进程中的文化认同研究"（13KS01）、江西省教育科学规划重点课题"'中国梦'融入大学生思想政治教育的实践策略研究"（赣教规办字〔2013〕4号）的阶段性成果。

[**] 王员，男，江西师范大学政法学院副院长、廉政文化研究中心教授，博士生导师，主要研究方向为马克思主义。于波，女，江西师范大学马克思主义理论专业博士研究生，南昌工程学院马克思主义学院教师。

一　马克思主义文化认同的当代意义

（一）文化认同及其意义

认同是一种意向性的心理反应，是指在不同的文化接触、碰撞和相互比较的场域中，个体（群体）面对另一种异于自身存在的事物，所产生的一种保持自我同一性的反应。文化认同是指文化群体或文化成员承认群内新文化或群外异文化因素的价值效用，对于某种文化的倾向性共识和认可，经过文化的接触、融合和内化的过程而实现，能够支配人们的思维模式和价值取向。文化认同是一种肯定性的文化价值判断，"文化成为了一个舞台，各种政治的、意识形态的力量都在这个舞台上较量"①。

文化认同具有重要意义。文化认同是"涂尔干称之为'集体良知'的东西，是将一个共同体中不同的个人团结起来的内在凝聚力"②。亨廷顿认为"文化认同对于大多数人来说是最有意义的东西"，"文化和文化认同形成了冷战后世界上的结合、分裂和冲突模式"。冯天瑜认为，在当今经济全球化的时代，作为民族的认同和国家的认同的重要基础的文化认同不仅没有失去意义，而且成为综合国力竞争中最重要的软实力。③美国人类学家克利福德·格尔茨指出，文化模式就是"历史地创立的有意义的系统"，由于我们的思想、我们的价值、我们的行动，甚至我们的情感，像我们的神经系统自身一样，都是文化的产物，因此决定了文化认同的价值在于将文化的"形式、秩序、意义、方向赋予我们的生活"。对于人类而言，文化的珍贵性在于"对他来说都可能与自己肉体的生存一样重要。假如它们受到威胁，他就会有敌对的反

---

① ［美］爱德华·W. 萨义德：《文化与帝国主义》，生活·读书·新知三联书店2003年版，第4页。
② 张汝伦：《经济全球化和文化认同》，《哲学研究》2001年第2期。
③ 冯天瑜主编：《中华文化辞典》，武汉大学出版社2001年版，第20页。

应"①。英国学者盖尔纳从文化与社会治理的关系角度，提出："国家可能需要它的成员在文化上具备相同的特征，因为它面临这样一种形势，即无论是管理它的公民，还是用社会生活所必须的道德热情和社会认同来激励公民。"②

（二）马克思主义文化认同的当代价值

马克思主义文化认同，是指人们基于自身的价值取向和世界观、人生观及价值观，在情感情绪、思想文化和价值观念的基础上，对马克思主义这一外来文化的心理相容、文化体认与认同遵循，是人们在置身于马克思主义的文化情境与文化接触中，对马克思主义文化价值观念的选择、接受、认定与完全融入的状态。

探讨马克思主义文化认同，有助于形成中国特色、中国风格、中国气派的马克思主义，有助于马克思主义先进文化真正扎根广大民众的内心世界，进一步增强人们对马克思主义的认同与信仰。马克思主义不仅仅是意识形态，更是一种先进文化。信仰、践行马克思主义不是一个单纯的意识形态灌输过程，更是一种先进文化耕植与培育过程。只有从文化的角度，更多地关注文化认同问题，使马克思主义契合中国文化传统、文化心理、文化行为和文化习惯，进入人们的文化心理结构，才能为人们提供最深刻的心理认同和文化情感归属，并通过文化认同、文化构建和文化教化，以潜移默化的方式影响人、塑造人，从而使马克思主义得到民众内心深处的心理认同和情感归属，为马克思主义的政治认同提供文化基础。葛兰西提出以文化的形式推动马克思主义的传播，运用马克思主义的思想和文化手段塑造与影响人民的价值观念，"把广大国民的道德文化提高到一定的水平，与生产力的发展要相适应，从而也与统治阶级的利益相适应"③。实现马克思主义中国化、大众化，从根本上说，是对于马克思主义这一先进文化的认同问题，使马克思主义真正

---

① ［美］埃里希·弗罗姆：《生命之爱》，王大鹏译，国际文化出版公司2007年版，第31页。
② ［英］厄内斯特·盖尔纳：《民族与民族主义》，韩红译，中央编译出版社2002年版，第184页。
③ ［意］葛兰西：《狱中札记》，曹雷雨译，中国社会科学出版社2000年版，第216页。

内化到广大民众和中华民族现代文化中去，实现马克思主义在广大民众中的内化，使其由外在理论和知识真理转化为广大民众的内在信仰，成为人民群众稳定的价值基础和精神纽带。正如毛泽东所说："自从中国人学会了马克思列宁主义以后，中国人在精神上就由被动转入主动。"①

马克思主义文化认同之所以成为可能，在于其本身具有的文化属性及其与中国国情的密切结合以及与中国民族文化的相互融合。马克思主义文化对人类一切先进文化成果进行了吸收和改造，正如列宁指出的那样："马克思主义这一革命无产阶级的思想体系赢得了世界历史性的意义，是因为它并没有抛弃资产阶级时代最宝贵的成就，相反却吸收和改造了两千多年来人类思想和文化发展中一切有价值的东西。"② 因此，马克思主义可以通过文化的对话、借鉴、交融和再生，走入大众并被大众所认同、接受和理解；同时，马克思主义理论的传播、运用和发展为中国文化的现代转型指明了方向、注入了活力，推动中国文化走向自觉。

全球化背景下马克思主义遭遇巨大文化困境与认同危机，导致民众没有真正从心理上去接受马克思主义，没有真正将马克思主义融入到中国当代文化中去，在很大程度上影响了马克思主义大众化的实效性。在当代中国，推动广大群众对以马克思主义为指导思想的社会主义先进文化的认同，让马克思主义先进文化真正成为广大群众共同的精神家园，是新的时代境遇下推进马克思主义大众化的现实旨归。"历史从哪里开始，思想进程也应当从哪里开始。"③ 苏联著名的马克思主义文化学者Β. 几安德鲁先科提出，通过文化认同"把科学的马列主义世界观变成每个社会成员的自觉信仰，是用它来培养高尚的道德品质、成熟是政治才能，从而丰富人们的精神世界"④，不仅是中国特色社会主义文化自信的需要，也是我国社会治理的文化基础。

---

① 《毛泽东选集》第4卷，人民出版社1991年版，第1516页。
② 《列宁选集》第4卷，人民出版社1995年版，第299页。
③ 《马克思恩格斯选集》第2卷，人民出版社1995年版，第43页。
④ ［苏］Β. 几安德鲁先科：《精神文化与人》，罗长海、陈爱容译，华东师范大学出版社1989年版，第40页。

二 马克思主义文化认同为社会治理奠定了方法论基础

（一）马克思主义唯物论为社会治理提供了坚实的理论基础

马克思主义唯物论认为世界统一于物质，人类社会是自然界长期发展的产物，是物质世界存在的一种形式，物质世界是可以被认识和把握的。我们党正是依据马克思主义唯物论原理，确立了一切从实际出发、实事求是、理论联系实际的思想路线。这一思想路线为我国社会治理实践提供了理论基础。

改革开放30多年来，我国经济、政治、文化、社会、生态文明建设取得了显著成效，同时也出现了许多问题，社会治理面临严峻挑战。面对问题和挑战，一是要求我们以马克思主义唯物论为指导，坚持一切从实际出发，实事求是，坚信"物质世界是可以被认识和把握的"，社会治理面临的种种问题、矛盾和挑战是可以被克服和解决的，从而对社会治理和中国特色社会主义的发展充满信心，勇敢地应对社会治理和中国特色社会主义发展中的各种问题和挑战。二是以马克思主义唯物论为指导，坚持一切从实际出发，实事求是，客观地判断和准确把握社会治理所面临的现实问题、社会矛盾和严峻挑战，在科学分析社会治理客观形势与任务的基础上，从实际出发，实事求是、有的放矢地制定符合客观实际的社会治理措施，创新社会治理形式。

（二）马克思主义认识论为社会治理提供了科学的认识依据

马克思主义认识论最基本和首要的观点是实践观即实践和认识的关系问题。马克思主义认识论坚持能动的反映论即实践是认识的基础、认识来源于实践、实践是检验认识真理性的唯一标准。马克思主义认识论基本观点为社会治理提供了科学的认识依据。

社会治理的核心问题就是解决社会经济快速发展所带来的一系列社会问题，以保证社会快速、健康、平稳的发展。一是要坚持马克思主义认识论，充分认识到我国社会治理中的各种社会问题是伴随着改革开放的实践推进而产生的，如政府干预过多、社会利益格局的失衡、社会事业发展的滞后、食品药品安全问题以及网络普及所引发的大量社会问题等。二是问题来源于实践，治理问题的对策与方法也要依据社会现实和社会实践，在社会治理的实践中加以寻找、概括和总结，以确保社会治理的形式和方法符合社会实践。如针对政府干预过多的问题，党的十八大提出"正确处理政府和社会关系，加快实施政社分开，推进社会组织明确权责、依法自治、发挥作用"[①]；针对食品药品安全问题，十八大报告提出"健全公共安全体系。完善统一权威的食品药品安全监管机构，建立最严格的覆盖全过程的监管制度，建立食品原产地可追溯制度和质量标识制度，保障食品药品安全"[②]；针对网络普及所引发的大量社会问题，党的十八大又提出了"加大依法管理网络力度，加快完善互联网管理领导体制，确保国家网络和信息安全"[③]。三是要坚持实践是检验真理的唯一标准，以中国特色社会主义的实践检验和评价社会治理的实际成效，不断改进和创新社会治理方式。

（三）马克思主义唯物辩证法为社会治理提供了辩证的方法论

马克思主义唯物辩证法集中体现了世界普遍联系和发展的一般观点和方法论。唯物辩证法认为事物的发展变化包括质变和量变两种状态，量变引起质变，量变与质变在度的基础上进行转化。唯物辩证法的基本规律和范畴就是从普遍联系和永恒发展的角度揭示事物变化发展的规律，为社会治理提供了辩证的方法论。

社会治理是一个系统的复杂工程，涉及的矛盾错综复杂，面临的问题千差万别。创新社会治理、推进社会治理能力现代化，一是要求我们遵循马克思主义质量互变规律，正确处理各种社会矛盾和社会问题，"健全重大决策社会稳定风险评估机制"、"创新有效预防和化解社会矛盾体制"[④]，把社会矛盾与问题消灭在"量变"的范围内。二是坚持马

[①] 《十八大以来重要文献选编》（上），中央文献出版社2014年版，第30页。
[②] 同上。
[③] 同上。
[④] 同上。

克思主义的系统方法论思想,"坚持系统治理,加强党委领导,发挥政府主导作用,鼓励和支持社会各方面参与,实现政府治理和社会自我调节、居民自治良性互动,激发社会组织活力"①。三是坚持马克思主义对立统一规律,正确区分社会治理实践中面临的主要矛盾、次要矛盾,矛盾的主要方面、次要方面。在解决社会治理的问题和矛盾过程中,分清主次,看清问题和矛盾的主要方面,不能"四面突击",不能"胡子眉毛一把抓",要集中主要精力、优势资源着力解决当前我国社会发展与社会治理中遇到的突出问题,解决人民群众最关心的热点难点问题,提升社会治理水平,"推进国家治理体系和治理能力现代化"②。

三 马克思主义文化认同为社会治理提供思想文化引领

(一) 文化软实力是衡量国家文明治理程度的重要标志

文化作为一种软实力,在社会治理中发挥着重要作用,是综合国力的重要组成部分,是衡量一个国家文明治理程度的重要标志。我们党高度重视文化建设,运用文化引领前进方向、凝聚奋斗力量,团结带领人民不断以思想文化新觉醒、理论创作新成果、文化建设新成就推动事业向前发展。新民主主义革命时期,党提出建设民族的科学的大众的新民主主义文化;社会主义革命和建设时期,党提出建设社会主义文化,必须坚持"为人民服务,为社会主义服务"和"百花齐放,百家争鸣"的基本方针;③ 在改革开放和社会主义现代化建设新时期,党始终高度重视文化的引领作用,把文化建设放在党和国家全局工作的重要战略地位,提出建设社会主义文化强国的目标,形成了中国特色社会主义文化发展道路。进入新世纪、新阶段以来,我们党越来越重视发挥文化的软实力在社会治理中的作用。党的十六大报告指出:"当今世界,文化与

---

① 《十八大以来重要文献选编》(上),中央文献出版社2014年版,第30页。
② 同上书,第512页。
③ 北京市中国特色社会主义理论体系研究中心:《文化强国的必由之路》,《求是》2013年第3期。

经济和政治相互交融,在综合国力竞争中的地位和作用越来越突出。文化的力量,深深熔铸在民族的生命力、创造力和凝聚力之中。"[1] 党的十七大报告指出:"当今时代,文化越来越成为民族凝聚力和创造力的重要源泉、越来越成为综合国力竞争的重要因素。"[2] 党的十八大报告进一步指出:"文化是民族的血脉,是人民的精神家园。全面建成小康社会,实现中华民族伟大复兴,必须推动社会主义文化大发展大繁荣,兴起社会主义文化建设新高潮,提高国家文化软实力,发挥文化引领风尚、教育人民、服务社会、推动发展的作用。"[3] 同样,加强社会治理,必须发挥思想文化的社会引领与价值规范的软实力作用。

(二) 马克思主义遭遇文化认同危机

我国是文明古国、文化资源大国,但还算不上文化强国,文化整体实力和竞争力还不够强大,国际话语权还较弱。[4]随着改革开放的不断深入与世界各国一体化进程的不断加快,世界文化呈现交流、交融、交锋的态势,我国在文化领域遇到了前所未有的挑战。西方文化思想大量传入我国,对人们思想价值观的多样化、多元化产生了很大的影响;西方某些敌对势力,又以文化渗透为主要手段实行"和平演变"战略,把西方资产阶级的核心价值观念和制度打扮成"普世价值"的模式,以否定我国社会主义制度,使我国思想文化领域的斗争更为尖锐和复杂。西方国家用他们的标准来评判中国社会的发展模式和社会治理,试图使中国的社会治理丧失自身的发展方向,完全步西方发展的后尘。

(三) 以马克思主义先进文化为社会治理提供思想文化引领

面对文化挑战,我们要坚持以马克思主义文化为指导,增强对马克

---

[1] 江泽民:《全面建设小康社会 开创中国特色社会主义事业新局面》,人民出版社2002年版,第38页。

[2] 胡锦涛:《高举中国特色社会主义伟大旗帜 为夺取全面建设小康社会新胜利而奋斗》,人民出版社2007年版,第33页。

[3] 《十八大以来重要文献选编》(上),中央文献出版社2014年版,第24页。

[4] 中共文化部党组:《迈向文化强国》,《求是》2013年第1期。

思主义的思想文化认同。以马克思主义为指导、以社会主义先进文化为引领，是中国特色社会主义文化最鲜明的特征，也是确保社会治理沿着正确方向前进的根本问题。只有坚持马克思主义文化认同，才能打牢中国特色社会主义文化发展的根基，才能确保社会治理始终沿着正确方向健康发展，才能抵御负面文化的干扰，抵御西方敌对势力西化、分化的图谋，为社会治理提供正确的思想文化保证。坚持马克思主义在意识形态领域的指导地位，就是要坚持把马克思主义理论特别是中国特色社会主义理论体系应用于文化改革发展的各个领域，就是要不断巩固和壮大社会主义主流思想文化，引领社会思潮，努力改造落后文化，坚决抵制腐朽文化，[①] 为社会治理提供思想文化引领。当前，增强马克思主义的文化认同，必须加强社会主义核心价值观教育，把社会主义核心价值观内化为国民信仰，融入国民教育、精神文明建设和党的建设全过程，贯穿改革开放和社会主义现代化建设各领域。用中国特色社会主义理论体系武装全党、教育人民，引导广大群众增强对中国特色社会主义道路、理论体系和制度的自觉和自信，牢牢掌握意识形态工作的领导权和主导权，提高马克思主义先进文化的引导力和整合力，最大限度扩大社会思想认同，为社会治理提供思想文化引领。

四 马克思主义群众观为社会治理凝聚了价值共识

（一）马克思主义群众观明确了社会治理的出发点和根本归宿

马克思主义群众观作为马克思主义根本立场的集中体现，是马克思主义先进性的重要标志，是历史唯物主义的理论基石。对马克思主义群众观的文化认同，有助于深化对群众是历史创造者的理解，为创新社会治理理念提供唯物史观基础。"历史活动是群众的事业，随着历史活动的深入，必将是群众队伍的扩大。"[②] 从量的规定性看，人民群众任何

[①] 北京市中国特色社会主义理论体系研究中心：《文化强国的必由之路》，《求是》2013年第3期。

[②] 《列宁全集》第10卷，人民出版社1987年版，第338页。

时候都是社会成员的大多数。从质的规定性来看，人民群众总是推动历史发展和社会进步的社会力量。历史唯物主义认为："人民，只有人民，才是创造世界历史的动力。"① 人民群众是社会物质财富和精神财富的创造者，是变革社会制度的决定力量。马克思主义群众观成为无产阶级政党革命、建设和社会治理实践的思想支撑。

以马克思主义文化认同深化对"群众观点是共产党员革命的出发点与归宿"的理解，为创新社会治理理念明确了根本出发点。毛泽东曾鲜明指出："群众观点是共产党员革命的出发点与归宿。"② 群众观点是中国共产党长期革命和建设经验的总结，凸显了中国共产党人90多年奋斗进取的根本立场。群众观点是共产党员革命的出发点与归宿，就是要求我们在社会治理实践中，从群众立场出发，牢固树立群众观点和公仆意识，一切为了群众，把群众呼声作为第一信号，把群众需要作为第一选择，把群众满意作为第一标准。这是社会治理的出发点和根本归宿，是保证社会治理生机与活力、实现社会治理能力现代化的力量源泉。90多年来，中国共产党正是坚定站在人民群众的立场上，勇敢担当起实现中华民族伟大复兴的历史使命，才赢得了人民群众的拥护。今天，深刻理解这一观点要求我们始终坚持全心全意为人民服务的根本宗旨，想群众之所想，急群众之所急，解群众之所难，不断致力于尊重、维护和发展人民民主权利，不断提高社会有效治理的水平，把实现好、维护好、发展好最广大人民根本利益作为社会治理的出发点和落脚点，真心实意为人民群众谋利益。

以马克思主义文化认同深化对"群众自己解放自己"的理解，为创新社会治理提供主体动力。坚持马克思主义群众观，走群众路线，首先要"相信群众自己解放自己"③。相信群众能够自我治理，充分体现了人民群众实践主体观。人民群众的需要、意志和行动同人类社会发展规律具有高度的一致性，他们的生产生活实践体现了人类社会发展的本质和主流，他们是社会实践的主体、人类社会发展的主体。相信群众自

---

① 《毛泽东选集》第3卷，人民出版社1991年版，第1031页。
② 《毛泽东文集》第3卷，人民出版社1996年版，第71页。
③ 《刘少奇选集》上卷，人民出版社1981年版，第354页。

我治理，要尊重和支持人民群众的首创精神，最大限度地激发群众的创造热情，广泛地动员人民群众参与社会治理与实践创造。因为"群众是真正的英雄，而我们自己则往往是幼稚可笑的，不了解这一点，就不能得到起码的知识"①。相信群众自我治理，必须充分尊重人民群众在社会治理中的主体作用，更加自觉主动地以人民为师、向群众问计，把社会治理能力的增长、治理本领的增强深深扎根于人民群众的创造性实践之中。

（二）马克思主义群众观为社会治理提供了价值引导

实现社会治理能力现代化，必须创新社会治理工作思路。创新社会治理工作思路，要求我们坚持马克思主义群众观，正确处理好治理和服务的关系，改变一些干部中存在的"把群众当成管理和管制对象"的错误理念，全面树立"把群众当作服务对象"的思想观念。创新社会治理工作思路，关键在于从群众的需要出发，转变工作理念；核心在于真心为了群众，用服务的理念做好社会治理工作。服务是一根感情的纽带，也是社会治理的"牛鼻子"。把治理理解为管与被管的关系，容易使党和政府与人民群众产生距离感。只有让领导干部放下架子、沉下身子、做好样子，才能真正做到立场转向群众、感情靠向群众，从而拍响社会治理和服务的"掌声"，在社会治理中做好服务、在服务中深化社会治理。

实现社会治理能力现代化，必须转变群众工作作风，提高社会治理工作的亲和力。作风就是形象、作风就是力量、作风决定成败。领导干部作风建设是党的建设的一项战略任务。"群众路线是党的生命线和根本工作路线"②，党的群众工作作风直接关系到群众路线的实践落实和群众工作的成效。社会治理实践中，要用心和群众进行沟通，真正站在群众的立场上，真正把群众当亲人，真正把心思放在群众工作上，把目光和感情投在民生上，把力气用在群众工作的落实上，为转变工作作风提供强大的内在动力。要摒弃官本位思想，从"俯视"换位到"平视"

---

① 《毛泽东选集》第 3 卷，人民出版社 1991 年版，第 790 页。
② 《习近平在党的群众路线教育实践活动工作会议上的讲话》，《人民日报》2013 年 6 月 19 日。

的角度。只有这样，才能深入体察群众的内心世界，了解群众的内心感受；才能深刻领会"群众是'衣食父母'，自己是群众公仆"的真正含义；才能与群众建立"真感情"，使社会治理工作的亲和力得到进一步提高。

推行电子政务整合,创新政府治理模式

吴雪平 梁 锐[*]

【摘 要】 实现服务型政府的目标对我国电子政务提出了更高的要求,电子政务的建设将伴随着网络技术的迅速革新与发展而逐渐显现出其创新性与复杂性。我国电子政务起步较晚,但发展迅猛,政府对电子政务的重视程度越来越高,在建设过程中取得了一定成就,然而在我国电子政务进入到结构整合的今天,能否对其进行科学的信息整合、实现连接互通将对我国政府管理模式创新起到至关重要的作用。文章就其在制度层面和现实层面存在的问题,通过联系我国国情并借鉴国外成功经验,提出促进公众参与沟通、政府高效行政、优化工作流程、实现信息整合、完善防控体系、深化平安建设、提升政府治理等具有针对性的措施以创新政府治理模式,加快服务型政府建设的步伐。

【关键词】 电子政务;服务型政府;整合;政府管理创新

党的十八大报告明确指出,"建设职能科学、结构优化、廉洁高效、人民满意的服务型政府","创新行政管理方式,提高政府公信力和执行力",同时也要"严格控制机构编制,减少领导职数,降低行政成本"。利用信息技术武装政府的运作和管理,以电子政务推动政府机构的重塑与职能转型,带动政府管理创新已成为我国构建服务型政府的

---

[*] 吴雪平,女,江西师范大学政法学院教授,主要研究方向为公共管理。梁锐,男,江西旅游商贸学院讲师,主要研究方向为公共管理。

重大发展战略。随着"加强和创新社会管理,深化平安建设,完善立体化社会治安防控体系"的提出,人们越来越关注政府社会管理活动,也更加愿意通过各种渠道关注与了解政府工作动态,这就要求我国政府部门通过更加多元化的路径提供公众想获取的信息和服务,电子政务恰好能够成为其实现的手段。由国家行政学院主办的2014年中国电子政务论坛于11月22日在国家行政学院召开,《电子政务蓝皮书:中国电子政务发展报告(2014)》指出:大力推进国家电子政务,是国家信息化的重要任务,更是推进国家治理体系和治理能力现代化的重要组成部分。但当前我国电子政务的建设和发展仍存在一些基础性和结构性的问题,难以满足现今我国政府管理创新的需要,如何通过电子政务推动我国政府服务型角色的转换成为一个关键点。本文将对电子政务进行阐述,分析我国电子政务发展状况并结合国外发展经验提出相应解决措施。

一 电子政务与服务型政府

(一)电子政务与服务型政府的含义

电子政务概念最早源于20世纪90年代的美国克林顿政府,并随即在世界范围内掀起一股改革的浪潮。在后来的20多年里,世界上很多国家都根据自身实际发展电子政务,并将电子政务作为提高行政效率、降低信息化风险、推进政府管理创新的一项重大战略。

电子政务是指:"政府机构应用现代信息、通信和计算机等技术手段,将管理和服务两项职能通过网络技术进行集成,在互联网上实现政府组织结构和工作流程的优化重组,超越时间、空间和部门之间的分隔限制,建成一个精简、高效、廉洁、公平的政府运作模式,向社会提供优质和全方位的、规范而透明的、符合国际水准的管理与服务。"[①] 它以电子信息技术为依托,是政府部门运用先进的信息技术手段促进办公高效化、政务公开化、服务网络化的一种新型管理方式与技术。它包括

---

① 吕晓阳、谭共志:《电子政务理论与应用》,清华大学出版社2010年版,第2页。

政府部门内部及部门间的电子化办公交流（Government to Government，G2G）、政府部门对公务员电子化管理体系的建立（Government to Employee，G2E）、政府部门通过网络为企业提供信息服务（Government to Business，G2B）以及政府通过电子化系统为公民提供双向的信息互动交流平台和公共服务（Government to Citizen，G2C）四种模式。电子政务融合了现代先进的科学技术与行政管理理论，在政府部门改善工作方式、创新服务理念、提高行政效率等方面发挥了巨大作用。

服务型政府理念的出现是"新公共管理"运动的成果之一。自20世纪70年代末80年代初以来，西方各国掀起了政府改革的浪潮，新公共管理运动成为一场以追求经济、效率和效益"3E"为目标的管理改革运动。新公共管理提倡重新定位政府职能、改革政府内部管理机制与手段、提高效率和质量，是一种旨在克服政府危机、提高效能与合法性的理念。服务型政府正是在以新公共管理理论为主要理论基础的前提下形成发展的。

服务型政府是指"在当代公共行政理论指导下，以市场经济体制和公民社会为特征，建立在公民本位和社会本位的理念基础之上，在社会民主秩序的框架下，依照法定程序建立的、以公民意志为导向并以为社会公众服务为宗旨且承担明确服务责任的政府模式"。[①] 转变政府角色是构建服务型政府的核心和首要任务。"政府角色的自觉转变，不仅从统治的角色改变为管理的角色，而且要从管理的角色改变到服务的角色上来。"[②] 服务型政府把为公众制定公共政策、提供社会公共产品与服务作为自身的首要职责与一切行动的出发点，它强调为公众服务、让政府承担起责任、实现社会效益、提高政府工作效率四个方面。在我国，所谓的服务型政府是要符合"权为民所用，情为民所系，利为民所谋"的理念的。珍妮特·V. 登哈特与罗伯特·V. 登哈特在其所著的《新公共服务——服务，而不是掌舵》一书中，提出要将政府角色定位成以公民为本位的服务型政府。在传统的政府管理理念中，政府的角色往往是充当一名"掌舵者"，是掌管并控制着社会资源与运作的

---

① 张永桃：《行政学》，高等教育出版社2009年版，第121页。
② 张康之：《寻找公共行政的伦理视角》，中国人民大学出版社2002年版。

"全能政府"。服务型政府的一切决策都以公民意志与利益为准绳，在进行社会管理行为时具有针对性和有效性，它是政府管理理念革新的一大创举。

（二）发展电子政务的必要性

发展电子政务是促进政府角色转换、政府职能转变的需要。电子政务作为政府管理创新的一种途径，它的建设与发展对于改善政府运作方式和解决社会问题具有重要的作用。

第一，电子政务建设是改革政府部门工作方式、提高行政效能的需要。电子政务打破传统地理位置的约束，使政府在广阔的空间内通过办公的自动化为公众提供快捷的信息和服务，也让政府部门间的工作流程得以简化，减少政府部门运行成本，实现信息资源的有效配置，从而达到提高效率的目标，使政府能够为公众提供更高效、快捷、优质的服务。传统的政府工作方式往往借助于纸质档案的载体进行，在众多的材料传送、流转与处理上，存在着政令不一、缺乏协调等问题，这种工作方式无疑是给政府效率的提高带来障碍的。而运用科技手段实现电子化办公是电子政务的一大突出特点，这成为电子政务超越以往工作方式的优势。

第二，电子政务建设是改善"官民"关系、提高决策能力的需要。电子政务能够促使政府与公众的双向互动交流，让公众通过电子化的平台更加便捷地获取政府提供的信息与服务，增加了信息获取渠道，也使得政府透过这一平台听到公众的心声，获得在社会管理中的重要信息，以此作为凭证进行决策，从而在减少因信息不对称而引发的冲突方面起重要作用。

第三，电子政务建设是促成政务公开和廉政建设的必然要求。电子政务为公众增加了一条对政府进行监督与考核的路径，公众对政府的监督力量得以加强，从而进一步促进政府信息和决策的透明化与效益化。电子政务的推进能使我国政府治理模式更加适应国际竞争规则中行为公开化、透明化、公正化的需要，增强我国综合国力，提高我国在国际市场上的竞争力。

第四，电子政务建设是政府管理创新、由管理型向服务型转变的重要途径。特德·盖布勒和戴维·奥斯本在《改革政府》一书中提到："民主政府是为他们的公民服务而存在的。"服务型政府的构建是符合我国现有政权性质的，而历来我国政治体制是层级制占统治地位，注重的是政府的管理，忽略了民众的参与性与政府的服务性。要实现政府职能转变、推进民主建设，就不得不借助于电子政务。它所提倡的服务网络化，能够在一定程度上改善政府的管理理念和运行机制，促进我国政府职能更好地由管理型向服务型转变。

(三) 发展电子政务与构建服务型政府的关系

发展电子政务与构建服务型政府是相辅相成的关系。发展电子政务是构建服务型政府的重要手段，是政府改革与创新的重要组成部分。服务型政府的构建是一个长期的复杂的系统性工程，它离不开电子政务的推动。

未来的社会将是一个多元化的社会，随着民主进程的推进，权力将不再仅仅集中于某一群体手中。电子政务的发展将加快权力结构由金字塔式走向扁平化结构的步伐，社会参与度大大增强，政治民主化程度加深，公民开始真正成为政府服务的对象，政府管理体制发生改变。发展电子政务能够创新政府服务的形式与手段，促进政府管理变革，使政府的治理更具透明性、责任性、服务性与参与性，最终实现管理型政府向服务型政府的转变。

服务型政府的最基本职能是为公众提供公共服务，电子政务的目标之一是使政府更好地为公众提供服务，两者在这一价值理念上得到契合。服务型政府的构建使得公众对政府部门提出了新要求，政府提供服务的方式和内容更为多样，这就要求借助更为先进的技术来实现，实现的途径就是电子政务。

二 中国电子政务发展现状的分析

(一) 中国电子政务的发展历程

随着网络技术的迅速革新与发展，电子政务的推进工作成为各国关注的焦点。我国电子政务的建设工作经历了办公自动化、"金字工程"建设、"政府上网"和电子政务建设四个阶段。

我国电子政务建设最早是在20世纪80年代的政府机构办公自动化工程（OA工程）。通过这个工程，全国政府内部系统建立了信息办公网络，兴起了一股办公自动化的热潮。1999年政府上网工程的启动拉开了我国电子政务的序幕。在这段时期内，我国部分地区实现了市—区—镇范围的网络覆盖系统；政府内外网的建设不断得以加强与完善；政府间政务协作、业务管理、办公管理、公共服务平台已经建立，电子政务建设模型初现；为推动行业信息化建设、完善信息化基础设施的"金字工程"的开展，使电子政务发展速度大大提高，各级政府部门相应建立起面向公众的网站，为其提供信息和应用项目。2003年，"SARS"引起我国政府和社会关于信息发布模式和公民握有知情权的反思，改变以往依靠政府传统信息传送路径方式和制度，借助电子政务建立网络信息传播平台，提高政府信息决策效率和能力迫在眉睫。"十五"规划、"十一五"规划为建设电子政务提供了政策性的规划与指导，将电子政务的发展带到有明确政策支持的时期。2002年中办发17号文件首次提出整合电子政务网络信息的发展要求，明确指出"把电子政务建设作为今后一个时期我国信息化工作的重点，政府先行，带动国民经济和社会发展信息化"[1]，并对我国电子政务网络进行划分。2006年，中办发18号文件对我国电子政务建设做出具体规划，清晰地划分了政府内外网的功能和工作范围，提出了明确的任务和要求。2009年发改高技988号文件提出电子政务外网建设的要求和进一步的工作部署，更加明确了政府外网的建设原则和目标，在其运行上做了具体要求，提出"避免重复投资、重复建设，充分利用好国家已建电子政务公共设施"[2]的指导建议。2010年《全国电子政务内网建设规划（2011—2015年）》针对内网建设提出其原则和指导思想，促进了电子政务在政府职能部门科学决策、政府内部自身管理方面发挥更大的作用。"十二五"规划将大

---

[1] 《国家信息化领导小组关于我国电子政务建设的指导意见》，2003年2月26日，中国网。

[2] 《国家发展改革委、财政部关于加快推进国家电子政务外网建设工作的通知》（发改高技〔2009〕988号）。

力推进电子政务建设作为发展目标，着力推广电子政务在地域覆盖范围、服务项目范围以及促进服务方面规范化，它指明了我国电子政务在新时期的发展重点和目标是关注公共服务和惠及民生，突出了通过电子政务发展促进社会管理创新，并指出在这一阶段电子政务系统技术发展的平台为云计算服务模式的公共平台。这将我国电子政务的发展带入到全面发展运用与实际服务规范化阶段。

（二）中国电子政务发展的现状及问题

经过近30年的发展，我国电子政务发展迅速，已由起步发展阶段进入到整合阶段。在建设过程中，一些城市积极利用信息科学技术，将其充分运用到城市建设管理中。在国家政策的指导下，各地区政府开始对电子政务的建设展开探索，作为政府与公众沟通纽带的政府网站也在不断创建中。北京、上海、青岛、广州等沿海发达城市积极利用信息科学技术，把门户网站作为发展电子政务的突破口，并将其运用到城市建设管理当中，成为当时创建"数字城市"的良好范例。杭州市政府对信息资源进行充分开发利用，将部门数据联结交换，建成大型数据库，在市民卡开发、食品安全、建筑行业监管和就业信息共享各领域进行数据的连通使用，真正将电子政务由便利政府内部管理推广到服务公众社会生活中。

虽然在这些城市电子政务与政府管理得到较好的融合发展与创新，但是总体来说，我国电子政务仍存在一些问题。

第一，传统的管理体制阻碍电子政务的进一步开展，部门间和地区间出现"信息孤岛"，工作分割严重。我国政府职能范围较大，政府部门数量众多，在职能工作上的分工越发精细，导致政府管理运营体系过于庞大，形成"金字塔"式的组织结构，信息和决策的上传下达呈等级式进行，难以实现全方位的互通协作，重复建设，运行成本高，未形成资源的合理配置；又因政府组织结构呈现条块分割的特点使得各个地方政府部门管理机制和业务流程各方面的不同，在信息传送和共享上存在难度，无法对分散的信息资源进行有效的协调整合，因而也就无法在为公众提供信息服务上满足其获取统一一致信息的需要。

第二，法律制度建设滞后，缺乏相应的法律法规。信息化程度较高的国家，其在电子政务建设方面的法律制度更为完善，信息互通共享的观念深入人心。我国电子政务的建设在进入 21 世纪后才有明确的政策性文件出现并进行指导，然而这些已出台的文件中，都只是规范作用和政策类的规定，真正意义上的立法几乎没有，甚至有些法规相互冲突，大大削弱了法律法规的制约性和权威性。仅仅依靠中央和地方政府的规章制度进行电子政务建设，缺乏统一规范指导，将导致我国电子政务发展陷入非科学化的困境。

第三，信息开发利用水平低，应用领域不足。政府掌握着社会中80%的有价值信息数据和资源，其中很多都未能得到有效的开发和利用，造成资源的闲置与浪费，公众的信息服务需求得不到满足，社会管理效率与效益不高。据 CNNIC（中国互联网络信息中心）发布的研究报告显示，截至 2014 年 6 月底，中国网民数量达到 6.32 亿，互联网普及率为 47%，这反映了我国现有网络覆盖与使用率达到一个较高的水平。但目前我国电子政务的运用往往是在政府重大活动新闻公布、公众监督投诉与反馈等信息发布或收集方面，在社会管理活动中应用还不够，尤其是在与民生密切相关的社会保障问题上，我国电子政务技术的利用与推广率仍旧很低。

第四，地区建设不平衡，存在"数字鸿沟"。主要体现在我国地区之间、城乡之间以及我国与世界之间的差距。由于地理位置、历史和政策等原因，我国各地区经济发展状况不平衡，东部沿海地区经济走在全国的前列，这使得地方在电子政务的建设上受资金、技术和人才的制约，呈现东部沿海发展程度更高、其他地区较为落后的趋势，较为偏远、经济发展欠缺的中西部地区，受经济和决策层重视程度的影响，在电子化建设上与东部地区的差距拉开。经济发展较快的地区如广东、北京、上海等地区在以地区经济为基础、技术力量与人才为后盾的情况下，充分开发利用信息资源，将部门数据联结交换，整合已有的数据库，并将电子政务推行到公共交通基础设施使用建设、食品安全监督、建筑行业监管和就业信息共享领域，服务于市民。在西部经济地域条件较为恶劣的地区，电子政务设施的建设仍处于低水平，当地电子政务的推行与发展就失去了必要的前提条件。

第五，发展观念有待进一步提高。中国 2000 多年的封建制度形成了一套稳定的行政体制文化，在这种文化影响下，政府官员"官本位"思想严重，公众也惧怕参与政治决策和社会生活管理。信息被掌握在政府手中，它的收集、传播与扩散主要依靠政府机构的自觉性，有可能会出现因政府内小团体的利益而侵害公众知情权的"信息寻租"问题，出现无人对整体负责的情况。政府行政人员更倾向于选择传统的工作方式而排斥新模式与自我改变和调整，缺乏创新学习的观念。近几年来，我国网络发展迅速，公众网络使用率大大提高，在政府各种号召与宣传下，公众政治参与度虽有所提高，但通过建设电子政务促进民主参与意识仍旧淡薄，利用网络与政府的双向交流程度仍较低，缺乏互动。

第六，安全保障水平不高，维护设施不完善。截至 2012 年 12 月底，中国 .CN 域名规模为 751 万，相比 2011 年同期大幅增长了 112.8%，占中国域名总数比例达到 56.0%；.COM 域名数量为 483 万，占比为 36%。① 我国网络总量之大数据之多要求拥有一个良好的网络运行环境。然而我国网络运行环境质量不高、不安全的现状严重影响电子政务的建设。国家计算机病毒应急处理中心 2014 年 9 月 18 日发布了 2013 年全国信息网络安全状况与计算机和移动终端病毒疫情调查报告。该报告显示，超过半数被抽检政府网站存在安全隐患。国家计算机病毒应急处理中心抽查了全国 2714 个政府网站，对网站存在的安全漏洞和被挂马情况进行专项检查。检查发现，有 1367 个网站存在安全隐患，占全部被抽检政府网站数量的 50.4%，风险漏洞 21265 个，平均每个网站存在 16 个风险漏洞。政府网站被攻击案件呈逐年上升的趋势。2014 年 8 月，因高中军训冲突而成为焦点的湖南一县政府官网"被黑"；2013 年，安徽一县政府网站被放赌博广告，无奈报警；辽宁铁岭政协官网点击后跳转黄色网站，被迫关闭；2008 年，江西省卫生厅考试中心网站数据库被攻破，黑客篡改资料，伪造、销售假证，从中牟取暴利。②

第七，建设过于形式化和表面化，未到实处，缺乏运行维护管理机制，政府与公众间的沟通仍未得到实质性改善。工业和信息化部中国软

---

① 《第 31 次中国互联网络发展状况统计报告》（2013 年 1 月），中国互联网络信息中心（CNNIC）。

② http://www.ce.cn/culture/gd/201409/18/t20140918_3555229.shtml.

件评测中心、人民网等发布的 2013 年中国政府网站绩效评估结果显示，中央和省级政府网站普及率达到 100%，地、市级达到 99% 以上，区、县超过 85%，电子政务建设范围基本覆盖全国。然而，很多地方政府为"贯彻落实"上级政策，将电子政务的推进工作放在较为浅显的层面而忽视了内在要求，仅仅将资金投入到电子系统等软件设施的建设上，并当作政府绩效，形成"面子工程"，在电子政务的运用中缺乏技术和人才，导致电子政务的实际运用率极低，造成资源的浪费。在这种情况下，政府网站往往出现更新滞后、集中更新赶进度的问题，政府门户网的建设停留在静态层面，政府与民众的信息交换也未能真正展开，双向互动无法进行。

服务型政府的构建是我国政府管理机制改革的目标。十八大报告明确了电子政务对于构建我国服务型政府、促进政府管理模式创新的重要作用。近两年召开的"两会"也有不少来自各省代表关于推进电子政务发展的"电子提案"。这表明电子政务建设的进一步规范与推进刻不容缓。结合我国现有国情、借鉴其他国家的发展经验，完善我国电子政务建设运行机制可从以下几个方面加以改善。

1. 优化工作流程，扩充服务项目内容，实现信息整合

"电子政务促进深化行政改革、促进服务型政府建设，就是要实现从信息孤岛转向信息集成整合，核心是要按照整体政府理论，实现资源整合与共享，最终实现提高公共服务质量的终极价值。"[1] 新加坡在 20 世纪 80 年代初走上政府和企业电子化的历程，实现"一站式"网上办公，构建"三维虚拟社区"，实现居民服务项目电子化，大大减少了政府工作成本，提高了服务效率，同时也使公共服务更加便捷高效。因此，我国电子政务的发展需要通过优化工作流程和服务范围，建立部门间跨空间协作的平台，让公众在网络的平台实现"一站式"服务体验，成为政府服务的主体。

2. 明确政府定位，提供满意信息服务，创新行政理念

以公众为中心、通过网络实现和扩大公众服务是英国建设电子政务

---

[1] 蔡立辉：《电子政务：因特网在政府提供公共服务中的作用》，《政治学研究》2003 年第 1 期。

的重要特征。我国作为人民民主专政的社会主义国家，电子政务的建设更加需要树立以人为本、为公众提供优质和高效的公共服务理念，体现政府的服务性和责任性，实现从关注"特殊集团"的利益到关注公众的需求的转变。2012年6月1日，金保工程一期项目顺利通过竣工验收，7月5日，人力资源和社会保障部启动金保工程二期立项工作，这表明我国政府相关部门已充分注意到电子政务在社会保障服务领域的重要性与前景。在社会养老保障、居民医疗服务体系以及农业发展领域，政府应继续对电子政务的潜在作用进一步利用，在信息网络中搭建服务平台，为农业发展提供信息帮助与技术指导，为社会保障体系的建设提供高效的运作方式，在我国朝着服务型政府转变的过程中更好地满足公众需求。

3. 规范电子政务，健全法律规章制度，完善防控体系

法律是一切行动的指南与保障，法律制度的健全能够确保电子政务的建设与发展有法可依。以美国政府为例，美国是法制较为健全的国家，20世纪90年代在短时间内围绕本国电子政务建设制定并完善了以实施电子政务、隐私保护、电子商务、计算机安全和知识产权为主要内容的五大类法律文件。它在电子政务的建设过程中坚持立法先行的原则，健全法律保障体系与制度，为电子政务的建设与推行提供实施规范和准则。因此，我国电子政务的规范需要完善的法律机制来保障，制定较高层次的法律对电子政务建设提供法律层面上的规范与指导。从法律的角度明确公众享有获取政府信息的权利，使其在共享信息资源的过程中抛开法律限制的顾虑，从而提高其参与政治管理的积极性，对政府部门及其工作人员加以监督，使政府运作公开化、透明化、科学化，提高效率，更好地为公众提供服务，实现向服务型政府的转变。

4. 加强信息管理，保障政府信息通畅，深化平安建设

对于组建政府网站，部分地方政府把它当成摆设或是"面子工程"，或是为了要政绩仓促上马，从而只是做做表面文章，缺乏长远规划，结果导致一些政府网站疏于管理，只有标题，没有内容，漏洞百出，门户大开。实际上，政府网站不但关系到一个政府的形象，还涉及国家的信息安全和公民的隐私。对于任何一个信息系统来说，三分在建设，七分是管理。要保障信息通畅，维护网络安全，信息管理及管理者

素质的高低起决定性作用。因此，应制定统一化、规范化与标准化的建设体系，对政府内网的安全进行技术上的维护。建设和完善网络行政审批、信息公开、网上信访、电子监察和审计体系，扫清部门间的工作隔阂，用明确清晰可见的标准将地区间、部门间的政务流程统一起来，实现电子一体化与标准化，避免信息资源的闲置浪费，同时也避免敌对势力窃取、干预我国重要信息，加强对信息安全的保护。

5. 转变群体观念，拓展电子政务外延，提升政府治理

通过宣传教育转变各群体的观念，提供条件，扫清认识障碍。对政府部门的领导干部进行思想意识培训工作，使其认识到电子政务是转变政府职能、改善管理方式的途径；对政府公务员进行教育培训工作，调整其知识结构，提供教材理论指导与实际运用电子化设备工作的指导，帮助他们掌握技术，提高应用能力；通过各种媒体渠道对广大公众宣传发展电子政务及其运用的优点，增强公众对于借助电子政务实现政府管理方式创新的兴趣和支持度，提供网络参与的条件，调动参与积极性，从而增强政治沟通，为政府管理决策提供依据，让全面直接的民主参与成为可能。

后 记

2014年11月初，由江西师范大学政法学院、马克思主义学院主办了"国家治理与中国道路"学术研讨会。来自中国社会科学院、中国人民大学、南开大学、南京大学、山东大学、华中科技大学、华中师范大学以及省内有关高校、科研院所的50余名专家参加了研讨会，并积极进行会议交流；江西师范大学马克思主义理论一级学科博士点、硕士点的研究生和政治学一级学科硕士点的研究生旁听了研讨会，并参与了会议研讨互动。

会议收到论文近50篇。这些论文，有的从国际视野研究国家治理体系和治理能力现代化，有的从中国道路的角度研究国家治理，有的从依法治国的角度研究国家治理，有的从城乡基层治理角度研究国家治理，有的从传统与现代的角度研究国家治理。这些视角的研究，都体现了专家学者第一时间、第一视角、第一反应关注党和国家重大决策和改革发展深化实践呼唤的最新成果。会后，我们从中优选了32篇论文集结成书出版。政法学院院长彭隆辉教授、党委书记周利生教授和公管系主任聂平平教授做了大量的会议组织工作，并协助我组织出版会议论文集，他们的工作是出色的。

理论来自于实践，最后回归实践；理论还要接受实践的检验，并以科学的理论指导实践的发展。这就对理论研究者提出了最基本和最高的要求。说是最基本的要求，是指理论研究者必须立足于实际，扎根于实践，而不能脱离实际，不能与实践若即若离，更不能形成理论与实践相脱离的"两张皮"现象。关注实际，在实践中吸取新鲜空气，在实践中吸取丰富的养分，积极与实践互动，是理论工作者的职业要求。说是最高要求，是指理论工作者的社会职责、使命和担当。在孔子的那个年代，时人称孔子为"木铎"①，就是这个意思。这当然是很高的要求了。不当书斋里的书生，而当社会需要的木铎，这当然是对那些有社会责任感、使命感的知识分子的高要求。

现代大学的功能之一是"社会服务"，将最新研究成果服务于改革开放、回应实践的期待与需求，是政治学科和政治学者责无旁贷的使命。教书育人、科学研究、社会服务与文化传承创新，只有根植于最广阔的中国社会，只有紧紧追踪最火热的社会改革，只有真心倾听最广大人民群众的诉求与心声，才有前途，才有生机活力，才有时代性话语。党的十八届三中全会提出了完善中国特色社会主义制度、实现国家治理体系和治理能力现代化的总目标，党的十八届四中全会提出了全面推进依法治国的战略目标，这些对于政治学科和每一位政治学者来说，都是新的发展机遇和新的要求。实践—学科—学者—学问—学术—学理，是一条立足于时代、立足于社会变革、立足于人民群众期待的完整链条。学者、学科愈是重视实践、跟踪实践，则学问愈大、学术愈强、学理愈明，学者及其学科对实践、对社会的贡献就愈大。在社会变革中寻找学科的张力，在社会实践中捕捉学者的敏锐，在学科、学者身上烙上鲜明的时代印记，正如近代学术大师梁启超揭示的学问的"公器"②属性所具有的本质要求。

我们正是在这样的时代背景下召开了这次学术研讨会，专家学者们也正是具有这样一种理论自觉才积极参加了这次研讨会。应该说，这只是一个开始，也是一个良好的开端。愿这样的开始能够永续！

张艳国
2015 年 5 月 12 日于江西师范大学

---

① 《论语·八佾篇》，参见张艳国评析《论语》，崇文书局 2012 年第 2 版。
② 梁启超："学术者，天下之公器也。"（《欧游心踪录》）此语本出自梁启超（1873—1929）同时代学者黄节（1873—1935）之口："学术者天下之公器，王者循一时之好恶，乃欲以权力过之，天下固不怵也。"（《李氏〈焚书〉跋》）经梁任公张扬，遂流传开来。